全面深化改革领导干部学习读本

主编 黄琦 刘学军

未来十年的改革发展战略

刘学军◎主编

高尚全 | 刘 鹤 | 彭 森 | 周其仁 | 郑永年

多位名家纵论改革大势

中国财经出版传媒集团
中国财政经济出版社

图书在版编目（CIP）数据

未来十年的改革发展战略/刘学军主编．—北京：中国财政经济出版社，2017.9
（全面深化改革领导干部学习读本/黄琦，刘学军主编）
ISBN 978-7-5095-7684-7

Ⅰ.①未…　Ⅱ.①刘…　Ⅲ.①体制改革-中国-干部教育-学习参考资料
Ⅳ.①D61

中国版本图书馆 CIP 数据核字（2017）第 202423 号

责任编辑：郁东敏　　　　责任校对：徐艳丽
封面设计：田　晗　　　　版式设计：齐　杰

中国财政经济出版社 出版
URL：http：//www.cfeph.cn
E-mail：cfeph @ cfeph.cn

社址：北京市海淀区阜成路甲 28 号　邮政编码：100142
营销中心电话：88190406　北京财经书店电话：64033436　84041336
北京富生印刷厂印刷　各地新华书店经销
787×1092 毫米　16 开　23.25 印张　358 000 字
2017 年 9 月第 1 版　2017 年 9 月北京第 1 次印刷
定价：50.00 元
ISBN 978-7-5095-7684-7
（图书出现印装问题，本社负责调换）
本社质量投诉电话：010-88190744
文章稿酬及版权联系电话：010-68457872
打击盗版举报热线：010-88190414、QQ：447268889

“全面深化改革领导干部学习读本”

编　委　会

总 序

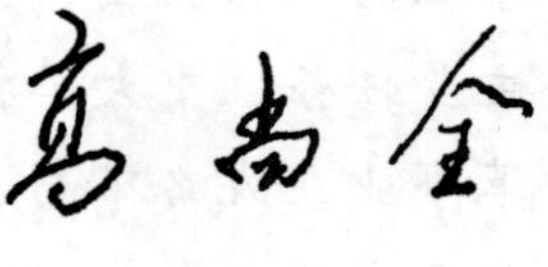

自1978年党的十一届三中全会开启我国的改革进程以来，弹指一挥间，中国的改革事业已经走过近40年的光辉岁月。近40年来，我们历经从计划经济到商品经济再到市场经济的探索，我们从无到有构建了中国的社会主义市场经济体系并不断进行完善，我们扭转了“文革”的动荡混乱走向依法治国，并不断提高国家治理水平。可以自豪地说，中国的改革事业取得了不可磨灭的成就。中国的改革事业当然也并非一帆风顺，改革的航程历经千难万险，但是改革的开拓却从未停歇。战胜这些困难、推动中国改革不断进步的，是站在改革潮头的千千万万的干部群众，尤其是广大党员干部，是我们在前无古人的情况下坚定不移地推动改革前进的中坚力量。从“要吃米、找万里”的童谣到“杀出一条血路来”的习仲勋等早期的特区开拓者，从“有计划的商品经济”的论证和提出到“社会主义市场经济的四梁八柱”的构建，如果没有党员干部对改革的孜孜以求、积极进取，就没有今天改革事业的辉煌成果。

一、坚持市场方向的改革从胜利走向胜利

从“计划为主、市场为辅”到“有计划的商品经济”再到发挥市场的“基础性作用”，最终到发挥市场的“决定性作用”，近40年来，以经济体制改革为核心的中国改革始终坚持市场经济的改革方向，并最终使得国家在各个层面上都取得了巨大的成就，推动了以阶级斗争为纲向以经济建设为中心的转变、从计划经济向市场经济的转变、从闭关锁国转向全方

位开放、从人治走向法治、从贫穷落后转向小康这五个方面的伟大转变。

党的十八大以来，我国的改革进入了新的阶段。在以习近平同志为核心的党中央的坚强领导下，我国不仅有效应对了复杂国际政治经济环境的风云变幻，更在相当不利的条件下取得了经济的中高速平稳增长。党的十八届三中全会所作出的《中共中央关于全面深化改革若干重大问题的决定》（以下简称《决定》）制定了我国在新的发展阶段全面推进改革开放事业的宏伟蓝图，提出了到2020年全面深化改革的指导思想、总体思路、主要任务、重大举措。以这份全面推进改革的《决定》为基础，中国改革事业在战略布局、改革难点以及市场地位方面都获得了一些重大的进展乃至突破。

（一）市场在资源配置中的地位获得重大突破

中国改革开放的进程，实际就是从以计划作为配置资源的主要手段逐渐变革成为以市场作为配置资源的主要方式，市场经济逐步确立并不断完善的过程。在这个进程当中，市场的力量从无到有、从弱小到壮大。《决定》旗帜鲜明地提出，使市场在资源配置当中发挥决定性的作用，这在中国的改革开放和市场经济发展历程中具有里程碑式的意义，体现了以习近平同志为核心的党中央对市场规律的认识在不断提高，是我党对中国特色社会主义建设规律认识的一个重大突破。

（二）供给侧结构性改革取得明显进展

党的十八大以来，中国的经济发展面临着全新的环境和挑战。世界经济严重衰退，贸易保护主义抬头，世界经济格局面临新的“洗牌”。与此同时，国内土地、劳动力等要素价格越来越高，资源、环境的约束越来越紧，我国传统的经济发展模式和结构继续进行深刻的调整和改革。中国经济面临着保持一定水平的增速和调结构的两难困境。在这种经济新常态背景下，中央及时作出了供给侧改革的决定和布局，以前所未有的勇气和决心，开启了一场中国经济发展方式向更高形态发展的结构之变。

（三）国家政治体制顶层设计适应新的要求、获得新的突破

党的十八届三中全会提出：“全面深化改革的总目标是完善和发展中国特色社会主义制度，推进国家治理体系和治理能力现代化。”这就要求对过去领导改革的行政部门本身进行改革，对改革领导者的决策效能和执行力提出了重大考验。为了推进改革，中央先是设立了中央全面深化改革

领导小组，有力提升了改革的决策效能，使过去总是被回避的改革议题，比如户籍问题、农村土地制度问题等等，能够集中力量摆脱各种利益羁绊获得正面突破。国家治理体系和治理能力的提高还体现在我国社会主义民主政治的进步上。全面深化改革对加强社会主义民主政治制度建设提出了通过各项制度建设，丰富民主形式，从各层次各领域扩大公民有序政治参与，充分发挥我国社会主义政治制度优越性的总目标。

（四）反腐倡廉效果显著，依法治国有效推进

进一步推进改革，创建良好的经济发展环境，需要廉洁奉公高效的党员和公务员队伍。十八大以来党中央对腐败行为的坚决查处，破除了过去一段时期因党纪国法松懈而滋生的各种潜规则，横扫了贪腐猖獗的不良风气，党纪国法为之肃然而振！中央对于滥权渎职的腐败分子，上至中央常委，下至乡村干部，不管是军方大将，还是地方大员，但凡触犯党纪国法，均依法予以严惩。坚定不移地推进全面从严治党，形成了反腐败斗争压倒性态势。这样大规模的反腐浪潮，激浊扬清，民心得以振奋，党风得以清正，使全体党员干部受到深刻的教育。掌握权力行使权力的全体党员干部自觉地规范行使权力、自觉避免滥权渎职行为，这为规范政府权力的行使、保障市场主体的合法权益奠定了良好的基础。在肃清腐败的基础上，中央通过确立依法治国的方略，从制度建设上、从根本上维护国家的长治久安。2014 年 10 月底召开的党的十八届四中全会，是中国共产党历史上第一次专门研究法治建设的中央全会，通过了《中共中央关于全面推进依法治国若干重大问题的决定》。党把自己的路线、方针、政策通过法定程序转化为国家意志，成为全国人民共同遵守的法律规范，实现党的主张和人民意志的有机统一。

（五）生态文明体制改革为创造绿色环境打下了基础

党的十八大以来，党中央始终把生态文明建设放在治国理政的重要战略位置，首次将生态文明建设与经济建设、政治建设、文化建设和社会建设一起，纳入中国特色社会主义“五位一体”总布局；党的十八届三中全会《决定》，全面、清晰地阐述了生态文明制度体系的构成及其改革方向、重点任务，是将生态文明建设纳入“五位一体”总布局后的又一大创新；党的十八届四中全会要求用严格的法律制度保护生态环境；党的十八届五中全会将绿色发展纳入新发展理念。对生态文明建设的顶层设计

密集推出，体现了党遵循发展规律、顺应人民期待、彰显执政担当。

二、新时期的改革仍面临着巨大的挑战

中国的改革虽然取得了举世瞩目的成就，但是前期单边突进的改革遗留的问题越来越成为拖累经济社会进一步向前发展的障碍，而且经过近40年的改革发展，随着生存型阶段向发展型阶段的转变，我国需求结构开始发生明显变化，新的需求和旧的体制的矛盾也日益凸显，新老问题同时并存，影响改革的深化。目前仍存在的矛盾有以下几个方面：

一是经济发展方式转型与市场化改革不到位的矛盾。以当前最重要的“三去一降一补”为例，虽然其在整体战略上极为重要，但是在实际操作过程中，也出现了行政手段“一刀切”，专去民营企业的传言。“三去一降一补”需要行政手段的配合，不过应尽量以市场的优胜劣汰为主要手段，让行政要求成为市场资源配置的砝码，这样虽然见效慢一些，但长期看会更加健康。

二是税费过重与公共产品供给短缺并存的矛盾。我国已开始从私人产品短缺时代进入公共产品短缺时代，但相应的社会体制改革还不适应这个时代变化的趋势。公共产品短缺成为阻碍扩大内需、制约发展方式转型的一个重要因素。公共产品短缺使我国消费率不断下降，消费率水平不仅低于发达国家，而且也低于“金砖四国”中的其他三国。但是，作为公共产品供应源泉的我国老百姓的税赋水平并不低。如曹德旺所指出的，中国企业税赋同比美国高出相当于营业额的11.6%，这在世界上明显属于较高税赋的国家。同一些宏观税负超过30%的国家相比，在社会福利支出（教育、卫生、医疗、社保等）方面，法国的社会福利支出占GDP的比例为35%，瑞典是38%，挪威是33%，丹麦是37%，澳大利亚是23%，美国是21%，我国还有很大差距。造成这种现象的主要原因，还是因为政府作为投资的主体而没有成为创造环境的主体，财政在公共服务领域的投入比重还不高，地方政府的注意力仍然集中在追求经济总量的扩张上。

三是依法治国的理念在实际行动中仍然有待落实。依法治国的治国方略早已提出，党的十八届四中全会更是以中央全会决定的方式将这一理念提升至治国理政的最高层次，中央深改办也专门出台了各项推进法治建设的意见和方案。但是行政部门职能缺位、错位、越位，行政审批门槛多、

公共服务不到位、权力行使不规范等问题仍然时有发生，阻滞了市场经济的健康发展。另外，《宪法》明确的法院、检察院独立司法也受到意识形态领域反对“司法独立”的影响，律师尤其是刑事辩护律师容易受到不公正的待遇乃至以敌我矛盾予以处理，严重违背依法治国的理念。凡此种种，彰显了法治状况与社会主义市场经济建设的不相适应。市场经济当中利益主体各不相同，市场经济的运行实际也是各个市场主体之间利益交换、协调的过程，是不断产生矛盾又不断解决矛盾的过程，司法承载着保障这些矛盾有效、迅速解决，维护不同市场主体利益交换、协调通畅运行的重要功能，依法治国的理念必须贯彻到实处。

三、改革只有进行时，全面深化改革需要广大党员干部掌握改革的方法和经验

“雄关漫道真如铁，而今迈步从头越。”在新的历史时期，推进全面深化改革需要千千万万的广大党员干部不仅要面对“啃硬骨头”的难题，而且要面对的往往是改革的对象就是自己的利益这样的艰难选择。在这种情况下，除了决策层要在顶层设计方面做好微观改革激励兼容的改革路径设计之外，还需要各个层级的党员干部增强大局意识、核心意识，自觉向中央看齐，其目的就是要发挥出中国共产党作为一个马克思主义政党的核心优势来克服私利对改革的扭曲，这是当前推进改革所需要的，是当前各项党员学习教育培训项目的重中之重，在此无须赘言。需要着重指出的是，在改革的深水区推进全面深化改革，“摸着石头过河”的改革方法在制度架构的诸多方面可能不再适用，党员干部在坚定改革的决心之外，还有必要掌握改革的方法论，在对改革有深刻认知的基础上，掌握推进改革的方法、路径，这样就能够事半功倍地推进改革。在近40年的改革进程中，我们积累了不少宝贵的经验和方法，突出的有：

一是不断解放思想，推进理论创新。科学的理论是改革顺利推进的思想保证。改革的进程，就是思想解放的过程，就是理论创新的过程。改革开放以来，我们党坚持解放思想，实事求是，与时俱进，将实践作为检验真理的唯一标准，不断推进理论创新、思想创新和体制创新，创造性地提出了社会主义市场经济理论及其政策体系。

二是坚持市场化的改革方向不动摇。改革开放近40年的历程，也是市场作为资源配置手段的地位不断提升的历程。从“一大二公”和“割资本主义尾巴”到“计划为主、市场为辅”的社会主义商品经济的提出，再到从指令性计划到指导性计划的转变，进一步到社会主义市场经济的提出，最终到使市场在资源配置中发挥决定性作用，中国的改革所取得的成果，也就是社会主义市场经济不断发展的结果。我们回顾中国近40年的改革经验，其中最核心的一条，就是要坚持市场化的改革方向。需要着重指出的是，互联网大数据时代，我们仍然要头脑清醒地坚持市场经济。计划经济与市场经济的区别，本质上并不在于有无计划或者说制订的计划是否科学，即便在完全市场化的社会里，企业也会制订诸多的生产计划、推广计划，计划得好的企业更有可能在激烈的市场竞争中胜出。计划经济与市场经济两者区别的本质是由行政权力来配置资源还是在价值规律的支配下由市场主体的自主选择判断来配置资源。互联网大数据可以使计划的制订更加科学，但是它无法解决这个时代最重要的人的创造性、积极性的问题。只有自由选择的市场，才能产生这种积极性和创造性，也只有自由选择的市场，它所形成的数据和联网才有意义，否则何以持续地发展繁荣？互联网和大数据只有与市场相结合，才能迸发出最大的效用。改革必须坚持市场化不动摇。

三是灵活运用改革方法，既先行先试、先易后难，又统筹兼顾、协调推进。我国改革的典型特征是采取了先行试点、总结推广的方式。立足于把解决本地实际问题与攻克面上共性难题有机结合起来，选择一定地区或改革领域开展试点，在对试点进行总结的基础上，对成功经验和做法再行推广。这种由点而面、先易后难的改革推进方式，既控制了风险，又通过有效的推广机制使成功经验能够迅速普及，成为我国渐进式改革战略的重要经验，也是新时期推进改革开放、探索新的发展模式和体制模式的重要途径。改革又是一项系统工程，必须不断完善改革的推进方式，统筹兼顾，加强总体协调。我们注重把握“破旧”和“立新”的关系，立足于立新，适时、大胆地破旧，从而不断消除深层次的体制机制障碍，建立健全适应生产力发展需要的新体制、新机制；坚持整体推进和重点突破相结合，在统筹规划的基础上注重协调配合，不失时机地实现改革的重点突破。开放也是改革，做到改革和开放相互促进，良性互动。在完善社会主义市场经济体制的新阶段，我们面临的主要是一些触及深层利益关系、配套性强、风险比较大的改革，而且经济体制改革与政治体制、文化体制、社会体制方面的改革日益紧密地联系在一起，这使得改革的统筹协调和整体推进的要求更加凸显。党的十八届三中全会后设立的全面深化改革领导小组，专门就经济体制、民主法治、文化体制、社会体制等设立了专门的改革小组，为改革的统筹协调创造了条件。

四是正确处理改革、发展、稳定的关系。改革是经济社会发展的强大动力，有效的体制是实现经济社会又好又快发展的根本保证，从长远来看，也是确保社会稳定的根本保障，同时，发展和稳定也提供了深化改革的良好环境和基本条件。要正确处理好改革与发展、稳定的关系，适时有序推进改革开放，把改革的力度、发展的速度和社会的承受能力有机结合起来，在保持稳定的前提下推进改革和发展，通过改革和发展促进社会稳定。

当然，宏观上掌握了改革的经验和方法还远远不够，广大党员干部每个人都有自己需要面对的具体的改革领域。这些具体领域的改革都有自己的难点和重点，其改革的方法和路径都不尽相同，需要根据实际情况，因地制宜，对症下药。中国经济体制改革杂志社和中国财政经济出版社这次共同编纂出版的"全面深化改革领导干部学习读本"不仅仅包括宏观的内容，如《未来十年的改革发展战略》《大国反腐》《大市场严监管》，因为不谋全局者不足以谋一域，有利于我们构建对当前整个改革进程的认知框架；更为重要的是，"全面深化改革领导干部学习读本"还就财政改革、金融改革、国企改革、土地改革、社保改革、产业变革、扶贫攻坚等具体改革领域都专门整合了分册，共同构成本丛书的主体内容，这就为广大党员干部在各自的领域学习、推进改革提供了极大的便利。"成事在天，谋事在人。"我相信，只要广大党员干部能够深刻地学习和领悟"全面深化改革领导干部学习读本"这样的改革书籍所传递的改革知识和精神，中国的改革事业就一定能够从胜利走向胜利，中华民族伟大复兴指日可待。

2017 年 9 月

目录

CONTENTS

第三篇　改革方法论 / 169

第四篇　发展方略 / 243

第五篇　增长新动能 / 305

代序

PREFACE

深化改革需要辩证处理好十个关系

范恒山*

党的十八大做出了全面深化改革的战略部署，党的十八届三中全会进一步做出了相关决定，几年来国家出台了一系列改革规划和方案，内容涉及经济、政治、文化、社会、生态和党的建设等各个方面，一些改革取得了积极的成效。党的十八届三中全会强调，全面深化改革的目标是完善和发展中国特色社会主义制度，推进国家治理体系和治理能力的现代化。但改革本身不是目的，深化改革的目的是要促进生产力发展、推进国家的现代化，实现全体人民的共同富裕。确保改革达此目标和目的，在改革的内容选择、方案设计、推进方式、操作力度、落实机制及检查评估等各个环节都要正确处理和科学把握。最近习近平总书记在主持召开中央全面深化改革领导小组第三十次会议时强调，要总结经验、完善思路、突出重点，提高改革整体效能，扩大改革受益面。按照这一要求，我以为，围绕改革所涉及的各个环节需要辩证处理好十个方面的关系。

* 范恒山，国家发展和改革委员会副秘书长。

一、系统配套与突出重点

改革需要系统配套。其一，全面深化改革本身就体现着改革系统性、整体性和协同性的内涵；其二，改革处于攻坚阶段，单兵突进难以取得成功，任何一项改革的有效推进都有赖于其他改革的协同与支撑，许多改革事项是互为条件的；其三，改革越向前深入，越是到框架完善和内容集成阶段，系统配套要求越强，但系统配套仍然要突出重点。这是因为，其一，所谓系统配套并不是面面俱到和同步推进，而是要求：在方案设计上要考虑相关改革事项的协同、在操作中要推进相关性较强的关键环节的改革，而不是胡子眉毛一把抓。与此同时，在具体推进时还要把握好各项改革出台的最佳时机。其二，精力、财力、物力和社会定力等因素制约，使改革不能够事无巨细一起推进。其三，抓那些牵一发动全身的关键性改革，可以起到提纲挈领、系统配套的效果。要认识到面面俱到、轻重不分的改革，不仅不是系统配套的改革，还可能是碎片化、分散化的改革，而这样的改革会影响改革的整体深入和关键性改革的及时推进。要梳理改革的实践进展，研析改革的逻辑关系，突出推出那些相互关联的重大的关键性的改革举措。

二、统一指导与分层决策

从总体上说，改革是关乎全局、体现方向、系统性强、风险性大的宏大创新工程，需要中央统一领导、整体把控和宏观设计。但就改革内容和实施效果而言，并不是所有的改革事项都要由中央政府及其部门来决策和设计。除总体谋划、顶层设计外，那些关乎全局、涉及根本、风险较大的改革事项应由中央政府决策；与现行法规有冲突、但有较强探索性的重要试验和试点也应由中央政府决策。其他改革事项，特别是与地方事务密切相关的改革、地方处置更为熟悉精准的改革，原则上应该交由地方依据正向有利的原则进行决策。这样做有利于充分发挥中央和地方以及社会推进改革的积极性，也有利于上下一心把改革扎实推向前进。

三、部门负责与协调配合

从当前情况看，部门负责涉及两个方面：一是制定改革方案；二是落实改革措施。在改革方案制定上，部门负责的优势是熟悉专业情况，缺陷是存在部门利益。因此，在由部门负责制定改革方案的基础上，应加强适宜机构在改革制定过程中的统筹协调。同时，应坚持各相关部门共同参与，广泛听取各方意见。在改革措施落实上，部门负责的优势是可以借助完整的内部系统，缺陷则是势单力薄。因此，需要强化部门间的配合，克服各自为政、各行其是的状况，切实排除“中梗阻”，防止改革措施因为“我动你不动、你动他不动”而实际出不了部门、落不到实处的问题。

四、积极借鉴与立足国情

改革需要积极借鉴，尤其是那些经过提炼总结、普遍认同、适应性较强的做法，但任何借鉴都不可以盲目照搬照抄、依单全收。对于国外的一些做法要认真甄别分析，不仅要看效果，还要看实施的环境和条件。事实上，并不存在着拿来就可以使用的放之四海皆准的做法和经验。国外许多成功的做法，往往也是依据自己的国情和实际条件创造或建设的，最发达的美国也是如此，其很多做法是从自己的国情和实际出发的。所以，不能把国外的做法与经验简单理解为国际规则，美国创造的也不是。改革实践和其他方面的实践已经无数次证明，照搬照套必然失败或付出沉重代价，只有把国际上较为通行的做法或多年来已经形成的惯例与中国具体国情区情结合起来，才可以取得成功或实现积极的效果。

五、专家意愿与群众意见

改革事项的选择和方案的制定往往是专家主导的，但专家主导不能唯自己的意愿。专家定策必须“接地气”，必须充分考虑中国的实际情况，必须积极体现广大人民群众的需要和诉求。为使改革内容选择和方案制定具有可操作性并体现有效性，有两个条件需要保障：一是专家队伍知识结构的完备性，包括熟悉中国的国情与区情，而这种比较完备的知识结构能够保障专家们制定方案时不会简单按理想行事，也不会囫囵吞枣、食洋不化。二是广泛听取人民群众的意见，不可自弹自唱、闭门造车。现实生活中有一些改革方案书卷气较足、洋味很重，充满理想主义色彩和晦涩难解的语言，老百姓看不懂，操作者不明白，且距离中国具体实际较远。这样的改革方案不会有人过多关心，也不会得到扎实有效的落实，其不良后果在制定之时实际上就能认定。与此联系的一个问题是，一些改革方案以内容敏感、容易引起不良社会后果而采取封闭的方式制定，用保密作为一种硬理由来阻挡公开征求人民群众意见，这样做其实是似是而非的。其一，涉及大众利益的改革方案最终是要由人民群众来实践或实施的，开门听取意见的过程，既是一个科学制定方案的过程，也是一个寻求共识提高人民群众心理承受能力的过程。其二，目前许多封闭政策的改革方案最终是要公布于众的，听取群众意见不过是把结果公开变成了过程公开，但无论是结果公开还是过程公开对于方案制订的科学性和实施结果的有效性会有很大的反差。其三，广泛征求人民群众意见并不褫夺专家的最后决策，但在集思广益基础上的专家决策无疑会比封闭状态下的专家决策来得更周全、更公正和更务实。其四，涉及国家安全和敏感的事项是可以通过适当方式进行处置和屏蔽的。总之，应当把改革方案的公开制定或公开征求人民群众意见作为一种常态，把封闭制定相关改革方案作为一种特例，严格限制其数量。

六、自身合理与外部经济

各项改革方案的制定，既要考虑其内在系统的协调性和逻辑关系的合理性，也要考虑其外溢效应和正负性能，要准确了解一些改革措施所具有的“双刃”性质，相应采取应对措施。换言之，其一，要把改革事项的外部经济性作为研究改革思路的一个重要内容；其二，要把制定化解改革事项外部不经济性的对策或预案作为制定改革方案的一个重要内容。考虑到许多改革事项往往关系全局，注重这一点十分重要。需要强调的是，相关风险的测算应尽可能量化，而应对举措的选择应尽可能实化。

七、点上试验和与面上推行

改革是创新创造，需要探索路径；改革是突破突击，需要测试风险。通过选择合适的地区或单位，对难度较高、风险较大的改革事项开展先行试点试验，是推进改革不断深入开展和全面开展的良好路径。点上的试验可以大大降低面上推行的社会风险，可以大幅度降低制度的操作成本，还可以显著提升改革的效率和效益。由点到面，先点后面，这是30多年来改革积累的一条重要经验，应当加以坚持。

八、部署改革与评估效果

切实解决重改革部署、轻督促改革落实、鲜于进行改革效果考察评估的问题。把部署改革与检查评估改革一致起来，有利于提升改革方案制定的科学性，解决改革方案数量多、质量低、改革效果不彰的问题；有利于推进改革方案的落实落地，解决一些措施写在纸上、停在口上的问题；也有利于降低改革的成本，从整体上提升改革的效益。与此同时，应建立改革事项推进的责任制度，探索建立科学的改革评估机制。特别应重视第三方评估，依靠人民群众、专业队伍和舆论机构评价改革措施效应、督促改革任务落实。

九、总结经验与反思教训

改革是创新探索，在改革过程中取得积极成效和出现挫折失误都属正常状态。改革是建立新的制度和规则体系，要保障改革向着正确方向前行并达到既定的建设目标，需要不断总结完善。在实际操作中，一些地区和单位往往习惯于总结成绩，却难于承认挫折与失败，往往讲成绩多说问题少，有的甚至把问题也包装为成绩，在思想上存在着反思失误就是否定改革的担忧，存在着检讨问题就是抹杀自己成绩的认识。这不利于及时纠正偏差，会导致集腋成裘、积重难返、增加改革风险、提高改革成本、延误改革进程；不利于优化改革的社会环境，增强人民群众对改革艰巨性曲折性的理解与认同，会吊高一些人群的胃觉或期待感；也不利于疏解改革的逻辑纹理和演进规律，以更好地指导和推进改革。在深改组第三十次会议上，习近平总书记特别强调要做好改革年度工作总结，既要讲成绩，也要说问题。这一要求十分明确，也十分重要。应把客观总结改革进程作为推进改革的一项重要任务，及时“回头看”，加强反思，把改革遇到的矛盾和问题搞清楚，把推进改革中出现的失误和挫折搞明白，把改革的发展规律、逻辑联系和演进方向搞清晰。

十、探索创新与制度建设

要处理好“破”和“立”的关系，边改革探索，边总结反思，边梳理提炼，边建章立制。要把那些经过实践证明是成功的做法，通过规制加以体现，运用法律加以确立。由点到面，循序渐进，不断调整完善，逐步建立起一套符合中国国情、反映国际化要求、有利于推动生产力发展和增进人民福祉的新型制度体系。

2016 年 12 月 10 日于北京

第一篇

改革战略

未来10年，我国仍将处于社会主义初级阶段。我国人口数量基数大，人民群众日益增长的物质文化需求与社会生产力之间的矛盾仍是这一阶段的主要矛盾。当前，通过进一步的改革开放，基本建成社会主义初级阶段市场经济，确立通过发展经济来提高人民群众的生活水平仍是首要任务，改革的总路线仍应坚持党的经济建设工作重心。同时，在社会主义初级阶段，改革既具有转型过渡特征，多个领域的改革还不能一步到位，还需要根据发展战略需要，确定改革重点顺序时间表，予以稳步推进。

未来的趋势和三个长期课题

刘　鹤*

接到写作邀请，我本能地想到两个题目：一是从中国宏观经济周期变化的描述中看经济发展；二是中国经济和社会结构变化的客观描述，因为这都与我多年的工作密切相关。但又发现这些题目的技术性太强，希望找到一个全景性的话题，可以归纳对过去改革开放的认识和对未来发展的展望。最近我到上海、广东、山东、辽宁和甘肃等地区做了一次关于发展路径的专题调查研究，了解不同地区发生巨大变化的原因，认识不同地区未来面临的各种挑战，在调研过程中，脑海中突然浮现这一题目，觉得这个题目让人兴奋，足以概括对以往和未来增长的主要看法。

一、增长的奇迹和六个成功因子

改革初期，邓小平同志结束以阶级斗争为纲的政治路线，国家的工作重点转移到了以经济建设为中心。在那时，世界上的大部分人没有意识到这项历史性决策的非凡意义，但是中国已经向前迈出了不可逆转的一大步。

在三十年时间之内，中国经济发生了巨大变化。2007 年中国的国内生产总值达到 24.6 万亿元人民币，平均增长高达 9.75%；经济总量是改革初期的 14.9 倍；国际贸易量超过 2.1 万亿美元，是改革初期的 104 倍；人均国内生产总值由 1978 年的 381 元人民币上升到 2007 年的超过 1.8 万

* 刘鹤，中央财经领导小组办公室主任，国家发展和改革委员会副主任、党组副书记，中央经济体制和生态文明体制改革专项小组组长。

元，约 2 500 美元；农村贫困人口由 2.5 亿减少到约 2 000 万人；人均预期寿命从 20 世纪 50 年代的 40 多岁提高到今天的 72 岁，中国经济在世界经济中的位次也从第 10 位一路跃升到第 4 位。奇迹不仅发生在北京、上海、长江三角洲和珠江三角洲，同样的增长奇迹在全国很多地区都先后出现，即便在甘肃的定西地区，这个被联合国有关专家定义为不适合人类居住的贫困地方，也发生了巨大变化，其经济总量在过去 30 年增长了 10 倍，城镇居民人均收入增长了 8.4 倍，农民人均纯收入增长约 6.8 倍。无论从哪一个角度衡量，都可以说，中国创造了人类社会大国经济增长的奇迹。

总结发展现象的永恒主题是，为什么有些国家和地区由穷变富，以及如何实现由穷变富，怎样防止富国由盛到衰?

发展似乎是有规律的历史现象，但发展的原因有时让人困惑，发展的结果往往出乎意料。从中国变化的实际出发，我们看到，准备转轨的巨大经济体在最初经历了危机和重创之后，受重大历史事件影响，对传统思想观念批判和要求变化的强烈社会共识逐步形成，这使得发动改革的新思想获得了光电一般的传播速度。伟大的历史人物出现，正确的重大决策使得思想解冻成为发展的实践。在正确的战略方向指引下，成功的案例和各类激励因素不断积累，相互激发，铸就着不可逆转的发展趋势，持续和超常规的增长现象成为标志性的特征。中国经济发展取得成绩的原因众说纷纭，有着完全不同的解释。

从大的方面来说，中国走出了有中国特色的社会主义市场经济道路。在解释成绩的原因时，我认为有几点是非常重要的。

（一）在反思“文化大革命”教训基础上形成的发展共识

历史反复证明，重大的危机推动形成新的社会共识，好的社会共识是历史进步的强大推动力量。中国改革开放之前是十年“文化大革命”动乱，那时中国经济已经走到崩溃边缘。摆脱贫困和结束动乱是全民族的强烈愿望，推动改革和开放是全民族深埋在心中的强烈期盼。这就是中国改革和发展的社会共识。邓小平同志的正确决策代表了中国人民的强烈要求。

需要看到，经历“文化大革命”一代人的痛苦磨难和深刻思考，为改革开放准备了强大的精神动力和价值认同，也准备了充足的人力资本资源。全民族对经济利益与政治利益、创新与激励、权威与民主、中国与世界等问题的理性认识，则是历史给予中国极其宝贵的国家财富。和历史上大部分崛起的国家一样，中国经历了危机催生复兴的历史过程。比俄罗斯幸运的是，中国领导人在关键的时刻选准了经济起飞的战略方向。

（二）坚定不移地对外开放，加入全球产业分工和市场体系

中国改革之初，恰是国际上一些国家经济全球化的转折时期。发达国家的制造业已经无力承受高福利的成本负担，大量产业需要转移，世界比任何时候都需要中国。中国已经具备良好的基础和诸多条件。只要坚决开放，就可以纳入国际分工体系，关键在于决策。这就是当时世界的长期供求格局。

中央政府坚定地放弃了闭关锁国路线，幸运地抓住全球化加快发展的历史机遇，毫不犹豫地加入到全球化行列中，把对外开放作为基本国策。中国加入全球化的过程是渐进和务实的。从开放思想和理论的传播、新产品的引进、对外贸易的扩大和利用外资的拓展，然后到全面对外开放和加入世界贸易组织，开放使中国及时利用了人类社会发展经济最好的实践成果，享受到全球分工的巨大利益。中国加入全球化的分工体系也是世界的福音。

更重要的是，对外开放对我国旧的计划体制起到冲击、震撼和瓦解的重要作用。在这一进程中，历代领导人的正确决策起到决定性的作用，而以往开放的历史记忆、海外华人、国际研究机构和企业家的智慧以及一批批学者的探索功不可没，沿海地区一批富有冒险精神和勇于实践的政府官员和企业家则扮演了重要角色。新中国成立后打下的基础和巨大的劳动力供给则起到支柱作用。以开放促改革促发展，是中国发展的重要结论。

（三）坚持市场化的改革方向

承认和保护个人和企业的经济利益追求，重视发挥市场竞争的作用，重视保护产权，发挥市场配置资源的基础性作用和政府的导向作用，是中国渐进式改革的主要实践。中国坚持自己的特色，没有盲目照搬西方模式，高度重视发挥市场机制的基础作用，而且也认识到市场机制发育的长

期性和目前存在的不完善。如果从大的方面回顾，改革最为核心的变化是承认物质利益追求和保护合法的经济利益。这是从20世纪80年代安徽和四川农村改革实行联产承包责任制开始的，从农村改革进入国有企业的改革，直到处理中央和地方关系的税制改革，以及最近推出的金融体制改革，凡是改革成功之处，都在这一最基本的问题上坚持了市场制度的信条。

以渐进的方法引入竞争机制，并且逐步健全适合国情的产权制度、信用制度，是中国的独特之处。在学院经济学家围绕产权和竞争激烈争论着的非此即彼或非黑即白的区域之间，中国找到了现实存在的灰色区间，在市场化这一根本问题上走出了迂回和有特色的道路。值得提出的是，中国在处理政府和市场关系上非常务实，因为两者最终都是为发展服务的。在发展初期，市场体系并不存在，企业家阶层也软弱无力，政府在培育市场和促进发展方面发挥了重要作用。当经济发展到一定阶段之后，政府和市场这两只手的关系逐步发生变化，企业家阶层开始成长并且发挥重要作用。这是具有制高点意义的问题，各个高增长的地区都有一个善于引导的政府，虽然发挥作用的方式很难用同一个公式表述。改革后的税收制度使地方政府之间存在竞争关系，明智的地方政府为了实现增长，更加重视发挥企业家的作用，这是诠释中国出现高增长的一个重要原因。但是，今后的挑战可能恰恰来自于这个环节。

（四）保持政治的稳定性，发挥制度优势

政治和经济从来没法分开，经济学从来都是政治经济学。改革开放以来历代中国领导人都把政治稳定作为经济发展的前提条件。中国的经济基础不可能承受脱离实际的政治风波，中国历史、文化和其他初始条件决定着不可能走西方式的政治民主化路径。正确的道路是逐步发展中国特色的民主政治体制，加快实现依法治国。政府重视发挥国家发展战略的导向作用和维护宏观经济的稳定，重视发挥中国政治制度集中力量办大事的优势。当然，这里肯定的是在市场机制发挥基础性作用前提下的合理政府行为。

各级政府认识到，重要的任务是务实地、符合规律地推动经济发展和提高人民的生活水平，使越来越多的人共同富裕起来和享有全面发展的权利。当然，当经济发展达到一定阶段之后，转变政府职能、加快行政管理

体制改革和民主的要求会日益加强，这是未来发展的崭新课题。

（五）充分利用国家具备的各种比较优势

亚当·斯密在《国富论》中指出：“分工是文明的起点。”全球化背景下欠发达国家发展战略的基本问题，是在全球市场分工体系中找到和发挥比较优势。在经济全球化条件下中国的后发比较优势明显存在，主要包括：工业化加速产生的巨大市场规模优势、劳动力无限供给条件下的二元结构落差优势、高储蓄率、国际资本流动等。这些和中国改革开放政策相结合，成为巨大的增长动能。

中国幅员辽阔，不同地方都有自己的比较优势。从地理位置优势、劳动力素质到产业布局优势和成本优势，比较优势从来都是一个动态现象，发展初期的不利条件随着发展阶段的变化会逐步变成新的比较优势，这是快速发展大国中比较普遍的区域发展现象。如果相对落后地区找到了适合发挥自己比较优势的商业模式和具备融入市场体系能力的话，这些地区就开始进入经济快速增长的轨道。深入分析就会发现，中国每个成功的地区、甚至各个成功的地区都有自己独特的发展模式，其独特之处在于激励经济发展的不同变量做出了极不相同的贡献，但在本质上又有相似之处。

（六）文化底蕴发挥着逐步加大的支撑作用

经济增长表面的决定因素是资本、劳动、技术和地理优势，但是最终起作用的是文化和习惯的遗传。中国古老的文化传统在改革开始就起到重要作用，主要是按照循序渐进的传统和中庸文化特点摸索改革路径。“和为贵”的思想和包容多样的风格自然地和各类经济因素结合起来，随着经济发展而产生不断扩大的作用，成为看不见的又时时可以感觉到的国家软实力。

在中国不同地区的成功背后，通常的解释变量离不开资本形成、产权保护、企业家精神或政府政策、技术创新或生产组织创新、重大的外部机会等经典因素。如果追根寻源，为什么在这里而不是在那里发生了如此这般的变化时，解释变量往往要回到历史文化因素中去寻觅。上海、广东和山东发展模式明显不同，这是地理文化和历史渊源的区别。一些西方汉学家在研究中国时指出的历史沉重记忆和文化沉淀，在发展初期似乎是阻力或包袱，但当发展达到一定水平和发展理念发生根本变化后，传统的中华文化与全球化的新趋势结合，则转化成为巨大的发展动力，现在的确需要对中国优秀文化的认祖归宗。

总的来看，中国出现的增长奇迹是适应外部环境变化、凝聚社会共识、调整激励结构、发挥生产要素价格相对比较优势和文化潜在力量的结果，其道理直白而深奥。在这部分，不应忽视和没有深入分析的有三个问题：过去30年全球化过程中出现的大国经济失衡现象和相对比较优势变化的描述、中国经济非均衡的特点和广义上的价格扭曲对增长的正面和负面影响、几次经济周期变化中不同发展阶段的改革特点。这三点都极为重要，但在较短时间内没有进入细节描述和定量分析，也有很多似是而非的判断。最后决定在这次写作过程中“抓大放小”，这一点想特别向读者加以说明。

二、未来的趋势和三个长期课题

中国的增长奇迹没有划上历史的句号。已经取得的成绩让人振奋，但它毕竟是阶段性的历史成果，作为向全面小康社会迈进和向中高收入水平跃升的国家，中国经济发展面临巨大的机会。按照党的十七大对全面建设小康社会提出的新要求，到2020年，中国人均国内生产总值将达到或超过5 000美元，发展的协调性大大增强，国内市场规模全面扩大，社会和谐程度逐步提高，发展前景是非常乐观的。但是中国发展也存在诸多不确定性，发展前景甚至存在两种可能性。站在这历史的十字路口，发展中国家走势分化的历史教训需要深刻汲取，对中国未来新的挑战需要准确界定。

写到这里的时候，不由得想起了一件往事。几年前法国驻华大使高毅先生约我共进晚餐，那时康德苏先生刚从国际货币基金组织退职。康德苏回忆，他在任时，要迎接新任美国总统克林顿到国际货币基金组织做惯例拜访。从白宫到国际货币基金组织有15分钟车程。康德苏苦思冥想，试图提出一个让新任美国总统在15分钟回答不完的问题，以避免路途无话可说的尴尬。他问的是：“总统先生，您最近经常思考的几个问题中，哪一个问题不断出现？”克林顿思考片刻后说：“我想是中国，如果中国实现城市化和轿车进入家庭，中国和世界会发生哪些变化？”于是克林顿开始了他擅长的推理。果然，直到终点新总统的话都还没说完。

克林顿思考的问题是，如果中国发生巨大变化，美国应当如何应对？他显然是站在全球视角考虑问题的。今天当中国已经成为大国开放经济体之后，我们显然需要站在新的高度，树立全球视野，做些更长期的展望。我们的确需要归纳一下，在我们这个十几亿人口的东方大国实现现代化，将会面临哪些主要的机会和挑战。经济发展的历史往往有惊人的相似之处，但未来中国的变化不可能是以往任何国家和自身历史的重复和再现。和早期发达国家不同，中国面临的挑战是复合型而不是线性的，随着时间推移，挑战不会简单化而是更加复杂，但机会将伴随挑战同时出现。

在诸多反复讨论过的课题中，我想特别提到三个长期问题：

（一）国际经济格局的变化和中国经济的定位

无论世界经济格局如何变化，全球化进程都在加快，中国作为大国开放经济与世界经济的互动性都在全面加强，但是目前的世界和中国与30年前已经大不相同。当中国决定对外开放时，世界流行的是多边自由贸易体制、资本自由流动和放松管制，劳动和资本相对价格的变化使全球制造业资本需要找到新出路，中国似乎不需要定位就可以凭借比较优势自然融入全球分工体系。

但是，今天暂且不谈政治因素，世界经济生产要素的长期供求格局已发生了很大变化。一方面，新兴市场经济国家的崛起使对初级产品的需求大幅增加；同时，受资源储量、土地面积、地缘政治等因素影响，初级产品供给出现价格刚性制约，这使得初级产品价格变化进入了结构性加速上升期，依赖于少数大国最终市场的亚洲模式受到挑战。另一方面，不断增加的全球生产能力和全球市场空间狭小的矛盾突出，这使得自由贸易体制在越来越多的贸易保护主义冲击下已经残缺不全。另外，发达国家虚拟经济的发展，使投机式的发展模式和急功近利式的公司治理结构不断升级，全球金融体系变得十分脆弱，发展中国家特别是经济结构加快升级的国家面临金融危机的挑战。更严重的问题是，全球气候变暖成为不争的现实，这个问题解决不好，将引发水源断流、难民剧增、粮食供应不足等涉及人类社会生存的基本问题，这使传统发展模式难以为继。

在复杂国际环境下，中国同时面临自己独特的课题。从宏观格局看，国内储蓄和消费高度失衡使得过大生产能力高度依赖国际市场，这种增长格局的可持续性在新的国际环境下已经不复存在。特别是最近几年，中国的外贸依存度达到约70%的水平，风险和成本都在明显扩大。从长期供给条件来看，过度外向和重化工化的发展模式使中国面临着前所未有的资源和环境压力。石油和部分农产品等初级产品的进口是长期现象，水和土地已经成为最稀缺的自然资源。劳动力成本上升速度加快而拐点出现得过早。

总之，国际市场狭小、初级产品价格上升、国内成本优势变化、资源环境压力加大，这些新的长期趋势说明，传统的粗放增长方式已经难以为继，要求中国在全球经济准确界定未来的动态比较优势，更重视熊彼特增长模式和罗默增长模式的研究，充分发挥知识和人力资本作用，创造条件在国际分工体系中扮演新的合适角色。我的基本看法是，在未来我们要做好两件大事：（1）中国要加快调整储蓄和消费的关系，逐步成为内生性的需求大国，为全球提供巨大市场。（2）要促进产业结构升级，加快技术进步和提高投资效率，提升服务业的比重，使产业结构和国内资源禀赋相匹配。

在新的环境下，中国要反思赶超型的工业化路径，努力走出一条依靠国内市场需求拉动、建立新的产业体系和形成创新能力的路径，同时用和平方式与资源供给国家形成互惠互利的战略分工。

（二）城市化模式和生产力空间布局

在工业化、市场化、城市化和国际化这四个趋势中，城市化是最核心也是最复杂的命题。主要原因是，城市化是工业化的载体、市场化的平台和国际化的舞台。大量农村剩余劳动力转向城市成为市民，是消除二元结构的根本出路，也是扩大国内需求的主要依托。城市化派生的投资和消费需求是拉动经济增长的主要动力。更重要的是，正确的城市化道路选择是实现国家粮食安全的保证，我国人多地少和缺水的基本国情，决定了在城市和农村同时实现适度规模经济效益和深化分工，是实现可持续发展的客观选择。

记得1993年齐怀远部长带队参加达沃斯论坛，他派我参加经济政要的圆桌讨论。我是职位最低但是被提问最多的官员。会后，新加坡总统李光耀走到我身旁，用一口广东音很重的普通话对我说："刘鹤，中国最大的挑战是城市化，10亿人口的城市化足以改变世界，你们的压力将是史无前例的。"李光耀是正确的。围绕城市化和大规模人口转移，过去30年我们遇到多少复杂的挑战和难题？粮食安全、农民利益、土地制度、户籍制度、社保制度、转移劳动力素质、政府考核方法、财税制度、社会稳定甚至人权问题。2008年初的南方雪灾表明，缺乏区域性的大城市所造成的大规模劳动力长距离流动性就业，是造成雪灾发生后交通堵塞的结构性原因。中国的基本国情使得生产力布局的长期供求关系远离均衡点，城市化模式的战略选择必须是国家行为。但是，自然经济思维和利益分割的实践仍然占据主导地位，在过去30年，我们大约转移了不到3亿的农村剩余劳动力，但却占用了将近10亿亩的农田，城市化付出的代价十分昂贵。在城市化模式选择上的犹豫，使得分工、专业化协作、规模经济、节约资源、保护环境和生态等观念的实践都面临很大困难。

回顾近300年现代化的历史，世界经历了三次城市化浪潮。第一次是大城市的兴起，这是工业化和分工深化的结果，我们没有赶上这次浪潮。第二次是小城市的扩散，这是治理大城市病的自然要求，我们经历了这一次浪潮，但是对此有所误解。目前全球开始了第三轮城市化浪潮，主要特点是通过强化大城市与中小城市的交通和网络联系，全面提高大城市的国际竞争力。这个趋势在伦敦、巴黎、柏林、法兰克福、阿姆斯特丹、东京、大阪等城市开始起步，大城市获得了更加重要的地位。

面对这些新趋势和国内城市化进程挑战诸多的背景，从战略上，我们需要认清潮流，从我国人多地少的实际出发，按照建立主体功能区和特大城市圈的思路，从资源环境承载能力和生产力合理布局的角度做好城市群发展规划，对混乱的城市格局做一次整合，以大城市为核心，整合中小城市和小城镇，相应做好政府事权划分，财税、住房、教育、社会保障、土地利用等制度设计，培育和创造符合中国在全球经济定位的大城市圈。从战术上，需要接受发达国家和部分发展中国家"大城市病"的教训，审慎和负责地处理各类现实问题，在建立城市功能区、接受大量转移劳动力和治理大城市带来的噪音、空气和水污染、交通堵塞以及解决社会难题等方面走出符合国情的新路径。

（三）提高中等收入者比重和加强教育

经济增长、合理分配和可持续性是发展概念的基本内涵。在收入分配问题上，提高中等收入者比重则是高层面的终极目标。改革开放三十年，我们已经实现了一部分人和地区先富起来的阶段性目标，一个人口数量逐步扩大的中等收入阶层正在出现。但是无论从哪个角度衡量，这个阶层的比重还是偏低，可能不足20%，难以支撑国内消费需求扩大和社会长治久安。为扩大“有恒产、有恒心”的中等收入阶层创造条件，是实现国家繁荣稳定的基本保障，也是中国从发展中国家进入发达国家的重要标志。因此我认为，党的十七大对全面建设小康社会的新要求中，最重要的是中等收入者比重占多数的目标。国际经验也表明，建立好的社会阶层结构至关重要，但是难度超过实现高速增长，因为增长的相关变量是快变量，而中等收入者稳步上升需要创造的政治、经济、社会和文化条件更多，有很多是慢变量，在提升中等收入者比重这个过程中甚至充满陷阱。

国内一直讨论拉美教训问题。拉美的情况比较复杂，为此我到智利和阿根廷做过专题调研，我发现国内对拉美教训有很多误解。所谓的“拉美教训”并不是被人们轻信的结论和判断，全球化、市场化、城市化不是拉美教训的元凶。拉美国家真正的教训是，在军政府向所谓的民主政府转化过程中，政府普遍采取了民粹主义的办法拉选票，放弃财政纪律和产权保护原则，做出各种超出政府支付能力的福利承诺，致使通货膨胀加剧和外债高筑，造成政治和经济周期的大起大落和两极分化。更为深层次的是，因为缺乏中等收入者阶层的理性制约，导致拉美民粹主义的严重情结。在拉美访问时，智利的研究人员向我介绍，总结以往教训，发现忽视教育是造成中等收入者比重低的根本原因。教育不足使低技能人员大量失业，造成贫困的再生且恶性循环。但随后发现，国家投入大量资金发展公共教育，而富人享受的私立教育质量超过公立教育，教育质量差别又转化为巨大的收入差别。而造成教育质量差别的原因，是公立教师激励不足。他们不无感慨地对我说：“一旦进入两极分化的陷阱，要花几十年的时间才能走出来。”他们的话是意味深长的。

十分清楚，使广大低收入者转变为有固定职业、有房产和努力向上的中产者，是避免中等收入国家陷阱的战略举措，是实现社会和谐的重要内容。实现这个目标不是靠补贴和社会同情所能解决的，有时为了劳动者近期利益做的好事反而不利于其长期利益，因为这些做法往往使劳动者把其低收入的原因归于社会，而忽视了自身的努力。最重要的是使得劳动者具备适应市场竞争和全球环境变化的能力和韧性。亚当·斯密在《国富论》中说过："一个哲学家和一个街头搬运夫的差别，似乎不是由于天赋，而是由于习惯、风俗和教育产生的。"（当时哲学家处于社会顶层）改变落后的习惯，加强教育和提高教育质量，是减少贫困和提高中等收入者比重的根本出路。在改革开放初期，没有受过教育的劳动力照样可以在东莞等地找到出路，但是今天和今后的环境将完全不同。

安东尼吉登斯在《现代性与自我认同》一书中指出："现代性的特征之一，在于外延性和意向性两极之间不断增长的交互关联：一极是全球化的诸多影响，另一极是个人素质的改变。"我们的教育要使个人心理和能力素质适应全球化的变化，应当更加强调两个不可分割的内容：首先是价值观念的教育，使受教育者具备仁爱之心，敬畏和感激大自然。加强心理教育和引导，使社会公众在经济结构和社会转型加速时期逐步具备心理平衡能力，从自满、焦虑、抱怨、浮躁、急功近利等不利于社会和谐的情节中得以超脱。其次是增强适应国际市场竞争能力的教育和培训，其内容服从国家总体战略定位的调整。这是减少收入差距和适应全球化发展挑战的基础，也是形成国家创新能力的保障。知识界应该增强社会责任，激发劳动者的创业之心，而不是制造对市场机制的恐惧。从国家全球战略角度看问题，发达国家的老龄化和人口萎缩同时出现，人力资源即将成为短缺资源，人力资本是未来国家竞争力的核心。因此，我们要更加相信教育和重视教育。创新是教育的函数，教育发展好了，创新成果将接踵而至。最近，比尔·盖茨提出一个很有意思的观点，他认为美国唯一的优势是通过开放的教育吸引了全球的优秀人才，转化为创新的优势。目前，我们的确看到了发达国家培养的人才向我国回流的趋势，我们需要抓住这个机会，在发达国家享受中国人口红利之后，享受一次发达国家提供的教育红利。

美国次贷危机发生后，我一直密切关注国际经济环境的变化，当我看到美联储不断降息和对金融体系注入大量资金之后，我感到了真正的危机，因为挽救的对象是本应受到惩罚的不道德行为。在全球化曲折发展的形势下，中国的确要建立起一道安全的防火墙，这就是真正扩大内需，稳步提高中等收入者比重，不断加强教育，推动城市化的有序发展，使中国成为市场规模巨大的创新型国家。这不是门罗主义或孤立主义，而是在开放前提下应对全球化挑战的理性选择。

（本文原载于《中国经济50人看三十年》，中国经济出版社2008年版）

全面深化改革要处理好四个关系

彭　森*

党的十八届三中全会、四中全会对下一步改革工作进行了全面部署。2014 年是全面深化改革的开局之年，各项改革工作正在紧锣密鼓的推进，改革的力度和广度空前。全面深化改革，不是一个领域也不是几个领域的改革，而是覆盖整个上层建筑、生产关系的深刻变革。重点深入研究和妥善处理政府与市场、社会的关系，理顺各方面关系，对解放思想、破解发展难题、进一步解放生产力，具有重要意义。

一、解放思想与实事求是的关系

发展永无止境，改革也永无止境。思想有多远，改革的路子才能走多远。党的十一届三中全会以来，我国确立了解放思想、实事求是的思想路线。36 年来，历次三中全会都是思想解放的范例，每一次大的思想解放又带来大的改革理论、改革发展的突破。2013 年党的十八届三中全会又拉开了新一轮思想解放的序幕。从理论上到政策上，破除了很多传统观念的束缚，突破了很多利益固化的藩篱。但是在改革实践中，僵化的思想、传统的观念、惯性的思维和一些工作方式还是会经常阻碍改革的进程，使中央很多正确的方针、明确的政策和具体的部署难以落地甚至失控。所以，怎么解放思想是需要特别关注的问题。

首先，解放思想要鼓励改革理论和改革实践的探索创新。邓小平同志过去讲，允许改革犯错误，但不允许不改革。改革者要敢想、敢闯、敢于

* 彭森，全国人大财经委员会副主任委员，中国经济体制改革研究会会长。

探索。同时，中央和各级政府要注意保护改革者、保护创新者。特别是在理论战线上，不能一改革一创新一探索就有人想扣帽子。进入改革深水区以后，我们应该特别强调加强改革的专业化程度，特别是深度的理论研究和理论探索。只有理论得彻底，才能有无畏的思想解放。理论研究有多深多透，我们的思想才能有多解放。

其次，解放思想一定要尊重人民群众的始创精神，尊重实践、尊重创造，改革要接地气。改革一定要深入实际，要接地气，要考虑地方改革的实践经验。基层是改革最直接的实践者，最坚持实事求是。只有真正做到了实事求是，才能拓宽思想解放的道路。

最后，解放思想最重要的是要靠倒逼机制。习总书记在党的十八届四中全会上提出，我们面对的改革发展稳定任务之重前所未有，矛盾风险挑战之多前所未有。只有真正遇到了危机遇到了挑战，在必须要闯关的时候，人们的思想才可能会真正解放和真正提升。

二、改革、发展与稳定的关系

每当改革发展进入深刻变动的关键时期，人们都会提出这个问题。在20世纪80年代改革初期提改革发展稳定，偏重于讲三者之间的关系。社会主义市场经济体制初步建立以后，人们更强调发展是硬道理、科学发展、改革不能影响发展稳定。实际上，改革的本质就是为了解放和发展生产力，但是改革的深化又必须突破现有的制度、政策以及法律，必须打破既得利益。因此，如果不通过改革来调整生产关系，生产力就难以发展；危机和挑战来临的时候，要发展就必须下决心推进改革。

党的十八届三中全会以来，中央强调要坚持问题导向，利用倒逼机制推动改革，实际就是从我国发展进入新常态这个实际出发做出的重要选择。步入新常态，除了投资下滑、内需不振、外需萎靡等原因外，深层次的原因是我国进入了结构调整的阵痛期，经济发展的内生动力不足。原先支撑经济快速增长的投资驱动、资源驱动模式、内生动力和内生因素逐渐消退和消失，而新的市场驱动、创新驱动增长模式的内生动力还没有很好地发育和成长起来。因此，保持经济健康平稳发展的关键，要寄希望于改革，寄希望于市场。进一步深化改革是适应新常态、培育新动力的一个根本途径。

举一个简单的例子来说明倒逼机制对我们传统思维和传统观念形成的挑战。经济增长长期以来都是官员政绩最重要的考核指标。虽然“十二五”规划把增长指标设为预期性指标，但是中央和地方还是把 GDP 的实现作为政府工作的指标。地方之间恶性竞争，盲目追求 GDP，追求大规模投资，地方保护政策屡禁不止，过多干预招商引资等微观经济活动，从根本上扭曲了政府和市场的关系，破坏了市场的统一和竞争的活力。党的十八届三中全会以来，这个问题有所好转。部分西部省份提出，对一些老少边穷地区、少数民族地区不再考核 GDP 指标，这是一个好迹象。未来从“十三五”开始，应该根据市场化和改革的总体方向，在这些问题上做一些大的调整。比如政府只制定一些中期发展指标，逐步取消省一级的地方 GDP 增长指标统计。全国每年的年度增长指标，调整为由统一机构来预测发布。现在全国的增长指标和“三驾马车”的增长严重不匹配，2014 年经济增长 7.5% 的目标要靠 17.5% 的投资、14.5% 的消费和 7.5% 的外贸来完成和保证。但到目前为止，投资增速只有 16.1%，社会消费品零售总额的增速只有 12.0%，外贸只有 3.1%。另外，过去全国 GDP 和各省 GDP 统计每年都存在 3 万亿元到 4 万亿元的缺口。2014 年前三个季度，26 个省、区、市的经济增长指标，只有 6 个在全国平均的 7.3% 之下，20 个都高于 7.3%。这个不匹配怎么解释呢？这些问题，如果真正能够解放思想，按照市场化的方向研究，是可以在“十三五”时期得到很好解决的。

三、市场经济条件下政府与市场的关系

市场经济条件下政府与市场的关系也是中国改革的一个核心问题。党的十八届三中全会明确提出发挥市场在资源配置中的决定性作用，这是一个历史性的理论突破。长期以来，我国实行的是一种政府主导的市场经济，今后应该按照新的要求进行全面深入的改革。新一届政府把行政管理体制改革作为当头炮、先手棋。政府先自我革命，已经取得了实效。全国的行政许可当时有 1 700 多项，到目前已经减少了 632 项。按照李克强总理再减 200 多项的要求，到 2014 年年底行政许可数量要压缩到 1 000 项以

下。但是改革过程中也存在一些问题，比较严重的是部门化、碎片化倾向。部门靠自己改自己，要求壮士断腕何其难。一些主管部门采用一种挤牙膏式的放权，按照数量压任务，把这个工作强推下去。今后，我们可以转换思路，探索由过去清理放权式的工作方式转变为规范确权方式，就是首先确定政府该做什么，对现行有效的行政许可做全面的合法性审查。按照《行政许可法》、市场经济的要求，明确哪些许可是政府真正应该保留的。确定下来以后，坚决贯彻法定职责必须为、法无授权不可为。对企业来说，法无禁止皆可为。目前我们虽然做了大量的改革工作，但是在政府与市场的关系上，还是存在政府“体太胖手太长闲不住”的问题，经济调控方面的越位与公共服务、社会管理、市场监管等方面的缺位失位交织并存。所以，深化行政审批制度改革，一定要加强对政府的行政许可、行政权力进行全面审查，明确法定职责，严格要求法无许可不可为。

在接下来的一年，改革应继续高度关注政府与市场的关系，工作重点和着力点应从政府自身的改革，逐步转移到市场体制、市场秩序、市场竞争机制的建立和完善，即将建立和完善统一开放、竞争有序的市场体系作为改革的重点。党的十八届三中全会《中共中央关于全面深化改革若干重大问题的决定》将“加快完善现代市场体系”单独设章，明确提出建设统一开放、竞争有序的市场体系，是使市场在资源配置中起决定性作用的基础。这项改革往往被大家所忽视，但实际上也是一个重点，是一个突破口，可以起到牵一发而动全身的作用。比如市场体系建设的改革、垄断体制的改革、混合所有制的改革、资源性产品价格的改革、金融市场的改革等等，都要包括在这个工作范围内。其中有几项重要的工作，应该抓紧时机尽快推进：

一是尽快推出统一的市场准入制度。上海浦东制定实施负面清单的做法，如果带有普遍性，应尽快在全国范围内全面推开，允许企业依法平等的进入负面清单之外的领域，真正做到法无禁止皆可为。

二是进一步破除各种形式的垄断。开放水、石油、电力、天然气、电信等垄断行业竞争性环节的业务，网络型自然垄断环节的特许经营面向各种所有制主体开放。对那些长期以来民营经济难以进入的领域，要加大改革力度，要有大的改革动作。比如原油进口，社会上一直诟病很多，每年进口差不多3亿吨，但主要控制在少数几家大企业手里。过去进行原油管控，主要理由是担心盲目竞争，抬高进口油价。但现在世界经济复苏曲折漫长，全球原油需求增长放缓，油价从120美元大幅下跌到80多美元，利用这个时间窗口，可以探索改革石油进口管制措施，落实党的十八届三中全会提出的保证各种所有制经济依法平等使用生产要素，公开、公平、公正参与市场竞争，同等受到法律保护的要求。只有通过这种实实在在的作为，才能树立和维护改革的形象，同时给民营企业更大活动空间，也给经济实实在在地增加活力。另外，我们也需要抓紧推进电力、石油、天然气、医药等领域的改革。凡是涉及竞争环节、竞争领域的价格，政府管得越少越好，能放开的要尽量放开。通过深化体制改革，加快改革步伐，提升整个市场体系的活力。

三是全面清理和废除妨碍全国统一市场和公平竞争的各种做法，破除地方保护主义，包括一些地方的优惠财税政策。2014年年初，财政部向人大汇报工作时，提出2014年要在全国范围内清理财税优惠政策，但这项工作任务需要其他部门和地方的大力配合，仅靠财政部门很难有效推进。未来应尽快推进落实有关工作。

四是抓紧修订《反不正当竞争法》，积极开展《反垄断法》执法检查，探索全面取消预算资金对竞争性领域的补贴，清理过度干预微观活动的产业政策，同时建立健全鼓励充分竞争、有利于各类生产要素平等自由流动、激励创新和企业家精神、保护知识产权方面的竞争性政策，用竞争性政策、普惠式政策代替过去那种“挑选赢家”的政策。只有加强和完善现代市场体系改革，我国经济才能成功跨越结构调整的阵痛期，焕发新的活力动力。

四、改革与法治的关系

2014年2月，习总书记在主持召开中央全面深化改革领导小组第二次会议时强调，在整个改革过程中，都要高度重视运用法治思维和法治方式，发挥法治的引领和推动作用，要确保在法治轨道上推进改革。习总书记的要求也是对改革和法治关系的一个深刻总结。从表面上看，改革和法治是矛盾的。法治的特征是稳定性，改革的特征是变动和突破。从实践情况来看，我们过去更多的是靠“试点、探索、总结、规范、立法再推广”

这种改革方式，立法主要是起到巩固和保护改革成果的作用，属于立法跟进模式。党的十八届四中全会提出全面推进依法治国这一重大治国方略，表面看好像是对改革的制约，但实际上是开辟了改革的新形式、新天地。实际上，西方发达国家推进改革，主要方式是通过议会辩论，广泛反映民意，最后审议通过，上升为法律法案。按照党的十八届四中全会的精神，立法先行可能是今后改革深化的重要形式。所以，党的十八届四中全会关于全面推进依法治国的决定，明确了法治是治国理政的基本方式，实际上也是改革深化的基本方式。处理好改革和法治的关系，重点要解决以下三个方面问题：

一是坚持改革决策和立法决策相统一。看准的改革，可以先立法再推进。加大立法力度，加快立法进程，充分发挥立法的引导、推动、规范、保护作用。从总体来看，我国现行有效的法律共 242 部，当前需要全国人大修改或需要进一步立法、列入计划的有 80 多部，比如电子商务法、信用法、期货法、房地产税法等等。我国一共有 16 个税种，但真正通过法律规定的只有 3 种，将来应加强依法治税、依法治财，通过法律进一步加以明确。当然，并非所有改革都采取立法跟进方式。1979 年的中外企业合资经营法，采用的是立法先行的模式，先立法，然后再推开。将来更多改革应通过立法先行的方式推进。

二是根据社会主义市场经济的内在要求，对相关法律进行全面的立、改、废、设的审查改革。全面审查的首要对象是现行有效的法律法规和各种政策规定。改革要冲击既得利益，冲击既成格局。过去讲既得利益，主要是行政部门或央企，实际上现行法律也是一种既得利益。比如我国农村管理体制改革，按照我国城镇化发展的有关要求，土地法、土地承包法等必须进行修改。还有证券法、电力法、反不正当竞争法等，这些法律都已列入全国人大修法的日程。未来修订修改法律的任务非常繁重，我们必须树立一个观念，即需要修改的要抓紧修改，需要废止的要坚决废止。这是真正依法治国、处理好法治和改革关系的重要内容。

三是重大改革要于法有据，要通过立法解决。实践条件还不成熟、需要先行先试的，要按照法定程序，通过立法机关授权试点的方式，为改革提供法律依据。习总书记强调，改革必须在法治的轨道上运行。很多试点工作要通过不同层级审批，如果确定试点方案且试点的含金量很高，不能只想着尽快突破、尽快改革。不同层级批准改革试点，会授予不同的改革权力。例如：经国务院批准、授权的，就有可能允许对国务院制定的700多种有效法规进行探索；经地方批准的，在地方的权限下，可能允许对8 000多种地方法规进行突破和探索；依据法定程序，经全国人大立法机关授权的，可以对全国现行有效法律进行突破。所以，立法和改革工作表面看是矛盾的，实际上是一个统一的整体。在今后的改革发展过程中，应更多地通过法律程序，以立法先行的方式有效有力地推进改革。

（本文系作者于2014年11月2日在第十二届中国改革论坛上的总结讲话）

协调推进“四个全面”战略发展

许耀桐*

“四个全面”是以习近平同志为核心的党中央把马克思主义与当前中国实际有机结合的最新理论成果，是新一届中央领导集体全面总结我们党领导社会主义现代化建设实践经验教训、深刻把握中国特色社会主义事业发展规律和党的执政规律形成的新时期治国理政的重大战略布局。

一、“四个全面”战略布局的形成过程

（一）全面建成小康社会战略目标的形成

改革开放之后，在谋划和构思我国社会主义现代化蓝图时，邓小平同志首先提出了“小康”目标。1979 年 12 月，在会见来访的日本首相大平正芳时，邓小平根据当时我国发展状况以及与发达国家的差距，第一次用“小康”来描述中国式的现代化：“我们要实现的‘四个现代化’，是中国式的‘四个现代化’。我们的‘四个现代化’的概念，不是像你们那样的现代化的概念，而是‘小康之家’。到 21 世纪末，中国的‘四个现代化’即使达到了某种目标，我们的国民生产总值人均水平也还是很低的。要达到第三世界中比较富裕一点的国家的水平，比如国民生产总值人均一千美元，也还得付出很大的努力。就算达到那样的水平，同西方来比，也还是落后的。所以，我只能说，中国到那时也还是一个小康的状态。”在邓小平这一战略构想基础上，党的十二大和十三大形成了我国社会主义现代化

* 许耀桐，国家行政学院教授、博士后导师。

的“三步走”战略部署：第一步，到1990年实现国民生产总值比1980年翻一番，解决人民的温饱问题；第二步，到20世纪末使国民生产总值比1980年翻两番，人民生活达到小康水平；第三步，到21世纪中叶达到中等发达国家水平，人民生活比较富裕，基本实现现代化。实现“小康”成为我国社会主义现代化进程中的一个重要里程碑。

经过全党和全国人民的共同奋斗，到2000年，我国人均国内生产总值超过850美元，如期实现了社会主义现代化第二步战略目标，在总体上实现了小康。但是，这种小康还是一种低水平、不全面的小康，“小康社会”所指的主要是经济发展水平和人民生活水平。2002年，党的十六大提出，“要在本世纪头二十年，集中力量，全面建设惠及十几亿人口的更高水平的小康社会”，把全面建设小康社会的内涵发展为“中国特色社会主义经济、政治、文化全面发展”，并形成了社会主义现代化战略的新“三步走”构想，即：到2020年实现全面建设小康社会的目标，到2050年达到中等发达国家水平，到本世纪末进入发达国家行列，实现中华民族的伟大复兴。2007年，党的十七大进一步发展了“小康社会”的内涵，把中国特色社会主义社会建设纳入全面建设小康社会的范畴，要求全党带领人民，继续全面建设小康社会、加快推进社会主义现代化，确保到2020年实现全面建成小康社会的奋斗目标。党的十八大明确指出，我国进入全面建成小康社会的决定性阶段，进一步丰富了小康社会的内涵，形成了经济建设、政治建设、文化建设、社会建设、生态文明建设“五位一体”的全面建成小康社会总体布局。

2014年12月，习近平总书记把全面建成小康社会与全面深化改革、全面推进依法治国、全面从严治党进行整合，提出了“四个全面”这一新的重大战略思想。2015年2月，习近平总书记从坚持和发展中国特色社会主义全局出发，明确提出“四个全面”的战略布局，科学、辩证地对“四个全面”进行了定位：全面建成小康社会是战略目标，全面深化改革、全面依法治国、全面从严治党是三大战略举措。从改革开放初期提出“小康”理想，经过三十多年的理论和实践发展，“全面建成小康社会”成为新时期我们党领导人民推进社会主义现代化进程的战略目标。

（二）全面深化改革战略举措的形成

党的十一届三中全会，开启了我国改革开放的伟大征程。此后三十多年里，我国改革从农村向城市，从经济、政治、文化、社会、生态文明体制到党的建设制度，范围不断扩展，层次不断深化。

1987 年，党的十三大提出了政治体制改革的任务，强调要进一步确定今后经济建设、经济体制改革和政治体制改革的基本方针，并指出："进行政治体制改革，就是要兴利除弊，建设有中国特色的社会主义民主政治。"党的十四大明确把建立社会主义市场经济体制作为我国经济体制改革的目标，提出要围绕建立社会主义市场经济体制，加快经济体制改革的步伐。要积极推进政治体制改革，下决心进行行政管理体制和机构改革，切实做到转变职能、理顺关系、精兵简政、提高效率。党的十六大强调必须坚定不移地推进各方面改革，不仅对多方面经济体制改革和政治体制改革做出部署，而且提出要深化文化体制改革。党的十七大强调，要把改革创新精神贯彻到治国理政各个环节，毫不动摇地坚持改革方向，要推进各方面体制改革创新，加快重要领域和关键环节改革步伐。同时提出要推进社会体制改革，使改革的内容进一步丰富。

2012 年，党的十八大进一步提出"全面深化改革开放"的目标。党的十八届三中全会做出了《中共中央关于全面深化改革若干重大问题的决定》，提出了全面深化改革的指导思想、目标任务和重大原则，描绘了全面深化改革的新蓝图、新愿景、新目标，为全面深化经济体制、政治体制、文化体制、社会体制、生态文明体制、国防和军队改革以及党的建设制度改革做出全面、系统部署。2015 年 2 月，习近平总书记把全面深化改革作为三大战略举措之一纳入"四个全面"的战略布局之中。

（三）全面依法治国战略举措的形成

我国是一个有着几千年人治传统的国家，长期以来，人治盛行、法治不彰，影响了社会的公平正义，妨碍了国家的和谐安定，阻碍了民族的发展进步。因此，我们党一直强调要加强社会主义法治。新中国成立后，我们着手加强社会主义法制建设。改革开放之初，鉴于"文化大革命"中对法制的践踏破坏给党和国家造成巨大损失的沉痛教训，邓小平多次强调要加强社会主义法制。1978 年 10 月，邓小平指出“法制确实需要建立和健全”；在当年的中央工作会议上，邓小平又指出：“为了保障人民民主，必须加强法制。必须使民主制度化、法律化，使这种制度和法律不因领导人的改变而改变，不因领导人的看法和注意力的改变而改变”，并完整提出了我国法治建设的十六字方针，即：有法可依，有法必依，执法必严，违法必究。1980 年 8 月，在接受意大利记者采访时，邓小平说：“我们这个国家有几千年封建社会的历史，缺乏社会主义的民主和社会主义的法制。现在我们要认真建立社会主义的民主制度和社会主义法制。”在 1992 年的南方讲话中，邓小平强调：“还是要靠法制，搞法制靠得住些。”

1997 年，党的十五大强调：“依法治国，是党领导人民治理国家的基本方略，是发展社会主义市场经济的客观需要，是社会文明进步的重要标志，是国家长治久安的重要保障。”不仅把依法治国提到治国方略的高度，还明确提出了建设社会主义法治国家的目标。党的十六大强调要坚持依法治国基本方略，要加强社会主义法制建设，“推进依法行政，维护司法公正”。党的十六届四中全会做出的《中共中央关于加强党的执政能力建设的决定》提出“必须坚持科学执政、民主执政、依法执政”，强调要“贯彻依法治国基本方略，提高依法执政水平”。党的十六届五中全会明确提出要建设社会主义法治国家和加快建设法治政府，丰富了依法治国的内容。党的十七大强调要坚持和落实依法治国基本方略，建设社会主义法治国家，实现国家各项工作法治化。

2012 年，党的十八大明确提出“全面推进依法治国”的要求，强调“法治是治国理政的基本方式。要推进科学立法、严格执法、公正司法、全民守法”。党的十八届三中全会要求推进法治中国建设，明确指出“建设法治中国，必须坚持依法治国、依法执政、依法行政共同推进，坚持法治国家、法治政府、法治社会一体建设。”2014 年 10 月，党的十八届四中全会，在党的历史上第一次把法治建设作为中央全会的专门议题，做出了《中共中央关于全面推进依法治国若干重大问题的决定》，提出了全面推进依法治国的总目标，就是“建设中国特色社会主义法治体系，建设社会主义法治国家”，对全面推进依法治国做出系统部署。2015 年 2 月，习近平总书记把全面依法治国作为三大战略举措之一纳入“四个全面”的战略布局之中。

（四）全面从严治党战略举措的形成

加强党的建设、从严治党是我们党的优良传统，是我们党历经各种严峻考验而不断发展壮大并始终保持先进性、纯洁性的重要法宝。在新中国成立前的革命实践中，毛泽东同志多次发起整党整风，以增强党的创造力凝聚力战斗力。邓小平同志多次强调党要管党、从严治党。1956 年他在《关于修改党的章程的报告》中指出，要“从国家制度和党的制度上做出适当的规定，以便对于党的组织和党员实行严格的监督”。1962 年在谈到执政党的干部问题时又指出：“党要管党，一管党员，二管干部。”

党的十一届三中全会以来，党要管党、从严治党，成为加强党的建设的基本方针和具体实践。1987 年党的十三大正式提出把从严治党作为新时期加强党的建设的基本方针。1992 年党的十四大首次把坚持从严治党载入党章的总纲。党章总纲规定：“必须紧密围绕党的基本路线加强党的建设，坚持从严治党，发扬党的优良传统和作风，提高党的战斗力，把党建设成为领导全国人民沿着有中国特色的社会主义道路不断前进的坚强核心。”这进一步肯定了从严治党方针在党的建设中的重要地位和作用。1997 年，党的十五大强调：“各级党委要坚持‘党要管党’的原则，把从严治党的方针贯彻到党的建设的各项工作中去，坚决改变党内存在的纪律松弛和软弱涣散的现象。”2002 年，党的十六大强调：“一定要坚持党要管党、从严治党的方针，进一步解决提高党的领导水平和执政水平、提高拒腐防变和抵御风险能力这两大历史性课题。”2009 年，党的十七届四中全会提出提高党的建设科学化水平的重要命题和任务。2012 年，党的十八大要求，以改革创新精神，全面推进党的建设新的伟大工程，再次强调“坚持党要管党、从严治党，全面加强党的思想建设、组织建设、作风建设、反腐倡廉建设、制度建设，增强自我净化、自我完善、自我革新、自我提高能力”。

2012 年 11 月，在党的十八届中央政治局常委与中外记者见面时，习近平总书记指出：“打铁还需自身硬。我们的责任，就是同全党同志一道，坚持党要管党、从严治党，切实解决自身存在的突出问题，切实改进工作作风，密切联系群众，使我们的党始终成为中国特色社会主义事业的坚强领导核心。”2014 年 10 月，在党的群众路线教育实践活动总结大会上，习近平总书记对从严治党进一步提出要求，强调要落实从严治党责任，坚持思想建党和制度治党紧密结合，严肃党内政治生活，坚持从严管理干部，持续深入改进作风，严明党的纪律，发挥人民监督作用，深入把握从严治党规律，对全面、科学推进从严治党做出系统论述和重大部署。

2015 年 2 月，习近平总书记把全面从严治党作为三大战略举措之一纳入“四个全面”的战略布局之中。

从以上每一个“全面”的提出和发展过程可以看出，从改革开放之初把建设小康社会作为实现社会主义现代化进程的阶段性目标，到党的十七大把“全面建设小康社会”发展为“全面建成小康社会”，确立了“一个全面”的战略目标，到党的十八大提出全面建成小康社会和全面深化改革开放，到党的十八届三中全会对全面深化改革作出部署，再到党的十八届四中全会对全面依法治国作出部署，直至 2014 年 12 月习近平总书记提出协调推进“四个全面”，并在 2015 年将“四个全面”整合定位为新时期治国理政的战略布局，经历了一个不断丰富发展到实现质的飞跃，成为成熟、定型的战略思想过程。

二、“四个全面”战略布局的内涵、特征

由一个战略目标、三大战略举措构成的“四个全面”战略布局，是当代马克思主义理论的新发展，也是我们党领导中国特色社会主义建设实践的新突破，具有丰富的科学内涵、鲜明的时代特征。协调推进“四个全面”，贯彻落实好这一战略布局，具有深远的历史意义和重大的现实意义。

（一）“四个全面”战略布局的内涵

“四个全面”战略布局，无论是其中的每一个“全面”，还是战略布局总体，都有其丰富、深刻的科学内涵。

1. 全面建成小康社会的科学内涵。经过三十多年的理论和实践发展，“全面建成小康社会”战略目标的内涵越来越丰富，也越来越明晰。主要有以下三个方面：

一是所涵盖的领域更加全面。相比于提出小康社会之初主要指经济发

展和人民生活水平，党的十八大对全面建成小康社会宏伟目标做了清晰的勾画，包括经济、政治、文化、社会、生态文明五个方面，即：经济持续健康发展，人民民主不断扩大，文化软实力显著增强，人民生活水平全面提高，资源节约型、环境友好型社会建设取得重大进展。要实现社会主义物质文明、精神文明、政治文明全面协调发展。

二是所覆盖的人群更加全面，就是要在2000年全国总体达到小康的基础上，使所有人群都实现小康。无论是城市居民还是农村居民，无论是经济较发达地区还是欠发达地区，无论是中等收入人群还是低收入人群，无论是人口较多的民族还是人口较少的民族，都要共同实现小康。习近平总书记2012年12月到河北阜平看望慰问困难群众时讲话指出："没有农村的小康，特别是没有贫困地区的小康，就没有全面建成小康社会。"2015年1月习近平总书记在昆明会见独龙族怒族自治县干部群众代表的座谈会上强调，全面实现小康，一个民族都不能少；全国各族人民要共同努力，共同奋斗，共同奔向全面小康。这一系列论断，充分体现了全面建成惠及十几亿人的小康社会的美好愿景和坚定决心。

三是所要达到的水平更高。全面建成小康社会，不仅要覆盖全部领域和人群，而且要使所有人群在所有领域达到更高水平。在经济发展方面，要实现国内生产总值和城乡居民人均收入比2010年翻一番；同时，要转变经济发展方式，增强发展的平衡性、协调性、可持续性，提高发展质量和效益。在扩大人民民主方面，要使民主制度更加完善，民主形式更加丰富；要全面落实依法治国基本方略，基本建成法治政府，不断提高司法公信力，使人民积极性、主动性、创造性进一步发挥，人权得到切实尊重和保障。在文化建设方面，要使文化软实力显著增强，社会主义核心价值体系深入人心，公民文明素质和社会文明程度明显提高；文化产品更加丰富，公共文化服务体系基本建成，文化产业成为国民经济支柱性产业，中华文化走出去迈出更大步伐，社会主义文化强国建设基础更加坚实。在人民生活水平方面，要总体实现基本公共服务均等化，使全民受教育程度和创新人才培养水平明显提高，基本实现教育现代化；就业更加充分；收入分配差距缩小，社会保障实现全民覆盖，人人享有基本医疗卫生服务，住房保障体系基本形成，社会更加和谐稳定。在生态文明建设方面，要基本形成主体功能区布局，初步建立资源循环利用体系，单位国内生产总值能源消耗和二氧化碳排放大幅下降，主要污染物排放总量显著减少；森林覆盖率提高，生态系统稳定性增强，人居环境明显改善。

2. 全面深化改革的科学内涵。全面深化改革的科学内涵有以下四个方面：

一是明确了全面深化改革的总目标。在党的十八届三中全会之前，我们党提出过一些领域的改革目标，如党的十四大把我国经济体制改革的目标确定为建立社会主义市场经济体制。但是没有就各方面改革提出总的目标。十八届三中全会做出的《中共关于全面深化改革若干重大问题的决定》明确提出“全面深化改革的总目标是完善和发展中国特色社会主义制度，推进国家治理体系和治理能力现代化，”从而为全面深化改革和各领域各方面的改革确定了目标取向。

二是改革范围更加全面。随着中国特色社会主义理论和实践的发展，我国改革从经济领域向政治、文化、社会、生态文明等领域逐步扩展。党的十八届三中全会提出的全面深化改革包括经济体制、政治体制、文化体制、社会体制、生态文明体制五大领域改革以及国防和军队改革、党的建设制度改革，在每一个领域又涉及各方面改革，形成党和国家事业发展各领域各方面全覆盖的改革总体部署。

三是改革层次向纵深推进。三十多年来，我国改革总体上采取了渐进策略，由浅入深、由表及里、由易到难，循序推进。进入新时期，越来越多的深层次矛盾表现出来，一些领域带有根本性的体制障碍制约着改革发展，而且这些矛盾和障碍相互交织、彼此相连，我国改革进入了攻坚期和深水区。全面深化改革，就是要把各领域改革持续向纵深推进，敢于啃硬骨头，敢于涉险滩，解决这些深层次矛盾，突破体制性障碍和阻力，推动中国特色社会主义制度自我完善和发展。

四是要统筹推进改革。2014 年 2 月，习近平总书记在省部级主要领导干部学习贯彻十八届三中全会精神全面深化改革专题研讨班的讲话中指出：“全面深化改革，全面者，就是要统筹推进各领域改革。”深水区的改革，各领域各方面相互联系、相互掣肘，单兵突进或各行其是，不仅难以取得成效，而且影响整体改革布局和推进。全面深化改革，就是要更加注重改革的系统性、整体性、协同性，统筹部署、协调推进各领域各方面改革。

3. 全面依法治国的科学内涵。全面依法治国的科学内涵主要有以下三个方面：

一是明确了全面依法治国的总目标。党的十八大报告围绕“全面建成小康社会”，确立了中国法治建设的总目标，那就是，到2020年“依法治国基本方略全面落实，法治政府基本建成，司法公信力不断提高，人权得到切实尊重和保障”。这是一个以2020年为时间点的法治建设目标。党的十八届四中全会做出的《中共中央关于全面推进依法治国若干重大问题的决定》指出：“全面推进依法治国，总目标是建设中国特色社会主义法治体系，建设社会主义法治国家。”这既为我们明确了全面依法治国的目标方向和性质，又指出了全面推进依法治国的制度抓手。

二是体现了中国特色社会主义法治道路、法治理论和法治体系的统一。全面依法治国包含坚持走中国特色社会主义法治道路、发展和贯彻中国特色社会主义法治理论、建设中国特色社会主义法治体系。中国特色社会主义法治道路，是中国特色社会主义道路在法治领域的具体体现；中国特色社会主义法治理论，是中国特色社会主义理论体系的重要组成部分；中国特色社会主义法治体系，包括完备的法律规范体系、高效的法治实施体系、严密的法治监督体系、有力的法治保障体系、完善的党内法规体系，是中国特色社会主义制度的重要内容。三者相辅相成，统一于建设社会主义法治国家这一总目标，为实现这一目标提供道路指引、理论支撑和制度保障。

三是做出了推进法治建设的工作布局。十八届四中全会做出的《中共中央关于全面推进依法治国若干重大问题的决定》强调，要坚持依法治国、依法执政、依法行政共同推进，坚持法治国家、法治政府、法治社会一体建设，实现科学立法、严格执法、公正司法、全民守法。全面依法治国，就是要按照这一工作布局，全面落实依法治国这一宪法确定的治国基本方略，使我们的党依法治国理政，使各级政府全面推进依法行政，依法严格规范立法、执法、司法行为，在建设法治国家、法治政府的同时，加强法治社会建设，实现全民守法。现阶段，特别是要抓住领导干部这个“关键少数”，着力提高他们的法治思维和依法办事能力。

4. 全面从严治党的科学内涵。全面从严治党的科学内涵表现为以下四个方面：

一是内容的全面性。就是要从党的建设的各个方面，包括思想建设、组织建设、作风建设、反腐倡廉建设、制度建设，加强从严治党，增强党的自我净化、自我完善、自我革新、自我提高能力。特别是要按照习近平总书记提出的要求，把思想建党和制度建党紧密结合起来，在加强对广大党员干部教育的同时，进一步完善各方面制度，切实严格执行制度，推进管党治党的制度化规范化。

二是对象的全体性。全面从严治党，就是要对全体党员和各级党组织严格加强管理，从每一名普通党员到每一位党的高级领导干部，从基层党组织到党的领导机关，没有例外，都要按照从严治党的要求，加强教育，严格管理，严格监督，做到管到位上、严到份上。特别是对于党员领导干部，要以更严格的标准和更高的要求，加强教育和管理。

三是措施的长期性。全面从严治党的"全面"还体现为长期性，就是从严治党的各项措施不是雨过地皮湿、活动一阵风，而是要常抓不懈，成为一种新常态。习近平总书记在党的群众路线教育实践活动总结大会上的讲话强调，必须以锲而不舍、驰而不息的决心和毅力，把作风建设不断引向深入，把目前作风转变的好势头保持下去，使作风建设要求真正落地生根。不仅是作风建设，党的思想建设、组织建设、作风建设、反腐倡廉建设、制度建设也要不松劲、不懈怠，长期坚持下去。

四是推进的综合性。就是要按照习近平总书记在党的群众路线教育实践活动总结大会上强调的，从落实从严治党责任、坚持思想建党和制度治党紧密结合、严肃党内政治生活、坚持从严管理干部、持续深入改进作风、严明党的纪律、发挥人民监督作用、深入把握从严治党规律八个方面，全方位地推进从严治党，增强从严治党的系统性、预见性、创造性、实效性，从而增强党自我净化、自我完善、自我革新、自我提高能力，提高党的领导能力和执政能力，保持和发展党的先进性和纯洁性，确保我们党始终成为领导中国特色社会主义事业的核心力量。

（二）"四个全面"战略布局的主要特征

"四个全面"战略布局是以习近平为总书记的党中央把握大局、审时度势，提出的推进中国社会主义现代化进程和中国特色社会主义事业的新的重大战略思想，具有如下主要特征：

1. 明确的目标指向。在“四个全面”战略布局中，“全面建成小康社会”发挥着明确的目标导向作用。“全面建成小康社会”，不是“初步实现”，也不是“局部实现”，而是全面实现，是“五位一体”的，即经济持续健康发展，人民民主不断扩大，文化软实力显著增强，人民生活水平全面提高，资源节约、环境友好型社会建设取得重大进展。这样的小康标准体现了前所未有的广度和高度。“全面深化改革”、“全面依法治国”、“全面从严治党”都是发展中国特色社会主义伟大事业的根本要求，分别为全面小康社会建设起到提供发展动力、营造有序环境、巩固领导核心的作用。而全面建成小康社会也不是终极目标，而只是阶段性目标，是实现现代化进程中的关键一步，将为新中国成立一百周年时基本实现社会主义现代化的宏伟目标和中华民族伟大复兴的中国梦奠定坚实基础。因此，实现中华民族伟大复兴的中国梦才是“四个全面”战略布局的目标所指。

2. 清晰的战略路径。全面建成小康社会和实现中华民族伟大复兴中国梦的目标导向，规定着解决各种矛盾问题、推动社会发展进步的根本路径。党的十八大以来，全面深化改革、全面依法治国、全民从严治党三个方面都已形成了清晰的规划和布局。从全面深化改革来说，党的十八届三中全会通过的《中共中央关于全面深化改革若干重大问题的决定》，从16个大项、60个小项、336项具体举措对全面深化改革做出了系统的部署，关注改革领域的每一个方面、要素和层次，注重各领域改革的关联性和各项改革举措的耦合性。从全面依法治国来说，党的十八届四中全会通过的《中共中央关于全面推进依法治国若干重大问题的决定》，提出了180多项重大改革举措，勾勒出“建设中国特色社会主义法治体系，建设社会主义法治国家”的新愿景，对全面建成小康社会、全面深化改革与全面依法治国的内在逻辑关系进行了分析。从全面从严治党来说，习近平总书记在党的群众路线教育实践活动总结大会上，强调全面从严治党的八个要点，为新形势下加强作风建设、坚持从严治党作了再动员、再部署，保证了我们党始终在全面建成小康社会、全面深化改革、全面依法治国中发挥好领导核心作用。总之，我们党关于全面深化改革、全面依法治国和全面从严治党方面的规划和布局都是十分清晰的。这些清晰的规划和布局是基于对现实问题的清醒认识，基于对我们以往艰辛探索取得的成功经验的深刻总结。

3. 深远的全局思维。“四个全面”是以习近平同志为总书记的党中央基于对国内外发展形势的科学判断而提出的，体现了深邃的战略性、全局性思维。一是有效统筹国内各方面发展。从国内形势来说，习近平总书记结合对新时期我国经济发展阶段性特征的认识，从战略高度做出了我国进入新常态的科学判断。从“四个全面”的广度、深度来看，“四个全面”中的每一个方面都是一整套结合实际、继往开来、勇于创新、独具特色的系统思想，而“四个全面”整合为一个战略布局，则更加鲜明地闪耀着辩证唯物主义和历史唯物主义的理论光辉。因此，“四个全面”是助力我们跨过“中等收入陷阱”，主动适应新常态的战略布局。二是有效统筹国际大势。从世界形势以及中国与世界的关系来说，在新的国际格局和既有的国际规则框架下更好地与世界合作，有效应对西方鼓噪的我们可能会陷入“修昔底德陷阱”的消极影响，需要我们中国向世界展示一种新的“世界观”，努力构建新的世界格局。“四个全面”有助于西方全方位了解中国的发展战略，有助于为中国延长和抓住发展的历史机遇期。三是有效统筹治党与治国。中国特色社会主义伟大事业与党的建设新的伟大工程相互依存、相互贯通：办好中国的事情，关键在党；伟大事业必须依靠伟大工程。全面从严治党，才能重塑党的形象和威信、增强党的创造力凝聚力战斗力，才能贯彻落实好“四个全面”，才能为中国特色社会主义伟大事业提供坚强的领导核心。

4. 强烈的担当精神。“四个全面”展示了中国共产党人强烈的政治自信和责任担当。一是表现为对实现民族复兴的追求。在实现中华民族伟大复兴的进程中中国共产党人应该做一些什么工作，应该肩负起什么样的责任，承担什么样的使命，贯穿在“四个全面”战略布局的每一个方面。在离 2020 年只有 5 年多的时间里，提出全面建成小康社会，彰显出以习近平总书记为核心的党中央巨大的政治勇气和责任担当。二是表现为攻坚克难的精神。谋小康之业、扬改革之帆、行法治之道、筑执政之基，是一场艰苦的奋斗，必然会遇到各种困难和阻力。如何通过改革破解这些障碍，如何通过依法治国确定规矩，如何通过从严治党锻造核心，对这些问题没有终极圆满的答案。“四个全面”战略布局展现了当代共产党人敢于啃硬骨头、闯难关、涉险滩的勇气和担当。三是表现为对巩固共产党执政地位和更好为人民服务的担当。全面从严治党把党的建设带入升级版，坚持以抓作风建设为切入点，严明党的纪律，规范权力运行，以零容忍态度惩治腐败，显示了党的领导集体敢于直面问题、敢于对历史负责的精神。

三、统筹协调推进“四个全面”战略布局

“四个全面”战略布局是新时期统领各项工作的重要行动纲领。“四个全面”既各有不同内涵和重点，又彼此联系、不可分割。我们要运用马克思主义辩证法明晰“四个全面”的内在逻辑，推进这一重大战略布局顺利实施。

（一）“四个全面”的逻辑关系

2015 年 2 月，习近平总书记在“省部级主要领导干部学习贯彻十八届四中全会精神全面推进依法治国专题研讨班”的讲话中，科学、辩证地梳理和阐述了“四个全面”的相互关系，明确指出：“全面建成小康社会是我们的战略目标，全面深化改革、全面依法治国、全面从严治党是三大战略举措。”我们必须深刻领会和把握习近平总书记对“四个全面”关系的科学定位，提高按照“四个全面”战略布局推进工作的能力。（1）全面建成小康社会是中心；（2）全面深化改革是动力；（3）全面依法治国是保障；（4）全面从严治党是根本保证。总之，“四个全面”相互联系，相辅相成，共同构成一个逻辑严密的重大战略布局。

（二）“四个全面”战略布局的内在统一性

尽管“四个全面”有目标有举措，三大战略举措着力的方面和重点也不同，但“四个全面”战略布局在整体上具有内在统一性。主要体现在以下几个方面：

一是目标与举措的统一。全面建成小康社会，作为“四个全面”战略布局中的战略目标，是我国社会主义现代化“三步走”战略的第二步，是实现中华民族伟大复兴中国梦的关键一步。全面深化改革、全面依法治国，既是服务于全面建成小康的战略举措，也是完善和发展中国特色社会主义制度、推进国家治理现代化的重要举措。全面从严治党旨在保持我们党的先进性、纯洁性，提高党的创造力凝聚力战斗力，使我们的党始终成

为中国特色社会主义事业的坚强领导核心。全面建成小康社会这一战略目标与全面深化改革、全面依法治国、全面从严治党三大战略举措，统一于推进我国社会主义现代化、实现中华民族伟大复兴中国梦的进程之中，统一于建设中国特色社会主义事业之中。“四个全面”就像是“一体三足之鼎”，在“三足鼎立”基础之上支撑起中国未来发展的美好蓝图。

二是突破与规范的统一。全面深化改革，一方面要解放思想，打破旧的思想观念束缚，突破各方面体制机制制度障碍；另一方面要创立新的体制机制制度，使各方面制度更加成熟更加定型。全面依法治国，一方面要转变人治观念和传统，克服以言代法、以权压法、有法不依等现象，改革不合时宜的立法、执法、司法体制机制，修订或废止过时的法律法规；另一方面要建立社会主义法治体系，用法律引导、推动、规范、保障各主体的权益和行为。全面从严治党，一方面要坚决制止党员干部违背党的宗旨、违背党的纪律和规矩的不良思想、作风和行为，修订或废止不合时宜的制度规定；另一方面要提出新的要求，建立新的制度，严格规范党员干部行为。三大战略举措都是突破与规范的统一，不同战略举措的侧重点也有突破有规范，它们统一于完善和发展中国特色社会主义制度之中。

三是治党与治国的统一。改革开放以来，我们逐步形成了中国特色社会主义事业经济建设、政治建设、文化建设、社会建设、生态文明建设“五位一体”总布局；同时，在党的建设方面也形成了思想建设、组织建设、作风建设、反腐倡廉建设、制度建设五个方面紧密结合的“五位一体”。这两个“五位一体”之间的内在紧密关系在“四个全面”中得到充分体现。全面深化改革包括经济体制、政治体制、文化体制、社会体制、生态文明体制改革以及军队和国防改革，也包括党的建设制度改革；全面依法治国，要求坚持依法治国、依法执政、依法行政共同推进，坚持法治国家、法治政府、法治社会一体建设，要求党必须在宪法法律范围内活动，要依宪执政、依法执政；全面从严治党，目的是提高党的执政能力，从而更好地治国理政；要实现全面建成小康社会目标，也必然要求全面从严治党。在“四个全面”战略布局之中，治党与治国高度统一，统一于党领导人民建设中国特色社会主义事业之中。

四是理论与实践的统一。理论来源于实践、应用于实践并在实践中得到丰富和发展。“四个全面”是在我们党领导人民推进改革发展和社会主义现代化建设实践经验基础之上形成的重大理论创新，是马克思主义中国化的最新理论成果，蕴含着马克思主义理论观点和思想方法。其中的每一个“全面”都是马克思主义与中国现实相结合的产物。同时，“四个全面”不仅是一种理论创新，更是指导和统领新时期中国社会主义现代化建设实践的行动纲领，是我们党在新形势下治国理政实践的战略部署。总之，“四个全面”战略布局是高屋建瓴的指导思想与现实可行的实践战略的统一，体现了以习近平总书记为核心的党中央高超的政治智慧、深厚的理论修养和强烈的实践精神。

（三）统筹协调推进“四个全面”的基本原则

“四个全面”战略布局是一个相互联系、相互贯通、相互依存、不可分割的统一整体。实施这一重大战略布局，既不能不分轻重缓急、不论主次先后，齐头并进；也不能相互脱节，各行其是。我们必须科学统筹，协调推进“四个全面”，为此需要把握以下基本原则。(1) 坚持党的领导；(2) 坚持从中国实际出发；(3) 坚持整体推进与重点突破相结合；(4) 坚持近期目标与长远目标相衔接；(5) 坚持改革与法治相协调。

（本文摘编自《“四个全面”战略布局发展研究》课题成果，2016年4月）

未来十年改革开放与发展的战略选择

王　战*

改革总是处在发展形势“最好的时候，也是最坏的时候”。30 年前的改革，经济基础条件薄弱、资本和技术极度贫乏、市场发育极度落后，但是国际环境对于我国的改革开放总体有利，国内也没有太多的社会矛盾风险，利益群体对改革的阻力不大。在如此背景下，通过解放思想，全国上下对于改革的方向、政策取得了比较一致的认同。

当前来看，改革形势与 30 年前相比出现了全局性改变。经过 30 年发展，我国的总体经济实力得到大幅度提升，经济的自主发展和自我调整能力得到很大提升，但是社会发展与经济发展并没有同步，所积累的国内社会风险与 30 年前相比是更高，而不是更低了。30 年来，我国一直处于高速增长时期，这也使得导致经济大幅波动的风险因素不断累积。中国的崛起使得国际社会对于我国改革开放的态度，也由支持转变为谨慎合作，甚至战略抑制。所有这些新的因素都需要在改革方案中得到斟酌与考虑。

与 30 年前相比，我国改革所面临的国情条件、发展机遇和矛盾阻力发生了根本性的变化。但是，改革的起点没变，就是人口和土地问题。目前，在各个地方发展过程中所遇到的一系列经济社会矛盾，追根溯源都在于这两个问题。从人口和土地问题切入，是与百姓生活最密切相关、最能直接感受到的改革。本文主要以人口与土地问题的基本国情为分析出发点，结合对当前我国经济社会发展中的资源环境、社会矛盾、文化认同、国际环境、执政能力五个方面约束条件的判断，以及我国未来产业转型、城镇化、区域协调发展战略，形成改革的总方案与时间表。

---

* 王战，上海社会科学院院长、教授。

一、基本国情再认识

我国的改革开放之所以取得举世公认的成就，应当归功于在牢牢把握基本国情的前提下，不断“摸着石头过河”，从而走出了一条“中国模式”的发展道路。什么是中国的基本国情？说到底，就是人们通常所说的“人多地少”，因人多而地少，因水少而地少，因山多而地少。人均地下资源不多，但旅游资源又是世界上最多的。应该看到，我国经济社会的每一次转折变革，实际上都与“人地关系”紧密相连。如今再启改革，也是因为我国的人口与土地问题出现了转折性的新矛盾。

前30年，我国围绕人口、土地问题的改革政策，如实行计划生育、农村家庭联产承包责任制等，不仅卓有成效，而且为我国经济社会持续高速发展奠定了重要的基础。但随着时间的推移，这些改革政策的一些具体特征和外在表现发生了重大变化，过去有效的政策未来是否仍然适用？在执行过程中又出现了什么新问题？经过30年的改革开放发展之后，对我国基本国情的再认识，一定是认识未来10年改革开放发展的出发点。

（一）人口问题

将社会主义初级阶段以30年为周期划分为三个时段，也与我国的人口周期特点密切相关。新中国成立后的30年，我们采取了鼓励生育政策，人口数量快速增长，加上严格户籍管制及计划经济模式，工业化与城市化进程严重滞后，隐性失业情况普遍，人民生活水平得不到提高。到20世纪70年代末，随着新增人口密集进入就业与生育期，我国必须以计划生育政策的方式来控制人口总量，并通过乡镇企业、开放型经济、个体民营经济等多种所有制成分的共同发展解决就业问题，促进工业化与城市化的发展。从这个角度来讲，改革开放享受到的“人口红利”，本质上是新中国成立后鼓励生育人口政策与改革后计划生育人口政策的叠加红利。

改革开放以来长期的计划生育政策，确实解决了当时最担心的人口总量问题，但也影响了今后30年的人口结构。目前，我国又进入到了30年人口周期的节点，新中国成立后鼓励生育时期出生的人口，逐步进入退休老龄化阶段；而计划生育政策下的独生子，开始进入新一轮的生育期。在这个时点上谈改革，在一定程度上也是我国人口周期性问题的内在必然。土地、产业、企业、城市、社保等体制的改革，都需要围绕未来10～20年人口结构与需求的特点来制定，即前30年的人口政策影响决定着后30年的经济发展模式。

1. 主要矛盾与突出问题

改革初期，总量过多是我国人口问题的主要矛盾。当前，人口结构问题超越总量问题，上升为矛盾的主要方面。未来30年，我国人口总体上将呈现为“总量居高、结构失衡”的基本态势。人口结构问题将突出表现为老年人口多、独生子女多、流动人口多、农村人口多等“四多”。人口结构变化，将对我国经济社会发展带来以下四个方面的挑战：

第一，老龄化问题比世界其他国家更严峻。人口老龄化，是所有国家在发展过程中都将遇到的一个必然现象。但是，我国老龄化的独特之处在于：一是由于计划生育政策影响，新出生人口下降使得老龄化速度加快。二是农村人口老龄化比城市更严重。随着青壮年农民工进城打工，农村仅剩下老人和小孩留守，农村不仅缺乏劳力，而且缺乏活力，使得“三农”问题更甚。三是更为严重的还在于，我们还没有进入发达国家行列之前就已迈入了老龄化社会。老龄化问题，直接关系到计划生育政策问题、新阶段的农村农业农民发展问题以及社会养老保障体系的完善问题。

第二，计划生育政策到了必须调整的关口。计划生育政策调整与否，直接决定着我国未来20～50年的人口与就业结构，并决定着这个阶段的经济社会发展形势。从日本等国家老龄化的教训看，过度的老龄化人口结构成为经济长期缺少活力、发展持续低迷的主要原因。日本可以通过出口导向战略、依靠新兴市场的外部需求，勉强维持其经济增长，而我国届时将无以为继。从短期看，计划生育政策进一步使得“老龄化与少子化”现象叠加，社会中已经出现的“失独”老人群体化现象有可能孕育爆炸性的社会不稳定因素。

第三，适龄劳动人口呈现出长期下降趋势。一直以来，我们更多地关注投资对经济增长的影响，这主要是因为资本稀缺，而劳动力供给丰富。但近年来，这一状况正在发生根本性转变，劳动力总体供给能力逐渐降低。2011年年末，劳动力人口比例为74.4%，比上年降低了0.1个百分点，预示着下降拐点的出现，到2050将下降到60%以下。15～64岁的劳动年龄人口，将在2016年达到峰值9.98亿人，随后逐年下降。同时，新生劳动力数量将大幅度减少，2011年，18～22岁人口规模为1.08亿人，比2008年减少了0.16亿人，未来10年将每年平均减少700万人。[①] 适龄劳动人口的长期下降趋势直接关系到两个问题：一是未来中国经济增长的动力必须由人口数量驱动，转向人口质量驱动，提高劳动人口素质与技能成为关键；二是适龄劳动人口下降如何与产业结构转型相匹配。劳动人口下降并不意味着能充分就业，人口结构变化如何与产业结构匹配是一个重要战略问题。

第四，人口密集迁徙且流动很不稳定。大规模、大跨度的人口迁徙造成文化与社会冲突，非典型的拉美“城市病”现象已在东部地区特大城市的城乡结合部形成。我国的人口迁徙主要来自两股潮流：一股是农村人口进入城市，其主要特征是规模巨大；另一股是中小城市人口向大城市集聚，其主要特征是一部分青年精英的形成。从世界发展历史来看，还从来没有发生过像我国如此大规模的人口从农村进入城市的迁徙过程，这一过程可能还要持续半个世纪，以每年1 000万～1 500万的规模迁徙。2011年，我国城镇常住人口为6.9亿，其中户籍城镇人口约4.8亿。在我国未来的15亿人口中，城市人口将达到10亿～11亿人。人口迁徙引导得好是城市化的巨大动力，管不好则是社会风险集中爆发的潜在根源之一。在人口大规模迁徙过程中的突出问题有三个：一是人口迁徙与户籍制度的激烈冲突。对于取消户籍制度，社会各界呼声很高，但配套制度跟不上。从长期看，户籍制度作为社会主义初级阶段的过渡性制度还会存在一段时期，但必须要改。二是人口流动的不稳定性。对于进入城市的第一代农民工，仍往返于城市与农村，处于不稳定的“半城镇化”“钟摆式城镇化”状态。对于大多数第二代农民工，不愿返乡，希望留在城市，其中有相当部分无法正常就业，也没有城市的社会保障支持，因而集聚于大城市的城乡结合部，逐渐成为城市社会风险的源头。三是城市化进程最终还是由人口流动决定。城市化水平要进一步提高，仍然需要有更多的人口进城。因此，人口流动如何与城市战略匹配是改革政策设计需要着重考虑的方面。

---

① 中国发展研究基金会：《人口形势的变化与人口政策的调整》，《中国发展报告》(2011/2012)。

2. 改革的切入口

第一，调整计划生育政策。计划生育政策是30年前针对当时人口形势设计的有效人口政策。随着人口形势的变化，计划生育政策已经到了30年人口周期的临界点，不能再拖而不决。考虑到政策调整实施的积极和稳妥，第一步可以先放开二胎政策，第二步可以在大城市试点全面放开政策。

第二，探索退休制度的改革。退休制度改革具有两方面的意义：短期而言是减轻政府养老负担；长期而言是为了维持适龄就业人口。目前，对于退休制度改革的争议要大于计划生育政策的改革，关键是政府公务员、事业单位和企业员工之间的公平性问题。因此，可以探索推行"弹性退休年龄"政策。目前的退休年龄可规定成为法定最早退休年龄，由劳动者自主决定是否延长退休年龄，不妨从知识阶层试行，再配之以社保激励政策，减轻社保支付压力，并择机拉平男女性退休年龄。长期而言，可以采取延迟法定退休年龄的政策，但需要在政府与事业单位社保改革完成的基础上进行。

第三，规范完善全国社会保障体系。社会保障体系的统一是改革的大方向，有利于户籍制度的全面改革，有利于城镇化进程，也有利于社会公平。从长期看，我国应首推借鉴新加坡中央公积金模式，也可以基础养老金全国统筹改革为切入口，两者形成方案皆有难度，但前者属于强制性储蓄，不易"吊高胃口"，已被证明为国际上成功的经验。同时，完善全国各类社保异地转移、接续、共享的体制机制，也应成为统一全国社会保障体系的前期改革。

第四，改革教育体制提高人口素质。以职业教育体制的改革为切入口，培养高技能人才。高技能人才是能够适应生产、经营、管理、服务第一线需要的高等技术应用性人才。借鉴德国经验，从战略高度看待职业教育，增加高技能人才教育的投入，创新良好的舆论导向。通过高技能人才的培养战略，提升就业人口素质，服务产业转型战略。

（二）土地问题

在我国革命建设的90年间，革命建设成败与土地制度变革密切相关。总结我党六个时期的历史经验教训：第一次是1927年的大革命时期，规定要没收大中地主的土地，分给佃农及无地农民；第二次是 1931 年的根据地建设时期，变封建半封建的土地所有制为农民的土地所有制，调动了一切反封建的因素；第三次是 1942 年的抗日战争时期，地主减租减息，农民交租交息，提高农民抗日和生产的积极性，也有利于联合地主阶级抗日；第四次是 1947 年解放战争时期的东北土改，没收地主土地，按农村人口平均分配土地，激发了农民革命和生产的积极性；第五次是 1950 年《中华人民共和国土地改革法》规定废除封建的土地所有制，实行农民阶级的土地所有制，但实际在社会主义改造中，土地逐渐国有化和公社化，生产力受到严重制约；第六次是 1978 年推行农村家庭联产承包责任制，大大调动了广大农民的积极性，为我国改革起了个好头。但是，在城镇化的具体操作中，土地征用制度实际剥夺了农民对土地的权利，最终扭曲了土地市场，也积累了社会矛盾。

前 30 年改革，在土地问题上的两个基本做法当前都遇到了瓶颈：一是农村实行家庭联产承包责任制，一定时期内解决了农业生产力和农民积极性问题，但这个制度安排的效率在降低，农民种地种粮的积极性已经大为降低；二是依托土地国有制度，在城市建立起了一套土地财政制度，客观上推动了城市化建设的进程，但是土地财政的可持续问题、对土地征用的公平正义问题都受到了质疑。改革再启，无论在农村还是城市，土地问题仍然是一个重要问题。

1. 主要矛盾与突出问题

当前土地问题的主要矛盾是：土地供应总量与结构难以适应城市化与产业化发展的需要；土地的总量瓶颈与结构失衡压力的相叠加。各地政府都在想方设法增加土地供应指标、维持土地财政收入，以保障经济社会建设与公共服务开支。目前最担心的是：一旦土地财政不可持续，经济发展是否会面临风险。从根本上讲，如今土地问题的困境，是由于不合理的土地管理制度所引起和积累起来的。

第一，土地为国家、集体所有，这是我国土地制度的优劣所在。长处是有利于建设的规模与速度，土地财政被认为是政府城市开发建设的一种融资手段，最终是要通过财政收入的上涨来返补居民；短处是计划经济时期城市化滞后，作为国有土地的城市建成区面积狭小，快速城市化进程中，用不合理的土地征用制度征用农村集体土地，系统地侵占了农民利益，土地财政并不一定会给失地农民带来真正收益，同时在城乡结合部积累了大范围的社会矛盾。土地征用制度要不要改革，已经成为当前我国土地制度改革的一个关键环节问题。

第二，农村家庭承包责任制土地长期未得到真正确地确权。如此状态的长期存在，必然会影响金融进入农业、影响土地流转和土地适度规模化经营，从而使得农业的弱势产业地位进一步加剧。同时，30 年来，农村水利建设和农田基本建设缺乏制度性安排，再加上大量农业劳动力尤其是农村年轻人离开了农村，已经对我国农业发展造成了极为不利的影响。

第三，城市用地和农业用地的冲突加剧。两者的冲突既表现在量的方面，也存在于制度上的冲突。从量上讲，我国城镇人口平均密度约以 1 万人/平方公里为宜。以此测算，我国最终 10 亿城市人口，就需要 10 万平方公里的城镇化用地。按照 2008 年的数据，全国城市建设空间 4. 06 万平方公里（其中还包括 8 035 平方公里的工业生产空间），其中居住空间仅占 30. 9%；独立工矿空间 4. 15 万平方公里，共计 8 万平方公里[①]，缺口还差 2 万～3 万平方公里。目前，农业用地 18 亿亩红线的底线确实是有效的管理措施，但我国始终没有明确快速城市化进程中城镇建设用地的总量规模和人均规模，使得城市和农村的用地冲突加剧。从制度上讲，各级地方政府长期利用农村集体用地做文章，先将土地规划从农业用地变为城市建设用地，然后通过征用将集体土地变成国有土地，这实际是变相的“圈地运动”，损害农民的切身利益。这种制度是否应该持续？如果需要改革，是否有好的替代制度？

第四，全国土地资源分布不均、差异大，不宜同等开发。我国“人多地少”的基本国情还有其自身特点，即中国人多，但文化资源更多；中国的地少，是农用地少，而山岭、沙漠、湖泊等其他形态多，这就决定了中国的旅游资源多。土地开发需要因地制宜，实现跨区域的分工协调，不宜全盘推进城市群建设，尤其是在生态脆弱的中西部山地地区。

第五，土地开发利用效率低、集约化程度低。在过去 10 年，我国土地使用粗放程度不断恶化。从 2000 年到 2010 年，全国人均城镇工矿用地从 130 平方米提高到 142 平方米，城市建成区人口密度下降，从每平方公

① 中国发展研究基金会：《促进人的发展的中国新型城市化战略》，《中国发展报告》2010。

里 7 700 人下降到 7 000 人。农村土地闲置状况比较严重，2008 年，农村居民点空间为 16.53 平方公里（不包括农村道路），约为城市建设空间的 3 倍。现在进城务工农民数量为 2.3 亿～2.6 亿人，农村人口在减少，但农村建设用地的数量却反而增加，因此导致大量农村居民点的闲置用地。根据估计，目前闲置规模达到 185 万～285 万公顷，相当于现有城镇用地的 1/4～1/3。

2. 改革的切入口

第一，加快推进农村土地制度改革。农村土地不能实行全盘私有化，不仅没有办法操作，而且效果会适得其反。但是，农村土地制度必须要改革，既涉及农民工切身利益，也涉及城乡土地的市场化流动，涉及“三农”的全局性战略问题。如何改？其方向是进一步扩大农民土地经营使用的自主权。一是抓紧农村土地确地确权。建立健全农村宅基地、耕地、林地等产权确权、登记、颁证制度，这是改革前的基础工作。更重要的是，“确权到户、永久不变”，防止实际操作中存在多次、反复确权，损害农民利益。二是鼓励耕地承包经营权流转，在有条件的地方实现农业规模经营。这是发展家庭农场和农业合作社、走现代化农业道路的制度前提。三是承认农民对祖传宅基地的所有权，也是最能得民心的举措。在我国革命最初发展的时候，就是靠打土豪分田地来团结群众的，现在把农民这一块土地剥夺掉，事实同最初的土地革命是相矛盾的。承认农民对宅基地的所有权，不仅还给农民权利，也有利于城市化。例如，河北清河县是占全球 40%、占全国 60% 的羊绒粗加工生产基地，有 200 个村庄进行羊绒粗加工。照理说，工业化应该支撑城镇化，但却没有发生。什么原因？农民担心被剥夺了宅基地。对于已进城的农民，农村宅基地仍不肯放弃，但也得不到有效利用。如果承认农民对于宅基地的所有权并允许交易，可以大大提高农村土地的使用流转效率。以农村土地制度改革为切入口，是我国的又一次土地变革，区别于以往战争年代和农业经济社会时期的变革，将成为我国在工业化、城镇化发展阶段的一次具有里程碑意义的改革。

第二，稳步推进土地征用制度改革。除基础建设、公共设施等用地由政府直接参与征地外，政府不再参与土地征收、出让过程，这也是其他国家和地区土地制度的一般安排。但是，在现阶段是否能立即实现这一改革目标，在实际操作中仍有很多疑虑和不确定因素。一是政府的财税体制改革是否跟得上，土地财政收入的体制短期内难以扭转；二是土地征用制度改革，会产生土地前后补偿不一致，进一步引发社会问题。因此，土地征用制度改革将会有一个过程。目前可以操作的是不断完善现有的土地征用环节，土地征用价格的逐渐市场化、规范化，提高征地补偿返还责。

第三，农村集体建设用地合法入市，合理规划引导小产权房建设。农村集体建设用地与国有建设用地本身没有根本差异，尤其是在城乡结合部。人为设置这种政策差异，初衷是为规范农村集体建设用地的开发，但从实际情况来看却越管越乱，大量存在的、没有经过合理规划的小产权房比比皆是，并成为城中村、违章建筑、社会风险的集聚地。对于农村集体建设用地的开发，应采取“疏而不是堵”的方式，允许农村集体建设用地在市场流通；允许在符合规划的情况下，进行自主开发建设。德国对于居民、企业自建房采取鼓励而不是限制的政策，可以大大缓解城市住房紧张的问题。对于已经存在的小产权房，先予以合法化，同时征收房产税，再进行规划引导和调整。

第四，以家庭农场和专业合作社为切入口，形成家庭联产承包责任制的改革升级版。30 年前，农村家庭联产承包责任制的改革，大大提高了农民积极性，打响了改革的第一枪。30 年后，我国“三农”形势已经发生了实质性变化。农业产出效率低，与城市收入水平差距大，加速了农村适龄就业人口向城市的转移；与此同时，农村人口的老龄化现象比城市老龄化更为突出，50 ~ 70 岁的老年人成为农村务农的主要群体。农业与农村的改革发展需要在家庭联产承包责任制后制定改革的升级版方案。建议粮食作物逐步以家庭农场为生产经营主体，经济作物可以专业合作社为切入口，推动形成农村家庭联产承包责任制的改革升级版。

第五，通过财税体制改革，逐步转变土地财政依赖。在城市建设过程中，由土地财政转为税收财政是必然方向。通过包括扩大房产税开征范围在内的财税税制改革，优化地方政府的财政收入结构，转变土地财政依赖。

二、约束条件的再判断

对基本国情的再认识，可以让我们清晰地了解深化改革的基础；对约束条件的再判断，可以让我们清醒地认识改革进程的艰巨。我们认为，我国经济社会可持续发展所面临的主要约束条件集中表现在以下五个方面：

（一）资源环境能否支撑

资源环境问题既是国情，也是未来发展面临的最大约束，直接影响当前的产业发展、城市建设和社会稳定。在我国，每年环境污染和生态破坏造成的损失与 GDP 的比例高达 10%。由煤炭燃烧形成的酸雨造成的经济损失每年超过 1 100 亿元。自 20 世纪 90 年代中期以来，我国经济增长中有 2/3 是在环境污染和生态破坏的基础上实现的。世界上污染最严重的 20 个城市我国占了 16 个。全国流经城市的河流中，70% 的江河水系受到污染，3 亿农民无法喝到安全的饮用水，75% 的湖泊出现了富营养化问题。酸雨的影响面积占到国土面积的 1/3。我们应当充分估计能源稀缺、相应的价格上涨和环境影响问题，并且有效保证我国能源不会过度依赖国际市场。我国未来 10 年的发展，必须把生态文明建设和绿色发展放在十分重要的位置。

1. 主要矛盾与突出问题

全球 200 多年的工业化仅仅使不到 10 亿人口实现了现代化，但自然资源已面临枯竭的威胁，生态环境遭受到巨大破坏。“金砖四国”人口近 30 亿，如沿用西方国家高物耗、高能耗生产生活方式，将耗尽地球资源和环境容量。曾经辉煌的南美洲玛雅文明、中东苏美尔文明、印度河哈拉帕文明等都最终走向衰落和消亡，究其原因，都直接或间接地同人与自然关系不协调有关。高物耗、高能耗的生产生活方式支撑不了我国的可持续发展，甚至可能导致我国现代化进程的中断。

目前的突出问题表现在以下四个方面：

第一，生产方式不合理。例如，目前全球加工贸易主要集聚在我国，既为我国工业化带来了良好的发展机遇，为城市化带来了额外的就业机会，也给我们带来了额外的资源消耗，并付出了巨大的环境代价。

第二，环境问题日趋严重。大范围的、持续性的“雾霾”现象，使得我国的环境成为全社会、全球关注的问题。先污染后治理的模式在我国已经快到极限。目前的煤炭消费增长趋势、汽车保有量增长趋势、轨道交通建设规划滞后，以及现行的环保税费政策都与减排目标相左。零敲碎打地推出各种污染治理政策未必能达到目标，如果没有战略性的环境治理举措和顶层设计，频发的环境事件对我国经济社会发展会产生什么样的后果，谁都无法预计。

第三，社会矛盾有所加剧。近年来，全国各地因环保问题而引起的社会群体性事件数量逐渐增多，已经成为仅次于土地问题的焦点。

第四，我国超越美国成为二氧化碳头号排放大国。在地球温室效应已成定局的情况下，不改变粗放式增长方式，“中国模式”将丧失道德高地，不具发展的合法性。

2. 改革的切入口

世界新一轮科技革命，必定是破解资源和环境约束的产业革命。其中，新能源的开发与产业化应用，是我国走出资源环境约束的出路。在未来发展中，新能源产业对于我国的战略意义，要超过美国、欧洲。从能源保障看，美国的页岩气、欧洲的核能都可以成为能源的重要来源；美欧民众的生产生活方式已经基本成型，不存在严峻的资源环境约束。我国在这两个方面却还都是未知数，因此，我国比美国、欧洲更需要新能源产业。前几年，我国新能源产业的发展，主要供应了国外市场需求，帮助了美欧解决新能源的供应问题和环境问题，而将污染、耗能留在了国内。相反，国内新能源的开发应用却步伐缓慢，这里有市场培育期的问题，也存在着总体战略的偏差。从这个角度来看，我国发展新能源，一定要实行“依托内需、服务内需”的战略导向，这是我国资源环境战略所决定的。在新能源产业发展过程中，还要总结一哄而起投光伏、风能的教训，走一条中国特色的新能源发展路子。

第一，改革 GDP 考核导向。应该淡化省一级的 GDP 考核指标，可先考虑取消海南省、西藏自治区等地的 GDP 考核，积极推出绿色 GDP 的统计考核制度。

第二，择时推出政府采购新能源汽车政策。高速公路网已建成、尾气对雾霾的影响等既定前提，决定了我国新能源产业发展的突破口在新能源汽车；新能源汽车发展的突破口，美国是高端私家车的“特斯拉模式”，我国的重心应在公共领域的用车，包括公共汽车、出租车、公务用车等。目前，我国公务用车数量庞大，而公共汽车、出租车的尾气排放量占城市汽车尾气排放量的 30%。因此，通过政府采购公共汽车、出租车、公务用车，不仅符合汽车国情特点，也可以成为推动新能源汽车产业化、规模化，降低单车成本，引领消费的改革切入口。

第三，在机关企事业单位推行能源合同管理。能源合同管理推行多年，成效不显著，可以改进机制，在机关事业单位强制推行。通过签订节能服务合同，能源节省开支部分按比例计入能源绩效考核奖，成为绩效工资的一个组成部分，既节约能源，也可以部分解决绩效工资的来源问题，一举两得。

第四，调整资源税，加快开征环境税。如煤炭资源开采表面上的开发成本很低，但若将其所隐含的资源、环境等成本纳入其中，它实际成本就会上升很多。资源税的改革包括扩大征税范围、转行从价计税和提高征税标准。应该看到，资源税和环境税有助于加快我国从传统能源向新能源开发利用的转变，也有利于调节资源性省份的地方政府财政收入构成。

第五，将新能源战略作为国家外交战略的重要内容。我国新能源产业除了由外需战略导向转为内需战略导向之外，还应把新能源战略作为外交战略的重要内容，与美国在新能源合作领域形成 G2 模式，加强页岩气、煤层气、可燃冰等过渡能源的开发，有利于中美两个大国一起来引领全球绿色经济发展。

（二）社会矛盾能否承受

在经济转轨和社会转型过程中，我国社会矛盾进入了高发期、高危期，成为引发群体性事件的不稳定因素。导致社会矛盾的原因多面化、复杂化，腐败问题、收入分配问题、土地问题、环境问题、医疗卫生、食品安全、网络安全都成为社会矛盾的源头，且多个矛盾因素呈并发状态。从空间来看，大城市的城乡结合部成为各类矛盾集中爆发的区域。

1. 主要矛盾与突出问题

当前，由于机会不均等造成了收入贫富差距拉大，加剧了社会分层；由于社会结构出现诸多利益主体和利益集团，利益多元化带来的各种利益冲突，社会矛盾复杂。这些问题突出表现在以下四个方面：

第一，城乡结合部成为社会矛盾的集中爆发区。市场经济是一种移民社会，是通过横向关系，而不是血缘关系构建起来的社会模式。欧洲 19 世纪前完成了大规模移民，美国也是典型的移民社会。现在，我国正在进行人类历史上全球最大规模的移民，农村人口大量涌入城市要成为市民。与拉美城市化进程中“城市贫民窟现象”有所不同，我国实行的土地国有制和集体所有制，使得在城乡结合部失地农民的违章建筑迎合了大量外来进城人口的需要。初步统计，在移民性的大城市中，80%以上的罪犯是外来人口；而外来的犯罪人口主要集聚在城乡结合部。因此，城乡结合部已经成为当前我国各类社会矛盾集聚、爆发的最薄弱环节。

第二，腐败问题影响最为恶劣。当前，党内外干部群众对腐败的严重性和反腐败的迫切性具有一致共识。腐败问题产生的原因很多，与我国公务员制度也密切相关。要保证党的纯洁性、稳定性，就必须对公务员制度进行改革。现在对公务员财产申报公示等问题都采取回避态度，但在实际改革中，如果我们仍回避，而不正视这些问题，在很大程度上会影响群众对改革的信心。

第三，收入分配问题为全社会所诟病。由于机会不均等、不公平而引起的收入分配不公和收入差距拉大，已经成为一个重大问题。同时，国有企业的隐性福利、公务员群体的隐性和灰色收入、钻法律政策空子而起来的暴富阶层，都已成为社会矛盾集中的焦点问题。其中，公务员收入分配机制不合理是一个长期存在的问题，也是我国收入分配改革的核心问题。

第四，医疗卫生、食品安全问题不少。医疗卫生、食品安全、网络安全等直接关系百姓日常生活的问题。虽然矛盾积累没有其他问题突出，但是往往也与腐败问题、收入分配问题相互交织。

2. 改革的切入口

从推动我国经济可持续发展和建设和谐社会的角度来看，应该紧紧抓住几个受到社会广泛关注、事关社会公平正义、涉及群众切身利益的主要社会矛盾问题，采取积极的政策措施，进行有效化解。

第一，解决大城市城乡结合部的顽症。解决城乡结合部的顽症是第一位的问题，土耳其、埃及、巴西以及巴黎郊区发生的群体事件表明，城乡结合部顽症处理不妥，将会危及社会稳定乃至政治稳定问题。为此，中央和地方应该协同努力，制定城乡结合部的综合治理改革方案，实行政治、经济、社会“三管齐下”，阻止大城市城乡结合部非典型的“拉美化现象”进一步蔓延。

第二，建立食品安全强制保险制度。完全由政府承担食品安全监管职能的方式成本高、专业性低、覆盖不全面、处罚弹性大，且社会矛盾集中于政府。可以借鉴国际经验，参照交强险做法，探索建立食品安全的强制保险制度。这也是政府简政放权、推进行政管制体制改革的一项重要举措。在食品安全强制保险制度下，保险公司选派业务经验丰富、管理能力强的人才进行食品安全的监管操作，可以市场化的方式更有效化解食品安全问题。这也符合行政管理体制改革和大部制改革“简政放权”、更多让市场发挥作用的原则。

第三，坚决、稳妥推进财产申报公示制度。公务员财产申报公示是反腐败最有效的切入口。目前实行的抽查公示制度，是财产公示制度改革取得的一大进步，但是在执行过程中，应采取随机抽样，避免成为选择性办案的途径。全面的财产申报公示制度，也可以从新任公务员和拟升职干部开始做起，逐步推动实现公务员队伍的纯洁化。

第三，“三公经费”与公务员收入分配制度的联动改革。我国公务员工资水平不高，但实际收入不低，结构不合理。目前，关于公务员工资水平高低的各种论断其实是一种假象，由于大部分公务员收入来自地方给予的津补贴，导致《公务员法》等一系列规范公务员工资的法律法规无法对公务员收入形成有效约束，工资制度扭曲引发种种弊端。如，低工资降低了公务员队伍对于国家的忠诚度；津补贴乱象导致地区间公务员收入的不平等；公务员工资增长实际上的唯职务论，造成公务员群体的“官本位”取向；尤其严重的是，变相产生和过度使用“三公”经费，甚至滋生寻租和腐败等社会问题。公务员收入分配制度很难改，是因为舆论压力大，大幅增加公务员名义收入水平，会引起社会反弹，而且各地财政经费也很紧张。当前，借“三公经费”改革之机，将“三公经费”节约开支部分转作为公务员的绩效工资。一方面，将公务员原有的隐性福利转作为阳光收入；另一方面，也解决了公务员收入分配改革的一部分资金来源问题。

第四，推进企业工会的工资协商制度。最低工资制度是作为调节收入分配的一种方式，对于提高低收入群体的收入起到了作用。但是，这项政策将会减少我国多少个就业机会，没有一个全面的评估。从根本上看，工人工资的决定还需要由劳资双方来决定，我国现有的工会组织还没有发挥出工资协商的作用。我们党作为工人阶级的先锋队，在新时期企业中的作用应成为维护工人权益，组织劳资谈判，进行工资协商的代表。

第五，推进社会组织管理制度改革，促进社会组织发育，提高社会治理能力。社会主义社会在理论上是否应包含社会组织的发育和社会自我治理能力？长期以来，我们一直以大包大揽的方式管理一切社会事务，但回过头来看是“好心办坏事”，不仅没把事办好，反而将社会矛盾集中于己，足球黑幕、红会事件等都直接影响政府公信力和党的威信。让社会组织充分发育，让社会具有一定的自我治理能力，更有利于社会稳定，进而巩固党的执政地位。

（三）文化认同能否确立

30 年来的经济社会大发展，呼唤着中华民族的文化复兴，但是我们并没有准备好。当今，中国的主流文化价值在国内社会、国际舆论方面都没有得到应有的认同。物质水平的提高、文化交流的碰撞、利益诉求的多元、传播渠道的多样，使得当下中国正处于“文艺复兴”和“启蒙运动”同步兴起的前夜。我们又该如何应对？

1. 主要矛盾与突出问题

在我国经济崛起过程中，尚未凝聚起共同的人文价值观。在各文化领域，现实主义和批判现实主义大量涌现，但文化繁荣尚未达成全民共同的文化价值认同。

第一，在社会主义初级阶段，社会主义核心价值观如何引领老百姓精神需求？社会主义初级阶段的价值观不宜拔高，如果调子唱得太高，就会曲高和寡。社会主义核心价值观，只能是针对党员、公务员、军队战士的“最小公约数”。四位一体方针、八荣八耻道德观，绝大多数干部都背不出，何况百姓？在具有 1 亿宗教信徒、2.6 亿流动人口的社会中，社会文化价值的“最大公约数”却没有能够体现。

第二，社会文化认同失衡，出现高尚和低俗两个极端。一方面，政府通过树典型、立模范以及文化宣传来推出高尚的文化产品内容；另一方面，确实存在着各种文化垃圾和低俗文化充斥于“虚假繁荣”的文化市场，而社会道德诚信的普遍缺失，进一步使群众对于社会主义核心价值观难以入心、入脑。

第三，在世界上仍缺少人文道德和价值观的话语权。我国的国际话语权水平较低与话语能力较弱，大多数情况下仍处于对西方舆论进行自我辩解的层次，尚未达到对等争论，更不用说主动设置议题对西方形成舆论反制。

第四，文化产业增长，文化软实力提升没有跟上。人均GDP超过5 000美元以后，老百姓的精神文化需求日益增加。根据测算，我国潜在的文化消费总量超过5万亿元，但到“十二五”末期，我国文化消费总额预计仅达到1.5万亿元，百姓的精神文化需求仍未得到释放和满足。文化产业缺少主流价值的引领，文化产业的主流价值只局限于社会主义核心价值观的“最小公约数”，缺少更容易为更广大群众所接受的“最大公约数”。文化工作一直是群众路线的重要内容，但现在脱离群众太远。网络新媒体的出现，又挑战了传统主流价值的传播方式。

2. 改革的切入口

如何切入？需要对内、对外“两条腿”走路。对内，应该分两个层面提出简明扼要、入心入脑的文化价值观；对外，应该理直气壮地向国际社会弘扬东方的共同文化价值观。

第一，提出简明扼要、入心入脑的文化价值观，构建最低标准的共同人文价值观。要形成中国特色的“文艺复兴”和“启蒙运动”，社会主义核心价值观要百姓化、社会主义初级阶段化。还要挖掘“诚信为本”“与人为善”“己所不欲勿施于人”等传统人文价值。

第二，理直气壮地向国际社会弘扬东方的共同文化价值观。西方国家讲的自由、平等、民主、博爱的“普世价值”，侧重于人的权利；而东方价值观讲的信、义、仁、智、礼，同时还强调了人的责任，是人的权利和人的责任的统一，既可以争取在全球意识形态领域的话语权，又可以赢得发展中国家对我国发展理念和经验的认同。

第三，推进文化体制改革。推进国有文化单位的改革，深化文化传播、教育培训等向民营资本的开放。同时，中国的“文艺复兴”和“启蒙运动”还需要适应当今网络社会发展的新特点。

第四，改编中小学德育教材。要注意借鉴国际经验和有效做法，尤其要主动引入我国台湾、香港地区的成功经验和做法，注重中小学生的传统人文价值观教育。

（四）国际环境如何把控

我国新一轮改革面临的国际环境与30多年来的外部条件大为不同。一是我国长期依赖的西方发达经济市场带动能力显著下降，国际经济环境发生重大变化；二是美国战略重点东移，亚洲安全环境的不确定性增加；三是我国与发展中国家的竞争性加大，国际舆论环境的不利因素增多。

30多年来，我们通过不断释放改革和开放红利，通过两次重大战略妥协，实现了历史性的跨越。这两次战略妥协主要是在世界经济领域：一是同以跨国公司为主体的国际资本妥协，积极利用外资，进而全面参与全球生产分工体系；二是同西方主导的国际体系妥协，在2001年加入世贸组织，为我国改革发展赢得前所未有的世界市场，成为经济全球化的最大受益者。目前正面临着第三次战略妥协的选择，即以高端市场开放来倒逼国内结构转型和体制改革。

1. 主要矛盾与突出问题

2008年国际金融危机以来，各国经济复苏面临着复杂的国际环境，长期结构性矛盾和短期周期性矛盾交叉凸显。国际格局正处于大国关系敏感期，我国既为全球经济增长做了重大贡献，也是各方围堵的主要对象。新一轮区域化潮流兴起，美、日、欧欲通过三边FTA合作形成新的世界市场规则体系，企图以此将我国再度边缘化。发展中国家特别是新兴大国的竞争与合作并存，尚未形成稳固的合作机制。我国周边区域的争端冲突不断，地区合作机制受到严重干扰。

在此背景下，我国新一轮改革开放需要解决的国际环境问题集中在两个焦点上：一是我国能否同世界各国寻找利益汇合点和制度共同点，避免成为国际体系中的“孤独崛起者”；二是我国能否延缓和避免与霸权国家即美国发生战略对抗或摊牌，进而为新一轮结构性改革争取10年以上的稳定战略环境。

我国新一轮改革和发展需要拓展更具有包容性的国际环境。当前的主要矛盾是：我国的新型大国关系和新型周边关系如何适应我国经济实力快速上升问题。

第一，国际资源与市场的变化对我国国内经济的影响越来越大。在人口、土地资源约束性加重的情况下，国际资源和市场对我国发展的重要性更为突出。利用外资、产业转移、加工贸易、两头在外的生产方式正在发生变化，贸易摩擦、货币汇率博弈及知识产权问题冲突不断。

第二，大国关系进入重塑和调整期，尤其是中美关系成为大国关系中的核心问题。目前，我们并不具备和美国直接抗衡的能力，到2030年前是中美双方对抗冲突的危险期，这个时期如果中美之间发生任何大的对抗，都可能导致我国崛起进程的中断。

第三，周边关系在大国利益博弈中进入紧张时期。当前，我国的周边关系处于各大国中最复杂状态，也是新中国成立以来的最复杂时期。同时，由于美国的亚太“战略再平衡”，周边关系成为大国关系博弈的重要因素，对我国的亚太发展空间构成显著挤压。

2. 改革的切入口

在未来10年，我国应该形成新型国际关系战略和与时俱进的国际统一战线，为改革创造良好的国际环境。总体策略：利益汇合、和平发展；战略博弈、大国妥协；分而处之、多边制衡。具体来讲，形成以下“四个三”理论和战略：

第一，提出新“三个世界”理论，以利于我国组成最广泛的国际统一战线。所谓新“三个世界”是指：①发达国家世界。正如马克思所预言的，现在各个发达国家都在事实上“和平长入社会主义”，如福利制度、工会制度等。只有美国是例外，罗斯福新政后，它既导入了某些社会主义因素，同时可以通过铸币税保持其美元霸权地位，并继续推行金融帝国主义。②新兴市场国家世界。新兴市场国家都在采用资本主义市场经济发展措施。只有中国是例外，以社会主义初级阶段理论来解决社会主义市场经济问题，把社会主义的公平本质与市场经济的效率结合起来。③未发展国家世界，指还处于资本主义发展阶段前期的国家，如非洲国家和部分亚洲国家等。它们在上述两条道路和两种模式之间徘徊选择。

根据以上新的“三个世界”划分，我国应当对三类不同国家具有特定的吸引力。如果我们能为西方发达国家提供摆脱制度困境的理论依据，对“第一世界”国家有吸引力，也找到了避免同西方大国制度冲突的出路；如果我们最终实现用社会主义解决市场经济问题，对“第二世界”国家有吸引力，也找到了同新兴大国制度合作的路径；如果我们帮助“第三世界”国家提供发展条件如基础设施、社会公共服务等，可以使贫穷国家认同中国发展模式而不接受所谓“新殖民主义”的说法。

第二，构建大国关系的战略“大三角”，同俄罗斯、欧盟和美国分而形成利益汇合点。中俄关系中，支持俄罗斯远东地区的发展是搞好中俄关系的突破口。在我国与金砖国家的关系中，以中俄关系为基石。俄罗斯的欧洲地区发展很快，但其远东地区一直没有得到发展。通过支持俄罗斯远东地区发展，加强中俄在能源、制造业和农业领域的合作，使中俄战略合作关系获得更牢固的地缘经济基础，成为大国关系中新的有力的撬动和支撑点。中欧关系中，支持欧盟发展是切入点。德国利用欧盟东扩把周边国家变成其产业转移地（如波兰等），法国在东扩中没有得到益处，通过支持地中海共同体，在实体经济发展上找到与德国的利益共同点，来分化与欧洲的竞争和冲突。同时，利用亚欧首脑会议机制与欧盟形成共同治理关系，使美国无法把欧盟作为压制我国的主要盟友。对于中美关系处理，以中俄、中欧关系倒逼中美新型大国关系，尤其在新能源合作领域与美国形成利益汇合点。中美在经济上都已成为对方经济发展的必要条件，双方都不愿意展开军事上的全面对抗。中美经济合作的具体可能性包括：人民币汇率、全球经济治理、亚太区域合作、美国基础设施更新和大量企业需要中国投资和并购。我国经济发展也无法离开美国市场和技术等。军事上，美国在亚洲军事部署正从第一岛链向第二岛链后撤，只要我国不威胁美国第二岛链，不把美国拉进第一岛链争端，中美就不会发生大的军事冲突。这种战略主动权仍在我国手中，包括增加军事透明度、合作军演、海上突发事件管控机制等。

第三，在周边地区形成“小三角”关系，使得我国在周边地区获得较大回旋余地，形成东北、东南和西南三个次区域多边合作战略格局。东北亚——建立西伯利亚开发共同体。与俄罗斯、韩国形成第一梯队，继而对蒙古、日本开放，再对美国、朝鲜开放，形成远东开发共同体。中西亚——扩展上合组织合作范围与合作领域。美国从中亚反恐中退出后，上合组织未来落脚点应以中亚、西亚发展为重点。通过纳入印度、巴基斯坦，淡化印巴矛盾，缓解因印巴问题影响的中印关系，平衡美印关系，参与解决阿富汗问题。东南亚——掌握东盟关系的战略主动权。我国在东盟“10 +1”自贸区机制上尽管取得一些进展，但是过于单打一。美国、日本利用南海等争端分化离间东盟与我国的关系，我们如以东北亚、中西亚次区域多边合作加以牵制，进而可以基础设施互联互通网络为主干，构建我国与东盟更为深入的社会经济文化利益共同体。

第四，在美国国内形成“内三角”关系，与美国国会、联邦政府和地方政府之间展开博弈。美国的行政体制决定了国会、联邦政府和地方州政府在对华关系中的不同战略定位。其中，美国国会对华制约最大，联邦政府的对华政策较为稳定，地方政府对华合作空间较大。金融危机以来，为了推动当地就业发展、赢得选票，各州政府积极加强与我国政府和企业合作、游说国会的作用凸显。已有10余个州政府在北京成立办事处，寻找与我国的合作机会。如三一重工起诉奥巴马案件中，佐治亚州经济发展署起到一定协助作用。因此，我们应加强与美国州政府层面合作。美国面临基础设施更新缺乏资金的难题，如果中国主权基金、企业和个人联手购买美国地方建设债券，就会加大美国各州政府和联邦政府对国会的制衡作用。

以上四个“三”战略构想，就是从制度、战略、利益和理念等要素构建中国与各国的命运共同体。如此就能破解布热津斯基等战略家提出的“大西方”战略。这种“大西方”战略不仅试图弥补西方发达国家之间在金融危机后的深刻裂痕，而且试图把采用西方多党制的新兴大国和发展中国家也都拉入“西方”阵营。因此，新的战略妥协和利益交换是我们争取有利国际环境的必要条件。

（五）大国治理能否适应

上述四项约束条件的化解，最终取决于大国治理能力。我国的大国治理能力，应当包括党的执政方式现代化、社会主义民主政治建设以及驾驭市场经济能力。

1. 主要矛盾与突出问题

改革是否能顺利推进，在一定程度上取决于宏观经济的稳定性。2008年金融危机前后开始，我国的宏观经济调控政策一直饱受争议，原因在哪里？金融危机之前，我国的短期宏观调控与长期发展战略目标基本上是匹配的，以依赖外需为主的政策与我国出口导向的发展战略也是相适应的。当我国转向扩大内需战略以后，短期需求管理与长期战略目标不匹配、短期需求管理与市场经济体制不匹配的问题成为当前宏观经济管理的主要矛盾。

在过去的10年里，“双顺差”一方面形成了过多的外汇储备，另一方面外汇占款成为基础货币供给投放的主要来源；而房地产市场的活跃使增发货币被“土地货币化”所吸收。在“土地货币化”过程中，地方融资平台担当了主角。由于房地产政策的收紧、产能过剩、新一轮产业发展转型气候未成，实体经济增长乏力，使得土地货币化进程减缓，也使得地方融资平台的风险凸显。由于金融体制不完善而形成的“影子银行”，其金融产品的资金投向主要也集中于地方融资平台的信托产品。突出的风险存在以下四个方面：

第一，土地货币化受阻后，金融“堰塞湖”的流向问题。在出口战略导向下，我国积累了大量的外汇储备。中国人民银行为了保持汇率稳定，使大量外汇储备转化为国内的基础货币投放。因此，103 万亿元的 M2 货币投放源头在于出口导向战略。相比国际而言，我国的 M2 占 GDP 的比重尤其高，一方面是由于我国以间接融资为主导，银行存放贷比率高；另一方面在于从改革开放至今我国一直处于货币化阶段，从 20 世纪 80 年代的商品货币化、90 年代的资本市场货币化到 21 世纪的土地货币化，吸收了超额的货币量。但是，近年的房地产调控政策使我国土地货币化进程进入尾声。股市制度性缺陷使得证券市场长期低迷，丧失了融资功能和资金蓄水池的功能。目前，全国资金供给充裕，但却没有流向实体经济。如果没有实体经济支撑如此巨大的货币存量，宏观经济的波动幅度将可能加大。

第二，财政金融风险集中于地方债务。地方债务的构成主要为：地方政府从国家开发银行和商业银行获得的贷款，地方融资平台从商业银行获得的贷款（靠土地抵押，或平台公司之间的相互担保，或地方政府的担保），以及地方融资平台通过信托产品、公司债券等渠道的融资，这一部分占有的比例越来越大，许多地方平台的债券与信托融资规模已超过了银行贷款。地方债务规模大、增长快，是金融风险集中的地方，而地方融资平台又在其中担当了主要角色。根据审计署最近公布的对 36 个地方政府债务的审计情况，2012 年年底的债务余额中，融资平台公司占了 45.67%，其资金主要投向土地开发、基础设施建设、开发区发展等项目。地方融资平台不易监管、运行不规范、筹资成本高，且政府的项目回收期长，收益率不高，潜在风险较大。地方融资平台的风险并不是偶然的，而是在前一轮经济发展模式下，财政体制风险与金融体制风险叠加的产物。地方债务风险的解决，不应仅着眼于偿还资金的来源问题，而应从长期发展战略的高度，通过金融、财政体制改革，重新考虑地方债务在下一轮产业转型和城镇化中的作用。

第三，“影子银行”使得金融风险“大众化”。20 世纪 90 年代的金融风险主要集中于大型国有银行，中央可以通过不良资产的剥离来解决。此次的金融风险是银行通过表外业务，与信托合作推出金融产品，形成了实际的混业经营格局。与银行间接融资模式不同，金融产品的购买人直接承担风险。一旦出现资金链问题，直接由大众居民，而不是银行承担损失。而且，大部分金融产品的资金投向主要是地方融资平台项目及房地产项目，一旦出现危机将出现民众与政府间的矛盾纠纷，金融风险极易转化为社会风险。

第四，短期需求管理陷入“两难”。产业转型与城镇化将成为我国内需战略的长期主线。4 万亿元投资在全球金融危机爆发时应对经济下滑方面卓有成效，但在引导资金投向实体经济方面存在缺陷。传统的短期需求管理政策已经难以适应产业转型发展需要。同样，在城镇化战略方面，如果仍然延续通过土地城镇化来拉动内需的方式，只能在短期起到刺激经济作用，中长期而言只会造成更大的产能过剩。但是，如果当前短期宏观需求没有进一步的扩大，经济增长形势将更加严峻。

2. 改革的切入口

在提高驾驭市场经济能力方面，改革要解决三个问题：一是行政管理体制越位、缺位、错位，特别是行政越位问题；二是目前垄断竞争型市场模式不到位，处于从计划经济过渡到市场经济的中间阶段，应特别注意其垄断因素将会对资金、土地、劳动力等生产要素造成价格扭曲；三是短期需求管理，宏观调控水平有待提高，特别是房地产调控问题。当前，我国在外需导向战略转向扩大内需战略的变化过程中，重点要解决短期需求管理与长期战略目标不匹配、短期需求管理与市场经济体制不匹配的问题。

第一，建立以长期战略指导短期需求管理的中央经济工作机制。短期需求管理应服务于长期战略，才有更好出路。建议调整党代会召开时间，每逢“五”“十”召开，与我国的 5 年发展规划相匹配。就中央经济管理工作而言，短期需求管理主要由政府负责；党中央从长期发展战略的层面对短期需求管理提出要求。

第二，推进大委制而不是大部制改革。“部”是纵向执行部门，“委”是横向协调部门。如今，各委员会类同各部设置，无委员单位，影响宏观决策的统筹协调和可操作性，建议“大部制”改革，近期重点调整委员会设置。

第三，赞成实施“最小一揽子改革方案”，系统推进金融体制改革，完善要素市场。金融体制改革应注重改革的先后次序与改革的时机，加强各部门的改革协调，避免造成市场的非理性波动。加快利率市场化改革，择机推进人民币资本项目可自由兑换，清理表外业务乱象或形成针对混业经营的金融监管机制。重振直接融资市场，完善证券市场发行与监管制度，引导资金流向实体经济。

第四，通过地方债规范地方政府融资，建立和完善地方债的发行管理机制。地方融资平台风险的关键原因在于不规范、缺少监管。通过阳光、透明、监管下的地方债，逐步替代无序的地方融资平台。在地方试点编制“地方政府资产负债表”，以利于建立规范的地方政府信用评价机制，推动财政预算体制透明化。

第五，调整房地产调控政策。政府不要单纯看待房价涨跌，不能单纯地被舆论左右。房地产调控的方向要抓住高端房产投机炒高百姓房价这一症结，实行百姓住房与高端房产供地两分开、价格两分开、统计两分开；要保证“公共组屋”的供应；对高端住房实行市场化定价，扩大房产税征收范围和提高征收力度。

三、发展战略再选择

我国的中长期发展战略至少包括三个主要内涵：产业创新转型战略、新型城镇化战略和东中西协调发展的区域战略。这三大战略，不仅各自存在内在发展要求，而且后者发展均以前者为基础。

（一）产业转型战略

确定我国产业转型战略，首先要清楚产业化发展的主线是什么？应该是就业。我国人多地少的国情，决定了整个产业政策的设计必须是以促进充分就业为首要出发点。从理论上讲，这是劳动力数量的相对比较优势；从现实上讲，有了大多数人的稳定就业，才能稳定社会，才能安邦定国。随着我国经济发展和人民生活水平的变化，人口就业的需求将发生重大变化，解决就业的主体产业不能只停留在简单、低附加值的劳动密集型产业。我国的人口国情决定了内需市场是经济自我转型的巨大动力，实现符合内需导向的产业转型，是我国产业发展战略要考虑的内容。从技术上看，从20世纪50年代引进苏联技术到改革开放后的市场换技术以来，我国始终没有解决产业的本土创新能力问题，这是个长期问题和深层次体制问题，仍需要找到改革的切入口。

1. 主要矛盾与突出问题

第一，在新形势下，产业转型如何与就业匹配？从前30年来看，20世纪80年代乡镇企业的发展解决了农村劳动力就地转移的大难题，但受体制约束，乡镇企业没能壮大，也没能真正带动城市化。我们也曾经提出“市场换技术”的口号，即我们的开放初衷之一，是为了引进高端技术。但是，30年来，由于国外知识产权保护等因素，实际上只是引进了成熟技术，并没有换到真正的核心技术，并形成本土化的技术创新能力。回过头来发现，外资起到了另外一个效果，在很大程度上解决了我国的就业问题。从以后30年来看，通过引进外资来解决就业问题的形势将会发生新的变化：一是全球金融危机后，海外制造业的对外转移将会放缓；二是随着国内经济水平的提高，劳动力成本也在提高，促使一些新的产业将转移到劳动力更加便宜的国家。在2030年之前，即便在适龄就业人口长期下降的趋势下，就业问题依然是一个大问题。传统劳动力密集型的制造业越来越难成为新增就业的主要去向，近年我国已经出现了工业机器人替代人工的产业发展趋向。新增就业的吸纳除了依靠传统制造业的升级与新兴产业的发展来创造机会外，更主要的去向是服务业。未来20年，我国的工业化和人均收入水平提高，都将促使服务业的增速超过制造业增速，而服务业本身正好属于劳动密集型产业。解决就业的主线将以制造劳动密集型产业转向服务劳动密集型产业。

第二，转型性的产能过剩问题，增加了改革的困难与风险。现阶段的“产能过剩”问题不同于以往的只存在于少数行业领域的局部性产能过剩，也不完全是金融危机冲击下等待复苏的阶段性产能过剩。产能过剩基本涵盖了外向型经济、重化工、新兴产业等关系我国经济增长基础动力的领域。人民币升值与劳动力成本的上升，使得外向型经济发展的模式不能再走传统老路。钢铁、化工、水泥等产业的发展进入了产业发展的阶段性成熟期，行业规模、总产量很难再出现快速增长格局。通常，一旦一个国家的重化工业进入成熟期，将意味着进入新一轮的经济社会调整变革期是走向"拉美化"陷阱，还是能顺利实现日韩式的经济转型，关键就在于这个时期。新兴产业的"产能过剩"与我们的产业政策缺陷有直接关系。新兴产业发展不能因噎废食，关键是如何调整战略与政策。

第三，国有企业的定位及行业壁垒问题。我国经济发展的初级阶段，国有企业确实有存在的必要，但必须要改革，使其成为符合社会主义初级阶段需要的宏观调控载体手段。国企改革不是一味强调市场化、盈利性，要回归本位。央企应该主要承担国计民生、国民经济命脉的问题，但事实上所有赚钱的领域央企都进去了。前一轮的央企和商业银行上市，圈走了老百姓的钱，挤压了民间资本的发展空间。国企依托规模优势和行政垄断能力，在铁路、电信、金融、石化等多个产业领域为追求企业高利润，形成了难以打破的行业壁垒。股市低迷和利润向国有大企业的集中抑制了百姓的财富效应，长期下去不仅不利于我国整体的创新能力和财富分配格局改善、产业寡头利益的固化，也影响政权与社会的稳定性。

第四，我国能否抓住新一轮的长周期产业？从世界发达国家的进程看，一个国家真正的崛起关键在于抓住一轮长周期产业的发展。20世纪50年代，中央曾经发了一篇社论，讲要迎接新科技革命的挑战，最后结果却变成了"反右"斗争、"大跃进"，造成了巨大损失。八九十年代的信息技术革命，尽管我们没有多少发明，但是我们跟上了、享受了新一代技术成果，例如手机、电脑、互联网科技等，在国内已经非常普及。从未来看，我国能否抓住新一轮的长周期产业，形成产业链条，对于产业高端化、对于解决就业都有很大帮助。

2. 改革的切入口

我国产业化发展的底线是就业。基本国情决定了整个产业转型政策的设计，必须以促进充分就业为首要出发点。为此，一是实施产业转型的保底战略。未来20年，我国服务业增速将超过制造业增速，解决就业的主线应转向同属劳动密集型的服务业。二是实施产业转型的高端化战略。依托内需市场，在新产业革命中抓住一轮长周期产业的发展，并且要通过产业价值链提升实现传统产业的高端化转型。

第一，以深化“营改增”改革为契机，服务产业转型，倒逼财税体制改革。上海实施“营改增”改革后，在34个现代服务行业中有24个行业税负水平将绝对下降。“营改增”改革总体减轻了服务业企业的税负水平，有利于推动实施服务业带动就业战略。同时，“营改增”也改变了地方政府的收入结构。以上海为例，2012年“营改增”试点减税规模达260亿元，占到当年地区财政收入的3%，占上年营业税收入的28%左右，给地方财政收入带来较大压力。“营改增”在全国范围全面推开后，必须考虑结合房产税、资源税等税制改革，理顺中央与地方的财权事权关系，优化完善分税制体系。

第二，制定开放新政，在上海探索自由贸易试验区。近5年中，随着外资超国民待遇政策的取消、汇率升值、土地人工成本上升，我们对于外资实际上采取了限制而非鼓励的政策，也是自己在逼外国直接投资转移或流出中国。这对于仍处于学习、赶超阶段的中国非常不利。苏联在第二次世界大战后能迅速发展的原因，也在于从国外引进了2万多项国外技术，而在冷战期间技术引进的中断，使其技术进步大大落后于世界，并最终导致了经济增长的停滞与崩溃。改革开放以来，我国经济发展如此迅速，与外国直接投资所带进的设备、技术、人才要素是分不开的。因此，如何设计新的开放制度与开放政策，进一步扩大开放，使中国与世界发展保持同步，是个大问题。当前，在上海建立自由贸易试验区，实行国际通行的惯例与规则，发展离岸贸易，培育本土型跨国公司，形成与国际接轨的开放新空间，是一条由地方先行先试进一步推进改革开放的重要举措。在自由贸易试验区筹建运作过程中，必须要突破一般意义海关特殊监管区的管理方式，建议采取“自贸区管委会综合职能授权模式”，各职能部门对业务的监督管理权直接下放至园区管委会，有利于提高园区运营效率。

第三，调整产业政策，建立服务内需导向的新能源产业发展战略。我国新能源产业发展从起步、高峰到陷入困境，只用了短短几年时间，其根本原因在于我国的产业政策出现了失误。我们还是在用发展外向经济的战略思路来发展新能源产业，技术与产品市场都在国外，以能源和环境为代价，为国外生产的新能源设备产品，却还要受到国外制裁。相比较而言，在欧洲大力发展新能源时，美国及时推出了成本低、储量大的传统能源“页岩气”来应对，成功狙击了欧洲的新能源战略。作为一个资源能源紧缺、环境形势严峻的国家，新能源产业是我国跳出资源环境约束的战略选择。新能源产业一旦形成规模，将成为伴随我国经济持续发展的长周期产业。

第四，分产业推进国企改革，放松行业管制。国有企业改革要区分中央国有企业和地方国有企业。两类国有企业承担的功能是不一样的。对于具有一定公共性、战略性、安全性职能的中央国有企业，在目前阶段，还不具备全盘推进国企改革的外部基础条件，在短时间内难以建立起完善的市场化替代机制，譬如铁路、能源等行业的政府监管机制建立不起来，行业准入的放开就有困难。但是国有企业改革必须向前推进：一是对于关系国计民生、提供公用事业服务为主的国有企业（尤其是央企），要强调公共性职能的考核与监管，不完全以追求盈利最大化为目的；二是进一步剥离国有企业承担的公共职能、政策职能、社会职能，交由政府监管机构，通过建立完善的社会规章制度来完成。在此基础上，逐步放开行业准入，降低国有股权比例，提高经济活力。目前存在准入限制的行业基本都以国有企业为主导，放松行业准入管制可以通过市场化方法倒逼国有企业改革与创新。

第五，改革与完善国家创新体系，积极应对新产业革命。尤其是要引导鼓励民营企业通过技术创新实现成长，提高本土创新能力，鼓励产业价值链提升，实现制造业服务业融合发展。民营企业是我国技术创新最基础的动力来源。国有企业技术创新的有效性主要集中于大型项目的集中攻关式的创新项目，而对于大量的市场化创新，国有企业面临自身经营机制与创新机制的束缚。外资企业的技术创新，从30年的改革开放经验来看，其主要是针对产品市场化环节的创新，对于我国本土核心技术的创新贡献并不显著。而我国的民营企业在前30年发展中首先是“赚易钱、赚快钱”，并没有太多投入难度高、风险大的技术创新领域。在此轮改革中，国家的创新与科研资源要向民营企业开放，让民营企业通过技术创新实现成长与转型。

（二）新型城镇化战略

改革之前，我国人口与土地城镇化进程远远落后于工业化进程，大量人口通过户籍制度限制，滞留于农村。改革开放以来，土地的快速城镇化进程弥补了新中国成立后30年城市化滞后的缺口，具有内在的合理性。但在土地国有制的条件下，土地财政也成为地方政府推动经济发展的主要动力与财力来源。各级政府部门都在为谋发展而争取建设用地供应指标。大众越来越担心政府大量、无节制地圈地，将使得我国在人口未完全城市化的情况下，土地城镇化的资源空间将先耗竭。

现在一直在讲，我国人口城镇化速度慢，而土地城镇化速度快，但从实际看来并非如此。按照常住人口计算，我国人口城镇化率已经达到60%，已经有7亿人口进了城，而30年前人口城镇化率只有20%，这个速度不能算慢。讲“慢”的原因是其中有接近一半的人（约42%）没有城市户口，处于“半城镇化”状态。这种状态与户籍管理制度、与公共服务的不到位有关。从相关政策的制定看，应按照60%的城镇化率来考虑土地、公共服务等配置。从土地城镇化的总量上看，未来10～20年内仍将有2亿～3亿人口进入城市，按照1万人/平方公里计算，仍需要增加供应2万～3万平方公里的城市化用地。因此，土地城镇化的进程还远未结束。在相当长一段时期内，我们的土地供应政策不是以限制总量为导向，而是要解决增量来源与存量结构优化的问题。

1. 主要矛盾与突出问题

人口城镇化与土地城镇化的不匹配是当前我国城镇化进程中的主要矛盾。其主要表现在以下四个方面的迫切问题上：

第一，在全国不同区域的城市，同时存在着“高房价现象”与“空城现象”。其背后的根本原因，在于城市用地总量按规划人口而未按常住人口控制，造成土地指标供应的区域不平衡。金融危机以来，我国在宏观调控政策中，增加了控制土地供应指标的宏观调控方式，土地成为各地经济发展的筹码。在实际操作中，土地调控严禁跨省市土地指标的占补平衡，其直接后果是处于人口持续导入的东部地区城市房地产价格居高不下；而处于人口导出的中西部地区城市，却有了“造空城”的政策空子。这也是导致当前全国各地城市群、新城建设一哄而起，不顾人口分布的特点与变化趋势，造成局部区域的过度、盲目开发的源头因素，同时，也埋下了10万亿~20万亿元的地方融资平台风险。不改变当前的土地指标供应方式，城镇化进程中的两极分化现象将日趋无法调和，必须及早趁仍有2万~3万平方公里的增量调整空间，予以适度矫正，否则将对我国未来30~50年的城镇化格局造成难以估量且很难扭转的不利影响。

第二，从过去30年看，我国一直沿用了工业化的思路来推进城镇化建设，土地城镇化优先满足供应工业用地需要。在城市建设用地结构中，工业用地的比例超过了35%~40%，而商业、住宅用地偏少。在许多大城市的中心区，仍然保留了大量业已商用化却仍属工业性质用途的地块；开发区的工业用地，不能根据产业升级发展需要建设研发办公楼宇。从未来发展战略方向看，服务业将成为解决就业的重点产业发展领域，将逐步替代加工贸易产业、建筑业成为人口城镇化的重点来源，也有利于避免新型城镇化进程中的“产业空心化”问题。当前，城市用地性质结构与用地方式应根据服务业产业发展的需要进行调整与改革。

第三，土地城镇化的市场机制不健全。土地城镇化过程是持续不断地将农村用地转化为城市用地。目前的情况是：土地大规模集中征用方式所带来的社会稳定风险问题不能不考虑，18亿亩耕地红线的控制不能不考虑，但农村建设用地供应普遍存在宅基地用地的总量大、比例高的现象，随着人口进城就业，其闲置量巨大。目前，各地区都在尝试县域区划内建设用地与耕地指标之间的占补平衡，但是这种小区域性、局部性的变通政策，并不能从总体上解决下一轮城镇化过程的用地数量与用地机制问题。农村建设用地如何有效地转化为城镇化土地供应的来源是要探索改革的关键环节问题。相比较而言，农村土地制度改革是解决问题的更好办法。

第四，户籍管理制度改革触及两大根本问题，必须要在改革中加以考虑。首先，采取什么样的户籍管理制度将影响城镇化进程与格局。对于人多地少的发展中国家而言，人口进城速度快于土地城镇化与城市就业吸纳能力，极容易出现墨西哥、巴西等拉美城市病现象。我国目前户籍管理制度的缺陷在于管住了城市大学生、企业员工就业等正常就业人员流动，但是无法对没有正当职业人员的流动进行统计管理。前者阻滞了城市化进程和城市群格局的发育，较高素质人才在高房价、低公共服务的压力下，离开“北上广”，这对于我国的城市化进程并不是一件好事；而后者导致的大城市“新二元结构”现象，在城乡结合部形成了非典型的拉美“城市病”现象，增加了社会管理的风险与难度。其次，户籍制度改革的本质是公共服务问题。对于长期在农村生产生活的农民而言，并不乐意放弃农村户籍，尤其不愿意放弃农村的集体土地权利。土地对于农民而言，不仅是具有升值空间的资产，也是可以抵消通货膨胀的最后保障。对于已经进城就业、跨城就业的农民和大学生而言，由于没有当地城市户口，即便在当地就业纳税，却不能同等享受城市社保、教育医疗等基础公共服务。目前，许多大城市的养老金缺口，主要依靠外来就业人口所缴纳的养老金来抵补。在地方政府户籍制度改革的具体操作中，往往以“土地换保障”的方式来解决政府公共服务资金短缺的问题，这种做法是否合理、是否在所有地区都适用，还需进一步论证。这些临时性的救急做法反映出户籍制度改革背后社会基本公共服务缺失的问题。

2. 改革的切入口

第一，要做实新型城镇化规划。前 30 年我国城镇化进程首先是起步于乡镇企业带动的小城镇模式，接着是大规模加工制造业带动下的大中城市发展，两者之间没有形成融合发展。尤其是对于全国特大城市，没有形成大、中、小城市协调的城市群格局。如今，新型城镇化应具有以人为本、产城融合、绿色低碳、网络节点的特征。城市群区域内，应加快郊铁、城际铁路建设，避免人口向特大城市集中，推进中等城市、节点城镇发展；城市群以外区域，开展中小城市改革试点；镇域经济发展除了工业、旅游业等产业外，也应突出对农业产前、产后、农产品贸易等服务功能。

第二，分类、渐进推进户籍管理制度改革，最终实现公平、统一的城乡户籍管理制度。建立城乡统一的户籍管理制度改革是大方向，但从目前中国所处的发展阶段而言，户籍制度宜分类推进。一方面，仍然要借助户籍管理制度，使得人口流动与产业发展需求、城市化进程相匹配，避免城市拉美化现象，避免转型与改革中的社会风险向城市集中；另一方面，户籍制度改革的核心问题是公共服务问题，全面实现户籍制度放开的前提是基础公共服务的全国均等化，这不是在短期内能做到，但可以先行探索社会保障全国统筹的改革。具体实施过程中，小城镇和有条件的中小城市户籍政策可以一步到位全面放开。大中城市户籍管理改革应稳妥推进，譬如上海已经在探索的居住证积分制的管理方式。对于高校毕业生的落户大中城市的政策应进一步放松；对于大城市（尤其是直辖市）周边的郊区城镇，也可以加大户籍放松力度。

第三，改革完善城市用地指标体系。“城市高房价”和“空城现象”的并存，与土地供应指标的误配有着直接关系。我国对农业耕地用地确定了18亿亩红线，但对于城市建设用地指标的总量始终没有确定。首先，应确定全国城镇建设用地供应的总量指标与人口密度平均指标。参考国际经验，结合我国人多地少的国情，设定城镇化进程中的人口密度指标，我国约在1万人/平方公里比较适中。运用总量指标和平均指标对全国城镇化的进程与格局进行监测与管理。其次，用地指标实现“人地挂钩”，建议按照拥有居住证的城市人口数量，同时参照地区人口密度平均指标，确定各省市的城市建设用地指标供应量。常住人口流入越是集中的地区，应配置更多的建设用地用于生产生活需要。再次，调整土地规划制度。城市用地性质结构与用地方式，应根据各个城市常住人口的住宅需求与服务业发展确定。最后，推进全国范围内的土地跨省市占补平衡改革。在我国城镇化过程中，人口向沿海地区及发达地区流动和迁徙是一个合理、必然的趋势；从城市群的建设布局而言，东部沿海应更集中。建立全国范围内的土地跨区域占补平衡机制，按市场原则建立土地计价交易的统一市场，实现跨省市的占补平衡，通过市场机制来优化土地配置，从根本上解决“城市高房价”与“空城现象”问题。

第四，推进城市公共服务供给模式改革。可以采取政府直接供给、特许经营供给、市场供给的方式，实现城市公共服务供给模式的多样化。尤其是对于大城市集聚的一大批优秀教育、医疗卫生等资源的事业单位，不应局限于为本地居民提供公共服务，可以在保证基本公共服务的基础上，进一步推进社会化与市场化改革。鼓励包括境外资本在内的各类社会资本，以合资、合作或委托经营等方式参与城市公共服务的提供。城市公共服务的社会化、市场化改革，既可分担财政负担问题，也可提高城市公共服务的水平与供给能力，缓解城市公共服务供给不足的困境，并成为城市服务经济发展的新动力（譬如具有巨大市场空间的城市健康经济）。

（三）区域协调战略

改革开放以来，我国主要采取的是区域非均衡的发展战略，优先开发开放沿海、沿江地区，步步为营，稳步推进。进入21世纪以来，东北振兴计划、西部大开发的启动和中部崛起战略的实施，标志着在宏观层面的区域经济发展开始从非均衡发展向均衡发展的战略转型。从长期看，完成这一战略转型对于我国的现代化进程具有重要意义；从短期看，中西部地区的经济战略与市场空间，为我国继续保持较高的经济增长率、抵御外部需求冲击、承接沿海产业转移都发挥了卓有成效的作用。

但是，目前我们需要避免走入另一个发展误区，区域的均衡发展战略，并不意味着同质化发展、平行发展、一哄而起的发展。而这些问题在现实中已经表现出来，并愈演愈烈。

1. 主要矛盾与突出问题

我国地方经济发展的成功原因之一在于官员升迁绩效考核激励下地方政府之间的发展竞争。近期看，这种制度安排是有效的，但也随之出现了过度竞争、过度行政区域化、碎片化的发展态势。从长期看，这种格局带来的影响，不只是导致全国经济战略的偏差，也影响中央对地方政府的有效管控。区域发展缺少协调、分工、合作是当前我国区域发展战略面临的主要矛盾。主要表现在以下三个方面：

第一，国家级的城市群及区域发展等各类规划层出不穷、交叉重叠。为什么自从中央实施西部开发、振兴东北、中部崛起的战略以来，各大区域如此热衷于城市群发展战略？重要原因之一就是认为20世纪80～90年代东部地区的发展，依靠的就是城市群拉动发展战略。其实这是一个认识上的误区。城市群发展是经济增长的结果，本身不是原因和动力。城市群发展“极速超进”的后果是城市规模迅速扩张，与产业发展、人口流动相脱节，造成土地资源的错配、闲置浪费。更令人担心的是，在生态环境承载能力不足的区域推进城市群建设，带来的潜在风险难以估量。

第二，行政区划壁垒问题依然突出。“块状经济”是中国行政区划壁垒下形成的特殊经济现象。这种模式可以发挥地方政府的积极性，但也造成地方保护主义，难以对区域性、全局性的战略发展起到很好的推动作用。例如，安徽省地跨三个流域，因此，难以形成完整的国民经济体系。

又如，淮河治理几十年，但一直没有取得很大的成效，因为流域跨了省份。而现在出台的城市圈规划、区域规划，实质起到的协调效应微乎其微，大都是在区域规划的名义下，扩张本地的建设。当然，行政区划壁垒如何解决是一个长期的难题。

第三，区域间的产业分工格局仍不清晰。区域产业结构的同质化，是我国沿海地区发展过程中出现的一个不良现象，也是地方GDP竞争的一个必然结果。现在，沿海地区正通过产业转型来寻找新的方向。西部地区的产业发展是否还要走东部地区的老路？可能行不通。大多数中西部地区的资源环境能力很难经得起类似于东部地区的高强度开发。而且，从未来城市群的布局看，东部沿海城市群将是城市人口主要集中地区，中西部地区总体上是人口的流出区域，产业定位需要结合所在地的资源、人口、环境状况进行综合评估。区域发展格局的形成，最终是由人口流动分布格局来决定，而区域发展战略更需要顺势而为。

2. 改革的切入口

第一，形成东、中、西部协调发展的战略机制。现在讨论东、中、西问题都是分开讨论，每个地区单独讨论，很少能把东中西协调发展串起来讨论。首先，从城市布局来看，我国应该形成“东部成群、中部成带、西部成点”的大格局。总的来说，东部应该快速成“群”，形成城市的集群发展；中部应尽快成“带”，形成若干具有集聚辐射功能的城市带，如湖南的长沙、株洲、湘潭，河南的郑州、洛阳、开封；西部应该加快成“点”，形成若干个大城市。其次，依托长江黄金水道、欧亚大陆桥、珠江、京哈线贯穿东西，南京可以成为黄金水道、欧亚大陆桥的联结点。再次，城市群的发展应收缩战线，在增长机制上形成“极轴增长”方式。譬如上海是长三角是一个增长极，拥有三条增长轴（沿海、沿江、沿铁路）。沿轴发展是我国一个很普遍的战略。如何形成东、中、西部协调发展的战略机制，需要在规划、区域合作机制上作改革调整。

第二，实施向西开放战略，形成东西互动开放格局。我国的对外开放，过去主要集中在太平洋沿岸的东部地区。从未来看，随着我国和亚洲周边地区国家的快速发展，我国向西开放的条件越来越成熟。从地域特征看，由于喜马拉雅山形成了天然阻隔，因此，我国向西开放的主要区域只能是云南和新疆。应该看到，一方面，云南加快开放和加快发展起来以后，整个大湄公河区域的框架就合成，这等于我国在战略上多了90度的开放面，对于印度洋航运条件的改善、石油战略都有利。另一方面，西亚国家和中亚地区国家发展很快，我国新疆地区的开放同样重要。

第三，形成合理的区域间产业转移机制。我国的产业转移，主要是从东部沿海向中西部内陆地区的转移。但是，哪些可以转移，哪些不可以转移，不可一概而论。其一，产业转移不是污染转移。如果沿海地区的制造业全部往西转移，今后的污染可能更严重，将造成全流域的污染。其二，产业转移要有差异化，要与本地创造相结合。中西部地区具有丰富山地资源、旅游文化资源，要根据资源环境条件，充分利用人文景观优势和少数民族就业特点，在漠腾线以西地区大力发展旅游业这个战略性支柱产业。在中西部地区采取鼓励当地土特产品生产的原产地政策，发展各具地方特色的旅游工艺品等本土产业。

（本文摘编自《未来十年发展与改革开放的战略选择》课题成果，2013年7月）

推进国家治理现代化的六大措施

俞可平*

党的十八届三中全会提出："全面深化改革的总目标是完善和发展中国特色社会主义制度，推进国家治理体系和治理能力现代化。"将推进国家治理体系和治理能力现代化作为全面深化改革的总目标，对于中国的政治发展，乃至整个中国的社会主义现代化事业来说，具有重大而深远的理论意义和现实意义。

一、内涵本质

强调"国家治理"而非"国家统治"，强调"社会治理"而非"社会管理"，不是简单的词语变化，而是思想观念的变化。"国家治理体系和治理能力现代化"，是一种全新的政治理念，表明我们党对社会政治发展规律有了新的认识，是马克思主义国家理论的重要创新，也是中国共产党从革命党转向执政党的重要理论标志。从实践上说，治理改革是政治改革的重要内容，国家治理体系的现代化也是政治现代化的重要内容。推进国家治理体系和治理能力现代化，势必要求对国家的行政制度、决策制度、司法制度、预算制度、监督制度等进行突破性的改革。

从理论上说，治理的概念不同于统治的概念，从统治走向治理，是人类政治发展的普遍趋势。"多一些治理，少一些统治"是21世纪世界主要国家政治变革的重要特征。从政治学理论看，统治与治理主要有五个方面的区别。其一，权力主体不同。统治的主体是单一的，就是政府或其他

* 俞可平，北京大学讲席教授，北京大学政府管理学院院长。

国家公共权力；治理的主体则是多元的，除了政府外，还包括企业组织、社会组织和居民自治组织等。其二，权力的性质不同。统治是强制性的；治理可以是强制的，但更多是协商的。其三，权力的来源不同。统治的来源就是强制性的国家法律；治理的来源除了法律外，还包括各种非国家强制的契约。其四，权力运行的向度不同。统治的权力运行是自上而下的；治理的权力运行可以是自上而下的，但更多是平行的。其五，两者作用所及的范围不同。统治所及的范围以政府权力所及领域为边界；而治理所及的范围则以公共领域为边界，后者比前者要宽广得多。

在社会政治生活中，治理是一种偏重于工具性的政治行为。无论在哪一种社会政治体制下，无论哪个阶级行使统治，谁上台执政，都希望有更高的行政效率、更低的行政成本、更好的公共服务、更多的公民支持。换言之，都希望自己执政的国家有良好的治理。治理改革是政治改革的重要内容，治理体制也是政治体制的重要内容。但是，归根到底，治理是实现一定社会政治目标的手段，相对于国家的统治体制而言，治理体制更多体现工具理性。

国家治理体系就是规范社会权力运行和维护公共秩序的一系列制度和程序。它包括规范行政行为、市场行为和社会行为的一系列制度和程序，政府治理、市场治理和社会治理是现代国家治理体系中三个最重要的次级体系。更进一步说，国家治理体系是一个制度体系，分别包括国家的行政体制、经济体制和社会体制。有效的国家治理涉及三个基本问题：谁治理、如何治理、治理得怎样。这三个问题实际上也就是国家治理体系的三大要素，即治理主体、治理机制和治理效果。现代国家治理体系是一个有机、协调、动态和整体的制度运行系统。

国家治理的理想状态，就是善治。善治不同于传统的政治理想“善政”或“仁政”。善政是对政府治理的要求，即要求一个好的政府；善治则是对整个社会的要求，不仅要有好的政府治理，还要有好的社会治理。简单地说，善治就是公共利益最大化的治理过程，其本质特征就是国家与社会处于最佳状态，是政府与公民对社会政治事务的协同治理。作为政府与公民对社会公共事务的合作管理，善治需要政府与公民的共同努力，而且随着社会的发展和政治的进步，公民在公共事务管理中的作用将变得日益重要。然而，在所有权力主体中，任何其他权力主体均不足以与政府相提并论。政府对人类实现善治仍然有着决定性的作用。善政是通向善治的关键；欲达到善治，首先必须实现善政。

要实现善治的理想目标，就必须建立与社会经济发展、政治发展和文化发展要求相适应的现代治理体制，实现国家治理体系的现代化。国家治理体系的现代化是社会政治经济现代化的必然要求，它本身也是政治现代化的重要表征。衡量一个国家的治理体系是否现代化，至少有以下五个标准：首先是公共权力运行的制度化和规范化，它要求政府治理、企业治理和社会治理有完善的制度安排和规范的公共秩序；其二是民主化，即公共治理和制度安排都必须保障主权在民或人民当家做主，所有公共政策要从根本上体现人民的意志和人民的主体地位；其三是法治，即宪法和法律成为公共治理的最高权威，在法律面前人人平等，不允许任何组织和个人有超越法律的权力；其四是效率，即国家治理体系应当有效维护社会稳定和社会秩序，有利于提高行政效率和经济效益；其五是协调，现代国家治理体系是一个有机的制度系统，从中央到地方各个层级、从政府治理到社会治理，各种制度安排作为一个统一的整体相互协调、密不可分。其中，民主是现代国家治理体系的本质特征，是区别于传统国家治理体系的根本所在。所以，政治学家通常也将现代国家治理称为民主治理。

党的十八届三中全会所说的"国家治理体系和治理能力"，其实指的是一个国家的制度体系和制度执行能力。国家治理体系和治理能力是一个有机整体，推进国家治理体系的现代化与增强国家的治理能力，是同一政治过程中相辅相成的两个方面。有了良好的国家治理体系，才能提高国家的治理能力；反之，只有提高国家治理能力，才能充分发挥国家治理体系的效能。不过，影响国家治理能力除了制度因素外，还有一个极其重要的因素，即治理主体的素质，既包括官员的素质，也包括普通公民的素质。仅以官员的素质来看，纵使有最完备的国家治理体系，如果官员素质低劣，国家的治理能力必定不强，社会也不可能有理想的善治。提高官员的素质，要对官员进行教育和培训，但更重要的是要有一套民主的选拔机制，将优秀的公民遴选出来，授予他们权力，并且以制度对官员的权力进行制约。

二、必然要求

推进国家治理体系和治理能力的现代化，是中国特色社会主义现代化建设和政治发展的必然要求。一方面，它是对改革开放35年来我国现代化建设成功经验的理论总结；另一方面也是对我国在新的发展阶段所面临的各种严峻挑战的主动回应。

改革开放35年来，我国社会发生了翻天覆地的变迁，现代化建设取得了举世瞩目的巨大成就，创造了世界经济发展史的奇迹。之所以能够取得如此的成就，一个基本的原因就是，我们不仅对经济体制改革进行了深刻变革，也对政治体制进行了重大变革。我国的改革开放过程，是一个包括经济生活、政治生活和文化生活在内的整体性社会变迁过程。但是，中国的政治改革不是许多西方学者理解的那种政治体制改革，这种改革不涉及基本政治框架的变动。如果按照多党竞争、全民普选、三权分立的标准来看，改革开放30多年来，中国政治确实没有什么变化。然而，如果从国家治理的角度看，就会发现中国的政治生活在过去35年中也发生了重大的变革。例如，在依法治国、公民参与、民主决策、社会治理、公共服务、政府问责、政治透明、行政效率、政府审批、地方分权和社会组织发展等方面，我们都可以看到巨大的变化。中国经济发展和社会转型的成功，或者说，中国能够在社会基本稳定的前提下保持经济的长期发展，首先得益于中国治理改革的成功。

经过35年的改革开放，中国特色的社会主义现代化进入到了一个新的发展阶段。社会中不同的利益群体已经形成，各种利益冲突日益明显。这就意味着我们在国家治理体制和能力方面，正面临诸多新的严峻挑战。仅以政府治理和社会治理为例，我们就可以发现存在着许多亟待解决的突出问题，包括选举、协商、决策、监督等基本民主治理制度还不健全，公共权力还没有得到有效的制约，公民参与的渠道还不畅通，公共利益部门化现象相当严重，官员的腐败和特权屡见不鲜，政府的公共服务还相当不足，动态稳定的机制尚未完全确立，政治透明程度相对较低，行政成本高而效率低下，社会组织发育不健全，社会自治的程度相当低，主要公共权力机关之间的关系还不够协调等。

党的十八届三中全会强调要推进国家治理体系和治理能力的现代化，说明我们现存的治理体系和治理能力还相对落后，跟不上社会现代化的步伐，不能满足人民日益增长的政治经济社会文化生态需求。如果不采取突破性的改革举措解决国家治理中存在的紧迫问题，那么我们目前的局部性治理危机有可能转变为全面的统治危机和执政危机。化解治理危机的根本途径，就是以巨大的政治勇气，推进国家治理体系和治理能力的现代化。

三、必要举措

如何推进国家治理体系和治理能力现代化？党的十八届三中全会《中共中央关于全面深化改革若干重大问题的决定》就是总的指导思想、全面改革的路线图和重大的战略部署。我在这里特别想强调以下六点必要举措。

第一，进一步解放思想，努力冲破不合时宜的旧观念的束缚。解放思想，是一个民族保持其理论思维的先进性和激发其精神活力的生生不息的源泉，只有解放思想，才可能冲破传统和教条的束缚，提出新的观点和见解。治理体制的改革属于政治改革的范畴，比起其他改革更具有政治敏锐性，更容易使人们畏首畏尾，解放思想尤其重要。“实践发展永无止境，解放思想永无止境，改革开放永无止境。”党的十八届三中全会《中共中央关于全面深化改革若干重大问题的决定》所说的“永无止境”不仅指时间的维度，也包括空间的维度。从时间上说，解放思想和改革开放是一个无限的过程；从空间上说，解放思想和改革开放涉及各个领域，包括政治领域，特别是治理领域。判断一种新的思想、观念、制度和政策，首先应当看它是否有利于国家的富强民主、人民的自由幸福、社会的公平正义，看它是否有利于建设一个富强、民主、文明、和谐的现代化强国。只要有利于“促进公平正义、增进人民福祉”的新观念和新实践，都值得重视和探索。反之，凡是束缚社会政治进步的体制机制都应当破除。

第二，加强顶层设计，从战略上谋划国家治理体系的现代化。正如《中共中央关于全面深化改革若干重大问题的决定》指出的，我们既要摸着石头过河，在实践中探索；又要加强顶层设计，加强宏观指导。国家的治理体系是一个制度系统，包括政治、经济、社会、文化、生态等各个领域，必须从总体上考虑和规划各个领域的改革方案，从中央宏观层面加强对治理体制改革的领导和指导。碎片化、短期行为、政出多门以及部门主义和地方主义，是我国现行治理体制和公共政策的致命弱点，它们严重削弱了国家的治理能力。鉴于这样一种现实情况，顶层的制度设计和宏观指导，对国家治理体系现代化建设尤其重要。应当加强对国家治理体系现代化的战略研究，按照《中共中央关于全面深化改革若干重大问题的决定》的总体目标，分阶段制定国家治理体制改革的路线图和任务表。一方面，要站在国家和民族根本利益的高度，超越部门和地区利益，进行全局性的统筹规划，挣脱既得利益的束缚。另一方面，既不能头痛医头脚痛医脚，也不能草率从事，应当广泛讨论，从长计议，避免短期行为。

第三，总结地方治理改革创新经验，及时将优秀的地方治理创新做法上升为国家制度。改革开放 35 年来，我们在政府治理和社会治理方面做了大量可贵的探索，积累了许多宝贵的经验。然而，许多好的治理改革因为没有上升为国家制度而被中止，或者仅在小范围内实施。应当系统地总结各级政府的治理改革经验，及时将成熟的改革创新政策上升为法规制度，从制度上解决政府治理和社会治理改革创新的动力问题。从根本上说，国家治理体制改革创新的动力源自经济发展、政治进步、人民需要和全球化冲击，但其直接动力则是压力、激励和制度，其中制度是长久性的动力所在。政府治理和社会治理的改革创新，无论其效果多好，多么受到群众的拥护，如果最终不用制度的形式得以固定和推广，那么，这种创新最后都难以为继，难免“人走政息”，成为短期行为。

第四，结合我国的具体国情，学习借鉴国外政府治理和社会治理的好经验。政府治理和社会治理的改革创新，是一种世界性的趋势，各国在这方面既有许多成功的经验，也有不少深刻的教训，我们应当借鉴、汲取。我们从来主张要学习人类文明的一切优秀成果，当然包括政治文明的优秀成果。改革开放以来，我们在建立现代国家治理体系方面的许多进步和成就，其实也得益于向外国的先进经验学习。例如，政策制定过程中的“听证制度”、公共服务中的“一站式服务”、责任政府建设的“政府问责”制度、司法实践中的“律师制度”、政务公开中的“新闻发言人”制度、社会治理中的“参与式治理”等，都是直接或间接地从西方发达国家引入的。我们应当具有当年邓小平同志引入市场经济那样的胸怀和胆识，站在国家富强、人民幸福和民族复兴的高度，以解放和发展社会生产力、解放和发展社会活力为目标，认清世界发展潮流，立足中国国情，大胆借用人类政治文明的一切优秀成果。

第五，坚决破除阻碍社会进步的体制机制，建立和完善与中国特色社会主义现代化要求相适应的现代国家治理体制。国家治理体系的现代化，最重要的还是体制机制的现代化和人的现代化。影响国家的治理水平和效益有两个基本因素，即治理者的素质和治理的制度，这两者都不可或缺。但比较而言，制度更具有根本性，因为制度可以改造人的素质，可以制约治理者的滥权和失职。因此，国家治理体系现代化的关键在于制度的改革和创新，即制度的破与立。一方面，要像《中共中央关于全面深化改革若干重大问题的决定》所说的那样，“以促进公平正义、增进人民福祉为出发点和落脚点”，“坚决破除各方面体制机制弊端”。现存的不少治理体制机制不尽合理，有些违背了政治学的公理，有些则严重损害了国家和公民的利益。例如，至今仍有一些机构只有权力而几乎不承担责任，政出多门、职责不清、职能错位等现象大量存在。另一方面，要根据社会发展和人民群众的新要求，健全和完善政府治理和社会治理制度。例如，人民代表大会和政治协商制度，是我国根本的和基本的政治制度。然而，这两者都远远没有发挥其应有的作用，主要原因在于许多重要的制度机制或者仍然缺失，或者极不完善。宪法规定的许多公民权益，并没有得到很好的落实，重要的原因也在于相关执行制度的缺失。

第六，破除官本位观念，消除官本主义流毒。就目前我国的实际情况而言，官本位观念和官本位现象是影响治理者素质的重要因素。官本主义是长期支配我国传统社会的政治文化和政治体制，其实质是官员的权力本位，它与建立在公民权利本位之上的现代政治文明和现代国家治理是格格不入的，与社会主义政治文明是背道而驰的。改革开放35年后，我国的民主法治取得了重大进步，民主、自由、平等、公正等社会主义核心价值观日益深入人心。不可否认，“有权就有一切”的官本主义流毒在现实中还大量存在，在一些领域和地方，官本位现象甚至有愈演愈烈的趋势。《中共中央关于全面深化改革若干重大问题的决定》正式把“破除官本位观念”列为改革的重要任务，可谓切中要害。一方面，我们要对广大公民特别是各级党政官员进行民主、自由、平等、公正、法治、和谐等社会主义核心价值观的教育，破除权力崇拜，牢固树立公民权利至上的观念；另一方面，要依靠制度来遏制官本位现象，维护公民的合法权益。在将官员的权力关进制度笼子的同时，用制度来构筑保障公民权利的长城。

《中共中央关于全面深化改革若干重大问题的决定》指出，“到2020年，在重要领域和关键环节改革上取得决定性成果”，“形成系统完备、科学规范、运行有效的制度体系”。换言之，要在2020年初步实现国家治理体系的现代化。在七年内要完成这一任务，其艰巨性可想而知。实现这项艰巨的战略任务，不仅需要坚定的决心、坚强的领导和果断的措施，同样也需要宽广的胸怀、高度的智慧和正确的道路。国家治理体系的现代化必须超越任何组织和群体的局部利益，而以中华民族和全体人民的整体利益和长远利益为着眼点；不仅要集中全党的智慧，而且要集中全国人民的智慧；不仅要有政治精英的参与，也要有普通民众的参与；不仅要依靠党组织强大的政治动员能力，更要严格遵循民主执政、依法执政和科学执政的基本方略。

总而言之，只有沿着社会主义民主法治的道路，才能真正实现国家治理体系的现代化；反过来，国家治理体系的现代化进程，不仅在很大程度上反映着社会现代化的进程，也在很大程度上反映着中国民主法治的进程。

（本文原载于《前线》2014年第1期）

未来改革需在哪里突破?

王小鲁*

党的十八届三中全会提出了全面深化改革的宏大目标。近一个时期，改革在有些方面取得了进展，但若干关键领域的改革仍处在胶着状态，进展不显著。未来改革需要在一些关键领域取得突破。我认为以下几方面的改革特别重要：一是转变政府职能；二是财税体制改革；三是户籍制度改革；四是土地制度改革。

一、转变政府职能

以往各级政府的政绩观都以 GDP 论英雄，搞超出政府财力和不讲经济效益的大规模投资，大拆大建，以各种优惠政策和宽松货币政策过度刺激投资，造成了产能过剩、房屋空置、效率下降、杠杆率过高等严重结构失衡现象。结构失衡的关键是投资过度，资本形成占了 GDP 近一半，而居民消费比例严重偏低。要根本扭转失衡、实现可持续的经济发展，必须改变各级政府的政绩观，不能再只看投了多少资，当年 GDP 增长多少，而要看钱有没有用对地方，有没有效率。谁来判断？首先是市场。这就要求政府不能事事参与，要和市场合理分工。政府要做的是市场做不到而又必须做的事，首要的是保障民生，包括改善公共服务、实现社会保障全覆盖。所以政府职能必须有一个重大转变，从全力追逐 GDP、全力扩大投资，转到以服务民生为首要任务。让所有人都享有公平的教育机会，都看得起病，让农民工都享有社会保障，缩小城乡差距和收入分配差距。民生

* 王小鲁，中国改革基金会国民经济研究所副所长、研究员。

问题解决得好，结构失衡问题也将迎刃而解，未来增长就有了动力。为此，政府的政绩观、激励机制、政绩考核的指标体系都需要改变。

当前，各级政府在改革政绩考核体系方面步子不大。虽不再单纯考核GDP，通常增加了如就业率、城市化率变动等考核指标，但仍然都是短期指标，也都和短期GDP增长相关，因此仍然摆脱不掉政府投资驱动、追逐GDP的模式。建议不再将GDP和投资增长率列为考核指标，并减少其他短期指标的权重。更重要的是常住人口的社保覆盖率，公共教育、医疗、社保支出占GDP比重是否合理、分配是否均衡等指标。还要注意到，统计指标会受各级政府影响，不容易保证准确客观。未来应把老百姓的满意度放在最重要的位置来考察。这不能让本级政府自己调查，要逐步建立一套通过委托独立和有资质的第三方，对下级政府和各职能部门进行满意度调查的机制，逐步取代对短期统计指标的依赖。

二、财税体制改革

财税体制改革非常重要，经济结构失衡多与政府收支结构不合理有关。在财税体制改革中，虽然目前“营改增”已经取得了成效，但还有若干更重要方面的改革进展不理想。

第一，财政的公开透明。财政只有公开透明才能让社会监督，防止贪污腐败，才能公共资源流失和浪费，意义十分重大。现在进展程度如何？财政预算科目分为类、款、项、目四级，目前国家级的一般公共预算决算，通常公开到款到项，个别只到类，都没有到目。《预算法》规定预算做到款或项而不到目，有一定道理，例如吃饭的钱是用来打酱油还是买醋，做预算时要有一定灵活性，不便定得太死。但决算是可以更详细的，因为钱已经花了，信息是现成的。但目前决算也没有公开到目。有些大项一笔几千亿元，具体做了什么看不到，老百姓还是无法监督。地方财政公开程度更是参差不齐，许多省市该公开的没有公开，该上网的没有上网。大多数省份都没有在网上公布完整的财政收支预算决算表和预决算报告，部分省份只提供本级预决算数据而不提供全省数据，更有一些省份只公布几个简单的加总数。这种公开程度远不能令人满意。

此外，我国财政预算和决算，有两个不同的分类：一是按功能分类，例如教育支出、医疗卫生支出，实际上是按部门来分的。二是按经济性质分类，指钱用来做什么，比如教育支出，是用于建学校，还是给教师发工资，或是教育局用于其他支出？这更重要。但目前按经济性质分类的信息基本不公布，看不到钱具体花在哪。至于政府性基金的收支内容，公开程度更差。这包括了政府的土地收入，一年几万亿元，透明度很低。财政公开需要中央来推动，否则地方政府可能缺乏这方面的主动性。

第二，建立统一的预算体系。当前，我国是一般公共预算、政府性基金、国有资本经营收支和社保基金四套预算各自独立，这难以做到资金统一管理和有效配置。党的十八届三中全会作出的《中共中央关于全面深化改革若干重大问题的决定》提出要建立现代财政制度，必须建立统一的财政预算体系。但这项工作进展十分有限，例如 2016 年财政预算和以前的财政预算相比，只有微小的调整，有个别项目从政府性基金调到了一般公共预算，其他都没变。

第三，转移支付制度的改革。我国财政转移支付中很大比例是专项转移支付，专项转移没有统一标准，分配权分散在国务院各部门，结果导致地方政府“跑部钱进”，谁跑得勤谁拿得多，用途又过于分散，背离了转移支付的基本功能，也严重影响了资金的配置效率。据分析，专项转移支付资金大部分用在了投资项目上，而没有用在基本的民生需要上。十八届三中全会提出，要减少专项转移支付，增加一般性转移支付。但这项工作进展也非常有限，以 2016 年全国财政预算与 2014 年对比，可以发现专项转移支付只减少了 3%。照此速度，这项改革还需要几十年。

第四，事权与财权改革。《中共中央关于全面深化改革若干重大问题的决定》提出，要建立事权和支出责任相适应的现代财政体制。这是财税体制改革的重点工作，但目前还没有看到实质性进展。

第五，财政支出结构调整。财政支出的最主要功能是保证公共服务，而不是主要用于固定资产投资和党政机关行政支出。近年来，我国公共服务支出在数量上有所增长，但如果用国际标准衡量，在公共医疗卫生支出和教育支出占 GDP 的比例上，我国都远低于中等收入国家平均水平，而投资和行政支出比例过高。在社会保障方面，两亿多无户籍的城镇常住人口大多数没有被覆盖，同时企业社保缴费负担过重，既影响了企业发展，也影响了社保覆盖面。因此，财政支出结构需要转型，把用在无效、低效投资和过度行政开支的钱，用来改善公共服务和实现社会保障全覆盖。

应该改变一种错误认识，并非政府支出用来投资才拉动 GDP 增长。当前，用在民生上可以更好地扩大内需、拉动增长。现在我国面临的问题是消费比例过低，投资过高。不断刺激投资，短期看扩大了总需求，长期看是扩大了总供给，加剧了供求失衡、产能过剩。只有让老百姓的消费健康成长，并加快人力资本积累，才能既支撑总需求，又保证长远经济增长。这应是财政体制改革的一项重要任务。

三、户籍制度改革

党的十八大以来，中央和国务院对户籍制度改革做了部署，要求到 2020 年使 1 亿人在城镇落户。目前看推进缓慢。我们的政策是全面放开建制镇和小城市落户限制，有序放开中等城市落户限制，合理确定大城市落户条件，严格控制特大城市人口规模，也就是城市越大落户条件越严。但是就业机会更多在大城市，而不是在小城镇。调查发现，三分之二的农民工在地级以上城市打工。这就出现了矛盾，小城镇户籍放开了，但就业机会有限；大城市就业机会多，但落户条件过严。

大城市要不要限制？实际上城市规模本身产生聚集效应，人口和资源向大城市集中有经济合理性，只有个别规模过大的超大城市才需要限制。导致城市规模过大，主要是行政性配置资源造成的。在一个省，省会城市比其他城市得到的资源更多，条件更优惠。全国来看，北京比其他省会城市得到的资源更多，条件更优惠。这额外增加了这些城市的吸引力。这些问题要解决，主要不应靠限制落户，而是靠减少行政性配置资源，让市场起作用，和公平规范地分配资源。

当前有一个值得警惕的现象，一些地方名义上取消了农业户口和非农业户口的区别，实际上并未改变两种人的差别待遇。名义的改变只是为了逃避户籍改革的任务，使户籍改革的进展情况难以进行考核。这种名实不符的表面改革文章应当杜绝。中央政府应推一把，督促地方政府加快户籍改革。

四、土地制度改革

长期以来，城市建设用地由政府独家征地、独家卖地，行政性配置资源，市场几乎不起作用。地方政府垄断土地出让，产生了一个两难问题：一方面要保障民生，让老百姓买得起房子，就必须降低过高的地价和房价；另一方面政府要大量获得土地收益，又握有垄断权力，自然热衷于推高地价，也就推高了房价。两个目标发生了冲突，现实中地方政府更看重后者，使高房价的民生难题长期不能解决。此外，政府独家支配土地资源，还会导致强征强拆、腐败和土地资源浪费。解决这个问题的根本途径是开放土地市场，在合理规划和用途管理的条件下，通过市场来配置土地资源。

《中共中央关于全面深化改革若干重大问题的决定》提出，建立城乡统一的建设用地市场，缩小征地范围，允许农村集体经营性建设用地与国有土地同等入市、同权同价，稳妥推进农民住房财产权抵押、担保、转让。随后，国家在若干县级单位进行了试点。现在几年过去了，未见明显进展，试点经验未见总结推广，而且在试点单位也有不少条条框框限制。一条限制是，规定只有乡镇企业占地才算集体经营性建设用地，才能入市。原来乡镇企业占地分布就非常不均而且过散，后来绝大多数乡镇企业也都不存在了。按这一规定，大部分地区都无法形成土地市场，土地即使转让，也很难有效利用。

另一条限制是，农民的房屋和宅基地只能在本村村民内部流转。但本村村民没有足够的购房需求，根本形不成市场。我国的城镇化还在推进，大量农村人口进入城市，就需要解决两头的问题：一头是推进户籍改革，让进城人员能安家落户；另一头是他们在农村闲置下来的房子和宅基地需要盘活。如果按上述限制，农村的闲置土地资源就永远无法有效利用，城市也得不到需要的土地。因此，应当允许农民的土地和房屋在更大范围交易。有人愿意到农村投资，购买闲房空地开发乡村旅游或休闲度假，既有效利用了资源，又给农民带来收入，是好事而不是坏事。有些地方还可能进一步繁荣起来，逐渐形成新的城市。不适合非农用途的闲置土地可以复垦为耕地，参考重庆的地票制度和成都的土地指标交易制度，通过市场进行置换，使边远农村的闲置土地也得到利用，农民也能分享城市化带来的收益。这些改革应当继续探索和完善，形成一套制度，逐步在全国推广。

也要看到，对开放土地市场的种种限制，有思想守旧的因素，也有一些实际原因。首先，有些地方政府和房地产商串通一气，违反农民意愿圈地占地，强制农民搬家上楼。开放土地市场后，这类乱象有可能在市场交易的旗号下重演。因此在开放土地市场的同时，必须规范政府行为，使之严守中立，并承担保护农民合法权益的职责。其次，有人担心开放土地市场会冲击18亿亩耕地红线，或打乱国土规划布局。这不无道理，但开放土地市场和保护耕地、遵守国土规划并不必然矛盾，关键在于加强管理，保证土地市场交易公开透明、合法合规。

事实上，在市场调节基础上，有利于实现耕地动态平衡，也有利于合理规划。当前，一方面农村的闲置房、地资源得不到有效利用，另一方面城市扩张又不断占据更多农田，靠行政手段难以协调这一对矛盾。还有很多政府规划的城市新区和开发区利用率很低，浪费了大量土地资源。因此，保护耕地，实现占补平衡，合理规划国土资源，也要通过市场导向的资源配置才能更好地实现。有人认为，现在很多城市的建成区面积已经大大超标了，再开放土地市场，会造成更多的资源浪费。事实恰恰相反，城市土地资源的浪费多是政府配置资源错误的结果。开放土地市场，有利于指示合理配置资源的方向，从而校正这类错误。

（本文写于2017年5月）

中国改革的路径与未来

郑永年*

一、中国改革的路径选择

（一）改革只能找突破口，每一个都是攻坚战

从总体上说，任何一个国家及地区的发展和改革都可以分成政治、经济、社会三大方面。如欧美发达国家、亚洲的日本和“四小龙”，它们是先经济改革，再社会改革，后政治改革，也就是先生产、再分配，最后才是民主。中国属于世界的一部分，有可能也往这个方向走。

这三步走意味着某一阶段会有一个主体性的改革。比如第一阶段先经济改革，但社会改革、政治改革要配合。第二阶段主体是社会改革，但经济改革、政治改革也要配合。理想的改革是要全面推进，但实际上是做不到的。任何一个国家或地区碰到的问题都很多，不可能几百项改革一起推进，在一个特定的阶段改革只能以某一方面为主。改革只能找突破口，每一项改革都是攻坚战。

从历史上看，先进行经济改革有一定的道理。我们现在看到了西方民主，但很多人并不明白西方早期是怎么发展过来的？他们还是先发展经济。我们今天所看到的西方“一人一票”的大众民主实际上是20世纪70年代后才开始的。西方很多方面的经济和社会制度发展都是在精英民主的时候进行的。第一次世界大战之前基本上投票权属于极少数的有财产的男

* 郑永年，新加坡国立大学东亚研究所所长。

性，工人阶级是没有投票权的，妇女更不用说了。比如瑞典，这个国家被亨廷顿教授视为是第一波民主的典范，但到了1971年女性才有公民投票权。再比如我们现在视为最民主的国家——美国，历史上长期实行奴隶制，到了林肯时代才废除。1970年以后通过黑人民权运动，黑人才开始有政治权利。不管怎么说，我们现在所看到的“一人一票”的民主并不是历史上就存在的，它产生的时间很短。

实现“一人一票”民主之前，西方首先要解决经济发展的问题。马克思所处的时代就是“先经济发展”的时代，是原始资本主义。社会主义运动产生以后，工人阶级慢慢融入政治进程，到了第二次世界大战以后大众民主才快速发展。根据欧洲的经验，我们可以认为，很多基本国家制度必须在一个国家民主化之前建立好，否则以后就没有机会建立了。这是事实不是理论。我们从西方的历史来看，大部分国家的基本国家制度是在民主化之前建立的，包括我们所看到的社会政策、社会制度、福利制度等。比如，法国的教育制度是拿破仑时代建立的，世界第一项社会福利政策是在德国俾斯麦时期制定的。当然，民主化以后，民主政治确实对这些制度尤其是福利有很大的推进。一般来说，我把基本的国家制度分成三类：第一类是民主化以前必须建立的制度；第二类是必须在民主化以后建立的制度；第三类是在民主化之前建立起来，民主化以后会转型的制度，转型可以往好的方面转，也可以往不好的方面转。

东亚社会的成功走了这样三步：先经济，后社会，再政治。东亚社会在很长时间里出现了我们政治学里面讲的权威主义政体。比如在权威主义政体下，新加坡把经济从“第三世界”走向了“第一世界”，在此过程中完成社会政策、社会组织、社会福利等制度体系的建设。

很多人说日本是亚洲的经济奇迹，但是别忘了，日本、亚洲“四小龙”更是一个社会奇迹。日本在经济起飞的二十多年以后，不仅经济从“第三世界”到“第一世界”，社会发展上更取得了巨大的成就，最重要的标志就是把中产阶级做大到超过70%。这是一个伟大的成就。当然，每个经济体在发展中产阶层过程中所采用的方法是不一样的，日本采取工资倍增计划和社会政策，新加坡发展政府企业和社会政策，我国台湾地区大力发展中小企业，香港地区也是在促进中小企业的发展基础上推行社会政策。

在社会改革获得推进后，这些经济体才开始进行民主化。从简单的投票行为来说，一个人均 GDP1 000 美元的社会可以投票，一个人均 GDP10 000 美元的社会也可以投票，但两者的民主行为完全不一样。人均 GDP1 000 美元的社会，就像我们从中国农村选举所观察到的，人穷的时候选票不值钱，一包香烟、一块肥皂就影响了选票。这不难理解，人均 GDP1 000 美元的时候，大部分人还没有受过高等教育，没有理性思考的能力，投票的行为很容易受左右。到了人均 GDP10 000 美元的时候，投票行为就不一样了，大部分人已经受过高等教育，可以理性思考了，而小恩小惠就很难影响选票了，至少人们不会采用暴力的形式。所以日本、亚洲“四小龙”的发展，是世界历史上最和平的发展方式，避免了欧美早期发展出现的大规模暴力行为。

改革如果按照先经济、后社会、再政治这样“三步走”是比较理想的，但是不见得每一个社会一定会按此三步走。比如亚洲和拉美很多国家就不是这样的，他们在人均 GDP 很低的情况下，在社会经济还没有发展的情况下就开放了政治，结果产生了非常多的问题。从理论上看，这些国家具备了西方所说的那些条件，多党制、宪政、法制、开放的媒体等，但都名不符实。这些国家实行多党制，每一个政党都想分大饼，而不是做大饼，因此社会经济一直发展不起来。

我们国家这几年一直在讨论中等收入陷阱问题。一些国际组织包括世界银行对此进行了调查研究，表明第二次世界大战以后一百多个国家，只有十几个国家逃避了中等收入陷阱，而这十几个国家中大部分是中东那些拥有能源、石油的国家，能源价格涨上去了，人民就富裕起来了。除了这些国家之外，其他五个经济体都在亚洲，即日本和亚洲四小龙，这些经济体就是按照“三步走”进行的，做得非常成功。

20 世纪 50 年代，在西方看来，亚洲有两个民主的“明灯”或者典型：一个是缅甸，一个是斯里兰卡。这两个国家当时开始实行西方式民主，经济发展起步。但结果呢？现在，它们仍然面临很多问题。到了 20 世纪 60 年代，西方说亚洲又有两个民主“明灯”：一个是泰国，一个是菲律宾。不过，这两个经济体现在也依然面临诸多问题。前两个国家仍然处于低度发展阶段，而后两个国家长期陷入中等收入陷阱。因此，我们应该从理论和实践上来研究，改革的顺序应当怎样设计，发展的顺序应当怎样安排。

（二）中国自身的改革实践与路径选择

对中国而言，可以在任何阶段开放政治。不过，如果从欧美国家的经验、从亚洲的日本和“四小龙”的经验来看，我觉得还是三个阶段论比较好一些。根据我的观察，中国实际上也是在这样进行改革。我们从20世纪80年代开始进行改革开放。邓小平时代，中国以经济改革为主体。80年代中期中国也进行过政治改革，但是碰到了很多问题。90年代的改革把经济层面的国家制度建立起来，并且加入了世界贸易组织。经济改革取得了巨大成就。80年代初期，中国人均GDP连300美元都没到，现在已经到了8 000多美元。我们的经济总量更不用说了，从一个小的经济体到现在成为世界第二大经济体。如果像现在这样发展下去的话，今后十多年里赶上美国的经济总量不会有太大的问题。

与经济优先的GDP主义相伴随，也出现了环保、社会等很多方面的问题。因此，党的十六大提出两个重大目标，即“科学发展观”和“和谐社会”。可以看出党的十六大以后，社会改革已经提上议事日程，通过社会改革来培植社会力量，这个思路，我认为非常正确。

同时，鉴于有效的国家制度是高质量民主的保障，所以制度建设我们也必须进行，但制度建设是不是马上就像西方那样开放政治呢？我对此持保留态度。我觉得，中国的人均GDP还很低，现阶段还是要重视社会经济的发展，尤其是社会建设。

二、中国改革的未来走向

（一）发展经济，避免中等收入陷阱

我非常认同“四个全面”的提法，全面实现小康社会还是很重要的，也是不容易的。中国现在陷入中等收入陷阱的可能性仍然很大，我们必须躲开这个陷阱。陷入中等收入陷阱国家的情况是很糟糕的。泰国、菲律宾以及拉美的很多国家，现在的收入跟几十年前的收入差不多，政治腐败、社会衰败、暴力横行等现象一直存在，这些都是陷入中等收入陷阱导致政

治社会过于分化导致的结果。

我为什么一直强调中产阶级非常重要？西方社会今天所出现的问题，就是因为中产阶级变小了。西方以前的成功是因为中产阶级做大了。现在特朗普要在美国搞的那些东西，尽管你对他有意见，但我觉得他的判断是正确的，至于是否做得到则是另外一个问题。在2008年世界金融危机之前，美国有70%～75%的中产阶级，但现在已经掉到了50%以下。欧洲也是这样。从前中产阶级很大，社会是一个橄榄形的社会，但现在中产阶级规模普遍变小。如果中产阶级占到75%左右，任何一个政党，无论是左派还是右派，都要照顾中产阶级的利益，就不会走向极端。但如果一个社会，就像泰国，50%是穷人、50%是富人，那么农民选出来的总理城里人不接受，城里人选出来的总理农民不接受，永远都会是一个斗争的局面。

发展还是硬道理。一定要把发展经济的四个主体——地方政府、国有企业、民营企业、外资的积极性发挥出来。如果不发挥出来，中央的顶层设计只能放在上面，很难落地。

日本和亚洲"四小龙"能够逃避中等收入陷阱有他们的有利条件。首先他们的经济体量小。以前我们说日本的经济体量很大，但是现在日本的经济总量不到中国的一半。第二，日本和亚洲"四小龙"有很好的国际环境，他们基本上是西方的一部分，西方美国一直对他们开放市场，没有遇到很大的阻力。日本和"四小龙"上升时期，西方也处于第二次世界大战以后长时间的上升时期。它们借助这个世界发展的"东风"，基本上没有受到很大的阻力。

当然，我们对中国的经济发展始终保持乐观态度。比起其他国家，我们进行了大规模的工业化、大规模的基础建设，有很好的人力资源，创新精神强劲。

（二）推进制度建设，发展内部多元主义

不久前我写过一篇文章，强调如何评价我们的制度进步。长期以来，我们光是用GDP来衡量进步。GDP总量和人均GDP当然很重要，不过，我们也不能忽视制度的进步。从国家的长治久安来说，制度进步是非常重要的。

党的十八大以后所有条件都具备了，接下来就是要大力推进制度建设。党的十八大之后，一切权力归中纪委。现在，党和国家正在建设一个非常具有权威性的机构——监察委，这是一个非常大的进步。监察委是国家广义政府的一部分，具有法律的权威和中纪委的政治权力。

我最近提出一个概念——“内部多元主义”。我把西方的多党制称为“外部多元主义”，你不认可这个政党就可以脱离这个政党，组建反对党。我对西方基于“一人一票制”之上的多党民主持悲观看法。以前，英国的反对派是忠诚的反对派，英国议会下面两个政党，就像中国传统的左丞相、右丞相，两个人提的意见不一样没问题，但都是具有建设性的意见。而现在的反对党，是互相否决的，为了反对而反对，所以两党什么都做不成。

20 世纪 90 年代初福山写了《历史的终结》一书，认为西方民主是人类历史上最好的也是最后的政治制度。但现在福山不这样认为了。西方民主下一步怎么走对西方来说非常关键，到现在还没有明确的答案。

近年来，我们和一些欧洲、美国学者包括福山在开讨论会的时候，也会把中国模式放进去讨论，看看中国的发展模式。中国模式怎么样解读？我自己把它称为是“内部多元主义”，我们走的是开放的一党制。

为什么现在西方出现了那么多麻烦？理论上说，民主是有助于开放的，但实际上并不是这样。现在民主体制下都是强大的既得利益集团。美国的民主党和共和党有什么区别呢？他们都是既得利益集团，也是为既得利益集团服务的。特朗普很聪明，他看到了这一点。尽管他也是既得利益的一部分，但为了获得政治权力，他就“脱离”了建制，转向支持体制外利益。所以，美国这次总统选举并不是传统意义上的共和党与民主党之间的竞争，而是体制内外的竞争。欧洲也有类似情况。我觉得，西方民主不像福山说的“历史的终结”，而是还会有大幅度的变化。这个大家都可以自己观察，因为任何政治体制的有效性都是由其他经济社会条件决定的。

中国现在怎么走？我个人是反对走多党制路线的。这不是理论问题，而是实践问题。我们的制度建设还远远不够完备。我最近在思考我们“50 后”、“60 后”这两代人的政治责任。我们在经济发展方面已经取得了巨大成就，但怎么做制度建设？怎么实行党内民主？

现在，我们重新提出了“核心”的概念，这非常重要。核心并不是简单的权力问题，更重要的是要表明谁来承担政治责任。如果真正认识到中国政治的逻辑，那么核心是非常必要的，这是政治的责任。下一步，我们要解决的问题是：核心如何和集体领导找到一个切合点？如何和党内民主找到一个切合点？这些方面，我们要做很多的理论和实践上的探索。

还有中央与地方关系。1994 年分税制以后，中央与地方关系实际上一直在变化。现在，在一些方面，中央、地方呈现一种紧张关系，地方缺少有效的发展动力。现在中央和地方也要一起走路，那么怎么走呢？现在的体制下，钱都收到中央去了，但是责任却一直收不上去；中央政府有钱，但是没有多大的责任，地方政府没钱但要承担很大的责任。怎样责权联动？从权力的逻辑来说，已经集中起来的权力要放下来很难，唯有使中央多承担一些责任。

（三）重视社会建设，扩大中产阶级规模

我们的社会建设这几年进步并不大。社会建设应该是今天中国头等重要的改革领域，决定了下一步经济改革和政治改革会不会成功。我们现在面临的困难都是因为社会改革、社会政策没有做好或者做得不够。我们的经济一直在说要从出口导向转向内需拉动型社会，建立内需社会才可以实现可持续的发展。那么，为什么内需社会建立不起来呢？简单地说，我们的中产阶级“块头”太小。我在前面说日本、亚洲“四小龙”最成功的地方就是把中产阶级做大到 75% 左右。我们现在的中产阶级有多大？大家对中产阶级的定义不一样，但一般比较合理的估计是 25% 左右。经济增长 40 多年了，增长率比日本和亚洲“四小龙”还高，为什么我们的中产阶级比例还是那么小？这是一个很大的问题。没有中产阶级就没有消费社会，消费社会跟中产阶级是等义词，互相可以替换。为什么中产阶级还小呢？因为我们的中产阶级没有社会制度基础。

比如在英国，老百姓的存款率很低，有钱主要用于消费。他们干吗要存款？房子很便宜，看病不要钱，读书不用钱，那么存钱干什么用？这就是社会政策在起作用。北欧社会更是这样，企业家的税收很高，达到 60%，甚至更高。他们基本上实现了马克思所描绘的社会主义社会，大家住的房子差不多，小孩上学不要钱，看病不要钱，富人跟穷人唯一的区别

是可能出差坐公务舱，红酒喝好一点，就这样一点点差别。北欧国家的社会政策更是保证了清廉政府。新加坡、中国香港则是高薪养廉，但北欧社会政府官员的薪水并不高，可以说是低薪下的廉洁。这里社会政策发挥了主要作用。我以前写过一篇很长的文章，探讨怎么反腐败的问题。反腐败不能光靠反腐败机构的设置，而是要通过包括公务员制度改革、行政改革、社会改革，完善一整套的政策来保证一个清廉的社会。所以，社会改革是最重要的反腐败方法。

我最近一直在提倡中国要走分散的城市化道路。世界上一个普遍的规律是“穷人的城市，富人的乡下”。德国的城镇化非常高，但80%的人口居住在2万人口以下的小城镇。我们过去的城市化道路方向错了，即把所有的优质资源全往那几个城市堆。我们的资源太过于集中在几个大城市，大城市化的弊端很难破解。大城市的资源要分散，至少不能再继续往大城市堆了。

农村现代化也势在必行。如果现在农村的情况继续发展下去，农村流出性的衰落不可避免。农民有钱了就到城市去买房子，哪怕家里有房子也不住。政府对农村就那么一点投入，而且没有社会资本的流入。农村现在是单向流出。要有双向流动，让社会资本也可以到农村去，这样才会平衡一些。光靠政府一家，政府资本进去了能好一阵子；政府的资本一抽出来，情况马上变得糟糕。这不是可持续发展。

所以，社会建设是重中之重。社会建设做不好，以后政治开放更麻烦。中产阶级是很好的一个社会主体，但我们现在把它高度政治化了。总有人觉得“中产阶级”一定要跟政府分权，如同在西方。但实际上则不然。像在日本和新加坡，中产阶级都是支持政府的，因为中产阶级是政府培养出来的，肯定是支持政府的。这跟西方的模式不一样。我们的很多学者和官员既不了解西方也不了解东亚社会，只会把一些现象做简单的“政治化”。公民社会是很好的，深圳的公民社会就挺好。社会成长了，政府的负担就会减轻。欧洲的一些国家，几个月没有总理也没有关系。日本大灾难的时候，政府并不作为，但老百姓自己有作为。

我们是社会主义社会，社会主义就是以社会为主体，但我们老是忘了建设社会。我觉得，我们对公务员、干部的很多考核，其他什么标准都不重要，就看看他们的社会建设做得怎么样。社会建设好了，我们就会有非常大好的明天。

民之所望，施政所向。人民有所呼，改革有所应。增强群众获得感应当成为改革的根本要求，成为衡量改革成效的重要标准。群众获得感，核心是群众，关键是获得，表现是感受。未来需要确定改革优先顺序，进行重大改革攻关，在民众关心的领域如环保、教育、医疗、反腐等领域力争取得关键性突破。

（本文系作者于 2017 年 4 月 17 日在深圳创新研究院的演讲）

第二篇

改革关键点

落实共享发展理念的两个重大问题

宋晓梧*

共享发展是五大发展理念的出发点和落脚点，创新发展、协调发展、绿色发展和开放发展，如果不能落实到共享发展，社会还是要出大问题。习近平总书记要求我们“不忘初心”，共产党的初心就是共同富裕。共享发展的理念似乎大家都赞成，实际上有很大的争论。一是一次分配是否应该提高普通劳动者收入；二是二次分配是否应该缩小一次分配的差距。

一、一次分配应当提高普通劳动者的收入

“十三五”规划建议提出“要实行有利于缩小收入分配差距的政策，明显增加低收入劳动者劳动的收入，扩大中等收入者比重”，而不是要压低劳动者的工资收入。收入分配制度改革其实是当前中国经济社会面临的非常重大的问题。一些学者在谈到经济发展方式转变的时候，对于旧常态特征的归纳一般只提过高的资本投入、过多的资源消耗、过大的环境污染这三个问题，而对于劳动力成本问题谈得不多。我认为，旧常态还有一个特征，那就是过低的劳动力成本。1992 年到 2001 年 20 年间，中国劳动收入占 GDP 的比重从 54% 左右下降到 45% 左右。转到经济新常态，特征应该是资本投入高效、能源资源节约、生态环境友好、收入分配公平、公共服务均等。后面这两条特征不应被忽视，经济学家不要把这两个忘了，只谈投入问题、资源问题、生态问题。我坚持认为劳动力成本提高是我们经济发展方式转型的重要指标之一。

---

* 宋晓梧，原国务院振兴东北办副主任、中国经济改革研究基金会理事长。

近年来，劳动力成本占比有所提高，但还未恢复到位，与所有发达国家和大多数中等发达国家比，还有较大差距。近年来我们的基尼系数也相应有所降低，这说明劳动收入占比提高和整个收入分配差距缩小是一个正相关的关系。尽管如此，中国的基尼系数在全世界仍然是非常高的，按地理区域划分，我们仅次于拉美地区，这对一个高举社会主义市场经济旗帜的国家来说是一件比较尴尬的事情。

目前经济处在下行期，对劳动力成本的分析，从宏观和微观两个不同的角度，似乎有很尖锐的矛盾。从宏观层面来看，在农业劳动力转移增量和新增劳动力总量逐年减少的背景下，中国劳动力成本受宏观供求关系变化的影响，存在需求大于供给的中长期趋势，从而客观上存在上升的压力。新增劳动力，最近这些年不是增加，而是每年减少 200 万到 300 万，农民工总量还在增加，但今年增幅只有 1% ~2%。此外，发展方式转型要求的制度性反弹也是重要因素之一。前一阶段劳动力成本压得过低了，而生活成本特别是大城市的房价不断升高，迫使劳动者，尤其是农民工只好用脚投票，走人。各地通过提高最低工资标准保护劳动力的简单再生产，连续几年一些省的最低工资标准提高幅度高于当地 GDP 增幅。

有些新闻媒体惊呼，中国劳动力成本已经高过美国了，所以中国企业转到美国生产去了。他们举了一些例子，认真看看，就知道一些媒体是把企业经营总成本当成劳动力成本了。记者不清楚专业的经济学知识可以谅解，而有的经济学者和政府官员也跟着媒体跑则让人难以理解。请看 2015 年国际劳工组织颁布的中国和美国劳动力成本比较，按 PPP 元，相差 3.5 倍；如果按照汇率算，5 倍以上。制造业的劳动力成本，中国还远低于阿根廷、南非、印度尼西亚等国，更不用说日本、韩国了。此外，看劳动力成本占比变动不能只看 2013 年之后的两三年，要做中长期比较。1978 年到 2015 年，中国人均 GDP 增长为 20 倍，而城市居民收入只增长了 13 倍，农村居民收入只增长了 14 倍。城市居民收入有 30 年收入增长低于 GDP 的增长，农村居民收入增长有 26 年低于 GDP 的增长。宏观分析说明，无论是国际比较还是中长期比较，尽管近两年职工工资增长较快，但至今普通劳动者总体工资福利水平仍然偏低，还有较大的增长空间。

在微观层面，许多企业家反映近年来包括劳动力成本在内的企业经营成本大幅度上升，经营非常困难。具体情况如何？这里举两个例子。

据江南化纤在美国投资办厂的个案分析，同行业美国的劳工成本是中国的2.57倍，《经济参考报》最新数据是5倍。那为什么江南化纤要到美国去办厂？因为有很多成本国内是高于美国的：土地成本，中国是美国的9倍；物流成本，中国是美国的2倍；电力/天然气成本，中国是美国的2倍以上；蒸汽成本，中国是美国的1.1倍；配件成本，中国是美国的3.2倍；税收成本，美国税收优惠力度大；清关成本，美国无须支付进出口清关成本。当然也有美国高于中国的项目，如折旧成本美国是中国的1.7倍，厂房建设成本美国是中国的4倍。算总账，企业在美国投资划算。

2016年全国政协在东北调研，齐齐哈尔重型数控装备股份有限公司（简称“齐重数控”）反映，该厂的劳动力成本占比从2010年15.3%急速上升为2015年36.4%。看到这个数据，有的人第一反应可能是这5年职工工资增长太快了。请不要过早下这样的结论。其实，齐重数控的劳动力成本占比5年增长了2.4倍，并不是职工工资过快增长造成的。齐重数控人工成本从2010年的22 686万元减少到2015年的12 326万元，减少了10 360万元，减幅为45.66%。其中，职工工资一项，从17 320万元减少到8 475万元，减幅更是高达51%。那劳动力成本占比为何急速上升？主要原因是企业经营总成本大幅度降低所致。齐重数控的生产成本从2010年的148 387万元减少到2015年的33 858万元，减幅为77.18%。如果在总成本中除去劳动力成本，则其他成本从2012年的125 701万元减少到2015年的21 532元，减幅高达82.87%。生产成本锐减的原因是产能利用率从2010年的107.9%大幅度减少到2015年的60.4%。

以上分析说明，产能过剩导致企业减产，企业的能源原材料成本必然大幅下降，而人工费用有较大的惯性或刚性，不可能与能源原材料成本同步、同幅度下降，因此在经济下行过程中，企业劳动力成本占比上升有其必然性。这也是发达市场经济国家在经济危机中企业大量裁员、失业率飙升的重要原因。一些研究单位、一些学者把近年来企业劳动力成本提高简单归咎于职工工资增长过快，这一结论对所有产能过剩行业来说显然过于空泛了。中国收入分配研究院2016年《中国劳动力成本问题研究》课题报告说明，近年来盈利额下降的企业，劳动力成本占比有较大幅度的上升；而盈利额上升的企业，劳动力成本占比是下降的。

实际上，钢铁、煤炭以及装备制造业行业的企业，这两年不仅高管减薪，一般职工也在减薪。需要指出的是，齐重数控作为一家民资控股企业，已经有了较大的用人自主权，职工人数从2007年改制时的12 000多人精简到目前的1 900多人。那么面对同样产能过剩的同行业国有企业呢？困扰他们的老问题依然存在，不仅企业冗员难以裁减，许多国有企业办社会的问题至今没有解决。对这些国有企业而言，在去产能的过程中，劳动力成本占比的剧增，将是更为严峻的考验。

能否得出这样的结论：一是前阶段中国过低的劳动力成本掩盖了其他如物流、土地、审批、融资等成本过高的弊端，而劳动力成本的合理提高有利于政府重新审视并改善企业的总体经营环境，提高就业质量。二是当前企业经营困难，主要是产能大量过剩，这不是劳动力成本过高惹的祸，反而是前阶段各地为招商引资过分压低劳动力成本的恶果。三是经济发展到一定阶段，工资水平的提高会“倒逼”企业改变“血汗工资”制度，推动企业技术进步，进而“倒逼”经济发展方式转型，推动全要素劳动生产率提高，并提升就业质量，这已经被工业化国家以及新兴工业化国家的经济发展史所证明。当然，我们也不赞成在短时间内过快、过高提高工资。政府可以通过调整最低工资增长幅度，适当缓解工资成本过快增长的趋势。

中国经济发展到现阶段，已经从来料加工为主开始转向创新与资本输出为主。人力资源大国转型为人力资源强国，必然要求劳动力成本合理提高。工资成本高了，资本会向低成本的国家转移，这是全球化过程中必然发生的现象，“四小龙”和所有新兴工业化国家都经历过的，很独特吗？有的所谓大牌经济学家痛斥中国资本向东南亚转移，说近年来丧失了50万亿元的收入。不知道这个数据从何而来，那美国、日本、德国、法国，还有我国台湾地区在中国大陆的投资又丧失了多少收入？再进一步思考，越南、老挝、柬埔寨的劳动力成本比我们低，如果现在还要坚持把中国的劳动力成本压到这些国家的水平之下来吸引国内外资本投入，普通劳动者如何共享中国改革开放的成果？中国的收入差距将有多大？

二、二次分配应当缩小一次分配的差距

从世界范围看，工业化进程打破了以家庭为生产单位的农业经济生产

方式，同时也破坏了家庭的保障作用，从而客观上要求建立适应劳动力大规模流动的社会保障机制。社会保障制度的基本功能，一是实行普遍关联原则，为包括鳏寡孤独及残疾者等弱势群体提供生活保障，这主要表现在社会救助项目上；二是实行就业关联原则，为就业人员暂时或永久退出劳动力市场时提供生活保障，这主要表现在社会保险项目上；三是作为政府立法实施的基本社会保障，发挥二次分配的作用，缩小一次分配的差距，使社会各阶层在分享经济发展成果方面更加公平和谐；四是随着社会保障制度的发展，社会保障基金，主要是部分社会保险基金的积累和使用，对促进经济发展和平抑经济波动发挥了积极的作用。第四项功能本来是派生的，但在中国前阶段把 GDP 高速增长作为主要目标的背景下，社会保障制度激励经济增长的功能被过分强调，而社会保障制度作为二次分配应缩小一次分配差距的功能则被忽视或弱化。

根据世界银行 WDI 数据库和联合国大学世界收入不平等数据库、世界概况数据库、经济合作与发展组织数据库提供的资料，18 个欧盟国家市场收入的基尼系数为 0.443，这与中国的初次分配基尼系数相差并不太多，但是在社会保障的作用下，这些国家的可支配收入基尼系数降为 0.29，远低于中国的 0.47 左右。从下降幅度看，欧盟国家政府的社会保障政策使其基尼系数的平均值下降了 40%，相比之下，中国仅下降了 12.3%。

实际上，中国的基本社会保障在一些项目上还存在“逆向转移”问题。2000 年，我在《中国社会保障体制改革和发展报告》中指出：“面对日益扩大的收入分配差距，我国社会保障制度改革的着力点没有及时得到相应调整，在总的原则上，还停留在改革启动时期，强调效率高于公平，向低收入者倾斜不够，在某种程度上还有拉大收入分配差距的问题。”如城乡社会保障的差距、城镇职工基本养老保险金双轨制等，都不仅没有缩小一次分配的差距，反而扩大了一次分配的差距。其中，城乡社会保障差距的缩小，有赖于中国二元经济结构的调整，不是短时间可以解决的，而城镇职工基本养老保险双轨制的长期实施则完全是政策失误。2000 年至今，社会保障制度缩小一次分配差距的功能仍很微弱，可是至今仍有一些官员或学者，无意或有意地忽视社会保障应发挥的这项基本功能，一味过分强调激励作用。

职工基本养老保险制度设计是一个典型案例。中国在从计划经济向社会主义市场经济转轨的过程中，20世纪90年代初探讨并建立了个人账户与社会统筹相结合的基本养老保险制度。改革初期，城乡合计的基尼系数不过0.3。因此，20世纪80年代及90年代初，分配制度的改革重在打破平均主义。在这一大背景下，曾提出把一次分配的效率原则引入二次分配中，在基本养老保险制度中引入个人账户，因为个人账户是以职工在职时的一定工资比例缴纳的，体现了多缴多得的原则。20世纪90年代初，主张在基本养老保险中体现激励原则的同志设计了16%的个人账户。经过激烈的争论并总结不同省份探索个人账户的实践，国务院在1997年统一了职工基本养老保险制度，全国企业职工统一按11%建立个人账户，个人缴纳8%，企业按职工本人工资缴纳3%。其后，这项制度又逐步加以修正，个人账户降低到8%，完全由职工个人缴纳，同时提高了养老金计发的社会统筹所占份额。

一个国家社会保障制度建立与完善的历程应与本国经济社会的发展阶段、发展水平相适应。经过30多年的改革开放，中国的社会经济生活已经发生了巨大变化，在创造了高速经济发展奇迹的同时，逐步积累了许多问题，其中突出的是收入分配差距过大。中国城乡合计的基尼系数在10多年前就超过了国际0.4的警戒线，逼近0.5，近年来略有下降，仍处在世界高位。在新的经济社会发展阶段，面临一次分配差距过大的现状，基本社会保障项目应当提高公平性、共济性，以平抑一次分配的差距。作为基本社会保障最重要的项目之一，基本养老保险制度提高公平性、共济性的方向也应当明确。

社会保障制度作为政府再分配的工具，在缩小一次分配的差距方面能起多大作用是衡量这一制度效率高低的重要标准，如果没有缩小一次分配的差距，这项制度就是无效率的。以这一标准衡量，中国社会保障制度的效率亟待提高，至少“十三五”时期，不应再降低其效率，这应作为进一步改革社会保障制度的底线来遵守。

（本文写于2016年12月）

供给侧结构性改革中“三去一降一补”如何正确把握

贾　康*

供给侧结构性改革的要领，首先是以“三去一降一补”为切入点。但为正确理解和掌握它，必须把“三去一降一补”放在供给侧结构性改革整体逻辑关联之内。

如果从中央这一战略方针直接字义上来看，有三个词语：供给侧+结构性+改革。我认为首先要注意到，它是落在“改革”上，这表明什么呢？可知决策层所强调的这个概念，就是邓小平于改革开放新时期之初就设定为大政方针的、承前启后、继往开来的要求。但是这里又突出了一个新意，即直接标明了“供给侧”，即改革就是要解决供给侧的有效制度供给问题，并表明了决策层通过相关分析认定，我们现阶段矛盾的主要方面就在于供给侧，必须面对与需求侧总量问题迥然不同的供给侧的“结构”问题。首先是制度结构优化、利益格局调整、“冲破利益固化的藩篱”的问题，攻坚克难推进改革而解决好有效制度供给，进而提高整个供给体系的质量和效率。这三个词语联结而成的鲜明表达，是得到“社会主义政治经济学”的学理支撑的。

如果把供给侧结构性改革以上三个概念联结在一起理解，结合现实经济生活，对于“三去一降一补”这样供给侧改革的具体要求其实施要领，需要做进一步的考察分析。

---

* 贾康，全国政协委员、华夏新供给经济学研究院首席经济学家、财政部财政科学研究所原所长。

一、“去杠杆”须区分宏观与微观

说到“去杠杆”，可以直截了当地讲，这在宏观上是间接调控体系里货币政策当局主导的控制广义货币供应量（M2）要把握的要领，与“适度扩大总需求”而同时宏观审慎地防范风险的权衡有关，也与如何更好掌握总量型的需求管理有关。在这个意义上，其操作和我们各个地方、各个行业、各个企业并没有直接关系。其他宏观管理部门，则需要与我们的货币当局进行协调和配套：比如近年的财政政策，强调要提高赤字率，而提高赤字率意味着举借债务的规模要扩大，财政部门的领导已指出，这是以财政的“加杠杆”服务于全局的“去杠杆”，这就体现了全局观与国家层面的部门协调，这是从宏观角度来说必须把握的“去杠杆”概念对于相关管理主体的要求。

另外，从地方政府视角来说，应有一个清醒的认识：全局的“去杠杆”并不排除局部的“加杠杆”，而且局部的“加杠杆”一定是要求“理性供给管理”的结构性“加杠杆”。

比如我们知道，在全局“去杠杆”的同时，地方政府在本地发展战略实施过程中需要发力支持优化结构的一些关键点上却是需要“加杠杆”的；大量三四线城市去楼市库存，也是需要配合必要的政策措施而“加杠杆”的。这些都迫切需要以一种理性的供给侧管理方案来设计，以求达到优化结构，从而也服务于降低总体杠杆风险程度的意愿。

总之，管理当局要协调好的事情，是地方、行业在这方面应理性处理好怎么样以必要的结构性“加杠杆”来顺应全局“去杠杆”，从而贯彻好发展战略的问题。这是典型的供给管理的任务。

至于微观企业主体降低自身负债率的“去杠杆”，则是必须“因企制宜”讨论的问题，并没有一个“一刀切”的合理解决方案，政府一般也不应按某个量值作硬性要求，关键是企业在竞争中要结合自己的生产经营战略策略，力求于定制化处理中达到对负债经营较高水准的风险防控。微观的“去杠杆”，实质是一个个企业特定的“资金供给管理方案”问题。

二、“去产能”应正确把握实质和机制

其一，不宜笼统地讲去所有的“过剩产能”。我国现在必须聚焦的其实是要去落后产能。各个行业里产能的“过剩还是不过剩”处在不断变化中，准确的说法应是，在行业里高高低低可比的产能中，靠下的落后产能，是相对而言较好界定的概念和较好把握的去除对象。“去产能”工作重心放在“去落后产能”这个实质问题上，才能更直接、更聚焦地对应我们所追求的结构优化和打造升级版。

其二，所谓过剩产能，是可以通过我们的一些创新机制比如 PPP 来改变其属性的。PPP 是“Public - Private Partnership”的缩写，过去直译为“公私合作伙伴关系”，即是现在官方文件所表述的“政府和社会资本合作”的机制，这一创新显然会把一部分过剩产能瞬间转为有效产能。原来政府在要做的公共工程、基础设施以及产业园区连片开发这些建设项目上，往往“心有余而力不足”，现在可以吸引、拉动已雄厚起来的民间资本、社会资金包括外资一起来做。

只要把这个事情做好，便会产生一系列正面效应，包括缓解政府未来很长时间段上城镇化和老龄化压力下的财政支出压力；使民生改善，老百姓得实惠而且实惠可持续，因为它是政府、企业和专业机构“1 +1 +1 > 3”的绩效提升机制，也正是落实共享发展的机制创新；它还会给一批与政府合作的企业打开取得“非暴利但可接受”的长期投资回报这样的生存发展空间，它又对接混合所有制改革，以及对接非常重要、中国必须推进的法治化、民主化制度建设，是一种对全面法治化的倒逼机制和催化剂。

同时，它又是在引领新常态过程中可以把一部分所谓过剩产能成功转为有效产能、进行有效投资（“聪明投资”）的创新机制。比如在北京，在原来有地铁 4 号线 PPP 项目的基础上，现在继续运用这种成功经验引进外资建设地铁 16 号线，正是缓解首都公共交通体系有效供给不足的一个重要的建设项目。如无 PPP，16 号线动工建设可能还遥遥无期；有了 PPP，便可以把这一建设项目立即启动，而且是“好事做实、实事做好”，加快项目建设所需要的钢材、建材、施工设备等的一大批订单。对应的是

什么产能呢？正是一部分原来所谓的“过剩产能”——PPP 这个机制创新会把一部分所谓的过剩产能很快转为有效产能。

其三，我们需要意识到，在行业、企业升级换代中，并不应把所有在竞争力上有一定劣势的企业，马上认定为所谓的“僵尸企业”。“僵尸企业”这个概念是可以用的，但应仅限于少数确实无可救药而迟迟未出局的企业。某些在竞争中已经感到有压力、有困难的企业，如果能成功实现升级换代的创新，就可能改变面貌，原来被人们认为是过剩产能的代表，可能转为有效产能的组成部分。这是可变的，是要有“事在人为”的努力加入进去的。所以，在去产能方面，一定要真正聚焦到，在整个行业或某一个领域里，那种应被市场竞争淘汰的落后产能能不能去除这个关键问题和“真问题”上。

其四，这一点非常重要：去产能的主体与机制何在？去产能中，对于为数不多的某些成规模的企业，政府如认定它是落后产能代表，在没有挽救的可能性的情况下，可以由政府为主体实施关停并转，这是最便捷的操作，但是对不起，这种方式的适应性非常有限。中国现在整个企业数量、市场主体数量是 7 000 万个以上，大量的中小微企业中谁是落后产能代表，政府不可能一一甄别，必须在依靠政府维持公平竞争的制度环境，让市场机制在发挥作用的过程中以竞争中的优胜劣汰来解决去除落后产能的问题。这是一个最重要的去产能的主导机制。

三、及时总结“去产能”的正反两面经验

在深化供给侧改革的 2017 年，亟须总结 2016 年去产能方面的运行情况，掌握好去产能的实质内容及其合理机制。不应过于注重有关部门算出一个总规模以后表面上看砍掉了多少产量，关键是那些真正需要淘汰的落后产能，怎么能被挤出去。

我国钢铁行业、煤炭行业从整个产能规模看来是过剩的，所以成为 2016 年去产能的重点，但实际操作中如以行政手段为主把钢铁和煤炭产能总量的压减目标作为指令性任务“切块”下达，由各地管理部门或“拣软柿子捏”挑选去除对象，或者“排头砍去”一刀切操作，能如愿达到去落后产能的结果吗？这种方式下，面对着千千万万分散的市场主体，

政府管理部门其实没有能力全面地一一甄别企业中谁是什么产能的代表。对于为数不多的成规模的企业，可以作为重点对象来排查，能够认定真正无可救药的落后产能代表，可以关停并转，但这种操作的适应性是有限的。全国约7 000万个市场主体中，绝大多数是中小微企业，其中那些落后产能，应该在划清某些必要的准入标准（如污染物排放的技术标准）之后，主要通过市场的优胜劣汰来去除，如果依靠行政官员去覆盖总计几千万个市场主体，不可能真正掌握好准确度。

我们很遗憾地看到，现实是在这样的一个矛盾面前，管理部门的手段往往是倾向于靠行政指令来给出指标，往下压任务。比如，整个钢铁行业和整个煤炭行业要求要去多少多少万吨的产能，作为任务，然后层层切块，下达到各个区域，各地区再在本地相关的企业里靠行政手段挑选“去产能”对象，而实际带来的结果往往很容易发生扭曲与不公正，还有干脆“一刀切”地压产量的做法。

以煤炭行业为例，2016年不少地方就是落入了不甄别的“一刀切”。煤炭行业经历了几年的困难、产品价位一路走低之后，2016年第二季度以后煤炭市场开始回暖，到第三季度迅速回暖已成定局，而第四季度听到的消息，是市场上的动力煤价格从原来的280元/吨左右直冲600元/吨，而焦炭已从原来的600元/吨左右直冲2 000元/吨。这样迅猛的回暖升温，逼得管理部门召开多次紧急会议，在全国重新考虑怎么样调配煤炭的供给能力。

这个从“过剩”到“供应吃紧”急剧转变的背景是什么呢？是在前面的一段时间里，有关部门要求各个煤矿要按照一年内矿井开工运行不能超过276天来封顶。这就完全改变了过去煤炭行业里早已形成全套经验的全年如无大修365天连轴转的工作状态（我在20世纪70年代初曾在北京矿务局当过工人，下过井，知道这种连轴转的情况）。

从经济学的角度来说，现在这种新的行政规定，它解决了什么问题呢？看起来可以把整个煤炭行业的产量往下压，但实际上违背了生产规律，使一个个运行中的煤矿固定成本分摊极不充分，原来摊到360天左右，现在按行政要求只能对应至多276天的生产运行，实际上是以行政手段不加区分地压低所有煤炭生产企业的运行效率，其中不仅实际上保护了落后产能，而且还可能增加了矿难的隐患——可想而知：煤田的煤层气是需要不断抽取的，瓦斯等带来的不安全因素要靠这样的方式来控制，停工的这些天数里，抽气还是不抽气？从经济利益考虑，很多一线的具体工作管理者自然会把抽气系统停下来，那么什么时候开工再恢复？有没有经验？要提前多少天恢复通风、先把气抽得比较到位才可以施工？处理不好，抽得不充分，是不是就进一步增加了瓦斯爆炸之类的矿难隐患呢？不客气地说，这样的结果，煤炭行业的落后产能并没有被排除，反而由“一刀切”的产量控制把这些落后产能一起保护下来了。煤炭行业如此去产能，是供给侧改革要追求的合理结果吗？是真正体现了全要素生产率这方面的提高吗？

现在提出一个值得重视的问题：在应充分肯定“去产能”已有成果的同时，我们必须注意，现在煤炭行业的回暖是不是猛了一点？这个特征所带来的、在下一个阶段可能的不良影响是什么？一个大起之后很容易出现的是过了一个临界点，便跟着是大落。我们不希望经济的运行是这样大起大落式地“打摆子”，行政手段为主最容易造成这样的“打摆子”。经济手段为主充分发挥市场作用的制度框架迟迟不能建立，那么政府调控就是从一端摆到另外一端。这样的经验教训，非常值得认真总结。

四、房地产“去库存”亟须对于“分化”的情况分别施策

人们普遍意识到，去库存首先是房地产，而房地产现在的情况是什么？一定要有结构性的分析。从大面上说，房地产现在叫作“冰火两重天”，而房地产去库存，绝对不能施加于“火”那一面。“北上广深”早已火得一塌糊涂，它还去什么库存？需要赶快组织有效的供给，缓解这种供需矛盾。大量的二线城市，原来曾经更多的感觉是“冰”的压力，现在开始转成“火”的压力了，也要赶快借鉴现在一线城市的一些做法以及教训，要有提前量地提供有效供给。相匹配的基础性制度的供给问题，一定要提到日程上。比如，中央所要求的“加快房地产税立法并适时推进改革”，这个方针怎么跟现实对接已经可以看得更清楚了。

所以，房地产去库存，现在真正要抓住的主要是大量三四线城市即“冰”的这方面怎么去库存的问题。在三四线城市去库存，又必须注意不是简单依靠现有的商业性消费信贷支持就可以如愿达到去库存目标，因为

三四线城市最值得争取的住房主体是进城务工人员。未来几十年，我国还要有约4亿人从农村到城镇来定居，因为户籍还在农村，但是需要在城镇中“住有所居”地形成与他们的需求所对应的供给，最主要的部分不是一般商品住宅——他们的支付能力大多还对不上，而是低价的共有产权房或者公租房，要把这样的供给在现在的存量基础上提供出来，就一定要使用政策杠杆。

所以，这又是一个鲜明的例证：在房地产去库存方面，在全局去杠杆、控制杠杆的同时，还必须或不得不处理好“政策性加杠杆”怎样合理的问题。如愿地使在三四线城市的一大批进城务工人员住有所居，得到有效供给的共有产权房，而且在他们支付能力更低下的时候对应的只能是公租房。这样如做得好，确实可以把一些我们的房地产库存，从原来的“存”的状态转为“用”的状态。

五、降成本方面，政府的职责是深化改革降低制度成本

关于“降成本”，很显然，对于企业自己可以降低的成本来说，不用政府太操心，政府只要维护了公平竞争环境，企业会千方百计把事情做到极致，在“细节决定成败”的所有节点上去控制成本、降低成本。

从政府角度来说，真正需其发力的降成本，一定要针对制度性成本。在制度性成本里，税收上需要继续做好一系列可能的减税改革，但税收之外的非税收入这方面的成本，比如各种各样的行政性收费，以及我们社保体系的“五险一金”，还有降低的空间和必要。特别是隐性的成本，比如一个企业开办要盖几十个章，每个章后面跟着的都要有“打点”，这种隐性综合成本能不能降下来，绝对不是减税概念能覆盖的事情，一定是综合配套改革概念才能覆盖和解决的问题，要抓住这个实质。

六、补短板，需要因地、因企业、因行业制宜的定制化方案

关于“补短板”，需要清晰地注意到供给侧结构性改革和供给体系质量效率提高，在补短板方面的哲理和原则是非常鲜明的：一定是要解决结构问题，而这个结构问题在具体分析基础上的对策，必须在各地、各行

业、各企业专门“对症下药”地形成，什么是其短板，怎么补？绝对没有一个笼统的拿来就可以套用的补短板的标准化解决方案。这就是供给管理明显区别于需求管理特点之所在：需求管理是非常清晰的指标单一、政府以调控做反周期操作的模式；而到了供给管理、供给侧的补短板，特别强调的是因地制宜、因企制宜、因行业制宜，一定要有高水平的特定解决方案的设计，这是我们必须面对的供给侧结构性改革的挑战。

总之，按照中央供给侧改革的实质性要求，关键是要充分尊重市场在资源配置中的决定性作用，政府主要是维持一个公平竞争的环境和掌握负面清单的“市场准入”，力求在市场竞争中优胜劣汰地做“三去一降一补”，这样我们才真正走上了一条加快发展方式转变的正路。在2017年中央所要求的深化供给侧结构性改革之年，我们十分需要进一步总结相关经验与要领，把中央关于供给侧改革的本质精神贯彻好。

（本文原载于《第一财经》2017年7月16日）

变革中的财政：从公共财政到现代财政

冯俏彬*

党的十八届三中全会《中共中央关于全面深化改革若干重大问题的决定》指出："财政是国家治理的基础和重要支柱，科学的财税体制是优化资源配置、维护市场统一、促进社会公平、实现国家长治久安的制度保障。"该决定共提出 336 项改革任务，其中财政部门作为牵头单位的有 76 项，作为参加单位的有 129 项，财税改革的重要性由此可见一斑。2014 年 6 月 30 日，中央政治局审定通过了《深化财税体制改革总体方案》，明确了财税改革的时间表与路线图，2016 年将完成重大工作与任务，2020 年基本建立现代财政制度。

一、多维度的现代财政制度

与公共财政制度相比，现代财政要从国家治理的高度，围绕财政这一核心，通过制度变革与制度创新，努力处理好政府与公民、政府与市场、上级政府与下级政府之间的三维关系。在我国现阶段，现代财政还要处理好发展经济与促进公平之间的复杂关系。

（一）现代财政制度首先要处理好政府与市场关系的核心制度，发挥政府与市场"两只手"的作用

在建设市场经济的过程中，最关键的是要发挥市场配置资源的决定性作用。为此，需要建立现代市场体系、改革投资制度、理顺扭曲的要素价

* 冯俏彬，国家行政学院经济学教研部教授。

格体系，同时大力扶持需要重点发展的产业、区域，推进我国城镇化进程。要做到这一点，首要的任务就是要处理好宏观税负、税制结构等问题，划定政府与市场的经济边界，同时妥善利用各类财政政策工具，支持市场化导向的改革，同时奠定市场发挥决定性作用的基础环境和运行保障。

（二）现代财政制度是处理好中央与地方关系，既有利于国家统一，也要赋予地方治事的自主性

在未来一个较长的时间内，我国政府仍然将是推动经济发展的主要力量，要继续保持各级地方政府在推动经济发展更好地发挥作用，一个必要的前提就是处理好中央与地方之间的财政关系，形成激励地方政府正确行动的财税指挥棒。一方面为经济发展创新良好的外部条件；另一方面，通过财税体制改革，构建出事权与支出责任相匹配的地方收入体系，保障地方政府履职的资金需要。

（三）现代财政制度更加重视处理好政府与社会关系的重要制度，取之有度，用之有效

国内外经验表明，财政是形成政府与社会、公民联系的经济纽带。通过包括税收在内的财政收入制度，政府向公民收取了提供社会管理和公共服务的资金，通过财政支出，政府完成了社会管理和公共服务的职能。围绕这一过程，提出公民对于政府的监督、对公共决策的参与、政府信息公开、责任政府建设等一系列崭新的话题，有利于市场经济条件下民主政治建设进程，而这是建设经济强国这一枚硬币的另一面。

二、现代财政制度之一——政府与社会关系维度：深入推进税收制度改革

税收制度是政府与市场、政府与社会关系的集中反映。我国现行税收制度的总体框架形成于 1993 年，曾经在为国家筹集财政收入、促进经济增长等方面发挥了重大作用。但随着我国经济进入转型升级期，税收制度所依托的客观背景已经发生了极大的变化，无论是税收功能、税种结构、

税收法律等都体现出诸多不适应的方面，需要通过深化改革进行调整。

（一）实施结构性减税，深入推进“营改增”

目前，我国宏观税负水平较高，不利于企业投资与居民消费，既对长远经济增长不利，也对当下经济转型升级形成阻碍。因此，适当的、结构性的减税是必需的。理论研究表明，增值税属于“中性税”，对生产经营活动的扭曲效应最小，应当大力发展。2012 年以来的“营改增”试点改革在短短的两年间取得了为社会减负、推动服务业发展、增加就业等多方面的良好效应，是近年来难得社会共识度较高的改革之一。下一步，应当进一步深入推进，力争到 2016 年全面完成“营改增”，使增值税全面替代营业税，为我国经济转型升级创造条件。

（二）调整征收范围与环节，改革消费税

我国现行消费税主要针对烟酒、汽车、珠宝等 11 类商品征收，属于选择性征收的特殊消费税。随着我国经济的发展和广大人民群众消费结构的变化，现行消费税在征收范围、征收环节上已陈旧落后，需要进行改革。改革应主要集中在两个方面：一是适当扩大并调整消费税征收范围，把高耗能、高污染产品及部分高档消费品纳入征收范围，长远而言可将一般性消费品全部纳入，以扩大消费税的税基；二是将消费税由目前主要在生产（进口）环节征收改为主要在零售或批发环节征收，逐渐将消费税改造成为地方主体税种之一。长远而言，还要推动消费税由选择型征收普遍性征收和变革。

（三）加快资源税改革步伐，从源头上理顺资源型产品的价格形成机制

资源税是对各类自然资源征收的税种，是资源型产品价格中非常重要的组成部分。近年来，我国各类自然资源消耗过多、过快，已对生态和环境保护构成明显威胁。究其原因，与现行资源税制度有着极大的关系，因此要尽快推动资源税改革。改革的主要方向是将“从量计征”转向“从价计征”，同时归并税费、适度提高税率。目前，原油、天然气资源税从价计征改革已在全国范围内实施，部分金属和非金属矿资源税从价计征改革试点在部分地区实施，但占我国能源消耗 70% 以上和煤炭目前还没有

进入改革范围，需要加快改革，从源头上理顺资源型产品的价格形成机制，为节约使用有限资源、促进环境保护与生态建设提供正确的经济激励。

（四）尽快开征房地产税

房地产税属于直接税。市场经济条件下，一个设计合理、征管到位的房地产税对于调节收入分配、稳定房价、促进公共参与都有着极其重要的作用。近年来，我国开征房地产税的呼声很高，相关的理论研究已经很成熟，且在上海、重庆等地也陆续进行了试点，开征房地产税的技术条件已基本成熟。目前，房地产税已进入全国人大的立法程序，有望于两三年之内推出。通过五年左右的建设期，房地产税应当成为继营业税之后最大的地方主力税种，在促进地方收入体系建设、加强地方性公共产品提供方面发挥主要作用。

（五）建立健全综合与分类相结合的个人所得税制度

市场经济条件下，个人所得税是最重要的税种之一，担负着调节社会成员收入分配的重要职责。结合我国现行个人所得税的实际情况，今后改革的重点是适当合并相关税目、降低边际税率、完善税前扣除、完善个人所得税征管配套措施，形成综合与分类相结合的现个人所得税制度，以此提高政府调节收入分配的能力，促进社会稳定和谐。

（六）开征环境保护税

近年来，我国环境、资源、生态方面的问题十分突出，开征环境保护税有利于环境保护以及各类资源的集约使用。从现在的情况看，开征环境税的社会共识已经形成，且已进入全国人大立法程序，有望于近期出台。

（七）加强和改进税收优惠政策设定

税收政策系国家大政，具有统一、严肃和刚性的特征。近年来各地出台的很多税收减免、优惠政策，形成了大大小小的税收洼地，伤害了税收法定、税收一致性的基本原则，也不利于全国统一市场的形成。今后，要加强对税收优惠特别是区域税收优惠政策的规范管理，区域发展规划应与税收优惠政策脱钩，对现有的税收优惠政策，即将执行到期的应彻底终止不再延续，对未到期限的要明确政策终止的过渡期，对带有试点性质且具有推广价值的，应尽快在全国范围内实施，严格禁止各种越权税收减免，以维护税收制度的统一性与严肃性。

三、现代财政制度之二——财政与部门关系维度：推进现代预算制度改革

预算制度是现代财政制度的核心，其精髓可概括为"完整、规范、透明、高效"八个字。现代预算制度对于加强政府管理、提高行政绩效，特别是改善政府与公民的关系、增强政府的正当性和合法性有着极其重要的作用。1998 年以来，我国预算改革取得了突出成绩，但距离一个现代意义上的预算制度则还有很大差距。今后，应当以建立完整、规范、透明、高效的现代预算制度为目标，积极改革，为经济发展、社会稳定创造条件。主要有以下几个方面：

（一）推行全口径预算

根据我国的实际情况，完整的预算体系包括四个方面：一般公共预算、国有资本经营预算、社会保障预算和政府性基金预算，另外还要考虑地方政府性债务，以此将全部政府性资金统一纳入预算管理，一方面保持政府取得收入的宏观可控性与规范性，另一方面在预算各个部分之间建立互联互通的机制，保持财政的宏观调控能力，为实施结构性减税创造条件。

（二）加强重点环节的预算管理

现代意义上的财政管理应当覆盖从收入到支出的全过程、各方面，形成一个完整管理链条和制度体系。未来一个时期，改革的重点主要是建立以权责发生制为基础的政府会计报告制度、深化绩效预算、加强财政问责等方面，以真正形成一个符合现代政府管理要义的政府收支管理制度体系。

（三）实施中期预算框架

中期预算框架是发达市场经济国家常规的预算方法，好处在于有利于提高政策与预算之间协调程度，有利于为跨年度项目实施提供支持，有利于增强经济周期与财政收支之间的协调性。因此，要打破现在我国预算管理中“一年预算、预算一年”的短期行为，做到在3~5年的时限内综合考虑财政收支和预算安排，形成以计划（国家大政方针）引领预算资源的配置、以预算资源对计划形成硬约束的正确关系，既提高财政资金的配置效率，也切实支持国家中长期规划与政策的顺利实施。

（四）加快推进预算公开

近年来，我国预算公开从无到有、从少到多，取得了很大进展，但与社会上各方面的期待相比，现行预算公开制度还存在着内容较粗、形式单一、外行看不懂、内行看不全等问题，需要进一步改革。改革的重点是扩大公开范围、细化公开内容，不断完善预算公开工作机制，强化对预算公开的监督检查等。与此同时，加强人大对政府预算的审查监督，审核的重点由平衡状态、赤字规模向支出预算和政策拓展，以增强预算的约束力，提高政府预算的刚性。

四、现代财政制度之三——中央地方关系维度：建立事权与支出责任相匹配的政府间财政体制

（一）合理、清楚、详细划分中央与地方之间的事权范围

市场经济条件下，政府间事权划分主要应遵循三个原则：一是公共产品的受益范围，具体而言是：受益范围为全国的应归为中央政府事权、受益范围仅限于一个地方的归为地方政府事权、跨区域事权归为共同事权。二是信息的复杂性原则，具体而言是：全国范围内易于统一标准、信息复杂度不高的属于中央政府事权范围，而信息特别复杂、变动经常频繁地通常归为地方政府事权范围。三是激励相容原则，即中央与地方政府共同面对激励、共同承担风险，以防止道德风险和不必要的博弈成本。据此，可

将我国政府间事权划分为以下三类：一是中央事权，主要包括国防、外交、国家安全、司法等关系全国政令统一、维护统一市场、促进区域协调、确保国家各领域安全的重大事务；需要在全国范围内统一标准的基本公共服务事权；二是中央与地方共同事权，主要指具有地域管理信息优势但对其他区域影响较大的公共产品和服务，如部分社会保障、跨区域重大项目建设维护等；三是地方事权，凡地域性强、外部性弱并主要与当地居民有关的事务，如各类地方公共产品和公共服务的提供等。总体而言，事权划分范围的基本方向是适当缩减地方政府的事权范围，将一些不适合地方政府承担的事权上收到中央，加强中央政府责任，提高中央财政支出在全国财政支出中所占的比重，并由粗到细地列出各级政府的事权清单，以明确各级地方政府的责任范围，为财力测算、保障提供稳定明确的基础。

（二）构建地方税体系，促进地方政府职能转型

市场经济条件下，地方政府担负着对本地民众提供公共产品的责任，因此应当有相应的财力，以保证其履职需要。目前，我国当前可作为地方主体收入的税种只有营业税，但随着“营改增”，地方政府将失去最大的自主性财源。为此，今后一个时期内应重点建设满足地方税体系。凡税基难于移动、产权明晰、有助于提高本地公共服务质量的税种，原则上应当划为地方税，如房产税、资源税等。另外，那些在本地从事生产经营活动的公司、企业，由于消费了地方政府提供的基础设备和与公共服务，因此其税收中的一部分也要交给地方政府，可结合消费税的改造，逐渐将其培养成地方税的主要来源之一。

（三）“减少专项，增加一般”，构建更加规范的转移支付体系

市场经济条件下，地方政府所获得的转移支付应包括两部分，一是上级政府为平衡区域差距而下达的一般转移支付，二是上级要求下级承担某一特定任务、政策所给予的专项转移支付。结合我国目前的情况，一般转移支付应当成为今后地方政府收入的主要来源。要在促进基本公共服务均等化的指导思想下，理顺包括税收返还、调整分享比例、增加一般性转移支付，重构转移支付体系，将各地区之间的财力差距控制在适当的范围之内，促进全国范围内的基本公共服务均等化。

（四）以基本公共服务均等化为导向改革一般转移支付制度

改革开放三十多年以来，我国以常住人口计算的城镇化率从1978年17.9%上升到2013年的53.7%，城镇常住人口从1.7亿人增加到7.3亿人，中国正在从传统的“乡村中国”迈向“城市中国”。随着城镇化、城乡一体化速度的发展，地区之间、城乡之间、城市不同人群之间，对于教育、医疗、社会保障、住房等基本公共服务均等化的需要越来越迫切，财政制度应以此为导向，大力改革现行转移支付制度。第一是要扩大一般性转移支付规模。我国当前的情况是一般转移支付规模较小，不能有效平衡地区间财力差异，更无力促进基本公共服务均等化。为此，首先需要在国家层面上确定基本公共服务的类别和最低标准（可形成几年的建设目标），然后在此基础上计算各地的标准财政支出和标准财政收入以及各类影响因子，最后才能测算出各地应得的一般转移支付金额。第二是建立农村转移人口市民化与财政转移支付相挂钩的机制。一般转移支付要体现人口流动的方向与规模，凡是人口大量集聚的地方，对于公共服务的需求往往更大。为此，要厘清中央与地方在基本公共服务方面的分工，并据此核定中央应承担的农村转移人口市民化的财政资金总量。比如，随迁子女的义务教育支出、社会保障补助支出应当确定为中央政府财政负担事项。其次要通过增加转移支付总额、调整转移支付比例、修订转移支付系数等方式，来调节地区间、城市间的实际负担水平，促使地方政府的财力与事权能相互匹配。三是调整财政支出结构，基本方向是从农村向城镇调整，如调整城市义务教育中央与地方的负担比例、调整财政教育支出中农村与城市的支出比例、调整城市与农村的社保补助结构等，以适应人口流动的需要。第三是要规范专项转移支付。专项转移支付承担着促进中央特定政策意图实现的功能，理论上和实践上都有必要继续存在，结合目前的实际情况，应当收缩范围、减少种类，对现有专项转移支付进行清理合并。同时要创新专项转移支付的使用管理方式，适度引入竞争性资金使用方式，试行合同管理，以提高资金的使用效率。

五、现代财政制度之四——财政与经济关系维度

除了以上几个方面，结合我国经济发展的需要，还要重点进行以下两个方面的变革：

（一）深化财政投融资制度改革，推动我国科技创新与技术进步

我国财政投融资历来十分注重对于科技和创新活动的支持，并为我国高新技术产业的发展、创新积累增添了强劲动力。但与经济发展形势相比，现行财政投融资制度还存在大量的政策空白，必须以一种系统性的思维来整合现行财政金融政策，按既尊重科研规律、高新技术产业本身的特点，又符合公共财政基本要求、金融体系内在诉求的原则，分别对应、匹配不同的政策工具和企业的创新需求，将政策支持覆盖到基础研究、发明创造、开发应用、产业化的全过程之中，以收综合、整体之效。重点有两个方面：一是找准财政支持的着力点，创新财政资金的使用方式。市场经济条件下，财政的主要职能是弥补市场缺陷与市场失灵，因此对科技投入的重点应集中于两个方面，一是基础研究领域，二是应用研究过程中受益范围相对较广的关键、共性技术突破、科研基础设施、公共服务平台等，一般不宜直接向企业投放资金。对那些必须支持的领域，可以考虑更灵活的资金使用方式，如担保、贴息、参股等有偿（但低成本）方式来代替单纯的财政投入，以维护公平、防止道德风险和提高财政资金的使用效益。对现在很多地方政府通过创新投资基金方式向企业注入的资金，也要建立相应的资金回收机制。另外还要扩大财政资金扶持的范围，只要符合国家产业政策的规定，原则上不应分企业所有制和企业规模大小，应当一视同仁地进行支持。另外，要认真梳理支持高新企业的现行税收优惠政策，调整政策着力点，从单纯的为企业降低成本转移到驱使企业进行研发、成果应用、市场化的方面上来。二是适时恢复政策性金融体系。科技进步与高新技术产业，理论上应当是一国政策性金融扶持的重点。在我国政策性金融整体缺失的背景下，各地政府综合运用财政资金，对各类创新活动进行了注资、担保、贴息等，在一定程度代替了政策性金融的功用，对当地的高新技术产业起到了一定的支持作用。但是，这种以地方政府为

主体进行的“准政策性金融”活动，一方面规模小、不稳定，另一方面其范围仅局限于某一行政区之内，流动、重组、优化配置的效果都很差，不仅不能代替全局意义上的政策性金融，而且还人为造成了市场分隔、要素流动不畅的后果。这也再次彰显了政策性金融对我国经济和社会发展的重要意义。应及早考虑重新恢复我国政策性金融体系，为科技发展、企业创新提供稳定的政策支持。

（二）构建地方债务管理体制，为新型城镇化建设提速寻求长期、稳妥的资金来源

现代社会中，对于任何国家和地区而言，债务都是正常财政收入的必要补充。特别是处于城镇化中期的我国而言，地方政府面临着因农村转移人口和经济发展所致的巨大公共服务需要，如各类交通基础设施、市政设施、保障性住房、社会保障、义务教育和医疗服务等。过去十来年我国快速城镇化进程已经表明，债务收入在促进地方加快发展、提供必要的公共服务方面功不可没。但与此同时，地方债无序管理、隐蔽借债等已导致风险快速积累，成为我国当前经济社会的重要风险点之一。为此，要建立规范合理的地方债务管理制度。结合我国的实际情况，我国地方债务管理体制应选择“制度约束型 + 市场约束型”的模式，具体而言，涉及以下几个方面：一是实行债务总额管理，控制地方债务的总规模；二是制定发行地方债务的准入条件；三是地方债要采用公开发行方式；四是构建地方债务监控指标体系；五是地方债要严格适用债务管理的“黄金法则”，即债务收入只能用于长期性、资本性项目；六是要建立常规性的偿债基金；七是实施严格的债务报告与审计制度；八是严格限定实施债务救助的条件。

（三）大力推行 PPP，鼓励政府与社会资本合作

PPP 是指政府、营利性企业和非营利性组织基于某个项目而形成的相互合作关系的形式。通过这种合作形式，合作各方可以达到比预期单独行动更有利的结果，我国称之为政府与社会资本合作。PPP 模式既是公共服务供给机制的重大创新，也是财政管理的新形式，更是我国政府与市场新探索。

推行 PPP 需要重点把握以下三个方面。一是合同管理。由于 PPP 项

目通常金额大、时间长、操作复杂，一个 PPP 项目可能涉及多个、甚至数十个主体参与其中，由此，可能会产生数以十计、百计的合同，形成一个复杂的合同体系，是 PPP 运作的核心之一。二是价格管理。基本原则是“盈利但不暴利”，定价应基于成本，并进行适度价格管制，既保证项目运行及社会资本的合理收益，又不损及公共利益，同时要建立对收益进行补贴、调整或约束的条款。三是风险管理。如按风险类别，把风险分配给有能力管理的一方，设定与承担风险相对称的收益分配机制。为了使 PPP 更加规范发展，要进行严格的财政能力评估与中长期预算管理，以防范风险。

六、未来财政的十大变革

在从公共财政向现代财政转变的过程中，可以展望未来我国财政将发生以下十个方面的重大变化。

（一）所有政府收入将纳入预算管理，部门财力成为“过去式”

由于种种原因，目前我国各级政府的一些部门还掌握着形形色色的公共资金，如各类行政事业性收费、罚没收入、押金、土地出让金、国有资本经营收入、国有资源转让收入、各类基金等。这些资金虽然大部分已经纳入了“收支两条线”管理，但总的来讲，其“部门”特色是客观存在的。根据《决定》精神和新修订的《预算法》，未来财政将设立“四本预算”，即一般公共预算、社会保障预算、国有资本经营预算和政府性基金预算，绝大部分现在由部门掌握的收入都将陆续纳入预算管理，即使不在这四本预算之内的一些特殊收入——如住房公积金——也将逐渐走向管理规范化和信息公开化。更重要的是，这些资金将与相应的执收执罚部门完全脱离联系，各部门不可能继续保有对这些资金的实际支配权，所需要支出缺口将转由公共财政体系提供。

（二）编制中长期预算将成为常态，部门工作计划性大大提升

过去和当前，我国预算管理执行的是“一年预算、预算一年”。这种管理方式不仅给年终突击花钱提供了口实，而且不利于各部门制订、实施

中长期工作计划和政策目标，影响了政府部门的工作绩效。对此，《决定》提出要建立跨年度中期预算，在财政部门的大力推动下，中期预算要于2015年进入实施阶段。这意味着，今后各部门要制定至少3年期的计划与政策，并合理分解到各个年度，进而据此向财政部门提出预算申请。这对各个部门的工作方式、工作安排、资金使用管理方将产生重大影响，促使各部门相关政策研究、趋势预测，进一步提高工作的科学性与计划性。

（三）绩效预算从局部走向全面，财政审计与问责从弱到强

跨年度预算管理之下，必然会同时赋予各部门一定的资金调剂权，在满足一定的条件下，“打酱油的钱可以用于打醋”。但与此同时，绩效预算将从局部走向全面，一方面所有的项目资金都将纳入绩效管理，另一方面绩效管理的主体将由财政部门更多地转向各部门自身，后者要提出本部门的绩效管理目标、实施路径以及绩效评估的具体方法等，管理责任较以往有所加重。另外，绩效结果将在更大范围内使用，比如与下一周期的预算申请相联动，不排除在某种时期会向社会公开各政府部门的绩效信息。根据日前国务院批转的财政部《权责发生制政府综合财务报告制度改革方案》的要求，以后各部门每年都要向财政部门还要提交财务报告，并接受审计、公开信息并对不良管理承担责任，审计部门也已调整了内设机构以应对未来加大财政审计的需要。因此，未来一个时期，各部门将面临经常性、严格的财政审计，对审计中发现的违纪、违法问题，也很难止于现在的“点到即止”，财政问责系列制度将陆续走上前台。

（四）税收增长有所放缓，但不会出现“断崖式”下降

随着我国经济进入新常态，税收的增长速度将有所下降，以往那种每年10%～20%的高增长将成为过去式。但是，综合考虑我国经济的成长韧性与税收征管方面的巨大空间，税收收入并不会出现“断崖式”下降，5%～8%的年增长率仍然是可以预期的。随着对各类收费与基金的清理归并，税收收入在地方政府收入结构中的比重将明显上升。

（五）税收制度将进行结构性调整，间接税下降，直接税上升

新一轮财税改革下，税收方面的重大变化将主要出现在税制结构性调

整上面。调整的方向有两个，一是降低间接税比重、增加直接税比重，二是将主要从生产经营等“前端”环节征税转向收入、消费、财富等“后端”环节征收。具体而言，“营改增”将于2015年全面完成，此后营业税将彻底退出历史舞台，有“中性税”、“良税”之称的增值税将承担扛鼎重任。消费税将进行重大调整，除了征收范围之外，征收环节将由生产、进口改为零售环节征收。致力于保护生态、促进节能减排的环境税将于2017年出台。如果立法进展顺利，房地产税将在2017年面世。个人所得税将进一步改革，但绝不会再走提高起征点的路子，而是向“广覆盖”、“较低税率”和“以家庭为计征单位”的方向变化。遗产与赠与税一直不受待见，但综合各方面的情况看，来到世间只是时间与方式问题。

（六）税收管理将更加重视个人，税收优惠受到严格管控

长期以来，我国的税收征管制度主要是针对企事业单位的，对于个人的税收管理很弱。根据已经修订的《税收征管法》，未来对于个人的税收征管将从小到大、从弱到强逐渐展开。个人将有终身税号，所有的收入与纳税信息都将在此归集。个人还将形成完整的纳税记录，并成为个人信用体系的一个组成部分。个人自主申报将成为税务管理的常态，税务机关每年进行一定比率的抽查，对于违规者进行重罚。2014年12月，国务院发布了《关于清理税收等优惠政策的通知》，未来各地区一律不得自行制订税收优惠政策；未经国务院批准，各部门一律不得规定具体的税收优惠政策，因此今后税收优惠将不再会是各地用于来招商引资、发展经济的主要工具。针对社会上“减税”的强烈吁求，要看到问题的主要症结在于政府收入秩序的混乱而不是税真得太重，因此要主要从减费、减基金的角度予以回应，以降低企业负担，促进创新创业。

（七）各级政府的事权范围将逐渐清晰，稳定性明显增加

政府间事权的清楚划分、相对稳定是中央与地方政府间财政体制的基石，也是新一轮财税体制改革的硬骨头。未来，事权将分为中央事权、地方事权和共同事权三类，宏观调控、国防、安全、生态保护、司法、基本公共服务将主要归于中央，地方事权主要集中在本地事务管理与公共服务上，跨区域的事权则归于共同事权。在事权的改变上，有两点需要特别指

出，一是总体而言，地方政府的事权范围将有所缩小，支出责任有所减轻，相应地中央的事权范围和支出责任资助有所扩大；二是相对以往而言，省一级政府的责任将有所加强，省政府要承担起本区域内均衡财力、促进基本公共服务均等化的责任。当然，鉴于我国政府管理的现实情况，政府间事权改革不可能一步到位，应当先对各方已取得共识的事权归属进行调整，现在问题不突出、认识不清楚的事权会留待以后慢慢形成共识。新一轮政府间事权调整结果可能会通过某种制度进行确认，但短期内不会上升到法律层次。

（八）分税制仍然是划分各级政府收入的基本制度框架

“分税制是市场经济的奠基性制度”，未来变革将主要发生如何分税上面。经过改革后的税种将重新在中央与地方政府之间进行划分。具体而言，增值税很可能将全部确定为中央税收，地方政府不再参与分享。消费税将调整为地方税。企业所得税和地方所得税成为主要分享税种，但很可能由“分成”向“分率”，即中央确定所得税的基本税率，地方政府可在此基础上增加某个比率。资源税、房地产税是典型的地方性税种，也是未来政府最可寄望的创收主力。

（九）转移支付制度将成为分税制的有力支撑

即使分税制调整到位，但任何地区、任何时期，地方政府都不可能达到收入与支出的完全对等，因此需要进一步完善转移支付制度，发挥其对分税制的重要支撑作用。改革的方向是，一般性转移支付将在“促进基本公共服务均等化”的目标下进行调整，各地获得的一般转移支付金额将趋于标准化、公开化和稳定化，并在地方政府的收入盘子中占据越来越大的比重。专项转移支付仍将存在，但额度将大大缩减，且管理也更趋规范，“跑部钱进”将得到抑制。省对下的转移支付制度将陆续建立，省级政府的辖区责任将进一步加强，财政体制渐趋合理完善。

（十）财政政策继续积极，PPP 成为主流

财政政策方面，积极财政政策仍将在一个时期内保持且要加大力度，据刚刚结束的全国财政工作会议透露，2015 年财政赤字率将从 2.1% 调高

到 2.3%，债务规模温和上升。未来地方政府性债务管理也将出现重大变化，这在近期国务院的 43 号文件中已经说得很清楚，在此不再赘述。与地方政府性债务管理破冰同步的是，未来地方政府仍然将进行大规模的基础设施、市政设施建设，所需的资金部分依赖债务，但大部分将转向 PPP 模式，即通过政府与社会资本合作来实现，由此将对地方政府的法律意识、管理模式、行为方式产生重大影响。

总之，财政是国家治理的基础和重要支柱，只有不断学习、借鉴市场经济国家成熟的经验与做法，不断地将改革深入进行下去，通过一二十年的不懈努力，建立起一套既有我国特色、也符合市场经济规律的现代财政制度，才能适应我国从经济大国迈向经济强国的需要，才能完成“双百”目标、实现中华民族的伟大复兴。

（本文写于 2015 年 3 月）

纵深推进“放、管、服”改革

孙文营*

本届政府牢牢牵住转变政府职能这个“牛鼻子”，先是着力推进简政放权、放管结合，后来又将优化服务纳入其中，“放、管、服”三管齐下、协同推进，中央和地方上下联动、合力攻坚，不断将改革推向深入。各级政府及政府相关部门在简政放权方面都有大动作，收到了明显的效果，但是在加强事中事后监管和优化服务方面的成果却不够显著，与深化行政体制改革的目标相比，与使市场在资源配置中起决定性作用和更好发挥政府作用的要求相比，与人民群众的期盼相比，还需要进一步加大改革力度。本文力图对下一步如何深化简政放权、创新监管、优化服务等方面提出政策建议。

一、进一步推进简政放权改革

目前简政放权中仍存在的主要问题有：一是取消、放开事项的“含金量”不够。迄今行政审批和依附于行政审批的各种事项偏多，束缚企业活力的“权力之网”仍然没有完全解开，放的“含金量”不高。简政放权存在“力度递减、你放我不放、上放下不放、放虚不放实、放小不放大、放零不放整、放责不放权、明放暗不放、重数量轻质量”等问题。二是简政放权改革不配套、不协调。简政放权改革是一项系统工程，但由于改革更多注重数量目标，“部门端菜”、分头推进，较短时间内大量审批事项被取消下放，从实践情况看，项目、部门、地区之间不协调、不衔

---

* 孙文营，中国行政体制改革研究会研究部副主任。

接、不配套问题比较突出。三是权力的下放与优化服务成为悖论。简政放权本来是为了提高政府的服务水平，但是简政放权处置不当也会降低服务水平。由于国情复杂，出台的简政放权措施落实到地方会有不同的标准和行为方式。地方政府人员会出现态度消极、人为设置障碍、行政不作为等现象。很多官员只注重下放多少权力，取消多少审批事项，把简政放权的数量的成果作为改革的标志性成果，至于怎么更好地为百姓服务则认识不足，服务意识不强，服务内容不足，服务方式不便，服务水平不高。四是目前的行政审批无论是审批流程和服务行为，还是效能监督和行政问责，都缺少可以遵循的标准。五是全国各地普遍设立的行政服务中心不完善，行政审批权被分散在各个不同职能的审批部门，这些部门分别归口不同领导管理，在业务上由上级审批机构或政府直接管理，在实际的审批工作中，中心的权限无法得到保证，其身份无法实现合法化。针对这些问题，进一步简政放权要注重以下几方面的问题。

（一）科学确定行政审批的边界

要厘清政府与市场、政府与社会、政府与企业的关系界限。行政审批改革遵循的原则应是有利于发挥市场的决定性作用和更好地发挥政府的作用。目前来看，国家进行审批权下放的重点仍在经济领域，今后应更多地在社会领域进行权力下放，包括教育、卫生、医疗、养老等多方面。要建立权力清单制度，审慎地保留事前审批事项。《行政许可法》规定的涉及国家安全、公共利益、生命财产安全、有限资源开发和需要技术标准检测等事项，因涉及重大利益，需要通过审批进行把控，属于市场无法发挥职能或市场容易失灵的领域，都应该保留。此外，对于互联网金融等标准尚未统一、行业尚不成熟的领域，也可以将审批作为逐渐规范相关准入标准的阶段性措施。

把改革向纵深推进，就要向实质性的核心权力和利益开刀；要抓住大幅减少投资项目核准事项这个重点，深处着力，精准发力，以点的突破带动面的拓展。对投资项目，除涉及国家安全和生态安全，涉及全面重大生产力布局、战略性资源开发和重大公共利益事项，一律由企业依法依规自主决策，政府不再审批。要按这个原则继续对投资审批事项进行清理。要加快清理规范投资项目报建审批事项，简化投资报建手续。凡没有法律法规依据、未列入国务院批准保留的行政审批事项目录的一律取消审批；虽有法律法规依据、但没有必要保留的要通过修订法律法规取消审批，能够通过征求相关部门意见和能够通过后续监管解决的一律取消审批，确需要保留的也要优化整合。

（二）注重改革的协调性并配套进行机构改革

第一，要加强改革的统筹协调。简政放权改革向纵深推进，要推动改革从分头分层级推进向纵横联动、协同并进转变。中央层面要加强领导指导，注重各地各部门改革协调联动，增强改革的系统性、整体性、协同性。取消下放权力时，涉及同类或相关的事项，要注意加强统筹协调，同步推进。各地的改革措施应按统一标准规范，配套衔接。涉及跨地区经营和活动的项目，某一地方政府按规定标准规范许可后，应在全国具有普适性，不能这个地方批了到另一个地方不认，还要重新报批。要建立与简政放权改革相适应的管理制度，进一步厘清不同层级政府的权责。该由哪个层级管理的事项就明确由哪个层级管理，不能一味强调下放。应明确不同层级政府的事权，而且权责要对等。不能借改革之机把责任大或没“油水”事项往下甩。同时，要加强基层政府能力建设，研究解决基层政府承接下放的审批权，解决管理事项工作大量增加后，缺人员、缺经费、缺技术和缺设备等问题，提高基层政府履职能力，使该由他们承担的事项能接得住、管得好。

第二，强化顶层设计，促进审批机构上下左右协同。由于行政审批涉及方方面面，事务数量众多，并且有些审批事务专业性程度较高，国家应首先在较为基层的市、县、区及开发区等各类功能区行政系统设置审批局，而在较高层次的政府管理部门还暂时不适宜推广行政审批局模式。由于行政审批局一般设在较为基层的政府，这就导致各地行政审批权的相对集中普遍遇到新设立的机构与上下级政府固有机构的“不对口”掣肘。为此，国家层面要在打破“职责同构”和“条块分割”的深层次问题上有所探索和推进，为行政审批局的顺畅运行开展较为系统的政府管理体制改革。要更加关注行政审批局模式可能涉及的府际关系调整等问题的协同解决，探索实行大部制改革。要统筹好行政审批局与相关部门的关系。上级政府部门要加强对行政审批局各项工作的指导和帮助，加强与行政审批局各项工作的衔接，并且要统筹好行政审批局纵横两方面关系。横向上，要注重统筹行政许可权改革与政府职能转变，明确行政许可权划转转职能部门的主要职责为制定和实施本行业发展战略、规划、政策及行业标准，加强市场监管，优化公共服务。各职能部门要抓紧制定加强监管、优化服务的实施意见，切实提高监管效能和服务质量。纵向上，要注重统筹行政审批局与垂管部门的关系，上级政府可以以明确授权的方式将垂管部门审批事项纳入审批局，进行集中审批和现场审批，强化审批局对垂管部门审批工作的管理和业务指导，渐序形成完全集中的审批机构。

（三）加强行政审批标准化建设和规范化管理

行政审批的每一个动作、每道环节都应受到标准的制约，都应有标准可查，有制度可依。要健全审批事项标准、审批流程标准、审批时限标准、审批条件标准、服务信息公开标准、服务行为标准、窗口管理标准、网络建设标准。要将标准化工作细化到行政审批、便民服务和日常管理的各个环节，按照行政服务方法规范、服务过程标准、服务目标高效便捷的要求，制定各界管理人员岗位工作标准，并严格按照岗位职责标准开展监督检查。

（四）加强并完善行政服务中心建设

要给予行政服务中心一个法定的、独立的地位，要加快推进行政服务中心与政府其他审批机构分家，将行政服务中心的行政地位合法化。要切实做“实”行政服务中心，审批权要真正下放到行政服务中心。行政服务中心要能够拥有完整的审批执行权，不能受到职能部门制约。行政服务中心要拥有统一的标准，按照标准文件规定的内容、流程和范围进行审批作业。当然，要合理划定行政服务中心权限，可以把技术性、复杂性较弱的项目交给中心直接审批，把专业性、指导性较强的项目暂时还给政府机构定夺，待中心的地位、管理、机构、权责划分明确，再将全部审批引进中心统一管理。

（五）完善行政许可权相关立法

行政审批制度改革是一个复杂的历程，每一步都很艰难，是在和社会陋习、传统思想做斗争。立法是最根本的解决途径，只有形成完善和确定的法律文件，改革才能顺利推进。目前，缺乏规范具体行政审批行为的法规。对此，要设立相关法律文件，给行政审批一个法定的边界。要全面系统梳理现有行政审批事项的法律时效性，对无法界定的审批事项要及时研究策略，尽早纳入地方行政法律文件范畴。为避免行政审批权集中可能带来的廉政风险，要在完善《行政许可法》的基础上，依法加强对行政审批的监管，规范行政审批的内容和流程，明确行政审批人员的职责和应承担的责任，使行政审批过程有法可依，将审批权限放入监督约束的制度笼子里，让权力不能“任性”。对于天津滨海新区、宁夏银川以及河北等地审批局改革模式中好的做法和经验，可在相关法律中予以确认和吸纳。要逐步修订、完善各职能部门行使的专业法，改变现行各专业法将执法主体限定为某一具体职能部门的规定，更多地强调各专业法执行主体的综合性，加强政府职能部门间的执法联合与协作。

二、推进监管体制机制创新

简政放权客观上要求政府转变管理方式，推进监管创新。从简政放权改革的实践看，只有与转变管理方式、加强监管创新更好结合起来，改革才能深化，政府才能更好履行职能、发挥作用。加强和创新监管，需要针对监管中存在的问题和不足，着眼于解决市场监管的共性问题，加强市场监管顶层设计，提出适应于市场监管各领域、各监管部门的原则性要求与改革措施。

（一）区别对待不同的监管领域

合理确定监管的领域，需要厘清政府与市场的权力边界，将市场能办的事交给市场办，社会能办的事交给社会办，而政府应该管住、管好它应该管的事。

一般说来，需要监管的领域是那些政府和社会共同承担的领域。这些领域的事务，政府可以坚持行政审批，也可以取消行政审批。有些领域的事务，如生态环境保护以及直接关系人身健康、生命财产安全等特定活动的事务，政府仍需要通过行政审批实施事前监管。既然事前监管是必需的，那么对这些领域进行事中、事后监管也是必需的。如果政府与社会共同承担领域中的某些事务，取消行政审批和事前监管的话，也并不意味着政府可以不承担这个领域发展后果的责任，对这些领域进行后续监管也是必要的。因为，很多事项取消了行政审批，要发挥预期的作用，还要依靠后续的市场监管来保证。

不需要监管的事务有两种情况。其一是政府独自承担的事务，如，国家安全、公共安全、经济宏观调控、外交等事务，这样的事务自始至终都是由政府来做的，所以也不存在监管的问题。其二是完全由市场或社会承担的事务。由于这样的事务不需要政府的参与，不仅应该取消行政审批，而且也不需要监管。只要这些领域的市场主体不损害第三方利益、社会公共利益和国家安全，就可以完全任其在市场经济中自由发展，自生自灭，对之就可以少监管或不监管。至于具体有哪些领域可以完全由市场或社会承担，需要专门的深入研究。

对新经济的监管要坚持审慎态度。当前新技术、新产业、新业态、新模式层出不穷，是我国发展的希望所在。要使这些新经济持续健康发展，不能不进行监管。但这些新经济在发展模式、机制和特点等方面与传统经济有很大的不同，有的远远超出了我们已有的认知能力和水平。监管不能简单套用老办法，否则就可能将其扼杀在萌芽状态。要本着鼓励创新原则，区分不同情况，探索适合其特点的审慎监管方式。

（二）注重审批与监管的衔接

从行政管理的整个链条来看，行政审批属于事前管理环节，而监管属于事中、事后管理环节，审批和监管共同构成一个完整的管理链条。作为管理环节，行政审批也应该被视为监管的一个环节。行政审批也是监管，是事前监管。因此，行政审批权取消或下放以后，我们决不能在事前监管这个环节无所作为，而是要努力在取消行政审批的同时，为市场主体创造好的发展环境，从源头上把有利于减轻事中、事后监管压力，提高社会自治水平作为简政放权的配套工作。简政放权就是要让社会、市场、百姓能够自我决定。但是要降低老百姓自我决定的成本，政府就必须在简政放权的过程中为社会自治创造便利，做好其他一些有利于社会自治的准备工作。比如，政府可以通过及时披露信息，推进政府信息和政务公开，以此提高社会自治能力，减小政府监管的压力。同时，还要在行政审批的过程中坚持问题导向，及时发现问题，准确预测风险，制定风险防控措施，努力从源头预防违反市场秩序、危害群众生命健康的事件发生，从而减轻后期监管的压力。

（三）加强监管协同

要进行横向职能调整、归并，形成更有职责、更有权威、更有效率的“大部制”的监管部门；同时，要加强不同部门之间的协作，减少不必要的监管部门之间的相互推诿、扯皮。一些部门不愿监管，相互推脱监管责任。过去是“谁审批谁监管”，现在很多人认为，不审批就不存在监管责任了。如有的部门表示：“取消部门行政审批事项可以，但由此引起的监管责任应由改革部门承担！”针对监管问题上形不成合力、不愿意承担监管责任等情况，要加强不同部门之间或上下层级之间的协作，共同履行好监管职责，减少相互推诿、相互扯皮。为此，需要建立统一的综合监管和执法平台，推进跨部门、跨行业综合执法。从横向来看，有些事项涉及多个部门，不是一个部门就可以监管好的，需要部门之间的“横向联动”；从纵向来说，权力和责任同步，权力的下放意味着相应责任的下放，这需要上下层级之间的“纵向协同”。为解决目前多头执法、职责交叉等弊端，还可以试行市场监管大部制改革，进行监管机构的归并，形成更有职责、更有权威、更有效率的“大部制”的监管部门。

（四）制定并完善监管法律、标准和制度

政府依法监管，关键要创新监管方式，依法规范监管行为，提高监管效能。过去的监管方式最大的问题是随意性大，自由裁量权大且不受约束，查谁不查谁、罚谁不罚谁、罚多罚少，主要由监管部门甚至是监管人员掌握。一出现问题往往就搞全行业全国性运动式的“大检查”，有事才查，没事不查，突击检查，一人有病全家吃药，但雨过地皮湿，很快就过去了，效率低、成本高、效果差。监管任性、监管扰民、执法不公、宽严失据问题比较普遍。解决这些问题，必须适应改革和社会主义市场经济发展要求，建立和完善若干科学规范的监管制度，既能有效规范约束监管行为，又具有普遍威慑作用，使合法经营者感到宽松无扰、违法经营者感到

时刻有利剑高悬。

（五）建立政府、市场和社会共治的监管体系

建立符合简政放权改革要求、适应社会主义市场经济发展的监管体制和市场治理体制，应当在政府主导下，通过健全法制，发挥社会各方面的作用和积极性，实行市场主体自律、政府依法监管、社会共治相结合。这三大要素共同发挥作用，形成合力，即构成新的监管体制和市场治理体制。政府的主导作用就是通过推动立法和制定行政法规，来建立规则、规范、标准，在此基础上建立相应的机制推动由市场主体自律，调动社会各界和人民群众广泛积极参与，形成社会共治局面。社会共治，让人民群众和社会各方面参与监管，保护和调动社会各方面和人民群众参与的积极性，这既是监管方式创新，也是社会治理方式创新，同样需要建立若干相应的制度保障。一要建立健全信息公开制度；二要建立公众和社会各界直接参与监管的制度和机制；三要建立举报奖励制度；四要建立第三方参与监管的制度和机制；五要建立对监管的监督、评估机制。

（本文写于 2017 年 4 月）

金融改革是经济转型改革的突破口

潘向东*

中国过去30多年走的通过改革释放出“斯密增长”的工业化之路已慢慢衰竭，中国需要逐步转型到依靠“斯密增长”和“熊彼特增长”共振的“新常态”，而要实现这种经济发展模式的转型，自然离不开金融体制的改革，因为金融体制决定了金融资源的配置，引导了全社会资源的配置。与此同时，金融改革可以成为经济转型改革的突破口，打破已有的制度僵局，改变已有的利益格局，因为在现代金融体系之下，资金流动的任何改变，伴随而来的是社会其他资源的同步改变。假若通过金融体制的改革，普惠制金融得到更大程度的发展，资金的回报更加公平，伴随而来的整个社会其他资源的回报也将更加公平，这自然有利于化解社会矛盾。

一、通过利率市场化，破除金融垄断

对银行牌照和资金利率的管制，导致目前利率“双轨”困局，那么要破除这种大国有银行体制带来的困局，可选择的途径主要有两种。其一，“休克式疗法”，强制性地快速把存贷款利率和金融牌照放开。其二，“渐进式疗法”，即逐步推出利率的市场化：银行牌照逐步放开，鼓励中小微银行的发展，加快多层次资本市场建设，随着经济和物价的逐步回落，宏观政策的放松，从而实现利率的“并轨”。当然从组合途径来看，也可能出现：先放开存贷款利率，金融牌照缓慢放行；或者金融牌照放开，存贷款利率缓慢放行。当然，这两种方式也属于“渐进式疗法”。

---

* 潘向东，中国银河证券首席经济学家兼研究所所长。

通过“休克式疗法”来实现利率并轨，就是通过快速把存贷款利率放开和金融牌照放开，强制性地实现资金价格并轨。但现在通过信贷和资本市场获取的体制内资金价格与通过其他金融中介获取的体制外资金价格相差极度悬殊，若通过决策当局强制性并轨，与政府投资相关的项目恐难以延续，地方债务违约的风险急剧攀升，一直低资金成本运行的国有大中型企业恐难以承受，甚至难以承担像20世纪90年代生产资料价格并轨时所产生的冲击。

因此，中国采用的就是“先放开存贷款利率，金融牌照缓慢放行”的“渐进式疗法”。1996年，中国人民银行以放开同业拆借市场利率为突破口正式启动利率市场化改革。2004年，中国金融机构贷款利率上限和存款利率下限的开放，构建了中国利率市场化改革的总体框架。2007年，上海银行间同业拆放利率（shibor）的运行，预示着中国利率必将由批发到零售、从定期到活期逐步开放。到2015年5月，中国人民银行在降低利率的过程中，逐步放开存款利率浮动区间，金融机构存款利率浮动上线达到1.5倍，而在这之前，贷款利率已经完全市场化。2015年10月存款利率完全放开，实现完全市场化。但目前最大的挑战是银行牌照的放开，这也是打破刚性兑付最重要的一环。

刚性兑付反映了在计划体制和国有经济主导下，政府自然就成为隐性的担保方。这就像过去一直以来中国的地方政府负债一样，由于存在软预算约束，不管谁成为地方领导，其理性选择就是不断扩充地方的负债，以基础设施建设带动地方经济的发展，因为最终形成资不抵债，都会由中央政府提供担保和负责处理。一旦金融业拥有刚性兑付，那么金融企业的理性选择是在进行业务扩张时，往往把获取效益作为其第一选择，对风险的防范意识相对较低。

因此，在存贷款利率管制放开之后，利率市场化随之而来就需要放开金融牌照的管制，打破刚性兑付，与此相对应的是建立统一、权威、高效的金融监管协调机制和金融业法律体系，有效使用各种宏观调控和监管工具，建立退出机制。

利率市场化的改革并非中国所特有，美国、日本等经济体都经历过，但与我们不一样的是，它们在进行利率市场化之前，金融牌照是放开的，只是存贷款利率进行管制。而中国，两者过去都是管制的。国家对金融行业进入门槛的保护，自然也就对每一位参与者提供了无形的国家背书——金融企业不会出现破产和违约。

发达经济体美国和日本进行利率市场化的改革，都实现了平稳过渡，但发展中经济体例如智利、阿根廷、菲律宾、乌拉圭、马来西亚和土耳其等国也进行了利率市场化的改革。遗憾的是，除马来西亚外，其他国家都失败了。通过这些国家的利率市场化经验，一般认为要实现利率完全市场化需要一些前提条件，例如，有效的金融市场体系、有效的金融机构体系、有效的金融监管体系以及实体经济的成熟市场化和宏观经济的稳定运行。

当然，不同的国家及地区，由于各方面的条件不相同，推进利率市场化的具体时间和步骤也就不完全一样，甚至迥异。同时，即便是成熟经济体，例如美国和日本，利率市场化也经历了一个很长的时期。例如美国是先存款利率，后贷款利率，最后扩展到所有利率的市场化；日本是先国债，后其他品种，先银行同业，后银行与客户，先长期利率后短期利率，先大额交易，后小额交易；韩国是非银行机构的利率放开速度快于银行利率的放开速度，贷款利率的放开比存款利率的放开要快；我国台湾地区是先放开有组织的货币市场及同业拆借市场，然后逐步扩大银行利率的上下限幅度。

相比较而言，我国台湾地区进行的利率市场化改革，与大陆目前的处境有点相类似，他们在启动利率市场化之前，金融牌照也没有对民间资本开放。

从1976年开始，我国台湾地区按照货币市场优先、贷款先于存款的渐进方式逐步推进利率市场化，直到1990年小额结汇汇率由银行自行订定，汇率完全自由化，才算完成了整个利率市场化的进程。尽管台湾地区最后利率市场化完成了，之后经济也实现了再次的高增长，但在利率市场化过程中，银行业受到的冲击也是显著的。在利率市场开启之后，特别是存贷款利率的放开和银行牌照对民间资本的开放，中小银行就率先发动了利率价格战，他们采取价格手段去获取市场份额和增加存款份额。尽管刚开始大银行凭借规模、网点等优势，存款利率保持稳健，但随着市场竞争的进一步剧烈，他行也逐步加入。竞争的结果是存款利率飙升了20%～50%，进而是存贷款利差不断收窄。1989年前五年我国台湾银行平均利差为3.11%左右，2011年的名义利差仅为1.41%左右。与此同时，银行业的资产收益率及净资产收益率一路下滑，分别从1994年的1%和11.5%下降到2001年的0.5%和5.5%。面对息差的收窄，银行机构为了增加盈利，力图提高信贷总量，其结果是不断放松信贷标准，导致银行业不良贷款率不断升高，从1991年不到1%增至2001年7.7%，其中民营银行达到8.47%。到了2002年，台湾银行业的不良贷款率高达11.76%，拨备降至14%。演变的结果是2000年之后，整个银行业出现了集体亏损3年，接着是众多中小银行倒闭，银行数量从53家减少到38家，信合机构由74家减少到25家。

其他经济体，不管是发达的还是发展中的，在利率市场化过程中也都经历过不同程度的阵痛险情。比如，美国20世纪80年代的利率市场化，1987~1991年期间每年有200多家银行倒闭。1972年，阿根廷开始部分利率市场化的尝试，结果造成储蓄和贷款实际利率迅速攀升，改革不到一年便中途停止。

这从另外一个角度对我们进行提醒，在进行利率市场化改革的时候，需要对改革的方案进行全面系统的论证，有效化解改革对原有银行体系产生的冲击所带来的风险。

二、强化“三公”，打破“权贵资本”垄断

中国证券业历经2004~2007年的整顿后，证券公司家数从治理前的130多家减少到104家。与此同时，全行业业务格局仍然单一，盈利模式并没有较综合治理前有根本性改变，经纪业务收入占比大多在60%以上。经纪、自营、承销三项传统业务占据了总收入90%。经过这一轮整顿，剔除客户保证金的影响后，2007~2012年证券行业杠杆率平均水平约1.4倍，显然与投资银行的杠杆经营极度不匹配，说明市场已经被严重抑制。当然经历了2012~2015年的金融创新，券商的杠杆率已经有所提高，较好的券商杠杆率可以达到5倍左右，一般券商也有3倍多。但这种杠杆率仍然满足不了投资银行的发展需求，需要进一步加快金融创新，促进资本市场的快速发展。

不同的发展阶段会有不同的产业发展周期。在改革开放之后的20世

纪80年代，当时人们需要首先解决的是吃和穿的问题，所以轻纺工业得到快速发展，那时候最富裕的行业都集中在外贸领域。到了90年代，人们开始关注居住条件的改变，所以家电行业得到快速发展。新千年之后，国家迎来了重化工业发展阶段，老百姓也开始改善住和行，房地产和汽车随之而来得到快速发展，福布斯富豪排行榜上很多都是房地产行业的。随着城镇居民衣食住行的改善，人们开始思考养老健康、娱乐旅游等，未来经济将朝着创新型和服务型方向发展，与此相关联的是以资本市场为代表的金融业将迎来跨越式发展，金融资本将取代产业资本，成为经济驱动的核心动力。理由如下：

首先，经济的未来发展，必然会使居民的财富向资本市场转移。在经济发展由饥饿向温饱迈进、由温饱向小康迈进的时候，居民所积累的财富都在解决自身的衣、食、住、行。因此，过去发展过程中我们看到居民是不断储蓄，以实现买房、购车等基本生活改善。随着居民收入的积累，必然会过渡到通过理财实现财富的保值增值和提高生活品质（例如旅游、娱乐、健康等）。而要实现财富的保值增值，就需要通过金融市场来实现。

其次，经济发展在向服务型、创新型增长方式转变的时候，资本市场必将赋予更高的使命，也将客观上要求得到大力发展，加快金融脱媒。因为过去国家发展的是重化工业、房地产、基础设施建设之路，融资规模较大，投资收益和风险相对可控，这在客观上就需要通过银行集中力量放贷的方式实现融资。但未来新兴产业在发展的初期，投资回报率存在不确定性，投资风险较大，若通过银行参与新兴产业的发展，风险相对集中；若通过资本市场，风险相对分散。所以在一个经济体的经济增长方式由投资驱动的工业化阶段逐步向创新驱动型转变的时候，需要快速提升直接融资比重，大力发展资本市场。

要大力发展这一市场，首先必须规范这一市场，建立市场秩序，强化“三公”（公平、公正、公开），让这一市场变得更加具有吸引力。那么怎样的“制度”设计才能改变当前的“博弈”市场？面对这样一个市场，我们更多地应该是进行制度设计“去博弈化”。例如：加强资本市场的立法、执法；鼓励机构投资者的壮大；通过税收调节鼓励投资者的持股年限；加快注册制、集体诉讼制和退市制度的推出等，把握未来资产转移的机遇，逐步完善为成熟市场。

“制度”设计的核心就是要秉着从保护投资者的角度出发，着手制度建设，把市场变为一个规范、公平、能享受长期回报的市场，从而吸引中长期投资者入市。其中，发行和退市制度安排的改革尤为迫切。股市本来就是为股票的供给方和需求方提供交易的场所。企业为了获取更多的资金使其得到更快的发展，就会来股市寻求融资。同时，只有不断有新企业进入市场，市场才能充满活力，也才能让投资者分享到代表先进生产力的企业高速发展的红利。因此，假若出现市场的低迷，若通过终止企业上市来救助市场，与市场设计的初衷相背离的。

市场“制度安排”设计存在缺陷，已有的发行市场成为一些企业蒙骗投资者来进行股市圈钱的工具，那当务之急更应该是“休克式”改革发行制度。不断有企业要发行股票并没有错，但假若由于制度安排设计的缺陷导致股票高溢价发行到二级市场，而且还没上市就开始存在坑害投资者的弄虚作假行为，那么这种“错”是不能容忍的。企业上市没有错，但由于制度安排设计的缺陷，企业一旦上市之后，上市企业就没想过要回报广大投资者，而是快速变成原有大小股东“变现”的工具，这种“错”也是不能容忍的。

制度安排设计的缺陷，上市企业成为稀缺资源，即便入不敷出、违规不断，但这一稀缺的“壳资源”也会让市场的参与者想象无限。各路参与者在信息方面存在天然的信息不对称，这无形之中形成了当前这一畸形的“博弈”市场。上市企业违规了，坑害了广大投资者，但由于制度安排设计的缺陷，导致违规成本却很低，哪有企业不会去冒这风险呢？很多人指责上市公司缺乏诚信，不断有企业对股民进行坑蒙拐骗，岂不知，诚信是建立在强有力的法律制度框架之下的。假若我们在制度安排设计的时候，上市不再是一种资源，经营不好或者有重大违规的企业不管是创业板还是主板，直接勒令退市，同时启动市场参与者的集体诉讼制度，那么在这巨大的违规成本面前，估计任何上市公司都会掂量他们违规的成本与收益。当上市不再是一种资源，任何上市企业都有面临退市的风险，还会有投资者去热衷于“博弈”重组和资产注入？有人说，直接的退市制度安排，不利于保护我们的中小股民，不利于社会的稳定。其实这就像大人监护小孩子成长一样，不是每一次小孩遇到挫折了都需要大人的帮助。适当的风险教育更有利于中小股民的成熟，无休止的袒护只会使股民更愿意去“博弈”，偏离投资的主旨越来越远。而在信息不对称的“博弈”面前，中小股民存在着天然的弱势，市场制度安排设计的任何不完善，最终受伤害总是他们。

因此，作为决策当局和监管部门而言，对股市最大的呵护是尽快采取“休克式”的疗法改变当前市场存在的“制度”缺陷，实现市场的“去博弈化”，把这市场变为投资市场，使“博弈者”变成中长期投资者。同时，实施积极的股市政策，鼓励中长期资金进入市场，让进入市场的投资者能分享到中国经济高速发展的收益。当然，若考虑到当前A股市场身子骨比较弱，也可在“休克式”的治疗过程中适当输入一些“补品”。

三、普惠制金融改革，化解社会矛盾

金融改革的方向决定了未来的利益格局，假若还是传统产业中的国有企业进一步做大做强和鼓励“有识之士”更进一步富有，那么金融将朝着更进一步集中的方向演化。假若经济是朝着转型的方向——创新型、服务型产业的做大做强和鼓励共同富裕、让更多的人享受到发展成果、让贫富分化的社会矛盾能得以有效化解，那么金融改革的方向将朝着普惠制金融方向演化。

谈到普惠制金融，习惯性思维就是通过现有的金融机构实现：乡乡有机构，村村有服务；乡镇一级基本实现银行物理网点和保险服务全覆盖，巩固助农取款服务村级覆盖网络，提高利用效率，推动行政村一级实现更多基础金融服务全覆盖。

其实这只是其中一方面。所谓普惠就是让更多的公众（存款人或投资者）按照合意的价格向金融机构或市场出售或者购买金融资源，特别是让小微企业、农民、城镇低收入人群、贫困人群和残疾人、老年人等弱势群体能及时获取价格合理、便捷安全的金融服务，分享经济发展带来的红利。这就要求我们在进行利率市场化改革和资本市场改革的时候，要考虑到让更多的公众受益，特别是需要兼顾弱势群体的利益。

就利率市场化改革而言，我们不仅需要在尽快形成利率走廊、放开银行牌照等方面推进，鼓励中小微银行的兴起和发展，而且需要建立有序金融监管，确保金融秩序。在鼓励中小微银行对弱势群体提供有效金融服务的同时，确保弱势群体的利益不会受到侵害，避免一些中小微银行的不诚信、不规范等商业行为扰乱市场。

"博弈"的资本市场受益的群体自然是权贵资本，广大的中小投资者就像"羊"一样不断被"狼"吞噬。这样的市场不仅不能让更多的公众受益，反而加剧了贫富分化和社会矛盾。因此，就资本市场改革而言，进一步深化改革的着眼点是让更多的公众受惠资本市场的发展。这就要求我们在保护投资者、严格规范市场秩序的同时，让更多中小微企业能够参与到这个市场中来，在确保市场"三公"的前提下，鼓励养老金、保险资金等中长期资金入市，鼓励机构投资者的发展壮大，让更多的人群分享到资本市场发展所带来的红利。

当然，在金融改革的过程中，更需要谨防金融改革所带来的风险。金融市场的改革是牵一发而动全身，不可避免地会带来冲击。特别是在金融改革过程中，由于金融监管的缺位，对金融改革所带来的隐性风险和不确定性很难预估，金融风险爆发的概率很高。从 20 世纪 80 年代以来各大经济体爆发金融危机的频率可以看出，快速发展的经济体爆发金融风险的概率要远高于成熟经济体。很多发展中经济体进行金融改革最后以失败告终，其主要的原因很多是在进行金融改革的过程中，漠视了金融改革所带来的风险，没有建立起相应的金融防范体系。

2011 年启动金融改革以来，国内金融市场并不太平。2011 年表外业务的快速发展，结果 2013 年 6 月出现了"钱荒"。2012 年资本市场"加杠杆"创新，结果 2015 年经历了股市的非理性繁荣和非理性恐慌性下跌。2016 年 1 月"熔断机制"推出、人民国际化加速和中国农业银行票据问题的出现导致股市再次快速回落。这说明我们在进行金融改革或金融创新的时候，也"忽视"了与之俱来的金融风险。因此，在进行金融改革和金融创新时需要同步建立风险预警机制和应急处置预案，以适应它们所带来的冲击。

第一，需要加强对创新业务的系统研究，实施压力测试和有效的监管预警机制。监管部门力争确保创新业务的开展不会对现有的有效监管形成冲击。在对相关金融创新行业进行有效监管的同时应该对行业进行压力测试，即将整个金融机构置于某一特定的极端市场情况下，测试该金融机构在关键市场变量突变压力下的表现状况，以此检测其对市场突变的承受能力。与此同时，提高对压力测试的重视程度和应用频率。要根据监管要求及金融机构自身情况，合理开展测试，加强金融风险的事前防范能力。

第二，鉴于目前利率市场化和建立多层次资本市场在改革深化的过程都出现了风险，这就需要我们在吸取经验教训的基础上更进一步地防范金融改革深化可能带来的风险，强化金融监管。为确保金融市场的不确定事件能够得到及时妥善处理，相关职能部门应建立重大风险预警机制，明确风险预警标准，对可能发生的重大风险和突发事件，制定应急处置预案，建立起维护金融稳定的预警系统，做到未雨绸缪。需要加大风险预警和应急处置建设相关的金融和技术人才的培养力度，为中国深化金融改革提供关键保障。此外，在应急处理之后，还需要考虑退出机制的建立，从而不去破坏市场规则，维持了原有的市场秩序，而不让契约精神受到践踏。

第三，由于互联网金融的快速发展，以及金融改革的深化，中国金融业当今已经出现混业经营与过去历史发展进程中形成的分业监管之间的矛盾。目前一些机构完全可以通过银行、信托、证券、配资平台等各种渠道获得存款类金融部门的资金，用以在某一个金融市场进行杠杆投资。这种通过多元渠道获取杠杆资金投入某一金融市场的行为，其流程数据很难为单一行业的监管当局所充分掌握。在互联网金融时代，对金融活动全流程数据的掌握是宏观审慎监管的基础和前提，而全流程数据的掌握又有赖于统一的金融运行数据搜集与处理体系，这显然是需要多部门进行金融监管协作。

金融改革就是打破已有的制度僵局，改变已有的利益格局。但是由于金融改革在对原有的金融体系打破的过程中会带来金融风险，假若这些风险没有得到有效控制，其结果很可能会演化为不仅制度僵局没有被打破，反而会导致利益格局进一步固化，社会矛盾进一步加剧。因为：首先，在推行金融改革的过程中，假若金融风险爆发，这会让改革者畏缩不前，其他想效仿改革的也驻足观望，更有甚者“一朝被蛇咬，十年怕井绳”；其次，金融风险一旦爆发，受损范围往往会波及普通大众，民怨无形中会加大，这容易引起决策当局对金融改革的顾忌；最后，金融改革必然会触动原有利益集团的“奶酪”，在金融风险出现时这很容易让被原有制度僵化的利益集团受益者推波助澜，这些对金融系统产生的风险将成为他们攻击金融改革的借口，以维护僵化的制度和已有的利益格局。

因此，进行金融改革的时候，需要审慎推进，其事先需要进行充分论证、系统分析，有充足的预案应对可能带来的不确定性。

（本文原载于《真实繁荣》，社会科学文献出版社 2016 年版。）

破解知识产权管理的体制性障碍

汪玉凯*

加强知识产权管理，是全球经济一体化过程中各国普遍面临的新问题。中国从改革开放以来，围绕知识产权管理进行过长期不懈的努力，特别是党的十八大后从制度层面作了许多探索，取得了重要进展。但从目前的实践情况看，还需要进一步形成共识，真正破解体制机制难题。

一、两种监管模式的比较

我国对知识产权的管理整体上呈现出分散、职能交叉的特点。在国家层面，知识产权最具代表性的专利、商标和版权的管理职能分别由国家知识产权局、国家工商总局和国家版权局承担，农业，林业、质检、海关、商务以及科技等部门也承担部分相应的管理工作。在地方层面，根据上下对口的设置原则，各级政府知识产权管理机构和职能设置分散在不同部门，专利、商标、版权分别由各地知识产权局、工商行政管理局和版权局负责，大部分省级知识产权局设在科技厅（或科委）。知识产权管理和执法工作分别由知识产权局、工商、市场监管部门和版权局分别负责，其中知识产权和版权执法力量较弱，人员短缺，且缺少基层机构。这种管理模式的最大弊端是，部门众多、权力分散，各自为政，难以形成合力，浪费了不少行政资源。

为了破解知识产权管理体制机制方面存在的突出问题，2015 年 12 月国务院发布了《关于新形势下加快知识产权强国建设若干意见》，要求

* 汪玉凯，国家工商总局市场监管专家委员会委员、国家行政学院教授。

“积极研究探索知识产权管理体制机制改革，授权地方开展知识产权改革实验，鼓励有条件的地方开展知识产权综合管理改革试点”。此后，围绕知识产权的试点工作在全国展开。

从改革的试点情况看，目前主要形成了两种有代表性的管理模式。一是以上海浦东新区为代表的组建新的监管机构，将专利、商标、版权行政管理和综合执法职能进行整合，专门行使知识产权管理职能，形成三位一体的监管框架。业界将这种管理方式概括为“小综合”模式。另一种是以深圳、义乌为代表的在统一市场监管框架下进行更大范围的机构整合，将工商、质监、知识产权、物价等六个部门的职能整合，组建市场监督管理委员会，统一行使商标、专利、版权、地理标志等知识产权综合执法职能，业界将其称之为“大综合”模式。

浦东新区和深圳、义乌知识产权体制机制改革试点的共同点是整合分散的专利、商标和版权行政管理职责，建立“三合一”知识产权管理体系，都是在加强知识产权管理机制、体制的前提下先行先试。两者最大的区别是，深圳、义乌模式充分利用了现行统一的市场监管架构，将知识产权管理纳入统一市场监管体系中。这与上海浦东模式将知识产权执法独立于市场综合行政执法之外，重新组建独立的执法队伍显然不同。

对这两种不同的知识产权管理体制的运行情况，国家工商总局专门曾进行过深入调研。数据显示，两种模式的实际成效相距较大。比如，整合后的上海浦东知识产权局2015年共办理商标案件17宗，仅为改革前2014年的1/10；罚没款10.73万元，比2014年减少了343.39万元。而深圳市将专利等知识产权保护纳入统一市场监管后，查处的商标案件数量持续增长，查处的专利、版权案件也翻了一番。义乌实施改革后，2015年共办理各类专利侵权纠纷案件共478件，与2014年的59件相比，提升了810%；版权案件从无到有，立案查处数13件，罚没款11.4万元。

之所以出现上述结果，从改革视角看，上海浦东模式的最大问题可能有三个：首先，单独设立一支知识产权监管执法队伍，与中央提出的建立统一的市场监管执法队伍这一行政执法体制改革的基本方向有背离之嫌；其次，这种模式也很难充分履行知识产权保护职能，主要是执法人员不足，执法工作缺少法律依据，机构运转困难等；最后，不能做到责权一致。按照职能分工，知识产权授权确权和保护的职能在知识产权局，但打击侵权假冒、维护公平统一、竞争有序的市场秩序的责任却是工商、市场监管部门，两者在责权上是不一致的。

相比较，深圳、义乌模式是在大部制改革的框架下进行的“三合一”，这种模式既整合了原有的执法资源，形成了执法合力，又吸收充实了原来各部门的业务，实现了优势互补，基本能做到权界清晰、分工合理、责权一致、运转高效。

二、“大综合”模式的主要做法与运行中遇到的问题

深圳探索知识产权管理体制始于2004年。当年深圳设立了知识产权局，将专利局与版权局合并。2009年，深圳在大部制改革中成立了市场监督管理局，将原工商、质量、知识产权（版权局）的职责整合划入市场监督管理局，率先在全国实现知识产权管理的专利、版权、商标“三合一”管理。2012年，在国家知识产权局要求下，深圳市场监督管理局加挂“深圳市知识产权局”牌子。2014年5月，深圳市政府正式组建市场和质量监督管理委员会，在委内设立了市场监督管理局（含质量管理、知识产权管理）、市场食品药品监督管理局和市场稽查局，市场监督管理局知识产权工作保留原有构架和人员不变。

目前，深圳市知识产权工作已经完全实现“三合一”。机构设置方面，整合了原各职能部门知识产权职能；在标准体系方面，完善了知识产权政策法规体系，制定了《深圳市知识产权许可指引》等五个文件；在知识产权综合执法方面，构建起了市场监督管理局稽查大队、辖区分局、监管所三级联动的知识产权行政执法体系，大大增强了专利、版权案件的查处力量，解决了专利、版权原来执法人员不够、机构不健全、权界不清晰等问题。

深圳市统一市场监管体系框架下专利、商标、版权“三合一”实践六年以来，知识产权执法力度不断加强，知识产权战略实施成效显著。主要包括：一是建立三位一体的知识产权管理体系，整合了知识产权行政管理资源，将过去由不同部门多头管理的知识产权行政管理资源进行协调统一，降低了知识产权行政管理成本，提高了知识产权行政管理效率。二是充分利用先行有效的市场监管行政执法机制，知识产权执法力度显著提

升。三是统筹贯彻落实国家知识产权战略，知识产权强国建设稳步推进。如将之前分散在各系统的知识产权资助资金进行统筹安排，开展知识产权培训，培养专利、商标、版权监管方面的专门人才。四是统一对外窗口，为市场主体提供高效、便捷、优质的服务，大大提高了工作效率。

深圳模式在运行中也暴露出了一些突出问题。主要有：一是工作制度缺少顶层设计，尚待完善。机构改革在垂直和水平两个维度的进度不一致造成了上下左右对接不顺畅，上级管理部门众多，多头汇报、多头指导给工作的开展增加了难度；与国内其他地区管理模式不同也造成跨区域协调不顺畅。二是执法队伍专业化水平不足。知识产权案件具有较强的专业性，对执法人员的综合业务能力要求较高，目前执法既懂专利又懂商标还懂版权专业知识的人员严重缺乏。三是执法人员不足。统一市场监管体系由于整合了大量职能，基层干部工作量极大，主要精力投放在食品、特种设备管理等方面，对知识产权工作的投入相对较少。由于“职能多，人员少”，知识产权保护工作一般“围绕专项行动”“根据投诉举报”等开展，主动开展工作不够。部分地区侵权假冒现象有反弹。

三、完善知识产权监管和保护的政策建议

一是要认真研究和借鉴国外知识产权管理方面的经验。据世界知识产权组织统计，全球189个经济体的知识产权机构中，实行专利、商标、版权三合一设置的有84个，实行专利、商标二合一设置的有99个，分散设置的有6个。大多数国家知识产权机构均为副部级或司局级，设置在商务部、经济部、工业部等单位之下。如20国集团中，有17个成员（中国、俄罗斯、欧盟除外）的知识产权主管机构均为部委下属的二级局，比例高达85%，如美国专利商标局设在商务部，日本特许厅（知识产权注册机构）设在经济产业省。

从职能职责来看，国外知识产权机构主要负责注册工作，没有监管执法职能，侵权假冒行为的处理主要由当事人起诉到法院解决。由于侵犯知识产权同时损害了消费者的利益，扰乱正常的市场竞争秩序，加之司法保护成本较高，程序复杂，时间较长，我国建立了具有中国特色且行之有效的知识产权行政保护与司法保护并行的双轨制，符合我国的国情。

二是知识产权行政执法要立足国情，不断完善。根据世界贸易组织《与贸易有关的知识产权协议》的规定，商标、专利、版权、地理标志、商业秘密等都是与贸易有关的知识产权，其管理和保护与市场秩序密切相关。其中，商标、地理标志是标识性知识产权，专利、版权、商业秘密是创新性知识产权。

近年来，我国法院受理各类知识产权纠纷的案件数量不断上升。2015年，各级人民法院共受理各类知识产权一审民事案件109 386件，同比上升14.5%，其中专利案件有11 607件，商标案件有24 168件，版权案件有66 690件。如果将所有知识产权行政保护案件改由司法程序保护，人民法院将难以承受，并将极大影响知识产权的有效保护，所以目前在我国实行单一的知识产权司法保护还很难现实。知识产权保护的方式必须从中国的国情出发，采取多元化的思路。

三是市场监管部门在知识产权管理和保护方面可以扮演更重要的角色。目前，各地正在积极推进基层综合执法改革。截至2016年5月底，全国共有94个地市、2 088个县将工商、质检、食药监、物价等部门采取“四合一”“三合一”“二合一”模式，合并为市场监管局，分别占全国的23%和67%，提高了执法效能。这说明中央提出的建立统一市场监管执法队伍改革已经取得了重大进展。随着改革的进一步深入，各地在加强对知识产权监管和保护方面的能力将不断提升，只要我们的具体改革方案合理，统一市场监管机构在知识产权的管理和保护方面，一定可以承担起更多的责任，以此作为对司法保护的补充。

（本文写于2016年11月）

房地产长效机制探索

纪飞峰*

自2015年下半年以来，我国房价又经历了一番暴涨过程。虽然北京、上海、深圳实施了严格的“认房认贷加限购”政策后房价上涨势头被抑制，但2017年以来原本房地产过剩的三四线城市房价开始突飞猛进。而这一波三四线购房者主要并非当地的定居者，而是来自外地的炒房者。因此，这种炒房式的去库存不但不是真正的去库存，反而可能促使当地开发商千方百计增加房地产开发力度，从而增加库存。民众对这种暴涨就限购、下跌就托市的房地产调控政策已经非常熟悉了。而炒房进一步加剧了资金流入并沉淀于房地产，挤压实体经济资金，提升实体经济土地、房租成本，压制居民消费能力，越来越大的房地产泡沫将给经济和社会带来不稳定因素。

当前，我国房地产市场泡沫已是不争的事实。不管是从房地产市值占GDP的比重（经济学家任泽平2016年9月发布的房地产分析报告显示，中国房地产总市值占GDP的比例为411%，远高于全球260%的平均水平），还是房地产的租售比、房价收入比、绝对房价、人均面积等各个指标数据来看，我国大部分地区房地产市场已存在泡沫。房地产行业对经济的影响重大，高企的房价对社会结构的变化也影响巨大，高库存对土地和资金的浪费惊人。因此，房地产泡沫即不利于经济的发展和稳定，也不利于社会的和谐与稳定。

中央要求建立长效机制，紧扣“房子是用来住的、不是用来炒的”定位。2017年2月28日习近平主席主持召开中央财经领导小组第十五次

* 纪飞峰，国家开发银行研究院副处长、高级经济师。

会议，指出要建立促进房地产市场平稳健康发展长效机制，要充分考虑到房地产市场特点，紧紧把握“房子是用来住的、不是用来炒的”的定位，深入研究短期和长期相结合的长效机制和基础性制度安排。中央对房地产的定位非常明确，方向也非常正确。我们要沿着中央决策指明的方向，正确地制定合理的制度，既要防止房地产泡沫扩大后崩盘，又要实现平稳过渡“软着陆”。

为什么房子会被“用来炒”？房子原本与股票（或股权）、期货、金融衍生产品等纯投资品不一样，其建造的目的是用来为购买者提供居住，而不是为了纯投资。然而，通过分析我们不难发现房子已成为我国最好的金融投资品（没有之一）。第一，从供求来看，房子的土地供应是有限的（土地资源本身就有限，且由政府统一提供），而对房子的需求理论上无限的。第二，从存管来看，房子作为不动产，产权清晰，管理简单，不易损坏或灭失，易于保存和囤积。第三，从融资来看，房贷对绝大多数个人或企业来说可能是最容易获得的最优惠贷款资金，且审核简单，杠杆较高（买房不需要用现有资产做抵押，甚至有“零首付”现象。绝大多数购房者需要借助贷款，而大多数普通股民基本上是用余钱炒股），且房子还非常方便地用于各种再抵押，升值后还可以增加抵押。第四，从投资成本来看，一方面，房贷利率远低于企业贷款或股票的融资融券利率；另一方面，房地产持有是零成本，非常适合炒作。第五，从交易来看，房地产交易手续也较简便，我国有数百万的房地产中介从业者（一、二线城市遍地都是房产中介店）从事房产交易服务，房子的流动性也较高，炒房不需要太多的专业知识。第六，从投资回报看，房子除了升值回报外，还有租金回报，往往房价上涨也会导致租金上涨。虽然，我国房地产租售比已经极低，一线城市可能不到1:100。但是相比于股票、期货等（这类证券投资品即没有持有的固定收益，风险又高）属于绝对的低风险、高收益投资品。第七，从投资额度看，房地产投资额从万元到亿元，适合家庭、企业等各类型投资者，在当前货币贬值的预期下，大量的资金迫切需要寻找合适的保值、增值渠道（多年来，我国M2增速远超GDP增速，人民币内部不断贬值已家喻户晓、老幼皆知）。因此，当前制度安排下，房地产已成为一种供求稀缺、融资便利、高收益、低风险无持有成本的高杠杆投资品。在投资渠道匮乏（股市多年不振、存款利率远低于CPI）的情况下，资金涌入房地产是一种市场自然选择。而正是因为房产成了最好的高杠杆投资品，房地产市场是无法用普通的商品经济学来分析其供求关系和投资回报的。就像某些股票市盈率可以达到数百上千，但是投资者对投资品炒的是预期，依然会不断追高买入。

为什么房子不能“用来炒”？我们知道，股票、期货等投资者主要是通过高抛低吸式的“炒”来获取投资收益。但是其在“炒”的过程中，实现了资产的价格发现和资源的优化配置。股票、期货等纯投资品属于虚拟经济范畴，其价格发现功能指导社会投资，但通常不直接发生现货交易（前段时期部分保险公司的恶意收购行为被制止并惩罚），对实体经济的直接影响相对较小。那么房地产为什么不应该成为高杠杆投资品呢？首先，房地产市场太大，其整个产业链的市值（房地产市值和相关企业市值）可能是GDP的数倍，房地产市场如果像其他金融投资品那样波动，对经济的冲击巨大。第二，房地产既是生活必需品，又是生产资料，因此，房地产是成本之母。如果资金涌入房地产，则会造成企业生产成本上升，居民生活成本上升，从而导致产品成本上升，居民消费能力下降。近期，我国PPI猛增，而CPI依然低位徘徊与房地产市场有较大的关系。第三，房地产不是消耗品，且土地资源的供给是有限的。投机泡沫会导致极大的资源浪费，降低土地使用效率，提高实体经济成本。而例如石油、粮油、大豆等期货商品属于消耗品，一时的泡沫导致的过剩产品会由于价格下跌和时间的延后而被消耗掉，而价格暴涨后也很容易促进快速生产从而由市场自然地抑制泡沫的过度产生。但房子是不动产，不可能反复地大拆大建，如果过剩了很难短期内消耗掉。第四，房地产社会属性巨大，房屋更是涉及所有居民的主要财富和生活（生存）。房地产市场如果像其他金融投资品那样波动后果不可想象。如果允许无限制地囤积、炒作房产，对社会结构、贫富差距都会造成极大影响。因此，房地产作为经济的重要支柱产业和实体经济成本之母、群众的主要财富和必要生活资料决不应该成为高杠杆、大波动的金融投资品。

如何不让房子被用来“炒”？搞清楚了房子为什么会被“用来炒”和为什么不能“用来炒”的机理，就很容易对症下药。根据上面分析，当前我国房地产已成为一种供求稀缺、融资便利的高杠杆投资品。我们建立长效机制就是要通过市场化手段消除房屋的投资品属性，但又要不伤害真实的居住需求。中央提出的分类调控、因城因地施策、差别化信贷就是考虑保护真正的居住需求，抑制投资、投机需求。要让一个高杠杆的投资品成为普通消费品，最核心、最本质的是两点：一是降低投资杠杆（但保护基本居住购买杠杆）；二是增加持有成本（但保护基本居住需求）。降低投资杠杆，可防止过度炒作，从而降低房地产市场的波动。但要把房地产就从不动产投资品变成了消费品，必须使持有房屋具有成本，这将使房地产真正成为一种用于居住（或工商业）的普通商品。为此，一是我国应长期坚持实行城市家庭二套及以上住宅（或工商业用房）首付至少5成以上，三套以上住宅不得贷款（具体首付比例各城市根据当地情况制定）。二是要对工商业房产（土地）和城市家庭人均超面积住宅（土地）征收持有税（具体免征面积及持有税税率由各地根据实际情况制定）。

如何建立平稳过渡的房地产长效机制？为防止类似2015年股市一刀切去杠杆后的“股灾”发生，就要尽量兼顾各方面的利益，减小改革的难度与阻力。房地产长效机制的建立要平稳过渡，尽量做到：缩小范围、新老衔接、合理合法、操作简便、逐步推进、预期管理。为此，我们研究提出：新出让的土地依然实现“招拍挂”制度（开发商竞拍开发权），但明确不收取土地出让金，新建的工商业房产和城市家庭人均超面积住宅征收土地使用税；已建的存量房产待土地使用年限到期后开始征收土地使用税；小产权房补交土地使用税和一定罚金后予以合法化并每年征收土地使用税。具体措施如下：

（1）尽量缩小征收范围，各个城市的人均面积标准依据各地的实际情况划定，尽量确保80%以上的群众不在征收范围内。

（2）新老衔接，不改变目前土地的“招拍挂”制度。新拍土地出让时明确不含土地出让金，但明确新出让土地上建成后的房屋每年收取土地税（居民标准面积内的免收，类似为每个居民提供一定面积的免税土地）。

（3）新房屋土地税按土地出让时的土地价格作为基准，每个房子按房屋面积折算为整个小区的土地面积比例，以后每年该小区的土地价格按房屋的价格变化进行相应比例的变化。这样一方面在法律上与原有土地出让制度不冲突，维护了之前政策规定的70年（或20年、40年、50年）土地使用权的法律权威；另一方面，原来的房屋继续按原来的制度执行。

由于随着年限原来越短，所囤房屋价值会越来越低，而且存量的房子暂时不需要收取土地税，所以一开始仅有少量新房屋才收取土地税，收税工作工作量少，阻力小。同时，由于新房屋土地不含土地出让金，且明确要收取土地税，开发商不敢囤土地或拍天价（第一年收取的土地税以当年拍得的土地价格为基准），居民购买新房屋也不敢囤积炒作。理论上粗略估计，新房屋的价格应该介于目前小产权房和商住两用房之间。但是政府依然可以获得一定的土地开发权出让费和未来的土地税，对地方政府的财政影响较小。

（4）当前的存量房屋土地使用年限到期后，根据当时周边土地的价格核定该小区的价格，并按照新房屋的土地税制度开始每年收取土地税。

（5）不管新老房屋，每个城市均设定人均面交税面积。超面积土地收取累进制土地税，工商企业土地使用税税率由各地政府根据当地情况单独设定。

综上所述，上述措施不但解决了现有房屋70年土地年限的续期问题，而且可以解决小产权合法化问题，且合理合法。新建房屋的价格理论上介于当前小产权房和商住两用房之间，可以拉低当前虚高的房价，解决大多数刚需的居住需求。而该政策合理合法，操作简单，阻力小，可以逐渐完善。更重要是的这给予市场一个强力的预期：中央正在加紧建立房地产长效机制，并且是既充分尊重法律，又保障民生，那么刚需购房者、担心房价暴涨者、担心货币贬值者和炒房者的心理预期都会大大缓和，房地产市场的波动也将大大缓和。

（本文写于2017年3月）

推进生态文明体制改革的“四个必须”

常纪文*

党中央、国务院高度重视生态文明建设，先后出台了一系列重大决策部署，推动生态文明建设取得了重大进展和积极成效。党的十八大把生态文明建设纳入中国特色社会主义事业“五位一体”总体布局，首次把“美丽中国”作为生态文明建设的宏伟目标。党的十八届三中全会提出加快建立系统完整的生态文明制度体系；党的十八届四中全会要求用严格的法律制度保护生态环境；党的十八届五中全会提出五大发展理念，将绿色发展作为“十三五”期间乃至更长时期经济社会发展的一个重要理念，成为党关于生态文明建设、社会主义现代化建设规律性认识的最新成果。

生态文明建设必须遵循科学规律，选择正确的生态治理路径，扬长补短，通过制度建设、管理创新等方式发挥政府、市场、社会、科技的作用，从而形成科学格局，走出一条符合实际、发挥优势的中国特色生态文明建设之路。通过3年左右的努力，目前，中央层面的生态文明基本制度体系已经初步形成，地方层面的制度配套和创新正在有序推进。中国生态文明体制改革取得了积极进展，形成了生态文明建设的中国方案，在实践中也积累了一些重要的经验。

首先，生态文明体制改革必须有序发挥地方党委、人大、政府、政协、司法机关、社会组织、市场、企业和个人的共治作用，调动各方的积极性。

为落实环境保护的党政同责，一些地方按照《党政领导干部生态环境损害责任追究办法（试行）》，建立了党政领导生态文明建设一岗双责

* 常纪文，国务院发展研究中心资源与环境政策研究所副所长。

制度、领导干部离任生态环境审计制度以及自然资源环境损害的严肃问责和终身追责制度。通过督企和督政相结合，破解了一些地方长期存在的老大难问题，撬动形成了地方党委和地方政府对环境保护真抓实干的大格局。

其次，生态文明体制改革必须重视建立科学的综合规划和民主决策机制，平衡好环境保护与经济社会发展的关系，使环境保护的社会性与自然性实现最大程度的契合。

一些地方健全了绿色发展的民主决策制度，制定绿色发展规划，引领绿色发展新格局，完善生态保护红线管理制度，实施主体功能区战略，推动“多规合一”。在此背景下，结合本地优势和基础，发展特色和互补的产业。能源重化工是一些地方的传统优势，也是其工业的基本组成，因此当地要实现产业升级和优化工作，必须面对这一现实，补足短板。为了解决产业集群效应不明显、产业园区之间关联性小、难以形成长效产业链的瓶颈问题，一些地方依托境内丰富的自然资源，按照大力实施“园区承载、项目带动”的战略，从严落实发展循环经济、清洁生产和污染物总量控制要求，着力构建低碳循环的新型工业体系，探索科技含量高、资源消耗低、就业容量大、环境污染小、经济社会双赢的新型工业化道路。这种区域统筹和区域优化的产业精细化管理方式，既可以调整区域产业结构，优化产业布局，防止本地产业之间的无序竞争及本地产业与外地产业之间的无序竞争，又可以提升区域经济和环境保护的效益。

最后，生态文明体制改革必须重视产业升级、优化、改造和共进的支撑作用。生态文明的衡量标准是生产发展、生活富裕、生态良好，因此不能缺乏产业的持续性支撑。我们不应走先污染后治理的老路，也不应走捧着金饭碗过苦日子的穷路。因此，变生态文明建设理念为可持续发展的现实，变生态要素为生产要素，变生态财富为物质财富，让人人有事做、家家有收入，社会各界全面参与生态文明建设就有积极性。为此，生态文明建设必须和工业化的升级换代相结合，和发展特色的旅游经济相结合，和发展本土化的现代农业相结合，和发展本地需要的现代服务业相结合，和城乡基础设施建设等全面建成小康社会的要求相结合。要使第一产业、第二产业和第三产业在生态文明建设的大格局中多元共进，让老百姓既有享受美好生态环境的获得感，也有共享经济和社会发展成果的获得感。

事实上，一些地方在产业发展方面走出了自己的路子，如着力构建低碳循环的新型工业体系；以高新技术产业开发区和县域特色产业园区为依托，助推整体工业发展再上新台阶；着力构建绿色生态的有机农业体系；努力加强农村基础设施建设，为农民持续增收提供优良环境；着力构建特色高效的现代服务业体系；利用良好的区域地理和环境条件，大力发展养生保健、康复疗养、居家养老等绿色民生经济，构建医养结合的养老养生产业体系。产业的发展必须有撬动资金。为此，一些地方正在探索建立政府、企业、社会合力保障的多元化投入机制，争取财政支持和项目资金，创新生态环境投融资平台，以大项目、大投资推动绿色发展。

第四，生态文明体制改革必须出实招、重实效。2015 年，着力落实《环境保护法》4 个配套办法，积极推进环境执法和环境司法。环境保护部对 33 个市（区）开展综合督查，公开约谈 15 个市级政府主要负责同志；全国实施按日连续处罚、查封扣押、限产停产案件 8 000 余件，移送行政拘留、涉嫌环境污染犯罪案件近 3 800 件；开展环境影响评价改革，改变中介赚黑心钱、祸害公共环境的丑恶现象；拒绝审批一批对环境存在潜在负面影响的水电、火电等重大项目的环境影响评价文书。

2016 年上半年，地方各级环保部门实施按日连续处罚案件 307 件，罚款数额达 26 447.62 万元；实施查封扣押案件 2 942 件；实施限产停产案件 1 202 件；移送行政拘留 1 291 起；涉嫌犯罪移送公安机关案件 840 起。与 2015 年相比，执法严厉性均有加强。

中央环保督察的扎实推进是生态文明改革和建设成就的一个缩影。2016 年 1 月中央环保督察组进驻河北省后，31 批 2 856 件环境问题举报已办结，关停取缔非法企业 200 家，拘留 123 人，行政约谈 65 人，通报批评 60 人，责任追究 366 人。2016 年 8 月，首批中央环保督察组进驻八省市自治区，先后有 2 000 多人被追究责任。以江西省为例，共行政拘留处罚 38 人，刑事拘留 15 人。

2016 年年初至今，全国空气质量整体持续改善，环境保护红利得以释放，构建人与自然和谐发展的现代化建设新格局取得积极进展，生态文明建设展现出旺盛生机和光明前景。这必然会坚定全社会持续、深入开展生态文明改革和建设的决心与信心。

在“五位一体”的大格局下，生态文明建设既是抽象的理论，也是一个又一个具体的生态治理实践。在具体的改革和建设实践中，“绿水青山就是金山银山”“美丽乡村”等朴实而深刻的理念和生态治理词汇已广为人知。正是因为长期的思想坚守、行为坚持和改革创新，机制灵活、产业发展、百姓富裕、生态美好的生态文明格局正在形成。“看得见山，望得见水，记得住乡愁”“生产发展、生活富裕、生态良好”的生态文明新印象正在中国生态文明体制改革的实践中形成，生态文明改革和建设的中国方案正在地球村发挥其应有的作用。

（本文原载于《中国环境新闻》2016年9月）

文化产业发展关键是提质增效

祁述裕*

《文化部“十三五”时期文化产业发展规划》（以下简称《规划》）紧扣我国经济新常态下的新要求和文化产业发展的新趋势，明确了“十三五”时期文化系统文化产业发展的指导思想、基本原则、主要目标、主要任务、重点行业和保障措施，并提出实现文化产业成为国民经济支柱性产业的发展目标。这一规划的出台对于“十三五”期间文化系统文化产业的发展具有重要指导意义。

一、文化产业发展关键是提质增效

近些年，我国文化产业发展保持较快增长速度，这主要得益于文化领域市场化改革的不断深化。也要看到，文化产业发展的数量规模固然重要，却不能完全体现产业自身的质量和效益。实现产业的持续增长，促进产业由成长型向成熟型过渡，是一个系统性的问题，不仅需要增加投入、加强扶持，更需要有较强的文化创新创意能力、有效的产品供给、理性的文化消费需求、具有特色的产业区域发展路径、相互协作的产业生态以及完善的市场环境等。

当前我国文化产业发展已经形成广泛的社会认同度和参与度，文化领域的创新创业也日趋活跃，社会力量投资文化产业热情高涨。同时，文化产业在转变经济发展方式、调整经济结构、提高发展质量和效益、增加经济社会发展新动力等方面也被寄予厚望。但是《规划》指出，我国文化

* 祁述裕，国家行政学院社会和文化教研部主任、文化部文化产业专家委员会委员。

产业还存在整体规模还不够大，创新创意能力和竞争力还不强，结构布局还需优化，文化产品和服务有效供给不足，高端人才相对短缺，政策和市场环境有待完善等问题。“十三五”期间，还需以推进供给侧结构性改革为主线，不断解放和发展文化生产力，促进文化产业转型升级，提高文化产业发展质量和效益。这既体现了我国文化产业在新的发展阶段要实现持续增长，必须着手于深层次的问题，又体现了文化产业需要以更加稳健的市场成熟度，来迎接经济新常态带来的机遇和挑战。

二、围绕提质增效，《规划》重点解决的问题

围绕“十三五”期间文化产业的转型升级和提质增效，《规划》也围绕产品、市场、区域、政策和业态等方面，提出了一些新的发展理念和思路。

一是更加注重提升文化供给质量。当前我国文化消费水平总体不高，这在很大程度上是由于文化产品供给和需求存在结构性矛盾。文化发展过程中的供需矛盾问题，很难仅仅通过财税补贴、免费优惠等政策，进行单方面、短期性的消费刺激来解决。这种方式往往会带来产业结构不合理、产能过剩等问题。必须通过调整优化文化生产结构和资源配置，着力提升文化产品供给的质量和效益，完成文化供需适配。面对日益多样化和个性化的文化消费需求，如何从供给侧发力，通过更多高品质、适销对路的文化产品和服务来释放文化消费潜力，是文化产业健康持续发展的关键。《规划》重点从推动文化内容形式、供给方式创新，文化品牌建设和传统工艺振兴，提高文化创意产品原创能力和营销水平，扩大中高端文化供给，加强数字文化创意内容创作与供给，积极推广政府向社会力量购买文化服务模式等多个方面进行部署，主要体现出“十三五”期间文化发展质量的提升、文化消费需求的拉动，更加强调从文化内容创新、形式创新、业态创新，从优化文化资源配置，调整和重构文化生产结构，来提升文化供给体系的质量和效益；更加强调通过创造新供给，拉动新需求。

二是强调建立有效的市场竞争机制。当前文化改革的核心是激发文化企业的创造活力，落脚点在于解放和发展文化生产力。我国文化市场活力激发仍然面临市场准入限制带来的行政垄断、文化立法滞后以及投融资、

知识产权等文化要素市场不健全等因素的阻碍。《规划》强调在“十三五”期间，首先，要通过深化文化行政部门职能转变，深入推进行政审批制度改革，加强事中、事后监管，促进简政放权、放管结合、优化服务；积极推广文化领域政府和社会资本合作模式，吸收社会资本进入文化产业领域。其次，把行之有效的文化经济政策法定化，加强互联网文化管理法规制度建设，深化文化市场综合行政执法改革，全面落实行政执法责任制，促进文化市场规范发展，保障文化产业有法可依。再次，强调从文化产业投融资体系、文化市场监管体系、文化要素市场体系以及知识产权制度建设等方面，着力完善文化产业发展的生态环境。

三是进一步优化区域文化产业发展方式。首先，突出特色化发展在区域文化产业中的重要作用。《规划》强调根据各地资源禀赋和功能定位，实施差异化的文化产业发展战略，尤其是对于中西部和少数民族地区来说，特色文化资源是其发展文化产业的主要优势，符合地区实际的特色文化产业发展，既能与当地居民生产生活有效结合，实现文化精准扶贫，又能在国内外文化市场中形成差异化的竞争优势。其次，强调城乡统筹、与城镇化建设相结合。《规划》鼓励发展若干带动区域协同发展的增长极，打造特色文化产业群，支持各地培育特色文化小镇、特色文化街区、特色文化乡村。这种由点成面、点面结合的发展方式，更加有利于形成特色化和相互带动的区域发展方式。再次，《规划》提出京津冀、藏羌彝、丝绸之路沿线重点区域、长江经济带城市群、东北老工业基地等区域协同发展布局，主要为了促进具有一定产业关联度、空间组织紧凑性和资源相似性的城市群，实现文化产业协同发展。

四是注重文化经济政策的精准性。当前，我国文化经济政策存在扶持方式单一，直接资助奖励的政策落实度高，而引导性、鼓励性的扶持政策落实成效往往不高的问题。这主要是因为很多文化经济政策，如专项资金政策，大都是“十一五”时期设立，建立的初衷就是为了扶持处于起步阶段的文化产业。这对于发挥政府在文化产业发展过程中的引导、扶持和调控作用起到重要作用，促进了文化产业发展初期市场培育和功能引导，对社会资本起到了示范引导效应和杠杆效应。经历了10多年的发展后，全国文化产业规模、结构和质量已今非昔比，政府角色也应适时转变。在新的发展阶段，原有文化经济政策的设立是否会影响市场机制配置资源基础性作用的发挥，是否存在资金配给的信息不对称问题，资金投入方式、重点扶持的主体是否需要转变等存在较大争议。《规划》指出，创新政府投入方式，逐步引入市场化运作模式，加大对具有较好市场前景、战略性、先导性的文化产业创新创业项目支持力度，这在一定程度上弱化了传统行政分配资源模式，将更有利于促进财政资金投向市场最直接需求的领域。

五是重点拓展文化产业发展的空间和领域。《规划》将发展新型文化业态、促进转型升级、推动融合发展，作为“十三五”时期文化产业发展的首要任务，并强调以“文化+”“互联网+”战略，推动文化产业结构优化升级。注重以互联网等现代科技优化文化产业结构、以促进文化创意与国民经济相融合，将文化产业与新的发展机遇紧密结合，促进形成新的增长点，提升自身发展空间，推动文化产业工作适应新情况、实现新进展。

（本文原载于《中国文化报》2017 年 5 月）

第三篇

改革方法论

改革不仅需要理念和方案，还需要让大政方针落地为具体行动。从某种意义上讲，更重要的是执行和落实。改革本质上是制度变革，会涉及一连串各式各样机制的设计，大机制嵌套着小机制，旧机制伴生着新机制，要着力化解各种机制之间的内在冲突，避免由于改革艰难或利益冲突没有动力去做的情况发生。这样，基于信息有效和激励相容的机制设计对于中国下一步的改革推进至关重要。只有重视并用好成功改革的方法论，才能化解中国改革的艰巨性，实现科学发展与和谐社会构建才是可期的，中国通往民族复兴和长治久安的道路才能走得更加顺畅。

正视改革艰巨性 用好改革方法论

田国强 陈旭东*

党的十八届三中、四中、五中、六中全会明确了关于“四个全面”的综合、整体、深化改革的纲领性决议文件，构成了中国下一步改革总的战略理念，提出了很好的改革顶层设计方案。改革不仅仅需要理念和方案，还需要让大政方针落地为具体行动。从某种意义上讲，更重要的是执行和落实。改革本质上是制度变革，会涉及一连串各式各样机制的设计，大机制嵌套着小机制，旧机制伴生着新机制，要着力化解诸种机制之间的内在冲突，避免由于改革艰难或利益冲突没有动力去做的情况发生。这样，基于信息有效和激励相容的机制设计对于中国下一步的改革推进至关重要。只有重视并用好成功改革的方法论，才能化解中国改革的艰巨性，实现科学发展和和谐社会构建才是可期的，中国通往民族复兴和长治久安的道路才能走得更加顺畅。

一、正视中国改革的艰巨性

作为改革者，一定要充分正视改革的艰巨性和困难性。可以说，所有的改革和变革都是有社会进步意义的，或者说是“明了道”的，否则不叫改革、变革，而叫动乱。那么，为什么中国历史上影响比较大的改革和变革大都以失败告终呢？其根本原因有三：

首先，中国几千年以来大的改革和变革，一再延误改革时机，基本上都是被倒逼到了一个死角，不改不行，才想到去改，这往往要付出巨大的

* 田国强，上海财经大学经济学院院长；陈旭东，上海财经大学经济学博士、高等研究院助理研究员。

成本和代价。

其次，改革本身异常残酷。一方面，改革者需要有很大的牺牲精神，因此，很多人不愿意引领改革，甚至都不太愿意支持或参与改革。更麻烦的是，改革有巨大的外部性，会影响所有人而招致各种反对声音。许多反对改革的人很可能就是原先做出过贡献甚至重大贡献的好人和能人，这些人或因理念不同，或满足现状，认为没有改革的必要，或因切身利益受损，或因相对地位、名声下降，或因自己的东西被改掉，当然也可能是改革的方式方法本身有问题，对改革产生强烈抵触和反对，无法形成上下一致的改革共识、动力和勇气。这样，改革者往往是吃亏不讨好。再加上改革者基本都不是最高权力者，一旦改革受挫，而反改革的势力占了上风，改革者就没有什么好下场。

最后，近代以前的绝大部分改革都是为了维系既有体制的“改革”，而不是触及根本体制的变革，治标不治本，从而很难长期有效，很难达到长治久安的目的。并且，绝大部分改革基本上不是为了老百姓的利益去改革既有体制，大多老百姓没有获利或获利很少，这样基本上得不到民众的大力拥护，从而基本不满足参与性条件和激励相容这两个改革成功所必要的条件，一旦遭到利益集团与反对派的反击，就只能以失败告终了。

上述三个原因就是中国改革所面临的最大难点和艰巨性所在，因此改革需要大智慧和勇于冒险的牺牲精神。那么，邓小平创导的改革为什么会成功呢？首先在于他做了正确的事，顺应了历史潮流，符合民心民意（从而形成了上下一致的改革共识）进行了市场导向的经济体制变革而不是维护计划经济体制的改革，符合国家发展的内在逻辑和客观现实，也就是“明了道”。这是基本点。其次是“取了势”，他在政府、军队里建立了无法撼动的巨大威望，为改革起到保驾护航的作用，凝聚了改革的力量，让反对改革的人知难而退，起到了“不战而屈人之兵”和扶正压邪的作用。最后是“优了术”，细节决定成败，他充分认识到个体逐利和计划经济在信息及激励方面的弊端，提出了“让一部分人先富起来”、“发展是硬道理”、“压倒一切的是稳定”等一系列辩证统一的命题，极大地调动老百姓发家致富的积极性，既谋变也求稳。改革最初从反对者最少而支持者最多的农村开始，极大地减少了改革的阻力，加上方式、方法对路，形成了为增长而竞争的激励相容的体制和机制，从而让绝大多数人从改革中获利。第四是“抓了时”，他抓住了“文化大革命”后人心思变的共识和谷底反弹的时机，抓住了利用和平时期发展自己的时机，在正确的时间做正确的事情，推出了一系列变革举措。此外，邓小平敢于突破理论教条和误区及尊重人民群众的首创精神，鼓励而不是压制基层的大胆探索和创新做法，并适时推广，形成了“白猫黑猫论”及顶层设计和“摸着石头过河”上下互动。

具体到当前的改革，下一步的改革之路将异常艰难、狭窄，且充满对立和冲突。当前社会的刚性化和社会阶层严重分化，造成极大的社会矛盾和社会脆弱，让改革陷入两难困境。这主要来自于两方面的压力和冲突：一方面，经过30多年单一的经济改革，已形成强大的利益集团和权贵集团，是当前许多弊端问题，特别是社会公平正义问题的根源，但由于他们掌握很大的话语权，是既得利益者，成为下一步全方位深化改革的最大阻力；另一方面，由于单一经济改革导致贫富差距过大和社会公平严重不足，导致广大低收入阶层和弱势群体阶层对当前社会严重不满，许多人甚至将问题归结为是改革带来和造成的，从而很难形成改革共识，也很难平衡好分权和集权的关系。为了压制权贵集团，需要加大打击权钱结合、贪腐的力度，从而需要一定的权力集中，但这又很容易走到集权的道路上去。反之，如果对权贵集团不加打压，任由他们继续掠夺社会财富，则将会造成越来越严重的贫富差距和社会不公。无论哪种情况出现，后果都非常严重，都是毁灭性的，使之用好成功改革的方法论极为重要。

二、用好成功改革的方法论

要让改革成功，将一件事情办成，必须重视“道、势、术、时”四位一体的综合治理。首先，明“道”非常重要。从这个意义上讲，中国社会经济的可持续发展关键不是靠众多短期性的政策组合，而必须要在根本性、制度性、方向性的问题上取得共识。否则，出台的政策也可能与长远发展目标不兼容，或得不到贯彻执行。邓小平在明中国变革之道、明振兴中华之道、明长治久安之道上居功至伟，其所创导的改革开放为中华民族的复兴确立了一条正确的道路。

继而，在明了改革的方向和路线这个“道”之后，改革者要充分认识到任何重大改革或变革成功还有三大必要条件。一是树“势”。必须发挥中央顶层的独有权威，起到孙子所说的“不战而屈人之兵”和“故善战者，求之于势，不责于人，故能择人而任势”的作用。二是优“术”。“天下大事，必作于细”，细节决定成败，原本可以成功的事情，即使在微小的细节上考虑不周，也有可能导致原则性、方向性的东西被否定掉而失败，改革的方式、方法要对头。三是抓“时”。要抓住稍纵即逝的改革时机，不要错过当前机不可失的改革时间窗口，在正确的时间做正确的事情。为了将事情做成，把握做事的时机非常重要，也就是所谓“道有时，事有势”，如果错过了改革或变革的最佳时机，病入膏肓，就可能无法挽救。

面对全方位联动改革稍纵即逝的机会窗口，我们要不失时机地加以推进，并按照老子的“以正治国、以奇用兵、以无事取天下”（亦即，“行得正、用得活、管得少”）的治理之道来促进政府从传统的干预过多的管理型全能政府中解放出来，实现向无为而治的现代维护和服务型有限政府的转变，从而真正合理界定和理清政府与市场、政府与社会的治理边界，建立健全长治久安的长效机制，实现国家治理体系和治理能力的现代化。具体到中国下一步的改革，应从以下六个方面着手建立成功改革的方法论：

方法论一：创造鼓励改革理论探讨的氛围条件，凝聚改革的学理共识，增加改革的前瞻性和战略性。

改革的理论探索必须先行。中国改革是一个庞大系统工程，实践每向前推进一步，都会带来更多更为复杂的理论和实际问题，这就对理论创新提出了新的更高要求。不过，理论探索离不开一个开明、宽松的舆论氛围和社会环境，因而要尽量避免上纲上线。中国改革开放关键过程中都是理论探讨先行，在关键的时候往往能得到中央高层的权威表态和一锤定音，比如十一届三中全会对关于真理标准问题的大讨论、1992 年邓小平南方谈话对关于计划与市场关系问题讨论的一锤定音，就是对于改革方向的确认和定向。统一思想，形成上下联动的共识，对之后的市场化改革开放有不可磨灭之功。

理论探索无禁区，思想解放要先行，其重要性至少有二。一是对已确立的改革方向和路径进行理论分析和论证，促进上下改革共识的凝聚和改革方案的执行；二是理论探索必须超前，对现有改革的不足之处进行理论剖析，通过内在逻辑的推演指明下一步改革的方向和可能结果。党的十八届三中全会《中共中央关于全面深化改革若干重大问题的决定》在很大程度上就是吸取了过去若干年的理论探索、理论创新的结果，听取了很多专家学者的意见和建议，以决议的形式肯定下来。即使对于那些批评者、反对者，政府也应该肯定他们的价值和作用，允许他们的存在，这会对减少犯错风险、弥补漏洞、完善改革措施大有帮助。接下来，对于各个领域的改革深化，同样需要理论探讨先行，不断促进思想解放。

现代经济学理论提供两类非常重要的理论。第一类基准理论就是注重目标，旨在解决目标方向的问题，解决要做什么的问题；第二类是相对实用理论，解决如何做、怎么做的问题？第一类理论提供基准点、参照系，如新古典经济学，在基本、基础制度选择方面起到了求真、明道的作用。若没有基准理论作为度量标尺，就无法知道现实和理想状态的差距，有多大。对当下激烈争论到底是有为政府还是有限政府、国企还是民企、市场化改革方向要不要坚持等基本问题，基准理论对中国方向性改革的指导作用毫无疑问，异常重大。然而，我们的改革及其治理不仅要有目标感，也要有过渡性。解决现实问题还需要务实的相对实用理论，要解决怎么做才最佳，如市场设计理论、拍卖理论、匹配理论等，这些理论的前提假设更现实，是对基础理论的修正和发展，在解决现实问题更加务实优势的作用。

方法论二：发挥中央权威的引领和主导作用，对改革的大方向、大方略、大方针进行顶层设计和顶层推动，并通过中央决议、政策或法规确定下来。

改革越是进入深水区、攻坚期，越是需要有强有力的推动才能向前推进，这就需要发挥领导力。领导力的本质在于选择做正确的事情，正确地做事更多要靠制度、靠团队来实现。领导者的精力是有限的，必须高度聚焦于具有全局性、根本性、战略性意义的大事，将精力集中在关键任务上，如：制定中长期发展战略，评价可能对长期目标成败有决定影响的政策，保护和宣传能够体现想实行政策的典型。面对当今错综复杂的社会经济局面，领导者更加应该心无旁骛地推进改革的深化。

对于中国这样一个集体主义、威权主义色彩较重的发展中大国来说，更加需要发挥中央领导的作用。中央如果不下决心，很多事情根本办不成。如果中央不发挥作用，不主动作为，不对改革进行推动，不对改革明确表态支持，不为改革保驾护航，可能导致的结果。要么是下面本来有改革想法的部门、地方可能会由于多做多错、少做少错、不做不错而选择不作为；要么是即使有改革的初步行动，也由于既得利益阶层的阻碍和牵绊，改革胎死腹中或无法真正贯彻落实。中央的重要作用之一，就是在改革的大方向、大方略、大方针上把住关，起到“定海针”“指南针”“北斗星”的作用，使之不能出现动摇反复。比如，党的十八届三中全会的重要性即在于它通过集体决策、中央全会决议的形式将中央领导集体的权威贯穿之于全面深化改革方案之上，在顶层设计上起到了统御性的树势、引导作用。让全面深化改革成为上下共识，至少是成为行动的指南，使之有理念、有步骤地推动经济、政治、社会、文化、生态文明等各领域及综合配套整体改革。简言之，对大的方面的改革，不仅要顶层设计，还要顶层推动。

方法论三：满足改革的参与性约束条件和激励相容约束条件，让大众从改革中获利，形成上下一致的改革共识、势能和动力。

激励机制设计理论告诉我们，任何一项改革或制度安排的顺利推行要满足两个基本约束条件：参与性约束条件和激励相容约束条件。参与性约束条件要求改革能符合大众的根本利益，尽量让所有人至少是绝大多数人从改革中获利，至少不受损。只有如此，改革措施才能得到绝大多数个体的拥护，使他们支持改革，愿意参与改革，形成与改革一致的新的利益阶层，以此形成与中央相一致的改革共识和行动。激励相容约束条件，要求所采用的改革措施或制度安排能极大地调动个体的积极性，并且在个体逐利达到均衡结果的同时，也实现改革者所希望达到的目标。这里的个体可以是一个地方政府、一个政府部门，也可以是一个产业、一个企业，及至最广大的老百姓。

参与性条件非常重要，因为改革从本质上讲是利益格局的重新调整，这也是社会经济现实中的诸多矛盾和问题的源头所在。从而，对于这些矛盾和问题的解决，就是要形成与改革方向相一致的新的利益均衡，充分调动不同利益阶层的改革参与积极性，汇聚支持改革的力量，形成最大限度的改革共识。新一轮改革所面临的既定利益格局已不那么容易打破，基于市场和权力结合形成的利益集团有很大的意愿和能力来阻止和延宕改革。

所以，下一步首先当然还是要让一些掌握话语权的利益阶层不反对改革。一方面，尽量做到帕累托改进，不让其利益受损；另一方面，还要从理念上影响他们、团结他们。不过，改革深水区难免会遇到既得利益包括权力资本联盟的阻碍，这就需要通过中央的权威、通过法治来规制他们，阻断权力和资本的合流，清理权贵弊政以为深化改革铺平道路，实现卡尔多改进。其次是要普通的民众阶层通过增量改革来满足他们的利益增长需要，通过边缘突破，以星星之火逐渐形成改革燎原之势。这样，与方法论二相联系起来，才能形成“自上而下”与“自下而上”（即，顶层设计与摸着石头过河结合）的良性互动，上中下齐心的改革局面。

这里存在一个制度设计与演化（或自发秩序）的平衡问题。有些制度安排，比如社会风俗、社会规范、文化等非正式的制度是演化的，是逐步演进的，但正式的制度大多数也是设计的，是基于政治、经济、社会、环境而设计或者正式确认的。现实中当然也存在任意设计制度、机制或法规的情况，比如前两年股市熔断机制的设计，其症结就在于不清楚制度设计的前提是基于政治、经济、文化、文化初始禀赋来做制度设计，并根据这些基本制度环境变化对制度安排做出相应的变化。所以，从这种意义上来说，制度是随着环境的演进而设计的，不像一些中国经济学家所想象的那样是完全对立的。好的机制设计的标准就是能否把制度环境作为约束条件。

方法论四：综合运用“情、理、利”三个制度安排，实现法治、执行力和民主监督的良好平衡，解决全面深化改革的政策目标落地和具体实施问题。

有了改革的上下共识，最终还要靠地方政府和基层单位去执行、落实，所以最关键的是地方政府和基层领导特别是一二把手愿意去落实。那么，如何通过适当的制度安排将各层级的行动统一到改革的目标和任务上来呢？这就需要机制设计理论的参与。机制设计理论既重视目标，更重视执行问题和过程，不能偏颇目标和过程中任何一方，不能用目标否定过程，更不能没有目标去谈过程。总体上，应该根据具体情境和信息是否容易对称，恰当、灵活地运用好“法规治理、激励机制、社会规范”这三个最基本的制度安排，实行“晓之以理，导之以利，动之以情”的综合治理。好的治理需要满足三要素：法治、执行力和民主监督。

首先，要健全法制环境，将对改革大的决议通过法律、法规确定下来。法治的首要作用是对政府行为的规范和约束，其次才是对市场经济个体。这是“法治”和“法制”的本质差别。一个好的法治环境，可以支持和增进市场，真正让市场发挥基础性和决定性的作用，而政府只是起到维护和服务的作用，只有这样才能最大限度地压缩权力寻租腐败的空间。在现代社会，产权的明晰和保护，更需要法治的保障。市场的本质是“无为而治”。“无为而治”的必要条件是完善市场制度，让市场有效；而让市场有效的必要条件是要有一个有效的政府；一个有效政府首先应是一个有限和定位恰当的政府，其定位需要由法治来规范化、有序化、制度化。因此，政府职能从全能政府向有限政府的转变成为关键。

同时，从促进改革的角度来看，也需要法治的健全作为保障。十八届三中全会关于土地改革的一些创新性提法，已被一些主管部门或有话语权的人解读得走形变样，其所造成的认识混乱极具破坏性。所以，要将对改革大的决议通过法律法规确定下来。否则，即使有中央决议，也可能得不到执行。中央通过的决议最终不能落地的例子比比皆是，如教育经费投入要达到 GDP 的 4%，就讲了近 20 年，直到 2012 年才基本真正落实；和谐社会的构建提出来近 10 年，但有效的具体措施依然很欠缺。

其次，要加强执行力建设，将勇于改革创新的人放到重要领导位置。在中国的行政体制下，一把手的权力是很大的。这就要求在干部人才的配置上，尽可能选任思想解放、勇于善于改革创新的人来担纲负责，不唯上、不唯书、只唯实，敢闯、敢试、敢为人先的人放在重要岗位上或一把手的位置，使之成为一个个改革发动机。所以，增强改革的执行力和发展的驱动力，必须要发现和培养改革发展的开拓良将。

那么，如何通过政治程序将社会认同度高的、善于推进改革的人提到各级领导岗位上来，就触及政治体制改革的范畴了。邓小平早在 1992 年南方谈话中就提到不仅要学习新加坡经济发展，更要学习其社会治理尤其是执政党的经验。自那以后中国国家领导层一直都非常重视新加坡的经验。新加坡一党执政运行良好的关键就是很好地处理了选拔加选举的互动互补关系，真正有机地融政党于社会，融政治于人民。同时，不讲意识形态，只讲共享价值，形成了人民拥护的最大公约数。新加坡的政党体系是向社会开放的。政治人物来自于民间，使得政党和社会维持有机联系，可以强化执政党的代表性和权威性。民主的本质是竞争，不一定在党外，在党内也可以。对一党执政制度来说，党内竞争就显得异常重要，否则只会对上负责，不会对下、对社会和人民负责。面向未来，中国应以党内选拔加人民选举的形式，引入竞争机制，健全民主程序，将党内精英和社会精英聚合到一起，共同服务于全面深化改革和国家治理现代化的大局。

同时，还需要注重解决好领导力和上下联动的执行力问题。采用什么样的方式才能将卓越型领导选任出来，同时确保其能把自己的想法和决策很好地贯彻执行下去呢？这需要正确理解和对待民主和效率的内在关系和各自适应边界。经济理论告诉我们，由于投票者的个人利益驱动，民主表决的方式往往会带来无效率公共品的提供。为了解决民主和效率的矛盾问题，越是高层，领导人的选举越要尊重民意。被选举者就要对选民负责，否则下次竞选公职就选不上。既然要对选民负责，他的目标的实施和具体决策就应该有效率，否则怎么能为选民负责呢？为了解决这个矛盾，领导人就应对领导团队其他副职享有很大的自主选择权限，而不是冗长的民主程序。比如，在美国，校长就有权提名副校长和任命各学院的院长，院长有权提名副院长和各系系主任，系主任也是自主决定副系主任和分管本科、研究生的主任和各种委员会主任的人选，这就解决了执行力的效率问题。当然，如果本届任期做得不好，大家不满意，这个领导人当然就在下届任期中选不上。所以，一个单位一把手有充分的激励尽力完成对其单位成员的承诺。

再次，要完善监督问责，对政绩考核激励动力机制进行系统再设计。没有民主监督，没有问责，没有责任边界的划定，没有社会和媒体的监督，这样的政府治理体系将是涣散失效的。尤其是对于中国而言，中央政府对于地方官员晋升具有权威性和主动权，如果没有有质量的量化指标，就没了努力方向，也就无法对官员加以问责，从而官员也就没有责任和动力关注经济发展，不再勇于创新。现实中，中国政府行政方面最大的一个问题是，中央的政策目标往往设计得都非常好，但只要没有和地方政府官员的政绩挂钩，官员缺乏执行政策的激励和动力，基本上就效果非常有限，只是停留于文件、宣传和口头中，执行不到位，政策目标就往往被偏离很远。因而，与下一步全面深化改革相适应的是，中国必须在官员政绩考核评价体系改革上下大功夫。

中国经济30多年的快速增长，与松绑放权改革和对外“开放”环境下形成的地方政府“为增长而竞争”的政绩考核激励机制密不可分，GDP是其中一个最重要的指标。由此，地方官员无论出于为官造福一方的考虑，还是出于自身仕途的考虑，都有很大的激励把地方经济搞上去。这个是改革开放后中国经济实现腾飞的重要原因之一，也为国家在更高水平上实现均衡提供了基础。当然，单一的GDP主义的政绩考核体系确有其不合理性，在带来经济高速增长的同时，也带来了很多问题和矛盾。但千万不能从一个极端走向另一个极端，不能说现在就可以完全不要GDP增长目标，在这方面不要作为了。中国还需借重GDP目标的牵引和参照作用，但应秉持“区间管理，中线把握”原则。

来自媒体和社会的外部监督也非常重要。媒体被称为是政治力量、司法力量和行政力量之外的监督政府的第四种权力，应该且完全可以起到朱镕基早在1998年就提出的“舆论监督、群众喉舌、政府镜鉴、改革尖兵”的作用，推动政府施政效率和行政效能的提升并极大压缩贪腐的存在空间。同时，对于地方政府的公共服务质量信息，当地的民众显然是更加了解的，而地方和中央政府则往往是信息不对称的。因此，政绩考核体系应该纳入当地民众的民意调查，让民众参与完善政绩考评机制，使得信息更加充分。这样，通过自上而下的问责和自下而上的监督，将对政府及其官员的不作为、乱作为形成有效制衡。

方法论五：找准改革的切入点和突破口，并发挥其外部性和延展性，实现全面深化改革和国家治理现代化的新突破。

全面深化改革千头万绪，如果“眉毛胡子一把抓”，不分主次，不明重点，可能会起反效果。所以，下一步的改革同样需要化繁为简，突出重点，积极寻找到能够牵一发而动全身的切入点和突破口。政府在下一步改革中发挥着特殊重要的作用，政府作为一种制度安排有很大的外部性，其自身的改革必然会牵动政治、经济、社会、文化、生态文明等方方面面的体制、机制变革，由此可以带动全面深化改革走向深入，推动中国经济实现又好又快的发展，实现公平、效率与法治的均衡。这样，政府自身的改革特别是政府职能和国家治理体系的转变也就成了改革的关键和重要突破口。当然，这也正是下一步改革的最大难度之所在，需要更大的政治智慧和勇气来推动。政府自身的改革，一个总的方向是限制政府权力、减少寻租腐败、确立政府公信、强化公共服务、降低行政成本、提高行政效能。

当然，政府自身的改革也有许多切入点和突破口可供选择，比如中央与地方的事权划分及其关系调整就一例，其不仅仅是财税体制改革的部门问题，而且是事关国家治理体系的全局问题。与联邦制国家相比，单一制国家的中央政府更具有权威，而在我国独有的中央、省（直辖市自治区）、地市、县市和乡五级政府架构下，中央的这种权力触角又可以通过上下对口的机构设置直通底层。在这一国家结构和政府架构之下，大量的事权由中央政府和地方政府共同承担，容易出现权力责任错位、要权却不担责、互相扯皮推诿的现象，从而中央的很多政令得不到很好的执行，很多好的政策目标往往也就难以落到实处。

不同国家受各自历史、文化、政治等特定国情因素的影响，并没有一个统一的政府间事权划分模式，但是成熟市场经济国家通常围绕以下三个基本原则来处理此议题：

一是外部经济性。政府的基本职责可用两个词概括，就是“维护”和“服务”。这二者都需要公共产品来实现，而公共产品具有外部经济性，这种外部经济性也存在着受益或影响范围的差异，从而就存在一个事权分布的最适度。即，那些全体民众受益的公共服务如国防、外交等应统一由中央政府负责，而那些以特定区域民众为服务对象的公共服务如消防、治安等则由地方政府负责。对于外部性是跨区域的公共服务如环保、部分社保，则应该由中央政府和地方政府共同负责。

二是信息有效性。与中央政府相比，地方政府往往更加了解所辖区域内民众对于公共服务的特定偏好和不同需求。面对不同事项所对应的不同信息分散分布情况，其监督成本尤其是信息成本是不一样的。一个原则是信息越不易对称、处理越复杂的事项应该赋权由地方政府来单独或与中央政府合作管理。

三是激励相容性。一个好的事权划分体系，应该是使所有参与主体按照自身的目标和利益动机去运作，也就是发挥了中央和地方的两个积极性，同时实现整体利益的最大化。这也就是机制设计理论之父赫维茨最早提出的“激励相容”概念。

其中，信息和激励是经济学中最重要的两个关键词，前者主要影响的是实现的问题，后者则主要影响的是实施的问题，它们共同决定了资源配置的最终效率如何。为什么要让市场而不是政府在资源配置中发挥决定性的作用？其原因就在于此。现实中，具有父爱主义倾向的政府尽管动机不坏，却很可能会由于信息和激励的问题，出现好心办了不正确的事情，使之难以导致好的或有效市场经济。所以，前面方法论四提到的法治对于政府本身的规制和约束至关重要。在此基础上，国家还应该通过法律形式将各级政府的事权与支出责任纵向分布加以明确地界定，使其保持一定的稳定性、连续性和规范性，如果需要调整应经过一定的法律程序方可进行。

方法论六：在兼顾效率与公平的前提下，以“改革、发展、稳定、创新、治理”五位一体的综合改革治理框架去思考做什么、怎么做、谁去做的问题，为国家治理体系和治理能力现代化搭建支点。

在兼顾效率与公平的情况下，以改革谋发展，在发展中求稳定，在稳定中促发展，在发展中促创新，从而不断推动国家治理向现代化迈进，这是中国改革开放的一个基本经验。首先要强调的是，“发展是硬道理”，没有发展就没有稳定。发展依然是解决中国许多问题的一把总钥匙，要以改革为动力促进发展。与此同时，一个稳定的改革环境也是不可或缺的。在改革过程中一定要处理好改革的力度与民众的承受度之间的关系。在一项改革举措推出之前，要充分估计可能引发的各种潜在不安定因素，做到信息充分对称。实际上，许多对改革的不同意见，更多源自信息的不对称，对改革的宣传不够充分，由此产生许多误会。当然，改革必定会涉及一些既得利益和既有习惯的调整，这就要求改革措施的推出应该注意转型成本，给予转型时间，使民众逐渐适应改革。也就是说，改革措施的出台要有提前量，不搞突然袭击，让人们措手不及。否则，非但预期的改革成果无法实现，还会破坏稳定的发展局面，起反效果，不利于国际治理的现代化。

中国经济要解决两个关键性的问题：一个提高效率；第二个勃发创新力。前者让实际增长率接近潜在增长率，后者不断提升潜在增长率，但由于改革不到位，这两个方面都大有问题。创新和企业家精神是让一个国家可持续发展非常重要的条件，这个没有错，但是要注意它们不是外生变量，不是天然具有，企业、企业家并不是天然创新，他们偏爱的是利润。如何让他们创新和具有企业家精神，关键是否有良好的基本制度环境作为前提条件。鲍莫尔扩展了熊彼特创新理论，阐述了创新和企业家精神确立依赖于制度选择，从而是内生变量，如果影响企业家行为配置的游戏规则是非正常乃至破坏性的，创新和企业家精神也得不到释放。所以，最基本的基础性制度建立，现代市场制度建立才是最为关键，我们必须建立现代市场和完善现代市场制度。

同时，创新又是面向未来的，是创造性破坏，要求我们必须不断打破自己的既有优势，形成新的竞争优势。市场竞争和企业创新是经济发展不可分割的整体：竞争导致企业利润下降，竞争越激烈，企业利润下降越快，企业就不得不创新，而创新带来垄断利润，垄断利润就会吸引更多企业参与竞争，从而形成“竞争→创新→垄断→竞争”的反复循环过程。通过这种市场和企业间的动态博弈，市场保持活力，导致社会福利增加和经济发展。所以，向创新驱动转型是中国转型发展和建立创新型国家的必由之路，是必须经历、不可缺失的驱动转型。对于国家治理体系和治理能力的现代化目标而言，制度创新也是题中应有之义。

总之，身为改革者应该在兼顾经济效率和社会公平的前提下，按照“改革、发展、稳定、创新、治理”这样一个五位一体的、互为促进的动态内在逻辑辩证关系的框架来系统思考做什么、怎么做、谁去做的问题，以有限政府而不是有为政府为目标，从根源上解决政府在社会经济活动中的越位、错位及在维护市场公平和提供公共服务方面严重缺位同时并存的问题，才能促进发展驱动力从要素驱动逐渐向效率驱动乃至创新驱动的转变，促进政府与市场、政府与社会之间治理边界的清晰化和合理化，进而才能让十八届三中、四中、五中、六中全会的纲领性决议文件精神得到真正有效执行和落地，才可能实现十八大以来中央提出的各项宏伟目标，达到国家治理体系和治理能力现代化，实现民族伟大复兴梦。

（本文写于 2017 年 5 月）

当前要处理好立法与改革的关系

周天勇*

一、狭义“立法在先、依法改革”会使改革遥遥无期

目前，学术和政策界对“立法在先、依法改革”有一种狭义和错误的理解，就是所有具体的改革，如果与现有的宪法、法律和法规相冲突，都必须先清理，再通过人大和行政程序进行废除，然后调研、草拟、提出、讨论、提交、立法排队、辩论和通过新的修改草案或者新法草案，等有新法后，才能按照新法的精神进行改革。

如果是这样理解，则改革定会以失败而告终。清法、废法、排法、修法、立法的时间就很长，改革任务繁多，等立法后再改革，客观上使改革遥无期限，根本也完不成全会所述的改革大业。截至 2013 年 11 月底，我国现行宪法及法律共计 534 部，行政法规 490 部，司法解释 194 部，部委规章及文件 7 767 部，地方性法规 8 600 多件。

从这些法律法规的特点看：

一是大多数是部门立法，不是第三方立法，部门权力利益（具体如审批、年检、收费和罚款等）的色彩很浓厚。

二是基本上是改革转轨过程中的立法，许多法律和法规中，含有很多重行政管制、轻市场规则的意图；越早的立法，越限制产权和市场，已经形成改革的最大障碍，根本不可能完全按照这些法律法规去推进改革。

三是从国际国内新的投资贸易规则要求以及行政体制改革精神看，过

* 周天勇，中共中央党校国际战略研究所副所长、研究员。

去都是按照对企业和居民正面清单管理的思维方式所立的法律法规，而且对政府和行政的约束性立法很少和不严，许多法律法规在新的形势下，都不能再用。

四是许多法律和法规由于部门立法或者部门制定，部门利益使然，都想拥有审批权和收费权，都不想承担责任，法律法规间相互冲突、重复交叉问题并存；许多法律法规原则性太强，操作性太差，重审批轻监管，被处罚者违法成本很低，执法者由于处罚上下线空间太大而寻租机会太多。

因此，相当一部分法律和法规需要推倒重来。我们的“预算法”“住宅法”等许多法律，立了十几年，甚至二十多年，还没有出台。如果这样庞大而繁杂的法律法规，要清理、废止、修改、起草、充分讨论、立法排队、提交人大、开会辩论、大会通过，仅此一项，短则10年，长则20年。如果再依新法而改革，所用时间为6年，则改革完成的时间早是2030年，晚则是2040年。这样的过程和结果，根本不符合党的十八届三中全会改革以2020年为限的时间表精神。

二、曲解“立法在先、依法改革”将陷改革于失败

片面地理解和解释“立法在先、依法改革”，并以此为推进改革的原则，则会形成拖延、推诿、反对、打击改革势态，并且有改革的意图者，特别是省地县干部，普遍以不触及法律法规底线为准，不违法为工作准则，创新的事放一放，对改革抱谨慎、观望、等待之态度。

一是可能成为不锐意进取，或者改革总是没有进展，或者到预定的时间也没有完成改革的理由，最后把责任推到“立法在先、依法改革”上。二是出于部门、垄断等利益，不愿意放权和放弃收费等利益，以“立法在先、依法改革”为由，能推则推，能拖则拖，拖到改革流产为止。

三是对一些改革方案的先行先试，推广执行，以“立法在先、依法改革”为由，加以阻碍。

四是改革者风险很大，如果狭义地解释“立法在先、依法改革”，许多改革实际上就是违法，任何人都可以举报提起诉讼，按照法律定以渎职罪或其他罪名，投入监狱。历史上许多改革者不能善终，就是因被触及利

益者后来以违法的罪名而将其绳之。

从束缚和阻力看，如果狭义地曲解“立法在先、依法改革”，改革根本就无法进行。

如商贸投资仲裁机构，按照事业单位改革方案的要求，要么改革为政府的收支两条线事业单位，要么改为政府国资委管理的国有企业，这两条改革出路都会使这类机构无法与世界仲裁机构的设立和运行原则接轨，受到业界仲裁不会公平的诟病，并严重影响我国仲裁在国际经济中的话语权，影响此类高端服务业在我国的壮大发展。

再如，推进创新战略，急需建立科技金融体系、风险投资、科技信贷、国企并购、资本市场退出、互联网金融等等，要么与许多法律法规相抵触，要么根本就无法可依。按照现行的法律法规办，则根本就没有能建成科技金融体系的可行性。如果等这些法律法规，按照清法、废法、修法、拟法、讨论、提交、排队、辩论、通过等漫长过程去消耗时间，发达国家，特别是美欧日的科技创新，不可能等待我们修改完法律法规后，再和我们一起进行科技进步的竞争。

还有，按照农村土地承包法律法规，目前农村农民的土地承包经营权，也就有10年左右的时间期限。一家真心投资于农业的企业，签订合同出资建设现代化农场，水渠、道路、地力、农机等投入了大量资金，快到期时，农民如果依目前的法律毁约，将有出无回、鸡飞蛋打。

如此等等，数不胜数。曲解“立法在先、依法改革”，必将阻碍改革、陷改革大业于毁灭。

法律法规是对实践中人们选择的行为准则和秩序的归纳。改革在一定意义上讲，就是弃旧建新的过程，立法不能脱离改革的实践，不能依据书本和想象去凭空捏造，狭义强调“立法在先、依法改革”。对新事物还没有探索，还没有进行新体制建设和运行的实践，其立法的实践根据是什么呢？依照这样凭空所立的法而行，会不会使改革走向死胡同呢？

三、“立法在先、依法改革”含义的时代要求

需要全党全国人民清醒地认识到，正确认识和理解“立法在先、依法改革”，其深刻的含义是：“立改革大法，依照根本大法坚决推进改

革。”因此，我认为，从现在看，党的十八届三中全会决定深入人心，是中国复兴的总体改革方案，实际就是改革行动大法。2015 年“两会”有一项重要的工作，就是将十八届三中全会的改革方案进一步完善，在全国人民代表大会上讨论通过，成为中国 21 世纪前半叶最重要的改革法律。我们党依法执政，我们的政权依法治国，就是要以人民的愿望，集中成党领导执政的决策，再把党的决策通过人民代表大会转变成法律。这是一部明确改革大业目标、方向、任务的方案法，也是对于国务院、“两高”、各部门及其地方政权改革行动的授权法。

需要指出的是，现有宪法、法律、司法解释、法规中，与改革不抵触、与市场经济相适应、现有的运行已经证明是成功的条款，一些甚至是促进改革的条款，仍然要严格执行，要依照这些“法”而推进改革、执政理国。不能走向“无法无天”的另一极端。

然而，改革是一场革命，而不是守成，其必然要与现有的宪法、法律、司法解释、法规中相当多的条文相冲突。因此，党的十八届三中全会的改革决定，特别是 2015 年人大通过成为法后，其地位不次于宪法，在创新碰到一些不适应改革的宪法条款时，行动应当以 21 世纪初期改革大法的要求为准。有的改革直接与目前法律法规的有关有条款相抵触，有的创新是现有“法”中没有归纳的事物。因此，改革的特殊时期，必然要突破狭义“立法在先、依法改革”的制约。改革与法的逻辑关系为：立改革行动大法在先，以此根本大法为依据坚定和坚决推进改革，先行先试，总结经验，汲取教训，逐步推广，并以实践运行的结果，而立体制框架和行为规定等成型法。

现在的中国，可能更加紧要的是紧急清理，并由人大立即颁布特别法，废除和停止执行一切严重阻碍经济增长、不合乎市场经济、不利于投资创业、妨碍搞活经济、导致投资者资产无安全感、使得资金和消费外流、投资和建设遥遥无期、部门和事业乱收费乱罚款、有机会吃拿卡要等一系列过去立的法律法规及其有关条款。否则，不可能在需要改革的关键时刻，马上就可以立法在先；而依法改革，实际是上根本就无法。

总之，需要纠正对“立法在先、依法改革”的狭义曲解，正确认识其在改革时期的真正含义，以党的十八届三中全会确定的关系中国复兴和民族发展命运的改革大法，大胆试、大胆闯，并按照2020年时间表基本完成改革的各项任务，建设一个民主和法治的现代国家。

（本文原载于《中国经济时报》2014年7月）

地方改革实践中的方法探索

秦国文*

全面深化改革是一项复杂的系统工程。党的十八届三中全会以来，在以习近平同志为核心的党中央坚强领导下，一批具有标志性、关键性的重大改革方案出台实施，一批重要领域和关键环节改革举措取得重大突破，夯基垒台，立柱架梁，改革的主体框架基本确立。改革越往深处推进，面临的困难和挑战越大，遇到的硬骨头越多，确保改革号巨轮行稳致远，必须始终把握和处理好一些关键问题。

一、改革最大的动力是责任担当

改革实践证明，领导干部有没有责任，尽多大责任，是影响改革成败的关键。领导干部要有积极作为的责任担当，应当认清“三个变数”的关系。

（一）发展的最大变数是改革

历史是最好的老师，古今中外的历史一再证明，发展的最大变数是改革。

看世界发展史。近现代以来世界经历了三次工业革命，为什么我们失去两次半机会，GDP 在世界占比由 1820 年的 1/3 下降至 1950 年的不足 1/20，而西方国家一跃成为世界的中心？一个重要的原因就是我们“闭关锁国”，思想上老化、政治上僵化，不思进取、不思变革，以致“日薄

* 秦国文，湖南省委改革办专职副主任。

西山、气息奄奄”；而西方顺应时代，积极变革，终于走出“黑暗漫长的中世纪”。由此可以看出，世界变革对各个国家各个地区的发展不是普惠的，而是有荣有损、有进有退、有快有慢，是改革者赢得机遇、加快发展，不改革者错失良机、落后淘汰。

看中国发展史。战国时期，秦国偏居一隅，却最终平定六雄、统一天下。为什么？因为有“商鞅变法”。楚悼王重用吴起在楚国进行变法，国力逐渐强盛，但楚悼王去世后，吴起被杀，变法被废，楚国也最终被灭。明朝张居正推行的考成法、一条鞭法等改革措施，使明朝气象一新，但他去世后改革措施被反其道而行之，明朝于是每况愈下。由此也可以看出，惟改革者进、惟创新者强、惟改革创新者胜。

看改革开放史。党的十一届三中全会以来，社会主义中国实现了翻天覆地的变化，经济实力、综合国力显著增强，人民生活水平大幅度提高——因为改革。深圳等东部沿海地区的成为发展标杆、形成先发优势——因为改革。湖南在中部得以加快发展，形成自身的特色亮点，经济总量跻身全国前十排第九位——因为改革。今天的重庆、贵州等地得以后发赶超、迅猛发展——因为改革。这一轮全面深化改革，又注定是一场撬动发展格局的变革，谁要在这场改革中实现向前进位、向好发展的变化，就必须抢抓机遇、深化改革、积极作为。

（二）改革的最大变数是干部

改革成败关键在人。每一段改革，既有标志性的灵魂人物，也有关键性的执行团队。北宋王安石以“理财、整军”为中心的改革，一定程度上改变了北宋积贫积弱的局面，是因为人；由于落实举措不合时宜和实际执行不良最终失败，也是因为人。雍正改革推行摊丁入亩、改土归流等政策，解决了财政难题、减轻了百姓负担，得益于李卫、田文镜等一批模范总督的强力执行，但最后还是走入死胡同。“耗羡之外又增耗羡，养廉之中又取养廉”，也是官员所为。

古人说：“有美意，必须有良法乃可行；有良法，又须有良吏乃能成。”改革开放30多年的成功实践，是总设计师邓小平开启，一届接着一届干、一棒接着一棒跑做出来的。今天的全面深化改革矛盾之多、难度之大、范围之广前所未有，更需要充分调动广大干部群众的积极性，需要责任担当和改革定力，需要重用改革促进派实干家，在全社会树立起让改革者上不改革者下的用人导向，目的正在于防止不会为、不敢为、乱作为的领导干部误导改革、虚耗改革、阻挠改革，坚决为担当者担当、为负责者负责，让改革号巨轮劈波斩浪、一往无前。

（三）干部的最大变数是责任

干部干事的最大动力在责任，干部干事的最大潜力也在责任。责任感越强，效果自然越好。这一点，无论在工作中还是在工程中，都是被实践一再证明了的。

一个人表现出强烈的责任感，既有主观因素，也有客观因素。具体来说，一要树立以人民为中心的发展思想。要以人民的利益为重，把人民放在心中最重的位置，而不能把人民当“口号”喊、把人民当“摆设”使、把人民当“箭牌”用、把人民当“人情”记。二要确立以事业为追求的价值取向。只有这样，才会“公而忘私、先公后私”，才能做到“功成不必在我、建功必须有我”。三要建立以担当为前提的宽容机制。宽容不是纵容，宽容机制形成的应当是“为担当者担当、为负责者负责”。四要设立以实绩为依据的激励导向。坚持五湖四海、任人唯贤，坚持德才兼备、以德为先，坚持注重实绩、群众公认，营造风清气正的干事创业环境。

二、改革最大的障碍是利益藩篱

改革从来就不是一帆风顺的。改手中的权、去部门的利、割自己的肉、动别人的奶酪，当然不可能欢欢喜喜、轻而易举，必然面临着各种阻力。这些阻力在新形势下又呈现出许多新的特征：

（一）矛盾向利益聚焦

“几何公理要是触犯了人们的利益，那也一定会遭到反驳的。”今天我们推进改革的复杂程度、敏感程度、艰巨程度，绝不亚于历次改革。30多年前的改革同样不易，但那时更主要的是突破思想禁锢，因为“家庭联产承包责任制”几乎就是一个普惠的改革举措，责任一到户，农民种地积极性大大激发，农业生产力大大提高。那时最大的阻力不是利益藩篱，而是“姓资姓社”的思想困惑，改革每向前迈进一步都会受到“姓资还是姓社”的质疑。所以当时中央强调最多的是“发展才是硬道理”“不管白猫黑猫，抓到老鼠就是好猫”“胆子要大一点，步子要快一点”“不改革开放，只有死路一条”，目的就是要统一思想、坚定步伐。

相比30多年前的改革，这一轮改革主要是突破利益藩篱：国企负责人薪酬制度改革，领导干部干预司法活动、插手具体案件处理的记录、通报和责任追究制度，规范领导干部配偶、子女及其配偶经商办企业行为，“放、管、服”改革，医药卫生体制改革……哪一项都要动真刀真枪，哪一步都要触碰利益。“触及利益比触及灵魂还难”，这句话足以说明触及利益的改革的艰巨性和复杂性。

（二）利益向多元分化

现阶段，我国社会的主要矛盾，是人民日益增长的物质文化需要同落后的社会生产之间的矛盾。但在不同的情况下，人们的物质文化需求也是不一样的。在温饱问题没有解决前，人们对物质的需求非常迫切，但也相对简单，因为在这种情况下，人们只考虑一个问题：吃饱穿暖。这个问题的解决会给他们带来最大的满足感。

马斯洛需求理论表明，当人们基本生存条件解决后，必然迈向更高级的尊重需求和自我实现需求。高层次的需求必然是向多元分化的，不仅有物质方面的，而且有精神层面的。今天的供给侧改革起因在需求高端化、多元化，难题也在需求高端化、多元化。随着生活水平的提高，人们对个性化、高端化、多元化产品的需求大增，而我们的产品供给一时满足不了，于是人们就到国外买买买。对消费领域来说是如此，对社会、文化等领域同样如此。所以，今天满足人们物质文化需求，绝不是量的增加，核心是质的提高，是满足个性化、多样化、高端化需求。

（三）调整向存量深入

过去的改革大多是增量改革，因为从利益的角度说，当时普遍处于不满足状态，基数不大、要求不高，而改革开放极大地解放发展了生产力，经济增速快、调剂余地大，用增量的办法调节平衡是容易实现的。但随着经济发展进入新常态，情况发生了明显变化，高速增长时代已经一去不复返，单纯的“增量法”难以为继，在增量改革的同时，必然要更多采取“存量法”，在优化结构上找出路。然而存量改革，实际上就是“动奶酪”的改革，往往是进退两难、左右为难。

为什么进退两难？不发展难，人民日益增长的物质文化需求无法满足，所以“发展是解决一切问题的总钥匙”；但发展未必就不难，发展带来的一系列新的矛盾和问题更是不容忽视。比如，用机器人换人，这是发展趋势，但机器换人，人就要下岗，如何安置被淘汰下来的工人就是一个必须直面的问题。

为什么左右为难？改革是一把“双刃剑”，一边触及公平，一边触及效率；一边触及既得利益，一边触及新增利益。计划经济体制下，保证了公平，但却失去了效率；市场经济体制下，提高了效率，但也拉大了差距。户籍制度改革前，进城农民工享受不了市民待遇；但改革后，老市民享受的城市资源自然就会受到影响。过去的改革往往是“帕累托改进”，绝大多数人能从改革中受益，现在的改革很可能是“卡尔多改进”，利益增进和利益调整并存。

三、改革最大的原则是问题导向

全面深化改革应当坚持一些基本原则，如突出重点、把握次序，坚持发展导向、需求导向等。在众多原则中，最重要的原则是问题导向。马克思曾深刻地指出：“主要的困难不是答案，而是问题。”在改革深水区，能否准确发现、深刻分析前进道路上的各种矛盾和问题，是检验理论水平和治理能力的重要标准。

（一）改革因问题倒逼而产生

全面深化改革的理论创新，首先就是一种“以问题为导向”的认识论。奔着问题去，跟着问题走，揪着问题改，是全面深化改革基本方法。司法改革，针对的是办金钱案、关系案、人情案等问题；生态文明改革，是“希望雾霾小一些”“不能欠子孙债”，“绿水青山就是金山银山”；招生制度改革，剑指应试教育和一考定终生弊端，提升教育质量、保证教育公平；农村土地制度改革，破除对土地流转、人员流动的制度制约，旨在激活生产潜力、促进农民增收……

就经济体制改革领域而言，突出的问题主要是三个方面，即体制性障碍、政策性问题、结构性矛盾。而结构性矛盾中，主要又表现在六个方面。一是产业结构。低附加值、高消耗、高污染、高排放产业比重偏高，高附加值产业、绿色低碳产业、具有国际竞争力产业的比重偏低。二是动力结构。过多依赖“三驾马车”来拉动，改革、转型、创新“三大发动机”根本动力不足。三是投入结构。过度依赖劳动力、土地、资源等一般性生产要素，人才、技术、知识、信息等高级要素比重偏低，导致中低端产业偏多。四是金融结构。信贷资源配置存在脱小向大、脱实向虚、脱私向公、脱高向低的问题，小微企业、实体经济、民营经济、高端产业融资难；金融组织体系存在重大轻小、重公轻私、重旧轻新的问题，小微金融机构、民营金融机构、新型金融机构发展不足，直接融资与间接融资比例失衡。五是分配结构。城乡收入差距、行业收入差距、居民贫富差距都比较大，财富过多地集中在少数地区、少数行业和少数人群中。六是区域结构。突出表现在人口的区域分布不合理，区域发展不平衡。新型城镇化水平不高，且户籍人口城镇化率大大低于常住人口城镇化率。

（二）问题因人的感受而显现

一切经济社会发展问题都与人的感受相关。以人的感觉梳理问题就会有条清晰的线索。现实中，人们期待的感觉，也正是我们改革努力的方向。

一是让人感觉做什么事都有味。有味的状态是什么？是各得其所、乐得其所。这需要社会公平、公正作支撑。我们有很好的文化，有很好的理念，如“行行出状元”“让人人享有人生出彩机会”，但怎样践行这些理念、实现有味的目标，需要推行诸如“五湖四海、任人唯贤”的干部人事制度改革，让人干什么事都有奔头；需要打破一般领域垄断地位的国有企业改革，让所有的市场主体享受平等的竞争规则等。

二是让人感觉做什么事都有谱。有谱的状态是什么？是有信任感、有预见性。这需要良好的政府诚信、干部作风作支撑。审批是需要的，即便是在市场经济高度发达的国家也存在审批，但审批盖上百个章，要证明“你妈是你妈”，这就过了，就是不靠谱。怎样做到办事有谱？就需要管好政府的手，放开市场的手；需要体现“精简、统一、效能”原则的行政审批制度改革；需要体现“公开透明、高效便捷”原则的商事制度改革等。

三是让人感觉做什么事都有数。有数的状态是什么？是知可为、知不可为。这需要有法有规可依，有法有规必依。世界上最难琢磨的是人，但最需要琢磨的是事。如果很多政策制度不健全或者政府的自由裁量权过大，那么人们就不得不去多琢磨人，这样心中就一定没有数。怎样实现做事有数？需要改掉特权，改掉潜规则，把权力关进制度的“笼子”中去；需要加快推进权力清单制度改革、司法体制改革等。

四是让人感觉做什么事都有底。有底的状态是什么？是放开手脚、挥洒自如，是敢于冒险、勇于创新。这需要良好的社会保障体系，让人退有出路、守有底线。为什么我们的国企改革、事业单位改革那么难？为什么人们怕破产、怕失业、怕意外、怕消费？因为我们的社会保障体系还不健全，社会保障这个底托得不够。怎样实现做事有底？需要统筹推进教育、医疗、就业、社保体制改革等。

四、改革最大的学问是制度设计

中央领导反复强调，“要把制度建设摆在突出位置”，“提供一整套更完备、更稳定、更管用的制度体系”，“把制度创新作为核心任务”。“制度设计”“制度建设”“制度安排”“制度完善”“制度保障”“制度衔接”……“制度”从未像今天一样，成为全面深化改革的关键词。全面深化改革的总目标是完善和发展中国特色社会主义制度，推进国家治理体系和治理能力现代化。这其中最重要、最难的就是制度设计。

（一）制度设计的基点是有效性

有效性，简单地说就是要解决问题。达到有效性，关键是找到结合点。在抽象的层面上，改革要找到发展稳定的结合点，稳增长调结构转方式的结合点，改革力度、发展速度、社会可承受程度的结合点。而在具体的层面上，每一项改革举措都要找到利益得与失、制度破与立、创新稳与进、需求侧管理与供给侧改革等结合点。比如，PPP 投融资改革要找准“公私”利益结合点，确保政府投资有效率、民间投资有动力；“放、管、服”改革要把握好“放、管、服”的结合点，确保放得下、管得住、服务好。要找到找准这些结合点，应当在三个方面下功夫。

一是在市场上循规律。“物竞天择，适者生存”，是生物进化的观点，也是制度进化的观点。在市场经济条件下，制度设计首先就是要坚持与时俱进，主动遵循市场经济规律，注重用市场的手段和方法研究解决问题。只有这样，改革创新的制度才会灵，才会实用，才有生命力。

二是在根本上找方法。用最简洁的制度解决最复杂的问题，用最少的制度解决最多的问题，始终是制度设计的重要原则。现实中，问题往往是不可穷尽的，制度设计如不从茎干、根本上着手，而是在树梢的千千万万枝叶上纠缠往复，就会达不到目的，甚至适得其反，出现“按下葫芦浮起瓢”的怪象。从根本上找方法，形象地说，就是要把联系千千万万枝叶的根茎理清、找准、打通。

三是在精准上下功夫。现实中，出台没有原则错误的制度易，要出台落地管用的制度难，因此，大而空的制度、疏而阔的政策也就越来越多，制度设计的精准程度不高，政策执行的神经末梢不通，条条之间、上下之间、区域之间不能有机对接。解决这一问题的总方法，就是要处理好习总书记提出的五个关系，即“整体政策安排与某一具体政策的关系、系统政策链条与某一政策环节的关系、政策顶层设计与政策分层对接的关系、政策统一性与政策差异性的关系、长期性政策与阶段性政策的关系”。

（二）制度设计的关键是系统性

系统性，简单地说就是要统筹兼顾。改革是系统工程，不是单个领域体制的调整和修补，而是各方面体制与制度的创新；不是某个领域体制改革的单向推进，而是各领域、各层次的系统推进；不是止步于改革体制机制，而是要着眼于制度聚合与集成，形成总体性的制度成果和制度文明。当前改革的孤岛化、碎片化现象一定程度存在，其本质就是因为缺乏系统性设计造成的。如，审批制度、商事制度等改革，就存在诸多不协同的现象，致使有些权力下放不配套，有的放管不协调，从而造成相互掣肘，形成真空地带，不仅达不到改革的目的，反而带来诸多负面影响。

注重系统性，必须从任务铺排开始。全面深化改革任务面广项多，但改革项目之间是有机联系的，如果我们能理清各项目之间的逻辑关系，构建改革“项目树”，就为改革系统推进奠定了重要的基础。比如，在党的十八届三中全会《中共中央关于全面深化改革若干重大问题的决定》中，有六个部分是讲经济体制改革，但如果进行粗线条梳理，其主要任务也可以理解为三个“规”字，即政府规矩、市场规则、企业规范。而政府规矩中，主要是区划类、机构类、权力类、手段类等改革，也就是财税、金融、投融资、行政审批等调控手段；在市场规则中，主要是产权类、准入类、交易类、竞争类等改革；在企业规范中，主要是国企改革、民企政策、社会组织、信用体系建设等改革。这种理解不一定完全精准，但较容易理出“四梁八柱”性质的改革来，以此为主干，就可以构建经济体制改革“项目树”。同时，注重系统性也不能搞“大一统”，每个地方有每个地方的特点和发展定位，当以本地发展目标为主线构建目标、任务、措施层次分明的改革“项目树”。

（三）制度设计的要求是稳定性

稳定性，简单地说就是要着眼长远。制度带有根本性、全局性、稳定性和长期性。“形成系统完备、科学规范、运行有效的制度体系，使各方面制度更加成熟更加定型”，是党的十八届三中全会设定的改革目标。改革不能成为权宜之计，每一项政策和制度出台，都应当保持一定的稳定性，也就是说要使政策和制度尽可能管远一点、少变一点，这样制度的功效才可能完全展现出来。现实中，如果不注重制度稳定性，还往往容易遭遇制度的“逆淘汰”：一项正确的举措，往往被错误的执行导致了错误的结果，得到错误的否定。深圳华为公司老总任正非有个著名的“三化”理论：在引进新管理体系时，要先僵化，后优化，再固化。从一个侧面可以窥见华为以制度的稳定性取得成功的奥秘所在。

改革的艰巨性、复杂性毋庸置疑，只要我们科学认识改革的本质要求、把握改革的内在规律、用好改革的基本方法，就一定能富有成效地把改革推向前进，取得全面深化改革的最终胜利。

五、改革的最大方法是试点探索

试点和探索是改革的重要任务和重要方法，也是凝聚共识的重要经验和重要过程。我国30多年来改革成功的一条基本经验，就是有效发挥试点和探索对全局性改革的示范、突破、带动作用。如何创造性开展试点和探索工作，更大发挥试点和探索在全面深化改革中的“探路”作用，更好促进经济社会发展，更多给人民群众带来获得感，是一个必须厘清并实践好的课题。

（一）认识重要性，正确把握试点和探索之间的相互关系

习总书记指出，试点要注意同中央确定的大的发展战略紧密结合起来，为国家战略实施创造良好条件。同时也提出，我国地区发展不平衡，要鼓励不同区域进行差别化探索。由此可以理解，试点更多是为了完善顶层设计、保证国家战略实施自上而下部署的特殊任务；探索更多是为了贴近基层实际、保证方案落地生根自下而上开展的自主自发尝试。两者在实施过程、推动方式、时限要求等方面有所不同，但是又互为补充、互相包含、有机结合，试点中有探索，探索中有试点，共同承担着为改革“探路”的重要使命。对试点和探索的关系认识清楚了，才能对试点和探索在政策运用上、方法选择上既有所侧重、有所不同，又相互结合、相互促进，更好地服务于改革发展的大局和全局。否则，一些重大改革的推进就会陷入盲目，而一些有益探索形成的经验又容易被扼杀。

（二）找准着力点，切实增强试点和探索的有序性

试点和探索可以遍地开花，但不可以杂乱无序，应当在全面深化改革的总体部署下，围绕最重要、最紧要的问题或领域有序展开。

一是着力完善方案。改革不可能一蹴而就，改革方案也不可能一次尽善尽美，必须在实践中反复论证、不断完善。试点和探索就肩负着这样的重要任务。为探索出一条充满活力的社会主义经济发展道路，当年选择在深圳等地建立经济特区；为在新形势下全面深化改革探索新路径、积累新经验，如今又选择在上海等地建立自由贸易试验区。

二是着力耦合项目。改革必须注重系统性、整体性、协同性。这就要求，改革推进不能碎片化，不能形成项目孤岛，而必须相互耦合，形成联动。试点和探索好比一架机器的中间齿轮，又好比一个木质结构的卯榫组合，起着联动传导、耦合固定的作用。这些中间齿轮、卯榫组合，尺寸形

状可以千差万别，但一定要适用，只有适用才能让整架机器协调运行、整个结构稳定牢固，推动改革发挥整体效应。

三是着力对接实际。试点和探索好比改革之足，只有通过这个足在改革大地上去感知实情、调节步伐、区别用力，才能脚踏实地、稳健前行，才能精准对接基层实际，推动改革落地生根。再好的顶层设计也不可能是“一药灵”，要“服水土”“出疗效”，需要试点和探索开出配方。因此，改革要对接实际，一定要结合千差万别的情况进行政策和方案的“二次创新”，用试点和探索打通政策和方案的“通乡路”“通村路”，让人民群众全面享受到改革的理论获得感、现实获得感、预期获得感。

（三）注重获得感，不断推进试点和探索转化为发展成果

试点和探索是有目的性的，这就是着力解决实际问题，努力转化为发展成果，不断提高广大群众的获得感，而不是让试点和探索的成果成为“盆景”。

一是要重视经验总结提升。经验由不断积累到总结提升不是简单、自然的过程，是要付出艰辛努力的。首先要深入调研，摸清情况；其次要认真评估，充分发挥自我评估、有关部门评估和第三方评估相结合等有效形式，掌握试点和探索的质量和效果；再次要分类处理，对无效试点予以中止，对有困难的试点进行帮扶指导，对取得成效的加强经验总结。

二是要重视制度系统集成。试点和探索成果好比散乱的珍珠，虽然珍贵，但是零星零碎、局部局地，要最大化显现出价值，必须串珠成链。系统集成的过程是共识化、标准化的过程，也是介于经验总结和成果推广的承上启下的过程，是非常重要的一环。一条好的经验形成难，一种更具适应性和推广性的制度形成更难，不仅需要不断提升某一试点和探索的成功经验，而且需要整合相关领域试点和探索的成功经验。

三是要重视成果推广应用。试点和探索推广的范围越广泛，吸收的养分越多，成果的含金量越高，达到的成效越好。试点和探索的经验成果得来不容易，而要推广运用也不简单，这其中既有认识程度不够的因素，也有接纳自觉不够的因素。因此，改革成果的推广必须借助外力。一是对试点和探索的成果进行评级认定，确定可以推广的层级和范围。二是把成果推广工作纳入改革任务部署，编入督察督办范围，列入绩效考核内容，确保

有实际动作、时间节点，防止避实就虚、避难就易，使好成果遍地开花结果。

改革没有完成时，改革永远在路上，决定了试点和探索无止境。只要我们用好试点和探索这一改革的重要方法和武器，不断激发活力、增添动力、提升效力，不断创造经验、转化成果、惠及群众，就能造就改革的“江河滔滔后浪接前浪，青山巍巍一峰高一峰”之势。

六、改革的最大逻辑是辩证思维

全面深化改革是一项复杂的系统工程，必须坚持辩证思维。就供给侧结构性改革而言，有政府作用与市场作用发挥的问题，有传统产能与新兴产能驱动的问题，也有发展长板与发展短板处理的问题，还有国际与国内、中央与地方情况把握的问题，必须贯穿马克思主义辩证思维，把握大局、突出重点、统筹兼顾、精准施策，确保改革有力有效有序推进。

（一）辩证处理好“有形之手”与“无形之手”的关系，把握改革的正确方向

经济体制改革的核心问题是处理好政府和市场关系。当前，各地推进供给侧结构性改革从“三去一降一补”五大任务破题，在债务置换、企业减负、过剩产能化解、房地产库存消化等方面收到了初步成效。但从手段方法看，需求侧管理思维惯性大，在如何提供有效供给方面办法不多、效果欠佳。一些地方还是习惯于用权、不习惯于用法，习惯于治标、不习惯于治本，习惯于应急、不习惯于虑远，政府这只手伸得过长、用得过僵。有的把 PPP 的“经”念歪了，还是用过去“擅长”的 BT 模式；有的把去库存的“招”用偏了，总想着“加杠杆”；有的把降成本的“脉”把错了，还在为一些“僵尸企业”输血。

处理好“两只手”的关系，让二者“各就其位”，关键要认清问题的根本所在，厘清政府与市场的边界，真正发挥市场决定性作用。一方面，要让“无形之手”有力。淘汰落后产能也好，创造新供给也罢，一定要发挥“无形之手”的作用，只有市场灵起来了、企业活起来了，资源配置才可能高效率、低成本，才能让生产要素的活力竞相迸发。所以，千招万招，用市场的思维、市场的方法才是好招，以此推动“三去一降一

补”，才能去而不返、降而管用、补而见长。另一方面，要让“有形之手”有为。“无形之手”往往受制于“有形之手”，只有“有形之手”会为、有为，拿出“权力清单”，理出“责任清单”，“无形之手”才有发力的空间。“有形之手”不是在需求侧专长投资刺激，更不是在供给侧直接指挥企业，而是要通过深化“放、管、服”改革，更加突出宏观调控和“服务”的属性，针对市场容易“失灵”和“乏力”的环节，加强预期管理和对市场主体的引导，更多地搭建要素市场，为微观经济主体破除藩篱。

（二）辩证处理好传统产业和新兴产业的关系，确保经济转型实现“双轮驱动”

经济社会发展中，很多情况下都有“双轮”效应。推进供给侧结构性改革，同样有个改造提升传统动能和培育壮大新动能，以实现“双轮驱动”的问题。特别是在经济形势复杂的背景下，新旧动力衔接不够，增长动力青黄不接，传统动力苦苦支撑但已经失去了后劲，新动力虎虎生威但还挑不起大梁。这充分说明，传统产能不能一去了之，新动能也不是一抓就行。在推进供给侧结构性改革中，很多地方着眼于培育新动能，把主要精力放在发展新兴产业上，这无可厚非。但令人担忧的是，一些地方对传统产业改革提升或放任不管，或束手无策。有的只想到破产处置要政策，不善于重组优化找出路；有的只有关停之策，没有转型之招；有的只是拖着、耗着，不敢壮士断腕、绝地反击，这种失之偏颇的举措注定难以见效。

处理好“两个轮”的关系，实现“双轮驱动”，关键要以创新为动力。创新既能够提高传统产业的供给质量，更好地适应和满足市场需求的新变化，也可以发掘和形成新的增长点，更好地创造和引领市场的潜在需求，把握和顺应新需求产生和变化的方向。创新关键是要激发企业活力，补齐创新“链条”，让新技术新产品新业态注入双轮之中，实现飞速运转。一方面，精准实施产业政策，通过大数据、“互联网+”、智能制造和资源要素优化配置，对工程机械、钢铁、有色、化工、农业等进行产业改造和效率提升，让传统动能焕发生机。同时，通过集聚、发挥VR等虚拟技术以及轨道交通、航空航天等领域的技术优势，培育新兴产业，壮大新兴动能。另一方面，充分依托国家自主创新示范区等平台的示范、突破、带动作用，补齐技术创新、产品开发、人才聚集等创新发展“链子”，不断解决创新能力与发展需求脱节的问题。通过多管齐下，实现传统动能转型和新动能异军突起，让“两个轮”“动力十足”，推动经济持续增长、跃上新台阶。

（三）辩证处理好发展长板和发展短板的关系，加强制度创新和制度供给

实践证明，无论是规范市场竞争还是维护公平正义，无论是扬起“长板”优势还是避免“短板”制约，都需要一套更加完整的制度。一些地方存在这样或那样的发展短板，很大程度上仍是制度建设和制度供给不足的问题。但在解决这些发展短板和制约时，有的并不是考虑制度供给这个根本，还是习惯于头痛医头、脚痛医脚，以工作代替改革。有的为补短板，总是拿财税、地价做文章，不计成本、不计后果，盲目地去引进、去扶持；有的为做长板，不合实际、不接地气，一味地去跟风、去追新，这样的“蛮干”也可能带来一时的“日新月异”，但明天就可能“涛声依旧”，也可能拔出一个所谓的新兴产业，但明天就可能成产能过剩。

处理好“两块板”的关系，让二者“齐头并进”，既要用制度创新让短板变长，也要通过制度供给让长板更长。首要的是强化政府的制度创新能力，给市场经济运行主体创造优良的制度环境，直接或间接地激励、引导市场主体做出有利于资源最优配置的经济决策，最终实现结构调整的目标。其次要围绕制约经济发展的制度性问题推进改革，增强制度供给的针对性和有效性，梳理推进“三去一降一补”需集中出台和落实的改革举措，打好组合拳，使各项改革措施同向发力，特别是要加快推进国企、财税、金融等改革，发挥其基础性制度支撑作用。再次要着眼长远，克服去产能行政化、去库存短期化、去杠杆表面化、降成本无序化、补短板雷同化，防止急功近利思想对制度建设、制度创新的忽视和伤害，真正从根本上解决问题，保证经济体的健康。

（四）辩证处理好世情国情和省情地情的关系，推动各项改革举措落到实处

推进供给侧结构性改革，需要把省情放在国情甚至世情中去把握，也

需要把国情甚至世情结合到省情中来考虑，也就是要处理好“两只眼”的关系，既看省情地情，也看国情世情。各地在推进供给侧结构性改革中取得了不同程度的成效，但仍有不少地方不求甚解、生搬硬套，眼界不宽、境界不高，没有真正把握带规律性的特点：一是有一般性的理念，但没有一般性的模式。各地因区位条件、资源禀赋、产业基础不同，改革的模式自然也不尽相同。二是有普遍性的问题，但没有普遍性的方法。开放、金融是带有普遍性的问题，沿海地区注重的是政策创新、产品创新，内地需要更加注重的是开放功能和金融体系建设。三是有永恒性的目标，但没有永恒性的结构。改革的目标是追求供需协调平衡，但没有哪个结构可以一劳永逸的实现供需平衡，因此要不断增强供给结构对需求变化的适应性和灵活性。

处理好“两只眼”的关系，让二者“炯炯有神”，必须内外结合、远近结合。一方面，要立足实际，着眼大局，根据省情地情特点和区位优势，实事求是地选择产业方向和产业布局。以“宜工则工、宜农则农、宜商则商、宜游则游”为指导原则，扬长避短、错位发展，切忌好高骛远、盲目攀比。另一方面，要开阔视野，放眼全国，深入领会中央的精神实质，敏锐捕捉政策动向，及时做好战略融入和战略对接工作，在把握先机上走在前列；充分借鉴外地好的经验和做法，符合实际的则用，见到成效的则取，受到肯定的则试，避免坐井观天、自娱自乐。同时，“两只眼”都要坚持问题导向，有什么问题就解决什么问题，什么问题突出就重点解决什么问题，什么是根本问题就从根本上解决什么问题，增强改革的针对性和实效性。

七、改革的最大难题是权力设置

推行地方各级政府工作部门权力清单制度，是党中央、国务院部署的重要改革任务，是国家治理体系和治理能力现代化建设的重要举措。但各地探索的权力清单一定程度地存在形式多样、内容不一、口径迥异等情况，让人多少有些难以琢磨；有的地方推出的权力清单遮遮掩掩、左避右让，步调不一、相互掣肘，更是让人难以适从。之所以权力下放难、同步难、规范难，关键是在权力这块“乳酪”上做减法难。如果能效仿财政的“零基预算”，把已有权力归零，然后按制度规定和市场需求做加法，也许能获得意想不到的效果。

（一）权力，不是固有之物，却有固着效应

权力是权力主体凭借一定的政治强制手段，在有序的结构中，对权力的一种支配力和控制力。权力作为一种社会现象，并不是一成不变的，而是随着社会的发展和进步而不断演变的。比如，随着制度的变迁，原本掌握在封建君主、大资本家手中的权力，逐步由人民群众掌握；再比如，随着我国改革不断深入，原本由政府主导的权力，逐渐让渡给了市场。从这个意义上说，权力是可以“零基”设置的。

而从另外一个方面讲，权力一旦形成，就具有明显的趋利性，通常与地位、身份、利益等紧密联系，形成固着效应，因此要在权力上做减法显得十分艰难。当前简政放权中遇到的各种阻碍也充分说明了这个问题：有些地方放权存在放小不放大、放虚不放实、放责不放权、明放暗不放等现象；有些地方权力设置肆意、权力行使随意、权力扩张恣意；还有些地方对上级下放的权力进行截流，出现了“肠梗阻”等等。从这个意义上说，权力应当“零基”设置。

对权力进行“零基”设置，不是完全否定过去的做法，而是换一种思维方式和放权方法；不再以过去的权力为基础去做减法，而是从零开始，以新的条件、环境和需求用加法去重置。

（二）权力，既是制度规定，也是市场需求

权力“零基”设置的关键在于如何科学界定权力，这里应着重突出社会主义制度特征和市场经济规则。权力边界是权力清单的基础，只有权力边界清楚了，才谈得上权力清单的实施。而用制度规定权力边界，把权力关进制度的“笼子”是权力“零基”设置的核心步骤。作为社会主义制度下的权力，首先，应遵循权为民赋原则。《宪法》规定，中华人民共和国的一切权利属于人民，权力的来源是无产阶级和广大人民群众的利益和意志。因此权力界定和使用均要以是否有利于无产阶级和广大人民群众的利益，是否体现其意志为准则。其次，应遵循权由法定原则。权力清单的内容不是部门说了算，也不是领导说了算，而是立法机关来确定，以保

证权力清单的严肃性、合法性及执行的强制性。

同时，权力设置应当体现市场需求，注重发挥市场在资源配置中的决定性作用。纵观世界经济发展的历史，行政权力与市场主体权利的冲突一直存在。为了完善社会主义市场经济体制，让行政权力更多为市场主体权利服务，党的十八届三中全会《中共中央关于全面深化改革若干重大问题的决定》提出让市场在资源配置中起决定性作用，目的就是要减少行政权力对市场的干预，让市场需求决定权力内涵。比如，《中共中央关于全面深化改革若干重大问题的决定》在市场化改革中提出政府的职责和作用主要是保持宏观经济稳定，加强和优化公共服务，保障公平竞争，加强市场监管，维护市场秩序，推动可持续发展，促进共同富裕，弥补市场失灵。那么，权力就应当在这些范围内框定；而在考核中也提出，要加大资源消耗、环境损害、生态效益、产能过剩、科技创新、安全生产、新增债务等指标的考核，那么，政府责任就应当在这些方面强化。

（三）权力，应当设计有标准，运行有规范

在统一的制度环境和市场体系中，权力无论是在纵向的层级间，还是在横向的区域间，应当有一个相对一致的模式。但从目前各地已公布的权力清单看，"碎片化"现象比较明显，主要体现为标准不一，规范不够。比如数量差距较大，多的省有6 000多项，而少的省只有1 000多项。这就形成，同样的一级政府却是不一样的权力清单，同样的一个市场却是不一样的规则。要解决这些问题，就需加强标准化、规范化建设，按照"统一是原则、差别是例外"的要求进行权力设置。

首先要注重顶层设计。一方面，要加强立法。当前，法制保障不足特别是立法滞后是权力清单"碎片化"的重要原因。要大力推进权力清单制度的法治化建设，从法律上明确权力清单编制和公开的主体、主体权限及清单效力等核心内容，彻底解决主体混乱、主体权限模糊、清单效力不清等问题。另一方面，要制定权力清单母本，在充分汲取地方实践所积累的创新经验基础上，建立全国性权力清单制度标准，对权力清单的类别划分、权力内涵、构成要素、格式规范、运行流程等内容进行固定化和规范化，确保权力清单制度的统一性、权威性、严肃性及可持续性。

其次要兼顾实际、鼓励创新。我国地区辽阔，各地之间差异很大，因

此要在制定全国统一权力清单母本的基础上，规定可以区别的领域，允许各地根据实情，对权力清单进行适当调整。同时，鼓励各地对权力清单的公开途径、运行模式、监督机制进行大胆创新，增强权力清单制度效果。比如，在标准化、规范化的基础上实施电子化，对权力清单中的每个权力事项进行编码记录，建立一套自上而下的网络运行系统；再比如，借助云计算及技术，建立电子监察系统，为公众、人大、纪检监察部门等在内的监督主体有效拓宽监督渠道，降低监督成本等等。

八、改革的最大利器是推进机制

改革作为一场深刻的革命，既涉及重大利益关系的调整，又涉及各方面体制机制的完善。特别是在改革不断深化、形成全面推进态势的今天，每一项改革都会对其他改革产生重要影响，每一项改革又都需要其他改革的协同配合。因此，如何有效推进改革十分重要。改革成败关键在人，但突破思想禁锢、破除利益藩篱、攻克难点堵点，蛮干不行，必须创新推进机制，用推进机制较真碰硬。

（一）要把机制作为手段

坚持用制度机制较真碰硬，就必须彰显制度机制“刚性、快捷、公正、无情”的特点，把制度机制挺在前面，使其成为推进改革的有力手段。比如，在以督察推进改革落实中，就要突出“四直四无”，将督察作为打通改革“最先一公里”到“最后一公里”的重要手段。一是直奔主题，使督察行动无可厚非。是什么任务就专注什么任务，不拖泥带水，不泛泛而谈，确保督察“只添压力不添麻烦”。二是直击要害，使督察问题无处遁形。督察前，拟定督察要点、数据报表、附件清单，形成工作手册。督察中，要求督察对象围绕要点所指、报表所需直截了当作答，防止偷梁换柱、答非所问。三是直面问题，使督察触角无处不在。始终坚持问题导向，借助日常监测、第三方评估、聚焦基础工作、改革进度等五个方面，回溯全面深化改革全程链条，对问题紧盯不放、紧追不舍。四是直接反馈，确保督察对象无责可推。督察结束后，直接反馈反映集中的问题，提出整改意见和建议，用“刀子嘴”直来直去，让责任人无责可推。

（二）要用机制构建网络

改革推进机制仅在某一个层面建立难以发挥整体效应，而应当要求各专项小组、各层级、各改革事项牵头单位结合实际细化配套，整章建制，切实做到深改组、专项小组、改革办三方工作无缝对接、机制紧密衔接、系统联网运行，确保改革推进机制上下贯通、左右关联，构成工作推进网络，形成改革整体战斗力。要促成机制形成网络，绩效考核是关键的一环，必须牢牢抓在手上。比如，对改革绩效考核既规定扣分情形，也规定加分情形，通过加、减分设置，就可以把很多工作细节的考核囊括其中，从而实现在机制网络中不断传递改革信息和要求、传导工作动力和压力，让大家主动建设网络、自觉使用网络。同时，在绩效考核中，坚持实事求是、客观公正、阳光操作的原则，看进度，甄别是不是遇有特殊情况；看落实，甄别是不是出现跑偏走样；看通报，甄别是不是彻底整改到位；看成效，甄别是不是相对效果最佳；看推介，甄别是不是达到规定层级。这种完全不留自由裁量权的考核办法，能够有效提升制度机制的权威性，从而让大家自觉地信赖网络、坚定地维护网络。

（三）要让机制落在实处

机制的威力和效果在于实施。根据当前和今后改革施工高峰期和落实任务攻坚期的阶段特点，让机制落在实处，必须紧盯事前含金量、事中协同度、事后获得感等改革的三个重要环节，综合运用进度监测、督察督办、评估考核三个落实抓手，绘制出改革施工全程“监理”规程，形成改革落实的“纠缠”机制，着力打通两个“一公里”。

机制落在实处，首先要落在方案制定关口上。第一是进度监测，利用改革信息系统，对方案初稿制定进度进行跟踪；第二是部门把关，由牵头单位、专项小组联络办对方案初稿质量进行评估把关；第三是方案评估，邀请专家学者、利益相关方等第三方对方案的针对性、可行性、可操作性进行评估；第四是内审把关，由改革办对方案再次进行上会前审核。若未通过最后把关环节，则责成牵头部门修改，直至相对成熟，方可提请相关会议审议。

其次要落在项目协同推进关口上。第一是进度监测，利用改革信息系统，对改革方案贯彻落实进度进行跟踪监测；第二是专项督察，对改革举措落实过程中的针对性、操作性、可行性进行督察，确保改革能落地、接地气；第三是配套监测，重点对改革举措的整体性、协同性进行监测分析，要求相关部门制定配套改革方案；第四是专题督察，即围绕一个改革专题，对主要改革和配套改革之间的协同性进行督察评估；第五是评估，邀请第三方机构对改革推进的协同性进行评估。如果未通过评估，则进行通报整改，直至整改到位。

再次要落在改革落实成效关口上。第一是进度监测，利用改革信息系统，对改革落实落地进度进行监测；第二是专项督察，对改革落实成效进行专项督察，了解落实的成效；第三是评估，请群众、企业、利益相关方等第三方来测评，评估改革成效和群众获得感；第四是系统集成，综合改革相关举措，促进改革项目配套完善、相互协同，从而提高改革系统性；第六是考核评估，由改革办按照改革完成进度、落地成效、群众反响等方面情况，对改革任务进行绩效考核评估。如果未通过评估，则进行通报整改，直至通过相关考核评估。

九、改革的最大效能是整体协同

改革攻坚类似一场战役，只有把握好战略战术的关键环节，才能使改革推进力量整体协同，求出最大公约数，从而实现改革效能的最大化。

（一）摊开地图

打仗的第一要件便是地图。如何用好地图，关键要做好三件事。

一要标注应该拿下的山头。中央提出的标志性、牵引性和关联性的项目就是改革这场战役中的山头，必须首先标出来。山头找到后，还必须找到坐标，研究每个项目到底要解决什么问题。比如，推进供给侧结构性改革就要研究处理好虚实关系、供需关系、远近关系等等。这就是描绘山头坐标。我们在监督、指导、服务这些改革的时候，就要看这些要件，看山头找到没有，看山头的坐标标清楚没有。

二要找出需攻克的堡垒。改革推进中，既有正面阻击，也有侧面夹击。这就是要攻克的堡垒，我们必须发现一个标注一个，遇到一个攻克一个。当前，我们在推进改革过程中存在着一些倾向性的问题，具体可用四个典故来概括：一是叶公好龙型。抽象地、空洞地谈改革有多重要、有多必要，但改革到要削手中的权、去部门的利、割自己的肉时，阻力就来了。二是盲人摸象型。现在很多改革没有达到预期效果，原因就是没抓到关键，没有提住衣领子，致使整体效果显现不出来。三是滥竽充数型。改革不是一个筐，不能什么都往里装。有些地方把不是改革的日常事务当成改革，至于依葫芦画瓢，照搬照抄，简单的拿来主义，那就更是不胜枚举。四是掩耳盗铃型。把大量心思、精力都放在了“纸面功夫”“口头功夫”“数字功夫”上，看起来轰轰烈烈、风风火火，实际上是为改革而改革，像冰上开车：轮子在转，车子不动，这种闭上眼睛、捂住耳朵，不问改革成效，不管群众感受的改革，就是掩耳盗铃。对于这四类问题，我们也要有一些办法。比如，对叶公好龙型，就可以打打预防针；对盲人摸象型，就可以指指路；对滥竽充数型，我们就要练就火眼金睛，把它挑出来；对掩耳盗铃型，我们就要掰开他的双手，把外面的声音灌输进去。

三要绘出行进的路线。山头找到了，暗藏的堡垒找到了，就要绘出作战的路线图、任务书、时间表。具体到改革的任务上来，就是各项任务的分工与时间倒排，一定要理直气壮、坚定不移地推这项工作。任务倒排不是哪个的发明创造，中央改革办督促指导各个部委，推进全国的全面深化改革就是靠任务倒排这个手段。更重要的是，一个一年要完成的事情不可能没有计划，不可能不对重要节点进行进度和质量监测，否则完成任务就容易成为一句空话。

（二）优化战术

战略问题解决后，战术问题就是决胜因素。系统性、专题性、探索性改革，就是改革攻坚战术优化的基本方向。

一要着力推进系统性改革。全面深化改革任务线长面广，很容易陷入盲目应付状态。进行系统性改革，就是要解决这个问题，强化主动性、系统性设计，变“要我改”为“我要改”。而要做到这一点就要把握好改革的整体性、逻辑性。对改革任务的整体要有一个把握，对项目之间的逻辑关系要进行梳理。只有理顺了项目逻辑关系，才能知道先要做什么、后要做什么、同时做什么，改革才会有有序性。

二要着力推进专题性改革。之所以要成立一些改革专项小组，就是因为全面深化改革是一项复杂的系统工程，需要“大兵团作战”。没有专题攻坚，一些重大改革效果好不到哪去。这在湖南的改革实践中有不少例证。比如国企改革，省政府主要领导亲自任组长，强力推进政企分离，这个硬骨头也算啃下来了，三个阶段都提前完成了任务；乡镇区划调整，省委副书记当组长，树典型、破难题，所以推进的进度比预期要快，效果比预期要好。

三要着力推进探索性改革。改革是一定需要探索的，为什么？第一，基层和群众中蕴涵着智慧。群众是真正的英雄。第二，顶层设计需要基层探索提供经验。很多改革都需要地方做些探索，为顶层设计提供经验。第三，方案之间需要探索性改革进行耦合。四梁八柱的改革定下来以后，就相当于机械的主轴承做好了，但它们要协调地运行起来，使整个机器形成动力，还需要设计很多小齿轮，否则就传动不了，这些小齿轮在改革中就是探索性的微改革。第四，改革落地需要探索才能接地气。很多时候，重大改革方案只能明确总体思路和原则要求，需要地方结合当地实情进行政策和方案的“二次创新”，去实化细化，这样才能接地气、见实效。

（三）集结力量

战术优化以后，就要集结力量。改革攻坚没有强有力的队伍是不行的，集结力量需要在三个方面下功夫。

一要挖潜力。改革的工作牵涉方方面面，是项非常具挑战性的工作，对人的素质要求很高，既要智力也要能力，还要精力。智力靠学习。没有人天生对哪件事就有研究，不学习就什么都搞不清，说不清。能力靠锻炼。锻炼的技巧是参与进去、互动起来、提升上去，而不是做“局外者”、当“观察员”。精力靠勤奋。勤奋也是有捷径的。要想效率高些，就要用好不同场所、碎片时间、可用工具。只要有学习意识，学习就无时不有、无时不能。

二要聚合力。战斗力不完全取决于一个队伍成员的数量，而在于这个集体的聚合程度，聚合程度越高，战斗力就越强。对于改革统筹协调来说，这个集体不仅仅包括改革办，也包括所有参与改革的同志。在全面深化改革这个平台上，如果我们心往一处想、智往一处谋、劲往一处使，正能量往一处聚集，那整个聚合力就最强；反之就会一盘散沙，一事无成，改革的形象没了，改革办的形象没了，改革工作者的形象也肯定没了。

三要借外力。借东风、草船借箭，都是借力。“借力者强、借智者王”，就是这个道理。首先要借上力。领导和上级部门的重视就是最大的支持，落实好他们的讲话精神、重要指示就是最佳的借上力渠道。其次要借中力。兄弟部门、第三方机构有这么多精良力量，他们大多数对参与改革既有愿望也有能力，为什么不能充分调动起来，以壮大我们的整体力量呢？最后要借下力。把单位经营好，把下级部门团结好、带领好，把大家的积极性充分调动起来。在借人力、物力、财力时，也不要秀秀气气，文文静静。试想，如果我们的工作因为缺少必要的支持没干好，你尽管觉得理由充足，可这些理由你还说得出来吗？就算说出来了，那还有意义吗？

（四）整装出击

打仗需要队伍优良，还需要装备精良。推进全面深化改革需要三个装备。

一是制度机制这个装备。承担起改革这个啃硬骨头的任务，靠权力，没有，靠作恶人，也难长久，只有靠制度机制来较真碰硬。因为制度机制是客观的、是无情的。管理学里有个“热炉效应”，其中两个重要的特征就是公平性和即时性。湖南从改革的元年就着手制度机制建设，由最初创立的“监理六章”，到逐步创建“四用四抓”工作机制、形成“改革十法”，应当说发挥了很重要的制度机制作用。

二是信息系统这个装备。改革应当形成“二八效应”，这是全面深化改革现实需要，只有这样，才有精力抓住重点、抓好重点。但这需要有装备，改革信息系统就是个很好的装备。湖南在全国率先开发改革信息系统，功能全、效果好，得到过中央改革办的肯定。系统使用之初，专项小组联络办还有些不熟悉、不习惯，因而不理解，但慢慢就越来越感觉好了，不用不行了。

三是宣传媒体这个装备。改革，既要勤于实干，还要善于宣传。用好了宣传工具，我们的力量会成倍增强，效果会成倍提高。改革宣传也是有方法的，第一要善于从改革的角度写发展，从发展的高度写改革。改革和发展是相辅相成的，不是两张皮，不要割裂开来。第二要善于在结合中央精神中抓重点，在结合本省工作中找亮点。第三要善于对想说的事情运用裂变效应，对想要做的事情运用聚变效应。对重要观点，就要不断地讲、不同形式地讲，讲得深入人心、入脑入心；对重要事情，就要天天关注、不同角度地关注，关注到形成共识、凝聚力量。第四是要理清一条线、抓住一些点、拓展一个面、做亮一扇窗。用一条主线，串起一批亮点，在节点上拓展成一个面，最后集中在一个专栏、专题之类的窗口上放射光芒。

全面深化改革是攻坚战，也是系统战、信息战，只有在战斗中锻炼自己、提高自己、集结力量、壮大力量，才能克服艰难险阻，攻克堡垒、夺下山头。

十、改革的最大追求是群众所获

民之所望，施政所向。人民有所呼，改革有所应。增强群众获得感应当成为改革的根本要求，成为衡量改革成效的重要标准。群众获得感，核心是群众，关键是获得，表现是感受。群众获得感，不是单维的，而是多维的。在我看来，至少有三个维度：理论获得感、现实获得感、预期获得感。之所以在实践中我们总难让群众有理想的获得感，从某种意义上说，与对获得感的理解与把握有关。要不断提高群众获得感，就必须全维度地认识群众获得感，全方位地推进全面深化改革。

（一）理论获得感，也即方案制度本身蕴含的改革红利

之所以提出理论获得感的概念，是因为不少改革方案的可能红利与实时红利经常有较大出入，不能吹糠见米，一眼望穿，让群众完整的直观感知。有些方案的红利不是人人均有，也不是时时都有、处处都有，需要一定的前提条件。如医药卫生体制改革、教育体制改革，你不就医不入学，就感受不到。但制度是公平的，机会也是均等的，改革的红利释放在那里，获得感的福利摆在那里，人人都可以在想享受需要享受的时候拥有这份获得感。

作为改革者，我们首先就应当追求理论获得感的最大化，理论上行得通，现实中才可能做得到；理论上富裕，现实才可能满足。群众理论获得感主要取决于两个因素。

一是改革的精确度。做到精确精准，就是要精确地把发展的薄弱环节理出来，把面对的险关难题标出来，把有效的方法措施找出来，就是要精准地对接发展所需、基层所盼、民心所向。只有“精确发力”，对着问题的病灶而去，群众才会拍手称快，获得痛快之感；只有“精准落地”，落在群众的最需之上，群众才会双手赞成，获得殷实之感。但我们也应当看到，少数改革事项牵头部门没有把握好群众获得感的首要关口，结果让人大失所望，群众获得感也就自然大打折扣。这样的改革也算改了，但仅仅是走个过场，完个任务，有了这样的改革，就难免会有人纳闷：总见改革实物量，少见群众获得感。提高改革精确度，需要精准把脉，问题看得准、不踏空；需要精当统筹，方案有内涵、有配套；需要精细操作，落实得要领、不走样。只有精准改革，才能改出真作风，改出真发展，改出真感情，改出真获得感。

二是方案的含金量。方案的含金量是改革“最先一公里”的核心问题，改革方案的含金量越多，群众获得感“金”的成色才越足。只有“最先一公里”能跑出“含金量”，才有更多的可能在“最后一公里”跑出“获得感”。当前，个别改革方案的含金量不足，甚至锈迹斑斑，究其原因，还是一些措施没能接好地气，不了解群众真正的需求。只会照猫画虎，被动传达上级文件、机械分解任务措施，甚至夹带部门利益，隐藏私货。不做深入调查研究，不去广泛听取意见的改革，不去做方案的“二次创新”，含金量从何而来？没有含金量的改革方案，谁会买账？谁愿支持？哪有获得感？提高方案的含金量，增强群众获得感，一方面要靠方案牵头部门精心设计，推出一批能叫得响、立得住、群众认可的硬招实招；另一方面，要靠制度机制的有力保障，建立改革方案的“质量监测”系统，对方案“望闻问切”，把脉问诊。

（二）现实获得感，就是改革落地给群众带来的实实在在的好处

这种获得感是上述理论获得感的现实所得，是改革方案推出之后立竿见影的那部分红利。现实获得感是改革推进效果的一个重要衡量指标，尤其是在当前经济下行压力大、社会矛盾问题多的情形下，如何把改革举措转换为发展动力，让群众实实在在感受改革成果，是改革赢得广泛支持、不断冲破困难险阻的关键。增强群众的现实获得感主要取决于两个因素：

一是改革方案的落实力。群众的获得感不是造声势、看架势、搞形式，而是要看改革方案能不能落实兑现，能不能见效获利。当前，我们有些改革举措推出后，群众感受不深、获得感不强，一个重要的原因就是改革方案没有真正落到实处。有些领导干部不想改不敢改，面对困难当“鸵鸟”，遇到矛盾绕道走；有的地方和部门囿于局部利益、部门利益，搞选择性落实、象征性执行；有些改革政策在执行中荒了腔、走了板，“好经被念歪了”。这些形形色色的“中梗阻”是影响群众获得感的顽瘴痼疾，必须下大力气解决。加大方案落实力，首先要强化责任担当，切实做到凡事有人去管、有人去盯、有人去促、有人去干。其次要强化督办督察，做到改革推进到哪里、督察就跟进到哪里，直奔主题，直面问题，确保各项改革举措落地生根、开花结果。

二是改革项目的协同度。全面深化改革对项目的整体性、系统性、协同性提出了很高的要求。目前，部分改革因为协同性不够导致群众获得感不强的现象还比较突出。个别部门、单位对改革协同配合支持不够，横向不愿“同步走”，纵向不能“跟紧步”，对本部门为主的改革项目不愿出力，对别的部门为主的改革项目不愿给力。比如，简政放权中，“你放我不放”的现象让群众要跑的路不少，要办的事更难；先照后证改革，群众办理注册登记、领取营业执照确实容易了，但是办理许可证的时间仍然较长等。因此，改革项目的协同度是一个关键因素，只有加强政策统筹、方案统筹、力量统筹和进度统筹，在改革顶层设计时强化系统思维，进行通盘考虑；在制定改革方案时，加强配套措施，实行“套餐制”，打出“组合拳”；在政策执行时，强化部门联动，形成改革合力，改革的协同性才会更好，改革红利才会充分释放。

（三）预期获得感，就是改革促进发展变化给群众带来的良好预期

改革既有“快变量”，也有“慢变量”。比如，户籍制度改革，统一城乡户口是“快变量”，农民市民化是“慢变量”；纪律检查体制改革，“打虎拍蝇”是“快变量”，构建不敢腐不能腐不想腐的长效机制是“慢变量”。群众对改革“慢变量”的信心，实际上就是群众预期获得感。增强预期获得感需要在两个“力”上下功夫。

一是保持改革定力，让预期来得更早一点。当前，全面深化改革已经

进入攻坚期和深水区。既要突破思想观念的束缚，又要突破利益固化的藩篱；既要面对正面的阻击，又要提防侧面的夹击，所面临的困难、阻力和复杂性远甚于前。要打赢全面深化改革这场持久战、攻坚战，必须在实际工作中对改革目标任务一以贯之、一抓到底。这要求我们站稳维护最广大人民群众利益的立场，认准改革方向，增强改革定力，盯紧改革目标，坚定改革信心，防止出现改革“一阵风”。特别是面对改革的“慢变量”时，要有“功成不必在我”的胸襟，要有锲而不舍、常抓不懈、久久为功的决心，以“钉钉子”精神，坚定不移抓好落实，争取让慢变快，让群众的预期获得感早日化为现实。

二是增强改革合力，让预期来得更多一点。回望历史，人民群众从来都是改革的参与者和推动者；立足当下，改革更是非汇集众智、凝聚众力不可成。但是我们也经常听到群众这样的反映：“改革像玻璃柜里的蛋糕，看得到摸不着”“改革只在电视上看到过、报纸上读到过，现实中没参与过”。这说明群众对改革的参与度还不高、获得感还不强，必须引起高度重视。增强改革的预期需要多措并举，虚实交错。一方面要加大宣传引导力度，让群众及时全面地了解改革的意义、进展和成效，增强对“慢变量”的可预见性，坚定推进改革的信心；另一方面，要畅通改革参与渠道。健全改革参与机制，改革决策部署认真倾听群众诉求，制定改革方案充分征求群众意见，推进改革落实发挥群众作用，让改革形成上下联动、主动作为、蹄疾步稳、狠抓落实的良好局面，呈现全面播种、次第开花的生动景象，汇聚起更多的预期获得感。

只要我们精心谋划，把改革的红利边界做大，增强群众理论获得感；真抓实干，把改革的红利内涵做实，增强群众现实获得感；有序引导，把改革的红利措施做硬，增强群众预期获得感。我们深化改革的理论、现实、长远成效就会最大化，老百姓眼前、手上、心中的获得感就会最大化。

（本文写于 2017 年 7 月）

改革到底该怎么推进？

周其仁*

怎么改革现在有很多讨论，第一，得摸着石头过河。党的十八届三中全会的提法是要把顶层设计和摸着石头过河结合起来。顶层设计主要是基本方向的确立。这个国家到底往哪一个方向走？这需要整体考虑。我们国家一直是有整体规划的。近代以来救亡图存，日本人打到中国，占中国国土，中国的整体意识是保国。抗战胜利及新中国成立后，我们的目标是新民主主义，多种经济成分共存，发展生产力，目标是社会主义。赫鲁晓夫一上台，我们和苏联较劲看谁先进入共产主义。

然后，通过组织不断的争论，开始从整体上谈论到底什么是中国未来的方向。以周恩来为代表的国家领导人提出四个现代化，怎么叫作现代化，不是像原来想象的一个国家要先实现共产主义，要在当代变成生产力比较发达的国家。要让国民过上比较正常的、好的日子。然后是改革开放。这个整体的想法虽然不那么清晰，但一直是有的，问题在于怎么实现。比如，四个现代化，十多亿人口，八亿是农民，怎么样解决农民问题。

我认为，这个顶层和顶顶层层，不要很多，但要明确，要持久。我相信改革是同一个问题，现在基本目标是确定的：市场经济、民主、法制。现在的问题就是怎么样找到这个路线来走，像搞市场经济，那么多“半拉子”改革，要往前推。

很多的办法，用不着重新想。中国所有难题，底下都有一些办法在准备着。中国不存在完全没有办法的问题。这个道理很简单，实际上就是有

* 周其仁，北京大学国家发展研究院教授。

一些让人难受的东西，有人难受，总会有人找办法来解除这个难受。问题是到底找到哪个办法？我们上层建筑承认不承认，给不给政策地位，给不给法律地位。这是我们这些年改革，你说推进的经验在这里，轱辘在那里，问题也在这里，现在很多的办法改革，不是说没有办法。问题是久拖不决，不能上升为政策。

北京的土地能不能流转、农房能不能买卖未有定论，而温州的农房买卖却早就成风了。几十年了，问题是我们在这个现象面前提炼、概括、上升卡住了。总是这个法律规定了一句话，那个法律规定了一句话，迟迟不修，迟迟不动。到最后说要宣布农房买卖流转的时候，开了口子，开到哪呢？说本地的农业户口可以买本地农业户口的房子，从村扩大到一个县。我到底下去问，改革促进本县人购房，但本县谁来买房子，没有。所以，很多的事情不要再试点了，已经看明白了，下决心吧。我们现在把试点变成不改革的一个办法，实在扛不过去的就试点，所以现在全国到底有多少个试点。试了以后要提炼，提炼了以后就变成政策，地方政策，地方立法，全国政策，全国立法。

当然，损害他人、损害社会要制止。我们有很多的现象不损害他人，但轻而易举地知道是违规违法，打击不过来。我们有黑车，打过很多次。基本规律就是“白车”跟不上的地方，“黑车”就停。为什么我们合法的服务那么差呢，上海的出租车到了杭州不许拉客回去，杭州的出租车到上海也不许拉客回去，白跑好几百公里啊，路上要油钱，要过路费，司机不得急死啊。然后他就想其他的名堂。最后就发生了，其实就拉着客回去，然后我们说打击，违法，违规。“违法”、“违规”出现的频率很高。

要让老百姓绝大多数人生活在法律的框架内，把解决问题的方式与方法合法化，是个关键问题。

再比如，既得利益。所有经济体制都会形成利益，我的看法是观念的问题，利益是有观念的，怎么是“利益”，什么是“损失利益”。科斯研究中国的结论是中国要有思想市场，要让整个社会的民主观念逐步发生改革，变化是重新看利益。如城里人不准外地同学来考试，竞争会激烈。这是观念问题啊，贫穷这个领域你歧视他，你在别的领域受歧视，你高兴吗？法律面前人人平等，这个社会才能有长远利益。这个利益和观念之间是有关联的。20 世纪 80 年代开始，改革关键是从解放思想开始。不解放思想，如果认为搞包产到户就是走资本主义道路，这个筋很紧的话，很多工作就无法展开，我相信这个经验在今天是一样的。

再下一个我们讨论一下渐进式推进改革。我们在讨论进一步改革，为什么很多改革拖了下来呢，是因为说慢慢来，慢慢来，关键步子迈不出去。无论经济、社会、文化、政治都不能说一天就把事情改革出来。但是最近并不妨碍有一些事情可以做得更有深度，力度更大一点。你看演化论，猴子变人怎么变人的，爬行，怎么站起来的。不是慢慢站起来的，慢慢站起来很难的。你说做成这个动作怎么做，他是一下子站起来的，站不住，倒下去。过一段再站下来，时间长一点，再倒下去，然后再反复，慢慢就站住了。改革也是一个道理。你有的时候不试不知道，不知道能站多久，站不住也没有关系。还有下一步。20 世纪 60 年代河南、安徽，很多地方都大面积搞包产到户，后来我们调查这个问题，追诉像温州永嘉，发现这个大锅饭不行了，搞了，打下去，认识不一致，这个危险，后来又搞一把，又被打下去，很多农民都知道这件事。所以，1977 年第三次站起来，加上北京城里观念的变化和政策结构的调整，这个东西最后站住了。其他的关键改革都要运用这个渐进式方法来推进。

（本文系作者 2014 年 5 月 11 日在北大国家发展研究院“国家发展系列讲座”上的发言）

第三方助推是改革攻坚的重要方法论

吴德峰*

全面深化改革进入决战决胜阶段，地方改革正在经历一个“啃骨头”“搬石头”“攻山头”“抢滩头”的攻坚过程。地方改革的突破攻坚，不仅需要改革的“实干家”和“促进派”们切实担负起攻坚克难的使命和责任，也需要更大范围地整合各方资源，更大程度地聚合外部力量，引入“第三方精准助推地方改革”的理念与模式。

一、地方改革对第三方助推有多维度的需求

第三方精准助推改革，是指第三方对地方改革推进的全过程、全链条、全系统，给予全面、持续、深度、精准的外部介入和专业支持，是一种专业化、系统性、多维度的助推模式。第三方是指独立于党委、政府及其部门之外的组织或个人，可以是高校、科研院所、企业，也可以是中介组织、社会组织，还可以是专家学者、社会公众以及政府组成部门之外的非涉改机构。从地方改革的实践看，对第三方助推的需求主要有以下几个方面：

（一）改革设计向第三方定制

在改革的重大决策上，通过开展专家论证、委托课题研究、参与项目评审、参加文件起草等方式，向第三方专业机构咨询。在具体领域改革的制度设计、政策供给、标准制定以及相关专业领域技术规范上，引入第三

* 吴德峰，湖南省长沙市委改革办常务副主任。

方专业机构“量体裁衣”、因情定策。改革设计向第三方定制就是要依靠第三方的专业性、权威性力量，帮助改革决策部门最大限度地减少决策失误，并对执行过程实时监控，对相关措施及时调整，确保改革决策更科学、更民主，更加符合社会期盼，更加符合群众利益，实现改革决策公共效益的最大化。

（二）改革进度交第三方监测

在对改革任务实行项目全覆盖、责任全分解的基础上，由第三方运用一定的载体和手段对改革任务进行全过程、全时段、全方位的监测，实现改革任务进度精准掌握、综合成效精准评价、监测结果精准运用。改革进度第三方监测就是要依托第三方的可靠性、客观性特点，组织专业化团队，依靠信息化手段，开展项目化管理，定期对地方改革情况进行大数据分析，确保项目可看、进度可查、数据可核、绩效可考、责任可追。

（三）改革成效由第三方评估

在地方改革中引入第三方评估机制，将重大改革举措交由与决策机关没有直接隶属关系、上下级关系和利益关系的专业机构、行业专家，进行事前预测、事中控制和事后追踪，分析举措的科学性、可行性，预判可能的负面效应、社会风险，总结实施的社会效益、社会反响，提出科学的应对之策、落实之举。改革成效第三方评估就是要借助第三方的独立性、公正性视角，客观反映重大改革举措的落实情况和实施效果，为改革目标的调整、改革路径的优化、改革要求的落实、改革效果的提升提供科学依据。

（四）改革人员请第三方培训

与第三方专业机构合作举办改革专题培训班，邀请改革理论和实践专家，通过定制理论与实践结合的课程，现场观摩、学习借鉴发达地区全面深化改革先进经验和做法。改革人员第三方培训就是要发挥第三方的多元性、开放性优势，充分利用第三方专家资源密集、专业结构多元，吸收新理论、新思想、新成果快速、深入的特点，进一步提升地方改革系统领导干部谋划、推动、落实改革的能力水平。

（五）改革平台和第三方共建

第三方助推不能局限于改革进度监测、改革课题咨询、改革成效评估、改革精准培训，更为重要的是要搭建一批深度沟通、高效互动、长期合作的平台。改革平台第三方共建就是要立足第三方的高端性、引领性定位，通过共建共管共用第三方助推改革战略平台，为地方改革笼络一大批高端型专家、精英型人才、复合型载体和战略型资源，推进地方改革资源的大整合、效能的大提升。

二、第三方助推就是用改革的思维推改革

第三方助推改革就是强调用改革的思维推改革，这本身就是一项改革。

（一）第三方助推改革实质上就是强调改革全局视野

全面深化改革不是某个领域、某个方面的单项改革，而是一项复杂的系统工程。随着改革推进的不断深入，这一特征也越来越凸显。邀请专家学者站在全局高度，立足当地实际，为地方改革精确把脉、精准定位、精心谋划，有助于地方改革处理好顶层设计与基层探索、整体与局部的关系，使地方改革更贴实际、更具成效、更显实效。所谓“不谋全局者不足谋一域”，是否用全局视野看问题、想办法，将是地方在改革的起跑线上赢得主动、抢得先机、获得红利的关键所在。

（二）第三方助推改革实质上就是强调改革专业主义

当前，改革从决策到执行、从设计到落实，仍然存在缺乏系统性、整体性、协同性的问题，如片面追求“短平快”“出政绩”，习惯于以传统的项目建设方式来推进改革，操之过急、过快，缺少深入思考调研等等，影响了改革的落实效率、落地效果。因此，引入第三方助推，就是将专业的事交给专业的人、让专业的人来做专业的事，以其专业性助推，保障改革谋划、实施的科学性、精准性、长效性。还要通过第三方的帮助带动，不断提高地方改革决策层、改革系统工作者、改革一线各领域操盘手的综

合能力。

（三）第三方助推改革实质上就是强调改革公共理性

全面深化改革是一场深刻的革命，改的是体制机制，动的是既得利益，引入第三方力量实际上就是彰显自我革命的决心和刀刃向内的魄力。改革的公共理性就在于推进改革不能沦为自导自演、自说自话、自弹自唱、自给自足的“独角戏”。第三方具有独立、客观、公正、专业的特性，其重要的作用便是解决了在改革的评价体系中党委政府既当运动员又当裁判员，无法最大化地体现公平与效率的弊端。充分发挥这一优势，让第三方真正成为体制外监督改革的“第三只眼”、推动改革的“外挂引擎”，能够有效保障改革在“最先一公里”“中间几公里”和“最后一公里”都形成人民群众可知的“含金量”、可触的“实物量”和可享的“获得感”。

（四）第三方助推改革实质上就是强调改革过程管理

改革必须强化过程管理，实行“全程精准导航”。改革由问题倒逼而来，改革推进过程中又必然派生出新的问题。没有一项改革事项是按照既定方案原原本本、一成不变地实施的，外部环境瞬息万变，改革推进过程中难免遇到各种始料不及的困难、问题和阻力。在这个过程中，任何一个环节出现纰漏，都可能引发改革延宕、改革偏题、改革异化，导致改革红利消解。第三方助推改革就是要引入各方监测力量，从改革的各个角度切入，从改革的各个环节进入，从改革的各个时段介入，从改革的各个角色代入，对改革进行全方位、全过程、全天候、全覆盖的“协商式管理”，避免改革主体“不识庐山真面目，只缘身在此山中”的尴尬，确保改革行稳致远。

三、第三方助推改革具备广阔的探索空间

第三方助推，是新的改革时期对地方改革方式方法的有益探索，拥有广阔的探索空间，可以重点围绕“五借五推”不断扩展深度、广度和高度。

（一）借台——推进“内”与“外”的统一

借助第三方的平台和阵地，可以突破地域和行政隶属的局限，更大范围地调动整合外部资源，更大程度地发动盘活内部力量，从而更彻底破解改革焦虑，达成改革共识，实现改革共赢，更大限度地发挥改革的正面溢出效应，确保地方改革“内生性”和“外部性”的统一。

（二）借智——推进“上”与“下”的统一

借助第三方外脑的专业支持，结合顶层设计和基层实际，助推地方改革既架天线，又接地气，多多益善地吸纳第三方改革智慧，才能事半功倍地收获改革成效。

（三）借力——推进“破”与“立”的统一

通过借力发力，四两也能拨千斤。借助第三方的外部介入，利用来自不同行业、不同层面、不同立场第三方的力量和智慧，可以将旧的体制机制破得更及时、更彻底，新的体制机制立得更科学、更完善。全面深化改革涉及各领域利益关系的重大调整，涉及各方面体制机制的重大变革，只有坚持“破”与“立”同步实施，才能找到改革的“最大公约数”，确保改革不仅有丰厚的现实红利，还有稳定的预期红利。

（四）借势——推进“势”与“实”的统一

习近平总书记强调：“全面深化改革，既要取势，又要取实。我国各地情况千差万别，改革需要在实践中不断探索、积累经验。”第三方改革智库普遍代表着全局性视野、专业性地位、权威性影响，可以助力地方提升改革整体谋划，强化改革统筹推进，实现改革系统集成，形成改革的“大气势”。同时，第三方又可以带来新鲜的理论成果和先进的外地经验，帮助地方把握改革的核心要义和基本原则，将重点、难点、热点和焦点标出来，有针对性地找准地方改革的突破点、关键点、切入点和支撑点，实现“取势”与“取实”的双丰收。

（五）借技——推进“快”与“稳”的统一

借助第三方现代科技手段，建立改革信息管理系统，实施对改革的大数据监测和分析，启动“云管理”“云决策”“云改革”模式，从而形成对改革总体推进和重要领域、重点事项的长期监测、全面分析、即时反馈，适时开展综合性的改革成效评估、阶段性的改革问题会诊、系统性的改革纠错校正。借助第三方的力量推动地方改革既步入“快车道”，又始终在大局下行动，该中央统一部署的坚决不抢跑，该地方尽早推进的不拖沓，该试点先行的不盲目推开，该谋定后动的不急于求成，该法律授权的不超前推进，确保地方改革蹄疾步稳。

四、第三方助推需要找准定位

第三方助推地方改革，承担的是一种公共责任，履行的是一种参谋职能，既要彰显“国家智商”，又要当好“地方外脑”，要特别注重找准自身的角色定位。

（一）找准“第三方”视角

一般说来，在理论研究和实务操作两端，第三方改革智库和地方党政机关各有擅长。实行第三方助推，就是要在两者之间找到融合点，使地方改革决策达致“借梯上楼”，改革推进达致“借水行舟”，改革落实达致“借力打铁”。第三方要厘清责任边界，在保持学术研究的独立性和服务改革决策的公共性之间找到平衡点。正如一位地方领导所说，第三方智库“绝不能被动应付满足于做‘传声筒’，不能落后发展热衷于当‘马后炮’，不能标新立异陶醉于‘博眼球’‘点击率’，不能只会歌功颂德沉迷于建‘翰林院’，不能脱离实际习惯于搞‘经院式’研究，而应努力让智库的‘文章’变成‘文件’，让智库的‘谋划’影响‘规划’，让智库的‘对策’融入‘决策’。”

（二）整合“高精专”资源

第三方机构是政府部门流程再造从制度层面向实务操作执行层面跨越

的“桥”和“船”。必须建立一支“高精专”的专业队伍，才能为地方改革把好脉、会好诊、开好方。“高”，在于要网罗一批做出卓越贡献，处于领先地位，正在发挥引领和带头作用的高水平、高层次的高端人才；“精”，在于构建面向全国乃至全球的研究网络，吸引一批业务精湛、成果精良的一流专家学者；“专”，在于针对某一专业领域的改革事项，吸纳一批相关领域的“单打冠军”，突出专业优长，聚焦一域，攻其一点。

（三）坚持“全过程”介入

各地改革情况千差万别，每项改革推进过程都随时面临意想不到的变化和调整，这就需要第三方专业性介入，对改革的进展情况、社会的接受程度、外部的正负效应，不断重新评估。唯有全程介入改革的决策、执行全过程，才能实时收集到一手数据信息，提出适时、适度调整的对策建议。第三方助推改革必树立全程介入的理念，通过对决策、执行、落实三个阶段的把控，坚决做好事前、事中、事后三个介入，对涉及经济社会发展全局的重大事项，要多维度征求意见、听取建议。专业性较强或涉及保密的事项，可以实行委托制，通过签订严格的保密协议，让第三方能够及时深入地介入改革过程。要特别防止“蜻蜓点水”“隔靴搔痒”“隔山打牛”式的参与方式。

（四）构建“闭环式”模式

由于第三方助推改革日益成为改革现实的全面映射，在深化改革推进的当下，需要利用第三方这个强有力的工具，在政策和举措出台之前广泛征求、准确把握民意，获得执行情况的反馈，并适时进行调整。这样，第三方助推改革就形成了一个全覆盖的制度体系、全天候的进度管理、全过程的第三方助推体系，通过建立第三方助推的协同攻关、成果转化、评价激励等机制，第三方助推改革的过程就由“下达指令——执行”的开环过程，变成了一个线上线下、内力外力同时做功的改革推进模式，形成了“决策——执行——反馈——调整”的闭环过程。

（五）形成“接地气”成果

第三方助推中遇到的最普遍的问题就是实践经验不足，不接地气，有的提出的对策建议容易脱离实际，科学性不强；有的“文不对题”，针对性不够；有的“高射炮打蚊子”，操作性不足。第三方助推要防止这种“南橘北枳”的水土不服现象，做到精准、管用、长效，就必须坚持对准焦距、解剖麻雀、对症下药，不能一味地“高举高打”、生硬地“移花接木”、简单地追求“高大上”。第三方既要善于登高望远，也要善于微距对焦，要放下架子、扑下身子、对好调子、开好方子，加强对地方情况的调查研究，在了解更多丰富真实、原汁原味“一手情况”的基础上对地方改革实行量身定制、科学设计，在改革推进的全过程中充分显现第三方助推的公信力和地方改革攻坚的执行力。

五、“第三方助推”也需要多方助推

地方改革引入第三方精准助推，是一个新课题，也是一个大课题，为聚合各方改革力量、探索改革攻坚方式方法开启了一道门，架起了一座桥，搭建了更为宽广的平台。它需要改革各方理念的更新、理论的求索，尤其需要地方改革决策者的理性接纳和激情助推。

一是在思想上重视，主动纳入。第三方助推改革适应了行政方式多样化的需要，适应了法治化、公开化、社会化的需要，必须高度重视，全力支持：改革主体包括改革领导小组、改革办、职能部门等要积极研究，主动引入，其他相关方面要统筹配合，多方注力。正所谓“假舆马者，非利足也，而致千里；假舟楫者，非能水也，而绝江河。君子非生异也，善假于物也。”

二是在机制上优化，提供保障。地方党政部门要千方百计创新思想观念、组织形式、运行机制，突破思维定式，打破路径依赖，探索一套有利于第三方助推的管理模式和制度规范。要明晰双方的权利义务，为第三方独立开展工作创造条件，提供人力、物力、财力支持，确保改革政令畅通，有速度、有力度、有质量、有创造性地将改革的决策和方针贯彻到底，落实到位，惠及百姓。

三是在实践上运用，展现成效。成果运用是第三方助推的生命力所在。要充分尊重“第三方”的权威，科学运用第三方的研究成果，积极借助第三方的外部力量，确保为改革解决现实性问题，提供时效性助力。

要畅通成果转化的渠道，进一步建立改革决策咨询制度，解决第三方在改革决策中“说不上话”、在改革推进中“使不上劲”、在改革监测中“插不上手”等问题，对第三方的决策建议、评估结果等，要认真研究吸纳，主动对号入座。要淡化第三方助推改革的行政色彩，强化第三方助推的权威影响，实化第三方助推的成果应用。

四是在发展上支持，拓展空间。改革各方尤其是各级决策者既要善于联合第三方、借力第三方，也要积极扶持、培育一批适应改革发展需求、研究实力雄厚、资源平台强大的第三方，为我所用。要和第三方一道，探索如何进一步拓展第三助推的领域，丰富第三方助推的内涵，创新第三方助推的方式，完善第三方助推的相关工作机制。当前，要注重建设一批“跨体制、跨学科、跨地域”的复合型第三方机构，增强第三方在改革多领域互联互通、合纵连横的资源整合和协同创新能力。

（本文写于 2017 年 3 月）

优化改革推进方式，确保改革落地生根

刘学军*

党的十八届三中全会做出《中共中央关于全面深化改革若干重大问题的决定》，提出“完善和发展中国特色社会主义制度，推进国家治理体系和治理能力现代化”是全面深化改革的总目标，制定了改革的总方案，完成了新时期全面深化改革的顶层设计，在以习近平同志为核心的党中央坚强领导下，经过社会各界的共同努力，全面深化改革取得了很大的成就，得到了各界的充分肯定，人民群众的获得感明显增强。

在经济进入新常态，社会转型进入新时期，世情、国情、党情发生深刻变革的背景下，中央推出的一系列改革举措都涉及影响经济社会发展的重大战略问题和深层次问题，涉及现有利益格局的重大调整，充分体现了新一届中央政府敢于担当，义无反顾推进改革的决心和信心。因而，面对下一步更加复杂的改革形势和繁重的改革任务，开展新时期全面深化改革的方法论研究，为新时期全面深化改革推进方式提出政策建议有着重要的理论意义和现实意义。

通过对近四十年来特别是党的十八大以来的改革推进方式研究发现，党的十八大前，我国改革之所以能够取得巨大成功，其主要经验可以归纳为：一是顺应历史潮流，党中央主动以整体渐进的方式推进改革；二是坚持中央决策和地方探索、试点先行、重点（局部）突破和点面结合的方式推进改革；三是坚持解放思想、实事求是地从世情、党情、国情出发推进改革；四是以农村“包围”城市的方式推进改革；五是坚持社会主义市场经济方向和依法治国相结合的方式推进改革，进而理顺权力与权利的

* 刘学军，中国经济体制改革杂志社社委、《改革内参》编辑部主任。

关系；六是以开放促改革与改革促开放相结合的方式推进改革；七是始终充分研究、借鉴苏联、东欧的改革经验以及欧美日本等国解除战时统制经济的经验，参考新兴市场经济国家和地区的有效改革经验。

党的十八大以来改革成功的主要经验有：一是以习近平为核心的党中央、国务院直接部署，中央主要领导亲自挂帅；二是建立了统筹全局的中央（部委）、地方两级改革决策系统；三是坚持顶层设计，目标明确，方向坚定，涵盖各领域，注重改革的系统性、整体性、协同性；四是改革坚持问题导向，更加强调要遵循改革规律、市场规律和法治精神，立足解决经济发展、社会转型过程中的重大体制障碍和重点难点问题；五是理清责任链条，明确改革责任主体，一把手负总责，层层狠抓改革落实；六是注重改善民生方面的改革，注重人民群众的获得感。

党的十八大特别是十八届三中全会以来，全面深化改革的大格局、大脉络日益清晰，经济体制、政治体制、文化体制、社会体制、生态文明体制和党的建设制度改革全面发力，各领域标志性、支柱性改革基本推出，重要领域和关键环节改革取得突破，全面深化改革的“四梁八柱”已拔地而起。

在取得重要成效的同时，我们也清醒地认识到，有些地方和部门还存在懒改、慢改、假改、不会改等现象。有的是思想认识不到位：既有“三心二意”攻坚克难往前推的，也有“半信半疑”随波逐流跟着走的，还有一动自己利益就“三心二意”拖延甚至阻碍改革的。有的是落实工作不力：有以会议贯彻会议，以文件落实文件的，“只到膝盖不落地”；也有方案出手就放手，不指导、不督察，“管生不管养”的；还有缺少系统集成，法规政策不衔接、相关改革不配套的，制约了改革效应最大化。

在改革推进的总体思路上，要全面贯彻党的十八大和十八届三中、四中、五中、六中全会精神，深入贯彻习近平总书记系列重要讲话精神和治国理政新理念新思想新战略，认真落实党中央、国务院决策部署，在“五位一体”总体布局和协调推进“四个全面”战略布局指引下，以更大的政治勇气和智慧深入推进全面深化改革，持续优化改革推进方式，构建系统完备、科学规范、运作有效的制度体系，着力提升改革推进效率和改革效能。

在改革推进过程中，处理好以下几方面的关系尤为重要：

一是解放思想与实事求是的关系。历次党的三中全会都是思想解放的范例，每一次思想解放又带来改革理念、改革方法、改革战略、改革探索的重大突破。党的十八届三中全会拉开了新一轮的思想解放序幕，为破除思想藩篱奠定了理论基础。

二是党和政府职能的关系。党政各司其职，党要集中精力做好决策方面的事，而一些具体的事务性工作应交由法定的国家机构或政府部门去做。

三是政府与市场的关系。经济体制改革是全面深化改革的重点，核心是处理好政府和市场的关系。过去多年改革的经验教训表明，在改革中能否理顺政府与市场的关系，将直接影响改革的走向和效能，按照《行政许可法》和市场经济规则的要求，确定政府该干什么不该干什么。

四是中央和地方的关系。理顺央地关系，要区别宪法规定、行政体制和政策过程这三个不同的层次，合理划分界定中央与地方事权、财权和支出责任。

五是政府与社会（社会组织）的关系。改革传统“全能政府”的畸形关系模式，实现政府与市民社会相互分立的理想关系模式，需要进行双向的努力。

六是国有经济与非国有经济的关系。要真正做到“两个毫不动摇”，必须推进公有制和非公有制经济的互相融合，形成你中有我、我中有你的共同发展局面。

七是法治建设与改革推进的关系。重大改革要做到于法有据，法治已成为全面深化改革的重要推进方式。经过30多年的改革与发展，我国的法律法规体系已日臻完善，目前已建立起由400多部法律、800部行政法规、约8 000部地方法规所组成的一个系统的、涵盖广泛的法律体系。这也意味着现在推行的任何一项改革都有可能面临与具有刚性强制力的法律法规相冲突的可能。为了在法律框架下更顺利、有效的推进改革，应从体制机制上进一步理顺法治建设与改革推进的关系。

八是问题导向与目标导向价值导向的关系。问题是客观的，坚持问题为导向才能不断进取，开拓创新。目标是激励，也是要求，坚持目标导向，才有强大的驱动力。价值导向宗旨，全心全意为人民服务，是我们党的根本宗旨、执政的根本理念、发展的根本目的，也是改革的根本原则。

只有全面深化改革，实现“以促进社会公平正义、增进人民福祉为出发点和落脚点”，才是我们的最终价值取向。改革突破口的选择，以问题为导向是正确的，但仅有问题导向是不够的，必须与目标导向、价值导向的改革路径结合起来。新时期全面深化改革总的目标导向是实现国家治理体系和治理能力现代化，其中尤其不能偏离使市场在资源配置中起决定性作用的这一根本要求，以及实现社会公平正义的目标，进而在改革实践中真正践行社会主义核心价值观。

未来全面深化改革要在基础性、关键性的重大市场化改革和重大关切民生领域的改革取得突破性进展，以重在改革突破来凝聚全党全国人民的改革共识。因此，在改革推进方式上，有待进一步优化。

一、解放思想，创新思维方式，以改革的办法推进改革

1. 用改革的思路推进改革，就需要认真总结过去经验教训，实事求是地推进改革。30 多年来的改革实践证明，每一次大的思想解放带来大的改革理论、改革发展的突破。党的十八届三中全会又拉开了新一轮思想解放的序幕。从理论上到政策上，破除了很多传统观念的束缚，突破了很多利益固化的藩篱。但是在改革实践中，僵化的思想、传统的观念、惯性的思维和工作方式还是会经常阻碍改革的进程，使中央很多正确的方针、明确的政策和具体的部署难以落地或者大打折扣。

2. 解放思想必须切实清理和克服怀疑改革开放、否定改革开放的错误的思想理论观点和认识倾向。当前存在一种倾向是不能正确认识和评价改革开放过程中出现的一些负面问题，把改革开放的过程看得一团漆黑，从而对改革开放、社会主义市场经济体制、坚持党的领导抱着怀疑和否定的态度。对此，我们有必要坚持改革开放的主旋律：一是改革开放总体的、占主流的、主导地位的东西是好的。二是改革开放过程中产生的系列社会问题，不能看作是改革开放自身造成的，而是改革还不彻底的过渡性症状。三是不能把党和政府一直坚持抓却至今并未完全未解决的问题看作是党和政府放纵和疏于管理的问题，问题的解决有阶段性和现实性。四是要正确分析和对待人民群众在改革过程中的意见和不满。首先要看到人民群众能宣泄自己的怨气和不满是社会进步的表现，这表明民主氛围增强

了；其次，人民群众的不满也是深化改革的强大动力。五是我们绝不能怀疑和否定社会主义市场经济体制改革的方向，本轮改革的导向就是坚持社会主义市场经济体制，坚持使市场在资源配置中起决定性作用并更好发挥政府的作用。六是坚持以法治思维推进改革。

3. 解放思想，建议大胆启用改革人才，并对改革系统人员进行培训。新一轮改革要大胆从体制内外聘用人才，并对主管改革的人才进行专业培训。

4. 解放思想必须研究创新改革规律和改革传播规律，建议各级深改办或改革牵头部门设专人负责研究宣传传播改革，或深改办定期召开新闻发布会，可由制订改革方案部门负责对外讲解。

二、坚决以反腐为切入口，奠定全面深化改革的坚实基础

1. 以反腐败的方式进一步规范约束公权，突破行政垄断。重在打破行政权力与资本的结合，废除有利于两者结合的政策规定，对分割市场、限制公平竞争的“土政策”和“潜规则”进行系统清理。

2. 积极加快推进行政性垄断行业改革，借反腐败破除“山头主义”的时机，消除各种隐性壁垒，畅通社会资本进入通道，支持非公经济发展，激发经济社会活力。

3. 建设长效机制。比如，加快推进新任官员不动产先行公示，加快推进官员家庭财产公示等。

三、制定和完善一把手抓改革的相关体制机制

1. 重要改革亲自部署。对中央、部委（地方）领导的改革精神必须亲自抓传达、抓贯彻；对中央、部委（地方）已经实施的改革事项必须亲自盯进度、盯落实；对本区域、本领域的改革谋划必须亲自出思路、出题目；对本区域、本领域的改革任务必须亲自定责任、定目标。

2. 重大方案亲自把关。重大改革方案的基本思路、整体架构、主要内容要亲自决策；前期调研、征求意见、内评外评必须亲自主持；风险预判、法律审查、问题协调必须亲自参与；形成草案、修改完善、申请上会

必须亲自审定。

3. 关键环节亲自协调。改革推进与改革落实的梗阻必须亲自疏通；主体改革与配套改革的协同必须亲自统筹；牵头单位与参与单位的协作必须亲自督促；成果成效与经验典型的提升必须亲自过问。

4. 落实情况亲自督察。对年度改革任务是否按时到点到站必须亲自督察；对重要改革方案是否准时审议出台必须亲自督察；对重点改革举措是否守时落地见效必须亲自督察；对重大改革问题是否及时协调解决必须亲自督察。

5. 实行改革工作痕迹化管理制度。主要负责同志抓改革的部署、调度、协调等会议和督察、调研、考察等活动，应形成方案、纪要、报告，有据可查。改革方案在集体研究和征求意见阶段，牵头单位、参与单位主要负责同志需亲自参与、亲自过问，做好会议记录。凡改革调研起草、征求意见、上会审议等关键环节，应按层级经相应主要负责同志签字认定。

6. 强化改革保障机制。强化力量保障。加强改革办力量，专项小组牵头单位明确主要负责同志亲自抓改革，将改革工作列入班子成员固定分工，指定专门处室和人员负责改革协调、推进工作；改革任务责任单位将改革工作列入班子成员固定分工，指定专门处室和人员承担具体改革任务。强化经费保障。改革工作经费列入常年预算，并建立逐年增长机制，确保改革决策咨询、教育培训、第三方助推、试点示范等工作经费充足。强化正向激励。建议制订容错纠错鼓励办法和改革系统干部激励办法，准确把握政策界限，鼓励干部大胆改革创新。

7. 强化督察考核。将主要负责同志抓改革落实情况作为改革督察的重要内容，对主要负责同志研究、调度、协调、督察改革及领衔重点改革事项情况进行重点督察，督察结果纳入对主要负责同志和相关单位的年度绩效考核；对不能有效贯彻落实相关改革决策部署，或改革工作任务落实不到位的，依据相关规定严肃问责。

四、加快推进大部制和干部人事制度改革，制定改革类干部人事标准

建议加快推进大部制和干部人事制度改革，完善干部选拔任用机制，

制定改革类干部人事标准，真正做到改革者上、不改革者下。

1. 建议有关部门抓紧研究推进大部制改革，参照国外机构运作经验，结合国内机构现状，制定新的机构改革方案，并尽快推行。

2. 加快推进干部人事制度改革。加快推进干部人事制度改革，建议深入研究西方国家行政系统人事任命机制，细化干部绩效考核举措，加大干部绩效考核中改革绩效考核的权重，确保党的指令和行政首长指令畅通无阻。

3. 建立顺畅的干部对调机制。当前改革的激励机制存在一些不合理、不科学的地方，在一些地方试点性的改革中，改革一旦成功，便主要是地方干部的政绩；但一旦改革失败，风险就可能由中央部门的干部承担，这种风险与收益的不对称性，使得改革的激励机制被扭曲，导致改革的推进动力不足。因此，为避免部门利益和局部利益阻碍改革的推进，有必要建立顺畅的中央部门与地方政府之间的干部对调机制。一方面，使中央部门的干部能够更多了解地方的具体情况，也使得地方干部能够更多地体会中央部门工作需要考虑的全局复杂性，从而促进中央干部与地方干部能够换位思考，共同努力推进改革；另一方面，也可以有效克服目前存在的改革激励机制不相容问题，给改革以充足的推进动力。

4. 大幅提高在职在岗人员特别是改革类干部人员的工资待遇。建立统一的社保制度，消除体制内外人才流动障碍，干部工资待遇也应当尽快缩小与市场相同能力素质人才工资待遇的过大差距。全面深化改革使得各部门的工作任务比以前更多，不仅要做好原有工作，还要完成改革所赋予的新任务，因此有必要大幅提高公务员的工资待遇以便能够留住足够优秀人才。特别是改革任务偏重的部门应实行额外补贴制度，要将推进改革与考核淘汰机制结合，促进这些部门的工作人员有效流动。

5. 实施大规模培训。为改革准备干部资源所做的培训，区别于常见的短期培训模式、规模也更大。这种培训不仅是让参加培训的人获得知识更新和能力提升，更重要的作用是要为参加培训的人将来在新工作岗位推进改革提供全面的支持。这种培训不仅要让在岗的干部接受培训，也是在为中转站里的干部进行培训。

6. 严格执行奖惩淘汰制度。有了干部中转站，有了大规模的干部培训，其目的就是让优秀的人才有更适合的岗位，使之能有效推进一个部门、一个组织、一个项目的改革。现行的干部人事制度已经明确了奖惩淘汰制度，但在实际工作中鲜有执行者。只有切实严格执行奖惩淘汰制度，才能让干部流动起来，才能让更优秀的人才有机会找到更适合的岗位。

五、进一步明确改革的决策设计、执行协调和监督考评体系

1. 在改革决策体系层面，明确改革决策主体、规范改革决策程序、完善改革决策方式、制定接地气的改革方案。

厘清决策权限。理顺决策权限，要区别宪法规定、行政体制和政策过程这三个不同的层次。宪法规定的层次，比方说，要不要规定地方某一级政府的专属权，以及法规规定之外的剩余权力的归属，地方政府层级的调整，单一制和地方自治的关系等问题。这些问题都是制宪层面上的问题，我国《宪法》有明确的规定。第二层是行政体制的层次。根据《宪法》第八十九条第（四）项的规定，国务院“统一领导全国地方各级国家行政机关的工作，规定中央和省、自治区、直辖市的国家行政机关的职权的具体划分”。也就是说，中央政府和地方政府权力的具体划分由国务院来规定。从这个层面讲，中央政府和地方政府的职权，大的方面是由法律规定的，但在具体划分上还存在着技术空间。比方说，如何既保证中央的集中统一领导，又发挥地方的积极性，可根据事情本身怎么办好来考虑具体的职权划分。再比方说，随着承担任务的变迁、重大发展格局的调整、重大发展战略的变化等，来调整职权划分等等。第三层是政策过程的层次。也就是说，中央政府的一些政策出台后，是不是尽善尽美，是不是充分考虑了各级的不同情况或者同一层级不同地方的情况。这些属于政策层面。具体如何理决策权限，要结合当前社会经济发展中的突出问题，或者说，要有助于解决当前社会经济发展中的突出问题。

明确改革决策主体。改革是“一把手”工程，必须强化中央深改组在改革决策中的主导地位，使其成为决策的首要主体。政府部门的职责是参与改革决策设计，重在贯彻落实中央改革意图和各领域顶层设计方案。要更多地让地方政府参与决策，尤其是省级、市级政府。公众和专家也是改革决策的参与主体。

规范改革决策程序。分类、分层规范改革决策程序，逐步推动改革程

序性立法，出台公众参与、专家咨询、合法性审查、风险评估等具体实施办法。地方改革亦然。

完善改革决策方式。法制化原则。加快推进改革相关重大立法，国务院法制办、全国人大常委会法工委加强统筹协调、优先安排重大改革相关法律法规修订。决策权力运用要严格按照宪法和法律进行操作。

民主集中原则。民主化是决策科学化的基本保证。要推动实现改革方案专家论证、民主参与、集体决策，对重大改革进行公开听证和讨论，设立长期性的改革建议征集平台和机制，听取民众意见，定期发布重大民生改革的民意问卷调查信息。完善人民群众通过各级人民代表大会参与和推动改革的制度。建议各级深改办聘请人大代表、政协委员、社会各界人士为改革特约研究员，定期为改革出谋划策。

强化决策能力建设。依靠各部门专业数据或通过“云数据”扩充各专项改革数据来源；建立调查社会民众、市场主体等改革意愿和诉求的第三方社会调查系统，召集专家学者定期研讨；重视改革队伍建设，改变“发展硬、改革软”局面，确保决策工作有人干、有能人干。

制定接地气的改革方案。制定接地气的改革方案要坚持的原则。首先，坚持顶层设计和基层探索相结合。其次，着力抓好那些牵一发动全身的关键性改革，可以起到提纲挈领、系统配套的效果。要梳理改革的实践进展，研析改革的逻辑关系，突出推出那些相互关联的重大的关键性的改革举措。第三，处理好统一指导与分层决策的关系。第四，注重部门负责与协调相结合。第五，注重专家意见与群众意见。积极听取专家建议，广泛听取人民群众的意见，尤其是涉及大众利益的改革方案最终是要由人民群众来实践或实施的，通过各种渠道和方式开门听取意见。应当把重大改革方案的公开制定或公开征求人民群众意见作为一种常态，把封闭制定相关改革方案作为一种特例，严格限制其数量。第六，注重与外部经济的关系。各项改革方案的制定，既要把改革事项的外部经济性作为研究改革思路的一个重要内容，又要把制定化解改革事项的外部不经济性的对策或预案作为制定改革方案的一个重要内容。第七，注重经验总结与反思教训。应把客观总结改革进程作为推进改革的一项重要的任务，及时“回头看”，加强反思，把改革遇到的矛盾和问题搞清楚，把推进改革中出现的失误和挫折搞明白，把改革的发展规律、逻辑联系和演进方向搞清晰。

2. 在改革协调机制层面，明确中央与地方改革权限，下放改革权力、激发地方改革活力、疏通协调横向纵向渠道、强化协调能力。

明确中央地方改革协调权限，明确中央地方责任边界。

下放改革权力。实行财权、要素配置权下放与事权下放同步配套，实现地方政府能力与权力相匹配；坚持直接面向基层的原则，量大面广、地方管理更方便有效的经济社会事项一律下放地方和基层管理。

实施目标管理，充分激发地方改革活力。要科学确定改革目标，针对不同类型的任务确立相应的执行主体、期限和目标要求；要合理分解目标任务，各部门对各自承担的任务细化实化，做到有目标、有路径、有措施、有成果。对如期完成改革目标的实施公开表彰和奖励，主要从职位升迁角度予以奖励，真正做到改革者上。同时，对未能完成改革目标者限期整顿，并予以处罚。

疏通协调央地各利益主体间、央地各利益主体内部关系，各部门根据反馈决策，保障上下渠道和内部渠道的畅通；加强改革试点工作统筹，避免“地方协调中央”的改革倒置现象和改革碎片化。

建立健全部门间职责协调机制。按照法律相关规定及政府职能定位，规范职责协调程序，每项工作都形成统一指挥中枢，督促各部门协调一致和资源共享，确保整体推进、高效统一。

比如，在跨部门统筹机制建设方面，如何加强牵头单位对改革的组织领导和统筹，促使相关部门跳出局部利益，突破部门利益影响。对于牵头部门经过多次协调达成一致的改革方案，怎么上升到具有约束其他参与部委的高层次工作方案。比如国企、财税等涉及面广的改革，要强化中央深改小组和专项小组及牵头部门的协调职能。

3. 在监督改革落实层面，健全机制、创新方式，充分发挥各监督主体的监督力量。

第一，进一步完善督察机制，充分发挥改革督查主体督察职能。建议成立隶属中央全面深化改革领导小组领导的监督体系（或强化中央深改办监督职能），其功能定位为“负责对改革方案设计、目标设定、政策出台、督察落实和效果反馈等整个改革运作环节进行全方位全流程全节点横向监督、检查、考核和评价”。

建议在全国人大下面设立由各方面人士组成的改革监督委员会，监督、检查、考核和评价中央有关重大改革政策措施贯彻落实情况，及时发现改革路线图和时间表上“瓶颈”部位与“卡脖子”工程，全面掌握各地区各领域各项改革“真实”状况和准确动态，适时提出改进、完善和提升改革举措的有关建议；研究解决改革监督管理工作出现的新情况新问题，积极探索具有中国特色的改革监督管理新模式。

为确保地方改革监督管理的相对独立性，建议由中央向各地派驻改革监督管理工作组。它是改革横向监督管理的基层组织，全权负责所进驻地区、单位、部门改革监督管理工作。

第二，完善改革领导小组办公室主导的自评估和委托的第三方评估。由改革监督部门委托的第三方评估是改革政策评估体系的主体。为使第三方评估结论更具权威性、独立性和中立性，从评估机构的筛选到评估过程的启动再到评估结论的出台，都应全程引入公众监督，评估过程透明，程序公开，保证公众对于改革政策评估过程的知情权。第三方评估机构筛选确定后，应由被评估单位的上一级人大或政府授权。例如，评估财税领域改革的第三方评估机构应由改革监督部门委托、授权，评估经费应由监督部门的财政专项资金支持；评估财税领域改革的经费由中央财政专项经费支持，评估市一级相关领域改革由省一级专项财政经费支持，各级政府须尊重评估结果，不得擅自干涉评估工作，评估报告需逐层汇报各级人大及主管部门，同时上交改革领导监督部门，并就可公开的内容及时对外发布。

建议探索建立社会评估组织、咨询机构、智库机构、独立学者、各领域专家多元参与的第三方评估体系，充分发挥和整合不同评估方的优势，形成各评估方相互竞争、相互联系、相互制衡的格局；建立健全对第三方评估机构的考核和监督机制，避免将评估工作形式化、书面化甚至利益代言化。

第三，加强人大和政协对改革的绩效评估与监督检查作用。建议尽快研究完善人大立法与授权制度，适时启动立法和修法程序，实现以法制轨道协调重大利益、用法律手段推进改革的改革推进方式。改革开放之初遗留下来的部门既立法又执法的问题，一定程度上导致了政府权力部门化。在此轮全面深化改革中，应坚决彻底地将立法权全部收归人大，使立法权和执法权完全分开，从机制上确保政府权力无法乱用。

实行开门搞改革，将拟定的改革方案草案在人大会议进行充分讨论，以使部门利益无所遁形。推行立法旁听制度和立法助理制度，建立改革相关立法的听证制度，疏通民意表达机制，为各方利益团体提供相互制衡、博弈的平台。公开立法进程，每部法律的制定都应向社会开放，在确定的期限内，充分听取并吸纳社会公众、专家学者及相关部门的意见与建议，通过立法形成改革的最大公约数，最终做到用法律约束公权力，在法律框架内推动改革。

在事关改革的重大问题的调研、论证过程中，切实发挥政协委员的作用；进一步完善参政议政成果采纳落实机制，使政协在改革推进过程中发挥更加积极的作用，监督各项改革方案的落实。

第四，积极发挥智库、新闻媒体服务改革、监督改革的作用。建议高度重视发挥智库在改革不同阶段的积极作用。改革实施前，智库可通过对前瞻性问题开展预研究，从理论上探索改革的方向及路径；就改革的相关专题，开展广泛的学术讨论，并以自身机构及专家学者的影响力，引导改革共识的形成，在全社会范围内营造出有利于改革的良好氛围；积极参与相应领域改革方案的讨论与设计，影响改革的走向和思路。开展改革预评估工作，对改革方案进行经济效果评估、社会效果评估以及风险预警评估等。改革实施过程中，各类智库可以为改革方案的顺利推进和落实提供全程智力支持。改革实施后，各类智库可从不同角度以第三方评估机构的身份对改革经验教训进行系统分析与客观总结，全面反思改革的成败，借助学术交流平台将改革成果积极向外宣传推广，并为下一轮改革的推进进行预备性研究。

六、调整改革节奏和重点，进行重大改革攻关突破，化解人民群众的“痛点”

建议调整改革节奏，确定改革优先顺序，进行重大改革攻关，在民众关心的领域取得关键性突破。

建议涉及全国性的改革，依据全国人大、国务院发布的全国性法律法规，并要逐步完善和认真履行重大改革决策的法定程序，以保障在全国范围的重大改革于法有据。涉及国务院各部门以及省、市、区的法律法规、规章制度的时候，应该在允许和鼓励各地在不违背国家大法的前提下，有所突破。

建议及时清理过时的法律，加快法律法规的更新速度。比如很多改革与现行法律的调整密切相关，可以由全国人大组织力量集中攻关。经过30多年的改革与发展，我国的法律法规体系已日臻完善，目前已建立起由400多部法律、800部行政法规、约8 000部地方法规所组成的一个系统的、涵盖广泛的法律体系。借鉴其他国家的经验，及时清理旧的法律体系。比如说反腐败，2014年立一部法，就以这个法律为依据，其他的法律法规废除了，就不要了，这样比较好。如果没有清理以前的法律，一直做加法，很多改革实践者的行为就被以前的法律所约束。对合理的方向性的改革创新成果要尽快以国家法律形式予以确认。有些法律法规不能整体修改的，可以先根据需要局部快速修改。现在国家有关法律法规的修改或订立往往少则需要几年，多则需要十几年，如按部就班的修改完善法律，怎么能够适应落实党的十八届三中全会全面深化改革的需要呢？

七、建立改革容错纠错机制，鼓励地方创新，允许突破，进一步发挥试点对全局性改革的示范、突破、带动作用

八、制定体现人民群众获得感的改革量化指标体系，让社会来评价，让公众来打分

全面深化改革的社会效果已经显现，人民群众已经是改革的受益者，但是不同领域改革的社会成效不平衡，各类主体感受差异不一样。建议有关部门制定体现人民群众获得感的改革量化指标体系，每年发布各类群体的改革获得感指数，让社会来评价，让公众来打分。

九、搭建常态化内外沟通机制

在对内沟通机制方面，课题组在各地改革办调研时发现，地方改革办普通反映：包括与中央深改办、与改革专项小组等横向纵向沟通方面仍存

在不同程度的障碍，地方改革办之间也缺乏一种有效的改革经验交流探讨机制。因此，如何构建有效的改革内部沟通机制显得尤为迫切。

在构建对内对外改革沟通机制过程中，应将互联网、网络新媒体等作为重要工具广泛应用于各个沟通渠道，充分利用互联网打造改革的社会参与平台，及时互动、凝聚民意。改革的沟通渠道可划分为正式渠道、半正式渠道和非正式渠道。

十、完善重点领域关键环节、关键节点改革推进机制

重点领域改革的推进程度，左右着全面深化改革推进的步伐。如何完善重点领域改革推进机制的建设就显得尤为重要。以审批制度改革中权力清单制度为例：

首先要注重顶层设计。一方面，要加强立法。当前，法制保障不足特别是立法滞后是权力清单“碎片化”的重要原因。要大力推进权力清单制度的法治化建设，从法律上明确权力清单编制和公开的主体、主体权限及清单效力等核心内容，彻底解决主体混乱、主体权限模糊、清单效力不清等问题。另一方面要制定权力清单母本，在充分汲取地方实践所积累的创新经验基础上，建立全国性权力清单制度标准，对权力清单的类别划分、权力内涵、构成要素、格式规范、运行流程等内容进行固定化和规范化，确保权力清单制度的权威性、严肃性及可持续性。

其次要兼顾实际、鼓励创新。我国地区辽阔，各地之间差异很大，因此要在制定全国统一权力清单母本的基础上，规定可以区别的领域，允许各地根据实情，对权力清单进行适当调整。同时，鼓励各地对权力清单的公开途径、运行模式、监督机制进行大胆创新，增强权力清单制度效果。比如，在标准化、规范化的基础上实施电子化，对权力清单中的每个权力事项进行编码记录，建立一套自上而下的网络运行系统；再比如，借助云计算及技术，建立电子监察系统，为公众、人大、纪检监察部门等在内的监督主体有效拓宽监督渠道，降低监督成本等等。

（本文写于 2017 年 6 月）

第四篇

发展方略

未来我国区域发展将更加注重统筹协调，“一带一路”建设、京津冀协同发展、长江经济带三大方略将奠定我国未来若干年的区域结构发展大格局。以区域发展总体战略为基础，以三大方略发展为引领，形成沿海沿江沿线经济带为主的纵向横向经济轴带，塑造要素有序自由流动、主体功能约束有效、基本公共服务均等、资源环境可承载的区域协调发展新格局。

中国外贸发展战略选择

霍建国*

一、中国外贸战略的基本点

（一）迈向 2020 年的外贸发展战略的基本内容

作为具有方向性、全局性和长期性影响的方针、政策、部署和谋划的集合，迈向 2020 年的中国外贸发展战略应当包含以下内容：

第一，迈向 2020 年的外贸战略必须具有大国参与经济全球化更宽广的视野。中国经济正越来越深入地融入世界经济，成为世界经济越来越重要的组成部分，与世界经济是密不可分的相互依存关系。这要求中国在确定自己的发展方向、制定自己的方针政策时，眼界要更加开阔，更具有全球性思维。

第二，迈向 2020 年的外贸战略必须立足于进入工业化新阶段和全面建设小康社会实际。中国正步入中高收入工业化或后工业化社会，人民期望过上更美好、体面的生活。外贸发展的产业基础正发生根本性变化，低附加值产业和出口产品将退出历史舞台。

第三，迈向 2020 年的外贸战略必须实施创新驱动和积极参加更高层次国际分工。中国的比较优势逐渐变化，正告别主要依靠引进消化吸收、依靠大量物质要素投入实现产业进步和经济发展的时代，中国外贸出口不能永远跟在发达国家后面，停留在产业链低端，而是要更多依靠自主创新

---

* 霍建国，商务部研究院院长。

和改善管理，依靠科学技术进步与投入，依靠参与更高层次国际产业分工，在产业价值链高端环节竞争与合作中拓展更大发展空间。

第四，迈向2020年的外贸战略必须更坚定地推进外贸集约化和质量效益型增长。中国在工业制成品的中低端产品和生产环节已经占有相当大的市场份额，在此水平上的单纯数量和规模扩张空间已经不多，市场将越来越多地受到各方面挤压，今后，只能依靠提升和优化结构，实现质量和效益型扩张。不应当过分关注增长速度，而应当把质量和效益的提升放在第一位。

第五，迈向2020年的外贸战略必须坚持外贸、外资、对外经济合作与对外投资、货物贸易与服务贸易的全面联动和相互促进。要统筹国内发展与对外开放，注重发挥已有优势，加快转变外贸发展方式；调整利用外资政策，提高利用外资质量；鼓励规范企业积极开展多种多样的对外经济合作；鼓励有优势的企业走出去对外投资；大力发展服务贸易，增强服务出口竞争力。把多种对外经济贸易方式有机结合起来，优化资源配置，形成全面参与国际分工与竞争新优势。

第六，迈向2020年的外贸战略必须坚持协调和包容性增长。要坚持进出口大体平衡增长，坚持区域、产业、市场、经营主体、贸易方式、与主要贸易伙伴关系等的协调发展，坚持市场对资源配置的决定性作用。要支持欠发达地区承接发达地区出口产业转移，优化区域贸易布局，使我国更多地区和人民获得发展机会；要加强合作，帮助发展中国家尤其是最不发达国家提升发展能力，共同应对各种挑战，实现共同发展与繁荣。

第七，迈向2020年的外贸战略必须坚持可持续发展。要考虑资源能源供给、市场发育、环境支撑和大国国际责任等问题，努力化解贸易发展与资源、环境等的矛盾，提高外贸发展的环境、经济和社会可持续性，实现绿色发展。

在上述内容中，经济贸易大国地位和角色是前提，进入工业化新阶段是立足点或基础，创新驱动和参与更高水平国际分工是途径，集约化、全面、协调和可持续是基本要求。他们共同构成迈向2020年的中国外贸发展战略的基本内容。

（二）新形势下中国外贸发展战略的基本表述

如果用一句话来概括表述，那么新形势下迈向2020年的中国外贸战略，应当是中国作为一个经济贸易大国在工业化新阶段上外贸更集约、全面、协调和可持续发展的战略。

二、实现外贸稳定增长的建议

按照新“三步走”战略目标，2020年我国将实现建设全面小康社会目标，人均GDP将进一步向中高收入工业化国家靠拢，国民经济结构调整和产业进步将取得关键性进展。为了达到这一目标，外贸必须根据新形势新任务要求，调整发展战略，转变发展方式，以优化结构来促进稳定增长。

（一）确定适当的外贸预期增长目标

“十二五”时期，中国外贸年均增长速度预计回落到10%以下。这是全球经济和贸易增速变档，中国经济进入新常态的客观反映。由于发展方式转变和发展战略调整，也由于基数已经十分巨大，预计“十三五”期间中国外贸年均增速将与“十二五”持平，略高于全球贸易增速。

确定“十三五”期间科学适度的外贸预期增长目标，有利于我们在继续提升经济开放度、稳步扩大国际市场份额同时，积极推进外贸结构优化，进一步提高增长质量和效益，实现外贸与国民经济更协调可持续发展。初步预计，到“十三五”末即2020年，中国货物贸易进出口总额将达到6万亿美元，服务贸易进出口总额将达到1万亿美元，货物出口占全球出口市场比重将上升到14%左右。

（二）保持进出口大体平衡增长

货物贸易不平衡是当前外贸一系列结构性问题中的突出问题。作为经贸大国，我们不能满足于贸易顺差与GDP之比控制在3%以下。中国是一个发展中国家，近中期内不宜成为较大的资本净输出国和保持过大的对外债权。实现进出口大体平衡增长，有利于国际收支基本平衡，有利于抑制资源和环境生态的“逆差”，有利于消除国际上对中国的重商主义指责。中国应摒弃只有贸易顺差才对GDP增长有贡献的理念。在货物贸易中应实行“中性”贸易政策。通过进出口大体平衡增长，优化内外经济关系，减轻贸易伙伴与我国的摩擦，缓解资源环境压力，更好地实现国际交换中的比较利益。

（三）更加积极和主动地开放市场

历史上新崛起大国都是自由贸易积极倡导者和推动者。中国现在只是货物贸易相对自由，服务业和服务贸易开放水平实际上并不高。在新的历史起点上，只有更加开放，才能获得更大发展空间和更多发展机遇，才能提升参与更高水平国际竞争的活力和实力。

应当加快实施高标准自贸区战略，加快推进上海自贸区等特殊区域开放举措在更大范围复制和推广，主动降低关税和非关税壁垒，同时更大胆地开放服务贸易市场，要打破“弹簧门”和“玻璃门”，鼓励国际上更多有实力企业和优质产品、优势要素进入国内市场，参与和强化国内市场竞争。要树立自由贸易大国形象，以开放促改革、促外贸转型升级，在更大程度上解放和发展生产力。

（四）实施促进产业升级的贸易政策

外贸结构的优化依赖于出口产业与产品结构的优化。“十三五”时期国际国内产业结构都将进行更大调整，中国仍将是跨国投资并购的热点。应加强对外经济贸易政策与产业政策的配合。新兴产业应当更自由准入，“两高一资”和过剩产能项目应当严控。鼓励跨国公司将生产加工基地转变为研发中心、营销中心、精加工和关键零部件生产基地、物流配送基地和维修服务基地。

支持战略性龙头出口产业和产品的发展，鼓励优势企业做大做强。完善加工贸易政策，促进零部件和高增值环节向国内延伸和扩散。鼓励自有品牌、自主知识产权和自主营销产品出口。对技术、知识和服务密集产品、精深加工产品、大型成套设备出口应及时足额退税，并增大融资、保险和开拓市场支持力度。

（五）构建中美更紧密战略合作关系

中美是全球两个最大经济体，互为最大贸易伙伴，存在着多重战略合作关系。理顺中美关系是摆平当前中国许多麻烦的关键。在全球经济深刻调整大背景下，经贸合作是中美战略关系中共同利益最大、最被美国看重的内容。双方应登高望远，从发展经济、增强综合国力根本利益出发，利用各自影响力，以协商谈判及合作互谅解决各种矛盾，深化战略互信，扩大战略合作领域。

同时，中国还应努力改善、加强与其他主要贸易伙伴关系。通过扩大多层次经济合作，变被动为主动，争取早日加入新规则谈判，共同创建更大规模经济一体化市场。加强战略合作将有力促进各方经济贸易发展，也有助于推动全球经济早日走出低谷。

（六）建立发展中国家共同振兴基金

在全球经济低迷、多边贸易体制处于历史十字路口之际，作为第二大经济体和第一贸易大国，中国有必要在振兴发展中国家经济、实践包容性增长和改革全球经济治理中发挥更积极影响力。“十三五”时期，中国应在已有金砖国家合作、中非合作、中拉合作机制基础上，进一步创新与发展中国家经贸合作方式，加大合作力度。可考虑与世界银行和 WTO 等机构合作，创建发展中国家共同开放振兴基金，支持发展中国家融入全球经济，通过开放、合作走新型工业化和经济振兴之路。

（七）加快外贸体制国际化和法治化

推动中国对外经济贸易再上新台阶，参与更高层次国际分工，必须按更先进的市场游戏规则办事。应当以发达国家为蓝本，打造国际化、法治化投资贸易管理体制。能由市场调节、由行业或中介组织管理、由法律来规范的领域，政府原则上不再插手。

推进各种要素市场发展，创造有利于资源要素自由进出、各类经营主体公平竞争、法律法规统一透明、基本政策稳定可预见的市场环境。进一步放开进出口管理，加快贸易和投资便利化、自由化，提高财税、金融、竞争等政策的透明度、协调性和有效性，建立法治型、服务型、效能型和权力约束型政府，吸引更多中高端、创新型产业发展需要的优质要素（包括资本和人才）流入。

（本文摘编自《大国外贸：迈向 2020 年发展新路》课题成果）

未来的城市群

刘士林*

2016年3月5日，第十二届全国人大四次会议开幕，国务院总理李克强在做政府工作报告时提出：在“十三五”时期要规划建设19个城市群，外加拉萨和喀什两个城市圈。城市圈也叫都市圈，系此次政府工作报告中首次提出，主要是由于这两个城市周边城市稀疏，在规模上不符合城市群的起码要求。但作为一种旨在带动城市、区县、乡镇组团发展的战略规划，也不妨把它们看作是城市群的变体。至此，以“19+2”为基本框架的“十三五”城市群“主力阵容”，在此起彼伏的猜测、议论、竞争和筛选中水落石出。

城市群是当今世界城市发展的主流和大趋势，也是我国新型城镇化道路的“主体形态”与“核心平台”，从2005年《国家“十一五”规划纲要》首次提出“把城市群作为推进城镇化的主体形态”，到2014年《国家新型城镇化规划》最终明确“把城市群作为主体形态”，中国特色城市发展道路逐渐形成，城市群规划建设也成为涉及亿万人利益和命运的重大现实进程。一个时期以来，关于我国城市群要不要建、建多少、如何建、先建谁后建谁、什么时间建到什么程度等一直争论不休，“十三五”时期“19+2”框架的提出，给出了未来五年新型城镇化建设的基本路线图，同时也勾勒出我国在实现第一个百年目标时的“城市中国”风貌。

* 刘士林，上海交通大学城市科学研究院院长。

一、在中国，为什么要选择城市群发展道路？

城市群是城市发展的高级形态。在城市化水平仍不算高、大都市与城市群发育不足的中国，为什么要提出、规划和建设城市群？这是一直有争议的城市化战略问题。而城市群作为中国新型城镇化“主体形态”的确立，也经历了很多的争论和反复，来之不易。

从改革开放之初的1978年到2005年，城市群首次成为国家战略概念。在新时期中国城市发展模式和道路上，一直存在着两种理论声音和两条发展路线的斗争。一种是以复书章的超微型城市论和费孝通的微小城市论为理论代表，以1989年国务院制定“严格控制大城市规模，合理发展中等城市，积极发展小城市”（俗称“三句话方针”）为大政方针，代表着单体城市发展最高水平的“大都市”和代表着当今世界城市化主流的“城市群”基本上被排斥在外。二是以千年之交为界标。这一年中国城市化水平达到36.09%，人均国民生产总值超过800美元，中国城市化终于驶上了快车道。在理论上以2002年“大上海国际都市圈”研究报告首次提出走“以大城市为主的城市化发展道路”为代表，在现实中以2004年全国183个城市提出建设“国际化大都市”为象征，不仅走大都市发展道路的呼声一浪高过一浪，在现实世界中至少出现了12个城区常住人口超过500万的大都市（由于各项统计的问题，这个目前无法确知）。

但这两种城市发展观念和城市发展道路各有偏颇。首先，走小城市发展道路的主要问题是把“大都市”与“小城市”发展对立起来，他们不了解当今世界城市已进入“都市化”的新版本，大都市不仅代表着全球城市发展的主流和趋势，也成为决定自然环境和社会结构变化的核心机制与主要力量。同时，他们也看不到国家间的竞争正演化为“大都市”的综合实力比拼，“大都市强则国家强，大都市弱则国家弱”成为当今世界新的生存法则，这种“先发展小城市”的选择，基本上属于城市化的“穷过渡”思维，也遏制不了大城市与中小城市之间越来越大的差距。其次，以“大都市”为主体也不是没有问题。作为工业文明背景下“单体城市”的最高形态，如同以“他人就是地狱”为生存哲学的西方现代人一样，大都市把自身看作“孤立的存在”，由于它关心“自己”而排斥一切“他者”，必然加剧了和其他城市的“同质竞争”，造成区域内资源、资金和人才的巨大浪费和低效配置，最终使自身深陷于不可持续的巨大困境中。

既不同于“体量太小”的小城市，也不同于“以邻为壑”的大都市，城市群的发展目标是建构良好的城市分工体系和层级关系，以解决大城市与中小城市、城市与农村在工业化和城市化进程中不断激化的对立和冲突。基于此，在世界范围内，自20世纪60年代以来，在形态上具有“组团发展”特征、在机制上形成“共生互动”的“城市群”，逐渐取代了现代大都市，成为当今世界城市化和区域发展的主流。在中国国内，2005年《中共中央关于制定十一五规划的建议》首次提出了“城市群”，明确要求“以特大城市和大城市为龙头，通过统筹规划，形成若干用地少、就业多、要素集聚能力强、人口合理分布的新城市群”。不是小城市，也不是大都市，而是更具有包容性和协调性城市群，成为我国新型城镇化的“主体形态”。然而，树欲静而风不止，一方面，拥有雄厚经济实力的大都市，在城市化区域内“只想支配”而“不想服务”；另一方面，大都市在生态、交通、公共服务等方面普遍存在的“城市病”，也往往成为“走小城市发展道路”回潮的口实。2016年政府工作报告首次提出“19+2”框架，解决了“十三五”时期我国新型城镇化建设的“观念”和“主体”问题。

二、在中国，城市群建得怎样和该怎么建？

和高速发展的中国经济、高歌猛进的中国城市化一样，我国城市群的研究评估和规划建设，也一直处在变动中，不仅对已建、在建和规划的数量有多种说法，在一些基本概念、表述、内涵和范围上也不统一，在认定方法、标准和评价上更是相差甚远。在“19+2”框架实施前，就此问题进行初步的梳理和分析，有助于人们客观地了解和深入研究，也可为“十三五”时期的规划建设提供参考。

根据我们的研究，城市群主要有两种类型：一是以经济、交通和人口集聚为基本特征的“经济型城市群”；二是以文化、生态和生活质量为建设目标的“文化型城市群”。以2010年为界标，此前我国城市群的研究评估和规划建设，主要处在“经济型城市群”的阶段，具体可分为学术版和政府版两大类。

学术版的代表主要有两个，分别从社会科学和自然科学两方面提出。一是中国社会科学院《2006年城市竞争力蓝皮书》提出的“十五城市群”，主要包括长三角城市群、珠三角城市群、京津冀城市群、半岛城市群、辽中南城市群、海峡西岸城市群、中原城市群、徐州城市群、武汉城市群、成渝城市群、长株潭城市群、哈尔滨城市群、关中城市群、长春城市群、合肥城市群。二是中国科学院地理科学与资源研究《2010中国城市群发展报告》提出的“二十三大城市群”。这一报告将我国城市群分为达标和不达标两类。其中，15个达标城市群为长三角、珠三角、京津冀、山东半岛、辽东半岛、海峡西岸、长株潭、武汉、成渝、环鄱阳湖、中原、哈大长、江淮、关中、天山北坡城市群；8个不达标的城市群则是南北钦防、晋中、银川平原、呼包鄂、酒嘉玉、兰白西、黔中和滇中城市群。尽管两者在城市群名称、排名上有同有异，但都以城市群的经济、交通和人口为主要依据。

政府版也主要有两个，可以分为非正式和正式的两种。一是2007年国家发改委课题组提出的“十大城市群”，主要包括京津冀城市群、长三角城市群、珠三角城市群、山东半岛城市群、辽中南城市群、中原城市群、长江中游城市群、海峡西岸城市群、川渝城市群和关中城市群等，主要依据是它们以不到1/10的土地面积承载了1/3以上的人口，创造了1/2以上的GDP。尽管这个依据不够正式，但由于课题组的特殊背景也受到了普遍关注。二是住建部《全国城镇体系规划纲要（2005—2020年）》提出的以“一带、七轴、多中心”为骨架，大中小城市协调发展的城镇空间结构。具体说来是要在全国形成三大都市连绵区和13个城镇群。三大都市连绵区即京津冀、长江三角洲、珠江三角洲；13个城镇群包括山东半岛、闽东南（海峡两岸）、北部湾（南宁）、江汉平原（武汉）、中原地区（郑州）、湘中地区（长株潭）、四川盆地（成渝）、兰州—西宁、关中（西安）、滇中（昆明）、乌鲁木齐、辽中南、哈长。尽管由于研究、编制主体不同而有所差异，但这两个版本都着眼于城市群的“硬件”和“硬实力”，所以在引领我国城市群走“经济型城市群”发展道路上并无质差别。

2010 年以后，在我国城市群的研究评估和规划设计中，一种新的“文化型城市群”开始出现。一方面，我国城市转换经济发展方式面临巨大压力，特别是城市群各首位城市患有越来越严重的“大城市病”；另一方面，西方传统以人口、经济和交通为支撑的城市群也在发生变化，涌现出以技术产业和风险投资取胜的北加州城市群（Nor – Cal），以潮流和产业设计中心为目标的意大利城市群（Rome – Milan – Turin），以金融、设计和高科技为竞争优势的大东京城市群（Greater Tokyo）等。基于这两方面的需求和经验，上海交通大学城市科学研究院团队在概念上明确提出城市群在本质上是一个在人口、经济、社会、文化和整体结构上具有合理层级体系，在空间边界、资源配置、产业分工、人文交流等方面具有功能互补和良好协调机制的城市共同体。同时，以创建中国城市人文学派为目标，在前期都市文化学、文化城市理论、文化型城市化模式的理论研究，以及大运河城市群、江南城市群、丝绸之路城市群等历史研究基础上，逐渐形成和提炼出“文化型城市群”理论，并在长三角城市群、北部湾经济区、中原经济区、成渝经济区等地的城市规划和评估中展开实验。

在此基础上，2013 年，以具有自主知识产权的城市群理论、数据库建设和标准体系框架设计为支撑，上海交通大学城市科学研究院发布了《中国城市群发展年度报告》。目前，这份报告已出版三种，基本情况如下：2013 年报告涉及 3 个城市群，综合排名依次为珠三角、长三角和京津冀。2014 年报告涉及 6 个城市群，综合排名依次为：长三角、珠三角、京津冀、山东半岛、中原经济区、成渝经济区。2016 年即将推出的新报告涉及 9 个城市群，综合排名依次为：长三角城市群、珠三角城市群、京津冀城市群、山东半岛城市群、中原经济区、成渝经济区、环长株潭城市群、武汉城市圈和环鄱阳湖城市群（并列）。这个评估排名最大的特点是，以 5 个一级指标（城市人口指数、城市经济指数、城市生活指数、城市文化指数和城市首位比指数）取代了以人口、经济为主要测评指标的西方评价标准。也正是由于这个原因，在 2013 年度排名中，珠三角出人意料地超越了长三角。在 2014 年排名中，体量有限的山东半岛超过了成渝和中原。这个评估体系的好处尤其在于：一方面有助于引导城市群摆脱“唯规模论”和“唯 GDP 论”的指挥棒；另一方面也可以使它们更好地关注和规划它们各自丰富的区域文化资源，以及明白城市建设和发展的目的在于提供一种“有价值、有意义、有梦想”的生活方式，而不是其他。也正是由于这些原因，这个指数框架及排名已被社会各界广泛地认同和接受。

三、“十三五”时期，我国城市群该怎么“分类”和“排队”

在2016年政府工作报告中，李克强总理指出：“加快城市群建设发展，优化提升东部地区城市群，建设京津冀、长三角、珠三角世界级城市群，提升山东半岛、海峡西岸城市群开放竞争水平。培育中西部地区城市群，发展壮大东北地区（包括哈长和辽中南两个）、中原地区、长江中游、成渝地区、关中平原城市群，规划引导北部湾、晋中、呼包鄂榆、黔中、滇中、兰州—西宁、宁夏沿黄、天山北坡城市群发展，形成更多支撑区域发展的增长极。促进以拉萨为中心、以喀什为中心的城市圈发展。”（需要说明的是，在媒体报道中有个“天黄”，系笔误，不存在这个城市群）这个“19+2”的框架，明确了“十三五”时期我国城市群的总体战略布局、战略重点及角色分工，有助于规范目前城市群研究评估和规划建设中存在的“乱象”。

根据我们的研判，这21个城市群（城市圈）可划分为“国家明星队”“国家主力队”“国家替补队”和“国家青少队”四个层级。

一是“加快”和“优化”的“国家明星队”。在这个团队内部，还可以划分出一个“3+2”的微观结构。“3”是指目前发育最成熟、一直位居我国城市群排行前三甲的京津冀、长三角和珠三角，它们有一个一致的目标，就是要在2020年建成“世界级城市群”。对于长三角和珠三角，这个目标是国务院在2008年和2009年分别提出；对于京津冀，则是在“十三五”规划纲要中首次提出。“2”是首次以如此高规格进入“国家明星队”的山东半岛和海峡西岸。其中，海峡西岸比较好理解，主要是搭上了我国实施新一轮的对外开放和福建建设21世纪海上丝绸之路核心区的国家战略机遇，使这个原本二线城市群中也一直很普通的城市群地位迅速提升。最需要注意的是山东半岛，这是一个“实力派”，也是山东省多年打拼的重大收获。在上海交通大学城市科学研究院发布的《2014中国都市化进程报告》中，山东半岛借优越的地理位置和良好的经济基础，超过了已列入国家七大城市群的中原和成渝，以综合发展水平仅次于三大城市群的崭新面目，雄居我国城市群第二阵营的首位。山东半岛此次顺利晋级“国家队”，也为其他二线城市群的跨越式发展做出了良好表率。

二是“培育”和“发展壮大”的“国家主力队”。主要包括东北地区（哈长和辽中南）、中原地区、长江中游、成渝地区、关中平原城市群。总体上看，一个城市群要想进入“国家主力阵容”，必须有一个基本的标杆或者说潜在的底线，就是其相关的区域或城市群发展规划，此前须由国务院或国家发改委发布过。而相关规划或文件发布得越多或交叉叠加得越多，在排序上就越靠前。东北地区是我国老工业制造基地和粮食主产区，也是国家振兴东北重大战略的主体和平台。此前国务院和国家发改委已发布多个支持文件。东北地区之所以位居城市群第二阵营之首，不是由于它已有的综合实力，而是充分彰显了国家振兴东北的意志和决心。一个有意思的细节是，酝酿已久的哈长城市群规划也在两会期间发布，再加上2009年发布的“辽宁沿海经济带发展规划”等，为“十三五”时期东北的振兴发展提供了很大的想象空间。关中平原城市群是关中—天水经济区的核心区，2009年由国家发改委印发过“发展规划”，这一地区和西部大开发纵深推进关系十分密切，所以其入选“国家主力队”自在情理之中。中原、长江中游和成渝，它们不仅早就由国务院或国家发改委批复了相关发展规划，也分别列入《国家新型城镇化规划（2014—2020年）》中明确“点将”的七大城市群。目前，长江中游由于整合了武汉、环长株潭和环鄱阳湖等城市群，在人口、面积和经济总量上均已成为跨区域大型城市群，遗憾的是却没有进入“明星队”。中原经济区纵横跨越四省，人口在全国城市群中位居第一，中原城市群培育多年，国务院和国家发改委先后发布“发展规划”和相关指导意见，成渝经济区的重庆近年来GDP增速一直位居全国大都市之首，同时重庆和成都在2015年均迈入中国城市GDP万亿俱乐部，占全国的1/5，最重要的是，中原和成渝在《国家新型城镇化规划（2014—2020年）》中已被列入为七大城市群，尽管这次它们都保住了国家队的位置，但相比于山东半岛和海峡西岸，个中滋味应该是比较复杂的，同时也有一些问题需要反思和消化。

三是属于“规划引导”的“国家替补队”。主要包括北部湾、晋中、呼包鄂榆、黔中、滇中、兰州—西宁、宁夏沿黄、天山北坡城市群。这是一个更加复杂、五味杂陈的城市群中的弱势群体。目前，已有国务院或国家发改委发布规划的（包括有些针对整个省域的规划和意见）主要有北部湾、呼包鄂榆、滇中、宁夏沿黄、兰州—西宁、天山北坡等。其中，呼包鄂榆、兰州—西宁、宁夏沿黄、天山北坡等主要分布在丝绸之路经济带沿线，作为国家“一带一路”方略的境内主体部分，在“十三五”时期必将有较多的斩获。晋中城市群属于意外之喜，这个城市群一直是由地方政府在力推，此次顺利进阶“国家替补”，可能还和山西众多资源型城市面临的转型发展困难相关。和晋中相似，黔中城市群也主要是贵州省在力推，并得力于近年来贵州生态文明建设的不俗表现，同时也是用城市群带动实现全部脱贫的一招妙棋。在“替补”阵营中，还需要一提的是北部湾。早在2008年初，作为我国中西部第一个区域规划的《广西北部湾经济区发展规划（2014—2020年）》就由国家发改委发布，同年国务院还出台了促进广西经济社会发展的“指导意见”，使本来在中国经济版图上名不见经传的北部湾，一时与环渤海、长三角、珠三角并列为中国沿海经济“第四极”。由于种种原因，这个黄金机遇期很快过去。“第四极”已被成渝经济区拿走。此次北部湾由“主力”沦为“替补”，自然有很多东西需要深思和研讨。

四是作为“青椒”形态的“国家青少队”。在2005年国家首次提出“城市群”战略后，一些有实力和有基础的城市群大都厉兵秣马，列队杀出。这次政府工作报告提出的19个城市群，大都经历了长期的论证、磨合和几上几下的反复、调整。“几家欢乐几家愁”，有些城市群，比如一直发展较好的武汉城市圈和长株潭，原本已是“资源节约型和环境友好型社会建设”综合配套改革试点，但此次都被长江中游城市群兼并。还有辽中南城市群，十几年前已跻身中国五大城市群阵营，此次被置于“东北地区”的范畴内。与之相对，一些“小荷”露出了“尖尖角”。如政府工作报告中首次提到的拉萨和喀什城市圈。“城市群”和“城市圈”在英文中是一个概念，在汉语中因为翻译问题而两分。城市圈也叫都市圈，在国内主要指有基础较好的中心城市，但周边的城市数量和规模都太少、太小，在相当长的时期内不可能形成良好层级体系和分工机制，于是就有了这个在机制上与城市群相似，但实际上是由核心城市和周边城区乡镇组团而成的“城市圈”。这可看作是中国城市化的一个特殊类型。预计像这样的城市圈以后还会建，有些也可能发展为城市群。拉萨和喀什不是以“城市”而是以“城市圈”的身份进入国家战略，实在可以说是幸运儿。以后它们的发展怎么样，主要要看它们自己的造化。目前最重要的是按照城市群的原理，做好各自的战略规划和顶层设计。

四、“十三五”时期，我国城市群该走什么路？

改革开放以来，城市群率先在东部地区崛起，以长三角、珠三角等为代表，主要走的是“经济型城市群”发展路子。短短30多年的时间，尽管经济总量、交通基建和人口规模增长很快，一份关于城市群发展报告就预测，长三角到2018年将赶超东京城市群，在总量上成为世界第一，但“城市病”问题也越来越严重，不仅在交通、能源、生态、住房等硬件方面，在社会领域、道德领域、价值领域和心理健康等方面，不可持续问题日益严重。近年来，随着城市化进程的快速推进，我国城市群的主战场正由东部转移向中西部。在“19+2”的框架中，除了京津冀、长三角、珠三角、山东半岛、海峡西岸和东北地区的两个，其他都分布在中西部。令人担忧的是，中西部城市群尽管在数量上大大超过东部，但在发展模式上却主要因袭东部“经济型城市群”的发展道路，这就有可能重蹈“先污染，再治理”的覆辙。

在后工业社会，由文化资源、文化氛围、文化发展水平等构建的城市生活方式，成为决定一个城市群发展和兴衰的深层次要素。不同于主要以经济、交通、人口等来认定和评估城市群的西方传统理论，同时积极吸收和呼应西方城市群文化转型的新趋势，我们认为，一个理想的城市群，应主要具备三大特征：一是城市层级体系合理，区域内大、中、小城市空间布局合理，具有“环境友好型”的特点；二是经济秩序良好，不同城市在经济分工上具有很强的互补性，一般不会出现“同质竞争”；三是拥有共同的“文化小传统”，城市之间除了交通、经济联系密切，在生活方式和文化价值上也有很高的认同感。就此而言，我国城市群在“十三五”时期面临的关键问题和主要矛盾，就是如何从东部城市群这种“经济型城市群”发展方式中走出来。

“经济型城市群”的主要问题，是把异常复杂的城市群发展建设简单地等同于“经济”和“交通”建设，这是在各城市群之间形成更大规模的“同质竞争”和“结构趋同”的根源。我国城市群目前面临的最大发展悖论在于：一方面，土地、矿产、江河湖泊等环境与资源的瓶颈问题日益突出，但众多的城市及城市群仍不肯切实改变自身的发展方式；另一方面，对历史悠久、形态多样、“取之不尽用之不竭”的区域传统文化资源，却视而不见或很难高水平地规划和良性地开发利用。所以我们认为，在《国家新型城镇化规划（2014—2020 年）》首次提出的“人文城市”战略框架下，充分考虑利用我国深厚丰富的区域文化资源，在“十三五”时期规划和建设若干“文化型城市群”，突出文化、生态和生活质量的主题和导向作用，解决过分强调人口、经济和交通等导致的“城市病”，带动我国城市建设进入以文化发展为主题、以经济发展为基础、以政治建设为目标的良性循环阶段，应该是在当下最优先和最着重考虑的战略选项。

（本文系作者 2016 年 4 月在南京市委党校的演讲）

调整“城镇化”偏差，明确“城市化”战略

樊 纲 胡彩梅*

在工业化和城市化快速发展阶段，人口向大城市集聚是城市化的基本规律。通过行政手段人为限制大城市人口，不符合城市化发展规律，无益于化解“城市病”；优先发展小城市和小城镇不仅无法避免其人口流失，而且导致生产效率降低和资源浪费。最近一二线和三四线城市房地产市场两极分化与不恰当的“城镇化”战略不无关系。当务之急是调整“城镇化”发展思路的偏差，确立“城市化”的指导思想，减少对大城市的人为限制，以特大城市为龙头，以城际轨道交通为纽带，形成城市群、城市带。而广大小城市和小城镇现阶段的重点是做好生态与文化的保护、基础设施和公共服务的改善，为未来“后城市化阶段”的人口回流奠定基础。

一、“城镇化”与“城市化”的区别

城市化与城镇化在一定意义上并无差别，都包含农村人口伴随工业化进程向城市的迁移与集中，真正的差别体现在具体的指导思想和政策措施上。按照“城镇化”的指导思想，我国一直严格控制大城市人口规模和土地供给，优先发展中小城市和小城镇，鼓励就地城镇化，以此来防止所谓的“大城市病”发生。但是，这种指导思想却与城市化的基本逻辑和现实进程有所背离。

---

* 樊纲，中国经济体制改革研究会副会长，中国（深圳）综合开发研究院院长；胡彩梅，中国（深圳）综合开发研究院。

城市化进程的本质是人的迁移，是人口在空间上的集聚，从而获得产业集聚和人口集聚所带来的规模效益。人们在选择向何处迁移时，会进行趋利避害的理性选择，所考虑的主要因素包括就业机会、收入水平、生活条件、公共服务等。而在这些方面，大城市具有明显的优势。大城市以更为集中的方式提供各类公共基础设施，从而可以集聚大量的产业和企业，形成更专业化的分工，提供更多的就业机会和更高的收入水平。大城市是创新资源最集中、创新人才最密集、创新活动最活跃、创新最易于成功的区域，是创新创业的高地，为经济增长提供不竭的动力（美国绝大多数创新都集中在硅谷、洛杉矶、纽约、西雅图等大都市区）。大城市还能集聚优质的教育、医疗等公共资源，形成完善的基础设施配套体系，提供良好的生活条件和公共服务。大城市因为人口的集聚，更有利于服务业和文化时尚产业的发展，成为吸引年轻人的重要因素。正因如此，在城市化早期阶段，无数年轻人都向往到大城市工作和生活，即使蜗居也要留在大城市。这些正是我国城市化加速阶段的特征性表现。

从发达国家的历史经验来看，在工业化和城市化快速发展阶段，人口不断向大城市集聚。从世界范围来看这种趋势从未停止，特大城市的数量和规模将不断增长，小城市的比重则逐渐减少。1950～2015 年，全球 1 000 万人以上规模城市的人口占城市人口的比重从 3.2% 提高到 11.9%，100 万～500 万人、50 万～100 万人规模城市的人口所占比重分别提高 3.9% 和 0.6%，而 50 万人以下规模城市的人口所占比重则下降了 7%。我国的客观趋势也是如此，尽管一直限制人口向大城市集中。1990～2000 年，我国城区常住人口在 500 万人以上的特大城市（含超大城市）数量从 2 个增加到 16 个。2009～2014 年，全国 35 个一线、二线城市的人口共增加了3 778 万人，其中前 15 个大城市增加了 3 010 万人，约占 80%，也就是说绝大多数人口都流向了大城市。

二、“城镇化”思路所导致的问题

首先，人为限制特大城市发展，总想改变规律而不是顺应规律，设定大城市人口调控目标，但并不能阻止（也不应阻止）人口流入，致使每次制订的城市规划都是“小而又小”，规划目标屡遭突破的事例比比皆是。各种“城市病”在很大程度上其实是因为“逆反规律”而造成的。一方面，特大城市建设用地规模长期过度受限，住房供给不足，导致房价高企；另一方面，人口流入规模远超规划预期，城市基础设施建设和公共服务配置滞后，导致交通拥堵、医疗教育等公共服务短缺，外来人口更难以享受一些基本的公共服务。

其次，优先发展中小城市和小城镇不仅不能改变其人口流失的现实情况，反而带来了一系列的问题。一个基本的原因就是我们总是设想可以在中小城市和小城镇发展产业、创造就业，但由于条件所限、缺乏集聚效应，产业在那里并不能发展，无法提供更多更好的就业岗位，年轻人还是要到大城市找工作，导致中小城市和小城镇人口不断流失。2009～2014年，有完整常住人口统计的232个地级市中，人口减少的城市有85个，占36.6%，共减少1 314万人。当前一二线城市房价高企，三四线城市房地产去库存压力巨大，“鬼城”“空城”频频出现，这种冰火两重天现象也是“城镇化”发展思路带来的不良后果。

优先发展中小城市和小城镇，事实上还导致了生产效率的降低。日本在城市化进程中的教训已经证明了这一点。20世纪60年代，日本大量劳动力转移到大城市，其经济增长率一度达到10%以上。1972年田中角荣提出“日本列岛改造论”，疏解东京、大阪等大城市的人口，把集中于城市的工业向发展落后的日本列岛东北部、西南部转移，充实以25万人口为主的地方城市的经济功能，企图创造一批“迷你东京”。该政策成为20世纪70年代日本生产率趋于下降的重要诱因。

三、西方小城镇发展的原因其实是“后城市化”进程的结果

在讨论城市化还是城镇化问题时，一些人往往援引西方一些国家小城镇大量存在的事实。但是，西方与我们有着不同的历史背景。西方国家的城市化进程较为缓慢，大都经历了一两百年的时间。在城市化初期和中期，西方国家也是大量人口流向大城市、小城镇人口流失，但随着时间的推移，退休人口特别是“带着社会保障收入”的退休人口大批出现，他们这时已经不需要再去追求高收入的就业，往往会选择“退回老宅”或购置别墅，离开拥挤的城市去小城镇享受田园生活。这些有社保收入的人

回到小城镇，带来小城镇基础设施和公共服务的不断完善以及生活服务业的发展，小城镇逐步稳定下来。

与西方国家不同的是，我国同日本、韩国等后发国家在短短几十年时间内进行了快速工业化，在一两代人的时间里主要发生的是人口集聚，而人口回流较少。在此阶段城市化和大城市化的比率往往会更高。这不是我们做错了，而是发展阶段不同、发展特点不同而已。西方国家小城镇发展的经验表明，小城镇不是没有发展的机会，但不是在城市化的早期。

四、城市化的政策建议

首先，尊重大城市发展和人口流动的客观规律，调整“城镇化”发展思路的偏差，确立“城市化”的指导思想，以人的城市化为核心，以特大城市为龙头，以城际轨道交通为纽带，带动周边中小城市发展，形成城市群、城市带，缓解特大城市主城区的压力，积极获取城市化所带来的集聚效应与规模效益。

其次，放开对特大城市发展的人为限制。以人口流动的客观规律为依据科学分析预测大城市人口规模。以科学预测的人口规模为基础规划大城市的基础设施和公共服务，使大城市的发展与人口增长同步，有效防治“大城市病”。通过“转移支付跟人走”等配套政策，保障外来人口享受平等的权利和公共服务。

最后，对于大量存在的中小城市和小城镇，未来相当长一段时间的工作重点不是规模扩张，而是做好生态环境、传统建筑和历史文化的保护，并逐步完善基础设施和公共服务。在政策层面上，要加快实现社会保障体系的全国统筹，放开城里人到小城镇甚至农村租购房产，逐步鼓励城里富裕的退休人员向小城镇“回流”，加快城市现代化生活方式对小城镇和农村的“辐射”。

（本文写于 2016 年 12 月）

如何优化我国不同级别和规模城市的发展格局

魏后凯*

中国的城市具有鲜明的行政等级特征。按照行政级别和政府驻地，中国的城市大体可分为直辖市、副省级市、一般省会城市、一般地级市、县级市、县城和一般建制镇七级。研究发现，中国的城市规模及增长速度与其行政等级密切相关。行政等级较高的城市，其规模一般较大，增长速度较快；相反，行政等级较低的城市，其规模通常较小，增长速度也较慢。政府在权限设置、资源配置和制度安排等方面对较高行政等级城市的偏爱，以及这些城市在政府与市场力量双重作用下形成的强大吸附能力，是造成这种差异的重要原因。这种行政中心偏向虽然有利于较高行政等级城市的发展，但它造成了城市之间的不公平竞争，扭曲了市场的资源配置功能，还强化了各城市争取提升行政级别的倾向。

为此，必须从根本上改变这种按行政级别高低配置资源的行政中心偏向，消除公共资源配置中的城市行政等级观念，促进城市机会平等和权益公平，为大中小城市和小城镇协调发展创造一个公平、公正的外部环境。

第一，城市规模控制要以承载力为依据。长期以来，中国实行的城市规模控制政策是以城市的人口规模大小作为唯一依据。事实上，大中小城市和小城镇各有优劣，它们在城镇体系中承担着不同功能，各自发挥着重要作用，由此共同构成一个有机的整体。一个城市并非人口规模大就一定要控制，人口规模小就要积极发展，关键是要看该城市的发展潜力和综合

* 魏后凯，中国社会科学院农村发展研究所所长。

承载能力大小。这里所讲的综合承载能力，主要包括三个方面。一是区域资源环境承载能力。它设定了城市人口规模的天花板。二是城市基础设施容量。一旦城市人口规模超过了这一容量，就会产生拥挤或短缺，导致居民生活质量的下降。三是人口吸纳能力。它取决于城市产业支撑能力提供的就业机会。如果缺乏产业支撑，没有就业机会，大量进城农民就会失业，或者进入非正式部门就业，由此加剧城市贫困状况，造成社会不稳定。未来中国的城市规模控制政策，应走出单纯以人口规模作为调控依据的误区，在对综合承载能力进行科学测算的基础上，实行以综合承载力为依据的规模控制政策。不同城市无论规模大小，只要超越了其资源环境承载能力，都要进行相应的控制。城市的规模大小及增长一定要与其综合承载能力相适应。当然，我们提倡对城区人口400万人以上的特大城市实行人口规模控制，并不单纯是因为这些城市规模大，而是由于它们大都已逼近资源环境承载能力的极限，有的已处于超载状态。

第二，要维护城市之间的公平竞争环境。任何城市无论规模大小和地区所在，都应拥有平等的发展权，城际公平、机会均等是我们追求的目标。中国的城市是与行政区划的不同层级联系在一起的，在现行城市行政区体制未得到根本改革的情况下，单纯取消城市的行政级别难度较大。但是，我们不能把这种城市行政级别“扩大化”，更不能把它作为公共资源配置的依据。对某些行政级别较高的大城市给予优待或优先支持，就意味着对其他城市的歧视。行政中心并非一定都要发展成为经济中心。

在推进城镇化的过程中，要按照“市场主导、政府引导、农民自愿、成本分担”的原则，正确处理好政府与市场的关系。国内外的经验表明，在工业化和城镇化的中前期，市场力量的作用会促使人口、产业和要素向大城市尤其是特大城市集中，因此从大中小城市和小城镇协调发展的角度看，政府应实行以弥补市场缺陷为导向的“逆向”调控，重点支持中小城市和小城镇发展。

当前，政府的城市规模调控应主要集中在两个方面：一是对那些即将或已经超载的特大城市实行功能疏散即“去功能化”，促使其尽快实现转型升级，提高可持续发展能力；二是采取积极有效措施，促进中小城市和小城镇发展，增强其产业支撑和公共服务能力。

第三，以扩权为重点促进小城镇发展。向下扩权是促进小城镇发展的关键。为适应新型城镇化的需要，当前亟须实行差别化战略，分类推进小城镇发展。一是对那些镇区人口等达到设市标准的建制镇，采取整县改市或“切块设市”的办法，尽快启动设市工作，并在有条件的地区推动“镇改市”试点。要尽快制定科学合理的设市标准，新的设市标准主要考虑城区人口密度、人口集聚规模和市政设施水平，适当体现地区差别和特殊需要，而不应过多地考虑行政级别、经济总量规模等指标。二是按照小城市的标准，加大对建制镇的公共投入，加快镇区道路交通、公共供水、燃气供热、污水和垃圾处理、文化体育等设施建设，提高建制镇的公共服务能力和水平，逐步缩小镇与市的公共服务差距。三是考虑到“镇改市”会带来行政级别的提升和公共财政支出的增加而难以大规模推行，对于大多数具有区位优势、吸纳人口多、经济实力强的镇，重点是深化扩权强镇改革试点，扩大建制镇的行政、经济和社会管理权限。通过扩权强镇改革，调动地方的积极性，充分发挥其主动性，培育和增强小城镇的发展活力，全面提高产业支撑能力和公共服务水平。

（本文原载于《城市与环境研究》2014 年第 1 期）

我国区域发展的三大战略重点

肖金成*

在经济全球化和市场化改革的双重作用下，国内各区域间的要素流动和产业转移日益加快，相互之间的经济依存和互动效应逐步加深，区域经济一体化进程步伐加快。“十三五”期间，区域经济合作作为改革开放和完善市场经济体制的重要手段，将成为未来我国经济社会发展的新趋势、新动力。京津冀协同发展、长江经济带以及珠江—西江经济带将成为我国区域发展与合作的战略重点。

一、京津冀协同发展进程加快

（一）建设区域经济共同体，在竞争与合作中实现互利共赢

从发展条件看，京津冀区域已经具备了很好的产业合作基础。为了提升京津冀在世界、在全国的经济地位，京津冀各市应以促进区域协同发展为总体目标，树立起共同发展、相互促进的理念，把提升京津冀区域整体竞争力视为自身必须承担的重要任务，在壮大自身经济的同时，更多地关注区域总体竞争力的提高。

京津冀各地都面临着产业结构调整的任务。京津承担着率领京津冀参与全球化竞争、提升产业分工层次与竞争能力的任务，在追赶世界先进国家水平、大力发展现代服务业、提高城市集聚和辐射能力、提高制造业总体水平、提高企业自主创新能力、开发具有自主知识产权的核心技术和产

* 肖金成，国家发展和改革委员会国土地区所原所长、研究员。

品等方面需要迈出更大的步子。

河北省各市大力推进三次产业结构的调整，以科技创新和京津的人才为依托，通过重点优势产业尤其是制造业的发展，加快工业化和城镇化步伐，大幅度缩小与京津的经济差距，逐步实现与京津产业链条的对接，不断寻求产业发展与合作的机遇。

（二）发挥各自比较优势，提升产业分工层次

京津冀各地具有不同的发展条件和比较优势，实现合理分工是构建区域经济合作的基本前提，也是取得未来发挥持久优势的根本所在。要从区域整体发展的要求，确定每个城市的产业发展方向和具有城市特色的产业和产品，确定重点产业在不同城市的主攻方向。目前，京津冀产业合作主要以垂直型分工为主，即以一个或多个工业产品为核心建立相应的、与之互补、依附性强的产业合作，这是发达地区与欠发达地区合作的主要方式。未来应着力推动这种垂直分工向垂直分工和水平分工并存过渡，并进而向以水平分工为主转变。

（三）引导产业合理布局，推进产业集群发展

为提升京津冀区域的产业竞争力，必须大力发展产业集群，促进产业向适宜地区集中；要在现有产业布局基础上，积极引导形成若干具有鲜明发展特色和竞争力的产业集群，并探索多种集群发展模式。应根据京津冀协同发展规划和国家划分主体功能区的要求，按照集中布局、集群发展的原则，确定这一区域的重点发展轴线，确定产业发展区域和生态环境保护区域，构筑城市发展与城市体系建设的整体框架。

（四）延伸产业链条，提升整个区域的国际竞争力

京津冀区域具有围绕生产服务的研发和销售服务的巨大优势，在区域合作中应打造研发创新—加工制造—配套服务完整化价值链条。京津要加快向河北省辐射、扩散资金、技术和人才要素，壮大河北制造业生产的能力和水平，使河北成为承接京津科技成果转化的基地。通过京津的科技研发与创新，推动整个区域电子信息、汽车及装备制造、医药等产业科技水平的提高，壮大这些产业的国际竞争力，将区域制造业高端产品推向全国

和世界市场，提高京津冀参与世界产业竞争的能力。

二、推进长江经济带加快发展

（一）促进空间布局合理化，保护中上游区域的生态环境

长江上游地区是长江经济带重要的生态屏障，生态环境比较脆弱，居住人口众多，保护环境成为重中之重。长江经济带是我国重要的人口密集区和产业承载区，随着经济社会快速发展，土地、能源、岸线等资源日益紧缺，生态环境压力持续增大。必须坚持生态保护与污染防治并举、经济建设与环境保护并重的原则，把减少上游地区农村人口作为推进城镇化的重点，尽可能吸引他们就近到城市和城镇就业或转移到中下游地区。要根据资源和环境承载力，合理确定上游地区城市规模，支持有条件的城市加快发展，提高对农村转移人口的吸纳能力。

（二）发挥城市群的集聚力和辐射力

围绕长江沿岸的上海、南京、武汉、重庆、成都等超大城市，初步形成长三角城市群、长江中游城市群和成渝城市群。这几大城市群已成为农业转移人口集中流入的地区，其经济技术发展水平也比沿江其他地区明显高出一个层次，是带动整个长江流域经济发展的核心区。要继续发挥城市群的带动和辐射作用，加强城市群内各城市的分工协作和优势互补，增强城市群的整体竞争力。要加强城市群的科学规划，建立城市群的区域合作机制，鼓励和支持城市群内各大都市的产业结构优化和辐射带动能力、中小城市提升产业功能和吸纳能力、小城镇增强公共服务功能，增强城市群区域的产业集聚能力和人口承载能力。

（三）加强各种运输方式有机衔接，完善综合交通运输体系

长江经济带建设将推动产业转型升级，提升整体实力和国际竞争力，要求加快构建综合运输大通道，打造高效快捷的交通走廊，加快完善城际交通网络，提高运输能力和服务水平。长江经济带横跨我国东中西三大地带，是实现区域协调发展的重要载体，要求提高东部地区交通网络畅通水

平，扩大中西部地区交通网络覆盖范围，为引导要素合理流动和优化配置，缩小地区发展差距，形成优势互补、分工合作、协同发展的区域格局提供保障。

（四）促进陆海双向开放

长江经济带建设将充分发挥沿海沿江沿边的区位优势，深化向东开放，加快向西开放，培育开放型经济新格局，全面提升对外开放水平；要求统筹推进沿海沿江港口建设，充分发挥上海国际航运中心的引领作用，加快国际运输通道建设，实现与周边国家基础设施互联互通，为海陆双向开放创造交通先行条件。

三、打造珠江—西江经济带构建区域联动发展新格局

（一）打造中国经济新的支撑带

珠江—西江上接云贵，纵贯两广，是连接西南和华南的黄金水道。珠江—西江流域自然禀赋优良，航运条件优越，产业基础较好，发展潜力巨大，是珠三角地区转型发展的战略腹地、西南地区重要的出海大通道。地处珠江—西江下游的珠三角地区开改革开放之先河，开放度高，市场成熟，资金雄厚，技术先进，形成了世人瞩目的珠三角城市群。而广西区位独特，资源丰富，山水秀美，生态优良，市场广阔，潜力巨大。规划的经济带将广州、南宁两大核心城市连接起来，将珠三角和北部湾两大城市群连接起来，将有力促进东西互动、优势互补，极大地发挥广东、广西的潜力，使之成为横贯我国南部的一条新的区域经济支撑带。

（二）促进东西互动，带动少数民族地区和贫困地区加快发展

中南西南地区的经济社会发展很不平衡，既有广东等经济发达的地区，也有像广西、云南、贵州等经济发展相对滞后的地区。发挥发达地区的辐射作用，带动欠发达地区加快发展，形成中南西南整个区域联动发展的新格局，对于形成新的经济支撑带至关重要。

近年来，以中国—东盟自由贸易区和泛珠三角区域合作为平台，在经

济、社会、文化、生态等领域的联系与合作日益紧密。由于行政区的分割，不仅广东、广西区域发展差距较大，且珠三角地区与粤西地区经济发展差距也很大。经济落差大，不仅阻碍了经济要素的流动，也不同程度地影响了市场规模的扩大。广西、云南、贵州少数民族居民较多，山大谷深，自然条件较差，经济发展面临多方面约束，迫切需要发达地区的辐射和带动。珠江—西江经济带的发展有利于统筹区域发展，实现发达地区与欠发达地区的有效对接，深层次拓展区域合作，促进流域上下游经济社会一体化发展。

（三）促进与周边国家和地区的国际区域合作与次区域合作

不断深化与东盟国家合作，推进海上丝绸之路建设，为珠江—西江经济带进一步扩大开放合作带来了新的机遇。东盟各国与广西的产业结构具有一定程度的趋同性，互补性不强，而与珠三角地区产业结构具有互补性。所以，国际区域合作的前提有赖于国内区域合作的加强。通过国际次区域合作，可与周边国家及地区共建工业园区或开发区，使合作领域不断扩大。

除上述战略重点地区之外，配合丝绸之路经济带与21世纪海上丝绸之路国际区域合作的推进，整个环渤海地区、福建沿海地区、东北地区、西北地区的区域合作也将受到重视。值得一提的是，国内次区域合作尤其是省份之间的合作与共同发展将成为“十三五”期间的重要话题。

（本文原载于《中国经济周刊》2015年1月）

“一带一路”：新型全球化的有效推进方案

王辉耀*

2017 年 1 月，中国国家主席习近平赴瑞士出访并在联合国日内瓦总部发表主旨演讲，提出要共同构建人类命运共同体，实现共赢共享。他表示，国际社会对中国政策走向有很多议论，但是中国有四个不会变的决心：中国维护世界和平的决心不会改变；促进共同发展的决心不会改变；打造伙伴关系的决心不会改变；支持多边主义的决心不会改变。这说明，中国在未来将更自信地参与全球治理，主动发挥自己在特定领域的优势与特长，为人类共同和长远利益提出中国方案，为现有全球治理机制中的不足与缺陷提供补充。2017 年 5 月，中国发起并主办第一届“一带一路”国际合作高峰论坛，“一带一路”已成为中国参与全球治理的重要抓手，贡献“中国方案”的主要平台。

一、“一带一路”倡议的愿景与行动

2013 年 9 月和 10 月，中国国家主席习近平在访问哈萨克斯坦和印度尼西亚期间，分别提出中外共建“丝绸之路经济带”和“21 世纪海上丝绸之路”的倡议，两个概念后被合称为“一带一路”。“一带一路”倡导通过陆路与海陆连接亚太地区，发展中国与沿线国家和国际组织的经济合作伙伴关系，并加强沿线基础设施建设。“一带一路”倡议符合亚欧大陆

* 王辉耀，国务院参事、中国与全球化智库（CCG）主任兼创始人。

经济整合战略，得到国际社会高度关注。2015 年 3 月，中国政府发布《推动共建丝绸之路经济带和 21 世纪海上丝绸之路的愿景与行动》，提出“政策沟通、设施联通、贸易畅通、资金融通、民心相通”的“五通”合作重点。

2017 年 5 月，中国发起并主办第一届“一带一路”国际合作高峰论坛。峰会为“一带一路”提供了一个和平的、包容的、相对宽松的国际经济合作平台，支持国家层面的政策沟通、软硬机制的建设，并促进沿线参与各国与亚投行、亚开行、世界银行等多边银行之间的开发融资合作。

二、当前全球化遭遇挫折

20 世纪 90 年代以来，全球化进程在几十年中迅速发展，世界经济的联系日趋紧密，世界贸易保持了高于生产总值的增长率，以欧盟为代表的区域一体化进程也在逐步推进。2008 年的世界金融海啸对全球经济造成重大打击，全球化的步伐开始失速，跨境资本流动、贸易流动降至历史低谷，甚至“逆全球化”的迹象也在世界各地蔓延。

2016 年的两个巨大逆全球化“冲击波”，分别发生在自由贸易发源地英国和世界全球化推手美国。2016 年 6 月 23 日，英国公投以 51.89% 的赞成票选择脱离欧盟。不久后时任首相卡梅伦宣布辞职，新首相由特瑞莎·梅担任，后者在 2017 年 3 月 28 日签署通告知会欧盟，英国决定按照《里斯本条约》第 50 条，启动脱欧程序。更具冲击力的是 2016 年美国总统大选的结果，获选的唐纳德·特朗普不同于以往普遍支持自由贸易的共和党候选人，而被认为是重商民粹主义的代表，其竞选纲领不仅包括“上任第一天就退出 TPP”，以就业问题与“不公平竞争”为由反对 NAFTA 并攻击中国，甚至扬言可能退出 WTO，并出台新的税收政策鼓励美国资本和企业回流。

三、“一带一路”是新型全球化的国际合作共赢方案

2016 年发生在英国和美国的两次“黑天鹅”事件给全球化带来了诸多不确定性，不少观察人士悲观地认为这是全球化时代终结的开端。同年

9 月，二十国集团（G20）第十一次峰会在中国杭州召开，东道国中国在此次峰会上第一次将发展议题置于全球宏观政策框架的突出位置。时任中国 G20 协调人何亚非表示，中国是第一个倡导全球化利益共享的国家，如果没有发展中国家整体的发展，世界经济发展不可持续，全球治理也是空谈。中国向国际社会表明：世界主要发达国家和发展中国家共同组成的 G20，不仅关注自身福祉，更心系全人类共同发展。

“一带一路”是全球化新阶段中，本着“共商共建”“共赢共享”提出的全球治理和全球发展国际合作共赢方案，也是新型全球化的主要平台。新型全球化是有利于全球共同发展的全球化新阶段，包含了四个方面的特点：第一，以平等为基础，确保各国在国际经济合作中权利平等、机会平等、规则平等；第二，以开放为导向，不搞排他性安排，防止治理机制封闭化和规则碎片化；第三，以合作为动力，共商规则，共建机制，共迎挑战；第四，以共享为目标，提倡所有人参与、所有人受益。

与传统全球化模式相比，新型全球化从五个方面体现了“国际合作共赢”的特征：一是从不平衡到平衡的“新国际秩序”，南方国家将获得与经济实力、贸易实力相称的话语权和利益分配；二是从不安全到安全的“新安全格局”，各国应统筹应对传统和非传统安全威胁，共同维护系统性安全，构筑好政治安全这一根本保障；三是从不开放到开放、不包容到包容的“新经济模式”，共同建设开放型世界经济，继续推动贸易和投资自由化、便利化，降低关税总体水平，逐步取消非关税贸易壁垒，并增强经济的包容性，着力降低基尼系数、失业率、贫困发生率，提高女性就业率和人类发展指数；四是从排他到非排他的“新文明交流”，各种文明既不自我优越，也不盲目自卑，更不排挤他国，而应互学互鉴、兼收并蓄，推动人类共同文明实现创造性、创新性发展；五是从不可持续到可持续的“生态体系”，共谋全球生态文明建设之路，推动节能减排，共同应对气候变化。

从 20 世纪中后期以来，欧洲、东亚、北美逐步发展出了三大经济圈的雏形。每个经济圈内部具有相对完整的产业结构，初步形成了更为紧密的产业链和价值链，有更多的内部贸易和相互投资，同时具有较高的政治认同，尝试建立共同的安全框架。以中国提出的“一带一路”愿景和建设命运共同体的设想为标志，越来越多的国家根据地理环境和发展程度开始紧密合作，推进区域化的合作进程。实质上，这是新型全球化的开端，成功的关键是如何通用全球的资本、技术和能力。未来5年，中国将为各国提供更广阔的市场、更充足的资本、更丰富的产品、更宝贵的合作契机，包括将达8万亿美元的进口总额、将达6 000亿美元的利用外资总额、将达7 500亿美元的对外投资总额、将达7亿人次的出境旅游人次。

“马歇尔计划”促成了1948年至1952年欧洲历史上最高速的经济增长期，并在欧洲一体化进程中扮演了重要的角色。虽然“马歇尔计划”在1951年结束，为分配援助款项、管理各国商品流动而成立的欧洲经济合作发展组织（OEEC）却一直保留下来，成为肩负“帮助各成员国家的政府实现可持续性经济增长和就业”重任的经济合作与发展组织（OECD）。只要中国能恰当地推进“一带一路”，就可以把欧亚大陆建设成一个大的区域经济的合作平台。

四、“一带一路”建设面临的机遇和挑战

（一）“一带一路”的机遇

“一带一路”的构想是国际层面众多类似举措的延续。第二次世界大战后，众多联合国专门机构、世界银行、亚洲开发银行等机构曾经牵头组织过的中亚地区经济发展以及联通亚洲和欧洲经济的项目。联合国于2003年发起了“丝绸之路倡议”，旨在促进丝绸之路地区在贸易、投资和旅游业等领域的合作和发展，最终目标是帮助丝绸之路地区减贫并促进发展，帮助丝绸沿线各国和地区谋求平等，从而实现千年发展目标。日本早在1997年提出“丝绸之路外交”的设想，旨在通过官方援助同中亚五国和高加索地区从苏联独立的三个国家展开政治对话、经济交流和安全合作。俄罗斯把这一地区视为地缘政治的利益核心，在2001年便与哈、吉、塔以及白俄罗斯成立了欧亚经济共同体，通过关税同盟、反危机条约的建立以及在欧亚银行支持下的基础设施建设努力推进欧洲一体化。欧盟自东欧剧变后就对中东欧和中亚国家进行了经济和技术援助，如2009年欧盟就组织过推进在东南欧和中东建立天然气管线以减少对俄罗斯能源依赖的“南部走廊—新丝绸之路”能源峰会，2013年欧盟宣布向中亚国家7年内提供10亿欧元发展援助用于贫弱国家的治理和可持续发展。在欧亚大陆

区域外的美国很早就在亚太部署经济外交，在“重返亚太”与“亚太再平衡”总体战略提出后，近些年加快建设“印太经济走廊”（Indo - Pacific Economic Corridor），并在2011年正式开启了旨在保证阿富汗战后的稳定、改善印巴地区安全和管理以及主导区域发展的“新丝绸之路”计划。不难发现，“新丝绸之路”的合作机制增多，甚至存在因覆盖面大小不同而带来的重叠，但由于各类项目的路径设计和战略目的不同，这一地区的合作机制呈碎片化或零散化状态。由国际机构或其他国家推出的中亚经济发展规划和项目，为中国推动自身的构想提供了先例；失败的部分，为中国的相关机构提供了教训。历史经验表明，古丝绸之路地区的经济发展是一个需要长期不懈努力的过程，因此中国在“一带一路”的愿景中提出，期望与认同这个构想的国家一起，以点带面，从线到片，逐步形成区域大合作。

当“一带一路”倡议逐渐成为本区域与域外国家合作共识之际，中国正处于经济结构调整与产业转型升级的历史性关键期。在改革开放后四十多年的时间里，中国积累起强大的中国制造能力和外汇储备。由于要素成本和比较优势结构不断发生转变，中国处在了由第二产业向第三产业转变、由劳动密集型向技术密集型和资本密集型产业转变的产业升级转型“十字路口”。中国自改革开放以来的快速增长，一是来源于“世界工厂”的发展模式；二是来源于基础设施建设、装备制造和重化工的强大生产能力。中国最初以加工贸易和垂直专业化分工的形式参与全球价值链体系。一部分利用本国的廉价资源和劳动力生产出层次较低的中间投入品到国外；另外很大一部分通过进口中间投入品，利用廉价劳动力对其加工成最终产品或中间品后出口到国外，即加工贸易。得益于这样的国际分工模式，中国制造业等工业生产能力大大增强。中国工业竞争力指数在136个国家中排名第七位，制造业净出口居世界第一位。按照国际标准工业分类，在22个大类中，中国在七大类中名列第一，钢铁、水泥、汽车等220多种传统工业品产量居世界第一位。

另一方面，“一带一路”沿线的发展中国家普遍处于不同的发展后进阶段，面临基础设施条件差、资源开发能力弱、体制运行效率低、熟练技工和人才短缺等发展瓶颈，急需外部的资本和产能合作来推动本国经济发展。利用外汇投资，通过建立产业园等创新投资模式，加强产能合作，已被证明能够缓解发展中国家所面临的资金和技术制约。再者，如同中国在改革开放初期通过承接加工贸易等劳动密集型产业获得经济快速发展机遇一样，随着中国国内劳动工资、低价等要素成本上升，“一带一路”国家可以顺应国际化市场的比较优势规律，承接一些特定的劳动密集型产业链的上下游区段，积极参与国际分工，为本国提高加工贸易出口、扩大非农就业、培养熟练劳动力、积极融入全球产业链等方面提供发展动力。

“古丝绸之路”通过联结起来几个重要的城市实现贸易物品运输，不仅包括真正的路，还形成了有结点的纽带。如今欧亚大陆的心脏地带在人口、经济、社会等方面的发展仍然是“塌陷”区域。“一带一路”中的“丝绸之路经济带”就是在这条贸易路线的历史实践中形成的“经济带”倡议，它的含义体现在，面对各国发展水平不同、文化传统不同、资源禀赋不同以及社会制度不同的现实条件，通过对沿途和相关城市的连接和协调，使各国发挥资源优势，形成更好的经济发展合作环境和平台。

进入近现代以来，中亚国家有着与美国、俄罗斯等大国交往的古老历史，中国要想看到它推动的项目在这些国家取得成功，就必须与其他大国找到“利益交汇点”。所幸，中国与美国围绕阿富汗的稳定和发展已经展开了多年的合作，而且双方都需要对方的持续合作。同样，中国与俄罗斯，经过二十多年的磨合，已经在上海合作组织等框架下形成了一套与中亚国家合作的习惯性做法。与联通亚洲和欧洲的陆上“丝绸之路”相比，未来“海上丝绸之路经济带”的前景，更需要依赖“共商共建”的力量。海洋所提供的是一个向全球开放的贸易和投资竞争条件，使这些国家的政府和企业，拥有十分广泛的合作伙伴选项。

“一带一路”愿意以“政策沟通、道路联通、贸易畅通、货币流通、民心相通”的“五通”表述解释了“一带一路”的合作重点。在“五通”的基础上，将带来以基础设施和能源贸易为抓手的国际产能合作新机遇。以实现沿线软硬件基础设施的对接，前瞻地建设满足经济发展需要的铁路、公路、航线、港口、油气管道网和信息通信网。其次是促进产业转型啮合，利用沿线国家处于不同工业化阶段的特性，通过利用各国生产要素的禀赋进行产业转移打开局面，推动新兴国家充分利用“后发优势”促进本国产业的升级。“一带一路”建设还包括区域安排创新带来的新机遇，作为一个国际性区域经济的范畴，随着“一带一路”倡议的推进升级，必将引发不同国家在区域发展模式、区域产业战略选择、区域经济的技术路径等领域的创新，在沿线国家内部释放新的活力。

（二）“一带一路”的挑战

“一带一路”构想有着极其深远的意义，从提出之日起至今已经产生了广泛影响，其中蕴藏了巨大的机遇。但是，“一带一路”实施不仅充满机遇，也面临不容忽视的风险和挑战。

地缘政治方面的挑战。在推进“一带一路”的过程中面临的首要挑战是地缘政治风险。“一带一路”几乎经过了世界上地缘政治最复杂的几个地区；而且沿线国家本身具有独特的政治、宗教、民族环境，甚至有一些国家对内处于政治动荡期，对外深陷大国博弈的战场，“一带一路”的政治风险不容忽视。

地缘政治风险来源复杂，既包括东道国的政府质量与政治不稳定因素，如政治革命、政权更迭、政党斗争和政府派系斗争、恐怖主义事件等；也包括东道国的政府控制与管理因素，如法律是否合理，税收、国有化、征用、没收、东道国对外政策、金融制度的健全程度、知识产权的保护程度等；还包括东道国资源质量与资源风险，如能源消耗情况、人力资源质量、投资所在地的经济和科技基础是否达到所需水平、公共卫生与疾病控制、国民士气、社会风气、诚信程度、文化习俗、生态环境的动态变化、地理与自然资源等。

从区域政治层面来看，以中东地区为例，中东地区长期冲突不断，乌克兰危机、“伊斯兰国”组织威胁以及叙利亚问题等危机依然持续，部分邻国长期处于敌对状态。而这种区域政治不稳定所造成的直接后果就是投资环境有可能急速“变脸”。

从沿线国家层面来看，很多国家面临民主政治转型、民族冲突等政治风险。比如巴基斯坦、阿富汗地方势力强大，分裂主义、极端主义盛行。这些风险最易引发动乱甚至战争，并具有突发性和不确定性，对于在当地投资的企业的破坏力不容小觑。

从大国关系层面来看，“一带一路”倡议一定程度上会影响国际经济格局，必然会挑战各大国利益，使之产生排斥心理。所以，“一带一路”不仅要面对每个东道国存在的政治风险，也将在一定程度上受到美国、俄罗斯等大国的影响。

经济法律方面的挑战。有学者认为，“一带一路”沿线某些国家没有良好的治理体制，初期对这些国家的投资相对容易，但是从长期看，要想得到投资回报则困难重重。在“一带一路”上投资的企业，由于不熟悉、不适应当地的法律环境，往往面临花费高额法律费用和经营成本的挑战，提高了投资风险。具体来看，“一带一路”沿线国家有关贸易立法仍在不断调整中，一些法律的修订比较频繁，不同国家对于产品和服务的质量标准要求不一致。

沿线经济发展水平不平衡，市场发育程度不均匀。“一带一路”联通亚欧非三大陆，涉及老牌发达国家和新兴发展中经济体，不同国家的经济发展水平极为不同。“一带一路”沿线国家市场开放难度大。有些国家的市场发育程度较高，经济环境相对稳定，为入境投资创造了便利条件；但也有一些国家的市场封闭，进入难度大，由此增加了企业投资评估的复杂性，制约了投资的积极性。此外，还有市场经营风险，比如沿线一些国家尤其是中亚与西亚的国家，由于市场发育不成熟，市场监管能力弱小，大大增加了建设企业的市场风险。还有违约风险，具体包括企业违法风险与政府违约风险，即参与建设的国家的企业与政府违反合约造成的成本损失以及不确定性风险。

文化差异与公共关系挑战。在“一带一路”推进中将面临许多文化差异方面的挑战。“一带一路”沿线大多数国家民族众多，多元宗教信仰并存，文化差异引发的问题如不能及时有效地进行协调和疏通，很容易引起民族主义情绪，从而影响“一带一路”建设的进程。

“一带一路”沿线不同文明的地区对于外来企业有相应的期待与禁忌。一些入境投资的企业对文化习俗差异意识淡薄，往往对当地宗教、文化缺乏敏感性，极易被误解或产生冲突。一些企业在面对国外民间社会时，准备十分不足，由于缺乏国际经验，对来自民间社会的风险要么根本看不到，要么视而不见，往往容易导致公共关系危机。公共关系处理不妥，以及由此引发的对中国“一带一路”意图的猜忌，增加了沿线各国合作的难度，都将成为“一带一路”推进中长期面临的重要风险。

（本文摘自中国与全球化智库2017年5月发布的研究报告《“一带一路”的国际合作共赢方案及实现路径》）

中国自贸试验区建设未来展望

肖　林*

建设自由贸易试验区，是一项具有全局意义和战略意义的国家战略。从2013年9月上海自贸试验区挂牌至今，中国自贸试验区已走过3年多的历程，逐步从沿海拓展到内地，覆盖了东中西各个区域，形成“1+3+7”的格局。当前，中国自贸试验区建设已进入新一轮推进的关键时期，如何在更大范围、更广领域对接高标准国际投资贸易规则，全面加快构建国际化、市场化、法治化营商环境，显得十分紧迫。

一、全球治理变革背景下的中国自贸试验区战略

当前，全球治理体系正在发生引人注目的新变化，国际投资贸易规则面临新一轮重构。建立自由贸易试验区，是我国在新形势下为全面深化改革开放的重要举措，对促进贸易和投资便利化、加快政府职能转变、形成深化改革新动力、扩大开放新优势，具有重要意义。

（一）新一代国际投资贸易规则的发展趋势

新一代国际投资贸易规则的形成是一个多方博弈的复杂过程。近年来，在WTO体制日益边缘化的同时，以BIT（双边投资协定）、TiSA（国际服务贸易协定）、TPP（跨太平洋伙伴关系协议）等为代表的国际经贸谈判深入推进，呈现出前所未有的议题深度、高水平的市场准入要求。尽管美国新任总统宣布美国将退出TPP，跨大西洋贸易与投资伙伴协议

* 肖林，上海市人民政府发展研究中心原主任。

（TTIP）前景也面临很大不确定性，但新一代国际投资贸易规则的诸多理念仍将在未来规则演变中产生深刻影响，值得深入分析。

总体而言，当前高标准投资贸易规则演变趋势可概括为五个方面：一是实现全面和更高水平的市场准入；二是采取“准入前国民待遇+负面清单”模式；三是从传统的边界措施向边界内措施拓展；四是服务贸易和投资成为关注焦点；五是强化投资保护和争端解决机制。

从本质上看，这些国际经贸规则的新理念是对21世纪全球投资贸易最新趋势的反映，也体现了发达国家谋求未来国际规则制定主导权的意图。

受美国新政府上台后政策可能调整的影响，下一步国际经贸规则谈判的走向有待观察。但有一点是确定无疑的，中国的改革开放进程仍将坚定不移地走下去，高水平自贸试验区的内涵会与时俱进不断深化。在某种程度上，TPP陷入停滞，给区域全面经济伙伴关系协定谈判（RCEP）加速推进创造了契机，中国应当在这个过程中发挥更加重要的作用。自贸试验区应积极接轨高标准投资贸易规则，在探索符合发展中国家利益的经贸规则先行先试上加大力度，充分对接“一带一路”方略，为国家开放试验提供应有依据。

（二）全球自由贸易园区发展趋势与主要模式

1. 自由贸易园区的发展趋势。自由贸易园区是指对外经济活动中在货物监管、外汇管理、税收政策、企业设立等领域实行特殊经济管理体制和特殊政策的特定区域。其基本功能是进出口贸易、转口贸易、仓储物流、简单工业加工、商品展示及金融服务等。在经济全球化和产业服务化的背景下，自由贸易园区呈现由货物贸易向服务贸易、离岸业务、投资经营、金融创新等综合多元功能转变的趋势。一是由货物贸易为主向货物贸易与服务贸易并重转变，更加注重服务贸易发展。二是由单一贸易功能向贸易与投资功能并重转变，更加注重投资自由化便利化。三是由在岸功能为主向在岸与离岸功能并重转变，更加注重离岸功能拓展。四是由生产贸易型企业集聚功能为主向集聚跨国公司地区总部功能转变。

2. 全球自由贸易园区的主要模式。国际上对自由贸易园区并未形成统一公认的分类。从功能角度看，大体可分为以下五类：一是保税仓储型；二是转口集散型；三是工贸结合型；四是自由港都市；五是经济自由区。

（三）中国自由贸易试验区战略

1. 中国自由贸易试验区的战略出发点体现在三个方面：一是主动顺应全球经济治理新趋势新格局；二是主动对接国际投资贸易新规则新要求；三是主动塑造我国以开放促改革促发展新优势。

2. 中国自由贸易试验区进展情况。中国自贸试验区经历了一个开启、发展和深化的过程。2013 年 9 月，中国（上海）自由贸易试验区挂牌成立，成为全国最早的自贸试验区，可称为 1.0 版本。2015 年 4 月，上海自贸试验区扩区，广东、天津、福建自贸试验区正式挂牌，形成了“1 + 3”的格局，可称为中国自贸试验区的 2.0 版本。2016 年 8 月，在上海、广东、天津、福建自贸试验区建设取得成效的基础上，我国宣布在辽宁省、浙江省、河南省、湖北省、重庆市、四川省、陕西省新设立 7 个自贸试验区，形成了“1 + 3 + 7”的格局，可称为中国自贸试验区的 3.0 版。总体上看，经过 3 年来的不断推进，中国自贸试验区建设取得有力进展，可归纳为三个方面：一是深入推进一系列重点领域制度创新；二是积极开展各具特色的改革创新试验；三是推动试点经验和创新举措的复制推广。

二、中国自贸试验区建设需要深化研究的问题

自贸试验区作为我国新一轮改革开放的试验田，当前推进中仍然存在一些问题和薄弱环节，需要在更大程度上加大制度创新力度。主要反映在以下六个方面：

（一）开放试验和制度创新与高标准投资贸易规则仍有较大差距

1. 外商投资负面清单有待进一步完善。一是负面清单开放度仍需提高。自贸试验区外资负面清单不断缩短，但限制性措施仍然很多，而且在表现形式、内容、透明度和投资定义等方面与国际尚未完全接轨，未有效发挥为扩大开放进行压力测试的作用。二是缺少法律法规依据支撑。自贸试验区负面清单未列明与相关义务不符的管理措施，缺乏法律法规依据，

不利于具体实施。三是行业分类与国际惯例不接轨。自贸试验区负面清单采用我国国民经济行业分类，与国际上分类惯例差异很大。四是负面清单制定的透明度需要提高。负面清单制定程序及相应的法律依据有待明确，相关利益主体在负面清单制定、修改和实施中参与不够充分。

2. 高标准经贸规则的压力测试不充分。自贸试验区成立至今，对新一代投资贸易规则关注的一些重点方面，迄今尚未在实践中进行系统的压力测试，仍然停留在概念层面，先行先试效应不足，难以在这些领域为我国参与国际经贸谈判提供有力依据。

（二）部分领域改革深度和广度需要进一步提高

1. 金融开放创新尚需不断深化。一是部分实施细则尚未落地。受各方面因素影响，《进一步推进中国（上海）自由贸易试验区金融开放创新试点加快上海国际金融中心建设方案的通知》仍有部分项目尚未出台细则或推出创新案例，导致相关工作进展迟缓。二是自由贸易账户试点功能有待进一步扩展。从使用功能看，目前自由贸易账户使用主要是在经常项目上，对资本和金融项目交易的限制仍然十分严格，和预期效果有一定差距。三是外汇管理制度创新力度尚需加大。

2. 符合国际惯例的税制改革需要加快推进。一是离岸贸易税制与国际惯例有较大差距；二是现行税制设计不适应跨境投资发展要求；三是促进金融业发展的税制有待进一步完善。

（三）制度创新的系统集成度有待提高

自贸试验区建设是一项系统工程，不少领域的改革措施具有内在的相关性，需要各部门、各地区协调配合、全面推进。目前这方面还存在很大改进空间。一是政策配套和系统集成不到位。自贸试验区制度创新涉及面广，目前主要由各部门根据分管领域实际情况推进，只涉及单一部门改革创新、程序优化的“微创新”进展较快，而跨部门、制度性改革推进较慢。二是部分制度创新试点范围偏窄。目前一些重要制度创新成果往往是在少数企业“点试”，但对全面复制推广意义有限。三是基于全球价值链视角的制度设计薄弱。自贸试验区现有制度设计主要是从价值链的单个环节出发，而非从价值链全链条优化的视角出发，制约了制度竞争力的提升。

（四）自贸试验区法治建设任务仍然繁重

一是现行法律法规位阶不高。当前自贸试验区大多数制度创新举措都是以部门规章的形式发布，法律层级较低，与国际自贸区严格的立法程序有较大差距，不利于提升自贸试验区立法的权威性。二是地方立法的创设空间有限。自贸试验区涉及的投资、贸易、金融、税收等先行先试事项均属于国家专属立法权事项，地方立法只能做出实施性规定，立法空间不大。三是一些领域法制建设存在薄弱环节。

（五）基于开放创新的风险防控体系需要进一步完善

安全审查制度与反垄断审查制度尚未有效落实。以上海自贸试验区为例，尽管早在设立之初就建立了安全审查制度和反垄断审查制度，但迄今尚未实质有效开展。

综合监管体系亟待健全和完善。在放宽准入的同时，综合监管制度还比较薄弱，信息共享不到位，部门之间缺乏协同，影响了监管成效。目前部门间信息交换和应用的领域还比较窄，信息沟通、共享、使用在一定程度上还不到位，呈现“蜂窝煤”状况，短期内难以完全打通。

（六）自贸试验区与国家方略之间的联动机制有待加强

一方面，自贸试验区与“一带一路”等国家方略联动不够充分，并且在“一带一路”国家方略中的定位还不够明确，应该发挥哪些功能也不够清晰；另一方面，全国各个自贸试验区之间的协同联动有待加强。亟待建立信息沟通交流的常态化机制，构建一体化合作环境。未来11个自贸试验区地理位置不在一起，但在制度安排互联互通上还可往前迈进一步。

三、中国自贸试验区建设未来展望

当前，我国自贸试验区建设已进入深入推进的关键时期。从全球看，推动全球治理体系变革是大势所趋，中国将以更自信的姿态参与全球治理议题的设定，在国际经贸规则制定中发出更多声音。从全国看，“一带一路”、长江经济带、京津冀协同发展等国家方略深入推进，供给侧结构性改革进一步深化，都迫切需要自贸试验区在更大程度上发挥先行先试功能、引领带动效应。下一步要按照国家要求，进一步解放思想，以更大的勇气和智慧推进制度创新，进一步发挥全国改革开放试验田作用。

（一）加强自贸试验区制度创新系统集成

1. 完善与开放型经济相匹配的制度创新体系。一是完善以负面清单管理为核心的投资管理制度创新。在建立安全审查制度的同时，减少禁止和限制外商投资行业的数量，除股权限制外，有针对性地采取最惠国待遇、业绩要求、高管和董事会等限制方式。在形式上应与国际标准对接，包括六大核心要素：部门、子部门、行业分类、保留条款的类型、政府层级、措施。还应进一步提高负面清单变动程序的透明度。二是完善以贸易便利化为重点的贸易监管制度创新。继续深化国际贸易“单一窗口”建设，进一步提高通关效率。深化货物状态分类监管，考虑货物来源地和进出区不同流向、用途等因素，推动货物状态分类更加合理化，使监管模式更加灵活弹性。三是积极审慎推进金融开放创新。上海自贸试验区应当在这方面发挥先行先试功能，拓展自由贸易账户功能，加快面向国际的金融交易平台建设，探索建立人民币国际化服务中心。四是加快建立符合国际惯例的税收制度。目前我国自贸试验区鼓励离岸业务发展的税制设计仍是空白，境外股权投资税收制度与发达国家做法差距很大。建议尽快建立鼓励离岸业务和境外股权投资发展的税收制度，对离岸贸易和离岸金融业务实行低税率。

2. 完善与市场化改革相适应的政府治理体系。要切实加快政府职能转变步伐，构建法治政府与服务型政府。一是推进简政放权向纵深发展。积极开展市场准入负面清单制度试点，赋予市场主体更多的主动权。深化商事登记制度改革，提高行政许可事项的透明度和可预期性，破解企业准入“能进不能做”的制度瓶颈。二是构建全方位的事中事后监管制度。促进不同部门间的信息交流和资源共享，推进统一市场监管和综合执法，提高监管效能。进一步完善公共信用体系，加大违法违规行为惩戒力度，提高失信成本。三是加大政府服务管理创新力度。推行“互联网+政务服务”模式，以信息化手段推动政府服务管理流程再造。积极推广 PPP 模式，充分发挥社会资本在参与公益性事业投资运营中的作用，提高公共服务供给效率。

3. 完善与自贸试验区相配套的法治保障体系。建议在国家层面制定“中国自由贸易试验区法”，提高自贸试验区立法的统一性和权威性，并对各地自贸试验区法治建设中存在的深层次问题加强立法指导。改变目前自贸试验区相关法律事项“一事一议”的做法，针对自贸试验区专门制定便捷的暂停相关法律法规实施的程序，促进相关改革举措尽快落实。除司法诉讼外，积极发展仲裁、协商、调解等多元化争议解决机制，尤其是完善仲裁机制，充分发挥其高效便捷的优势。健全国际性法律服务体系特别是国际法律查明机制，为自贸试验区法院商事审判提供境外法律查明服务。加强境内外法律服务业合作，吸引境外知名法律服务机构入驻，加强法律服务人才培训。

（二）推进高标准国际投资贸易规则先行先试

当前，应立足于国际形势的变化，在风险可控的条件下，在自贸试验区率先开展一系列重要议题的改革试验，为我国参与国际经贸谈判积累经验，发挥先行先试效应。

1. 推进最新经贸谈判议题的改革试验。未来全球经济治理规则面临新的变化，迫切要求自贸试验区加大高标准投资贸易规则试验力度，对符合我国改革目标的议题率先试验。一是探索构建竞争中立制度。特别是建立公平竞争审查制度，在法规政策制定中对相关措施是否可能导致不公平竞争进行审查，并对现行法规政策中不符合竞争中立原则的内容进行清理。二是加大知识产权和环境保护力度。自贸试验区应实施更严格的知识产权保护和执法制度，完善环境监管执法体系，推行环境保护协议制度，鼓励企业与政府部门签订高于法定要求的改善环境协议。三是探索建立投资者异议审查制度。

2. 完善对外开放的风险防控体系。一是完善产业风险防控制度。尤其是加快健全国家安全审查制度和反垄断审查协助工作机制。在地方事权范围内加强相关部门协作，提高信息互通、协同研判、执法协助水平，确保落到实处。配合国家有关部门建立与开放环境相匹配的产业预警体系，及时发布产业预警信息，采取有效应对措施，防止外资过度进入对国内产业安全造成损害。二是完善金融风险防控制度。按照宏观审慎评估体系要求，建立与自贸试验区金融开放创新相适应的金融综合监管机制，加强对大规模短期资本跨境流动的监测分析，强化跨部门、跨行业金融业务监管协调和信息共享，提高金融风险协同管控能力。

（三）注重自贸试验区与重大国家战略协同联动

自贸试验区在国家战略中具有独特的重要地位，要从整体视角出发，充分发挥自贸试验区与“一带一路”、长江经济带等国家方略的联动效应，形成相互支撑、相互促进的局面。

1. 强化在“一带一路”方略中的支点作用。自贸试验区在“一带一路”建设中承担着不可替代的独特功能，应当成为辐射和服务“一带一路”的枢纽平台。一是构建“一带一路”贸易服务枢纽。结合亚太自由贸易区建设，构建面向未来的“互联网+跨境自贸区”数字化网络，为互联网跨境贸易企业构建物联网、云计算、大数据、电子认证和产品追溯等公共服务平台。探索实施“一带一路+自贸区”融合发展方略，促进构建服务“一带一路”的综合交通枢纽。二是构建“一带一路”金融服务枢纽。上海自贸试验区在这方面承担着尤为重要的功能，应依托上海国际金融中心建设，充分发挥亚投行与金砖银行的作用，加强与“一带一路”沿线金融中心的合作，打造服务“一带一路”的跨境投融资平台。

2. 充分发挥对长江经济带的辐射带动效应。加大自贸试验区制度创新力度，推出更多可复制、可推广的创新举措，推动创新成果在长江流域推广和共享。深入推进国际贸易“单一窗口”建设，加快推进电子口岸跨部门共建共管，优化口岸监管和通关流程，推进长江流域口岸通关合作，推动长江经济带通关一体化。拓宽境外投资者参与境内金融市场的渠道，提升金融市场配置境内外资源的功能，为长江经济带企业提供更为便利的金融服务。加强长江经济带地区间的互联互通，包括基础设施、信用信息和企业信息等方面的共融共通。

3. 加强与其他重大国家战略的联动。目前我国 11 个自贸试验区，分别承担着相应的国家战略功能。在自贸试验区建设中，除加强与“一带一路”和长江经济带联动外，还要与其他重大国家战略紧密结合，明确自贸试验区在特定国家战略中应承担的功能，并采取针对性的战略举措，充分发挥辐射带动作用。

（四）统筹全国各个自贸试验区联动协作和差别化试验探索

我国自由贸易区建设已进入联动推进的新阶段，要在国家层面统筹指导下，形成各具特色、有机互补的试点格局。

1. 鼓励自贸试验区凸显自身特色。在制度创新过程中，对自贸试验区既要加强统一指导，又要充分发挥各地的积极性和主动性，鼓励各个自贸试验区根据自身实际，推进差别化试验与错位发展。为此，要进一步加大简政放权的力度，对能下放到地方和自贸试验区的权力要尽可能下放，给予自贸试验区更大的自主权和创新空间。同时，建议设立自贸试验区改革创新的容错机制，激发地方政府的创新积极性，减少后顾之忧，为激励其大胆创新提供制度保障。

2. 加强各个自贸试验区联动协作。各个自贸试验区在制度创新过程中，应加强共性问题的交流，及时沟通有关信息，提高制度创新的整体效率。不同自贸试验区的制度创新既要有所侧重，又要加强统筹考虑和互联互通。是否可以允许企业在某个自贸试验区注册登记后，到其他自贸试验区也享受同等待遇，目前一个自贸试验区是120平方公里左右，如果全国11个自贸试验区加在一起，相当于1 400平方公里已对标国际经贸规则，由此形成的制度创新整体效应是巨大的。

（此文系作者2016年10月在中组部和商务部共同举办的全国厅局级领导干部自贸区专题研讨班上的报告）

优化长江经济带产业协同创新机制

曾 刚 王丰龙 滕堂伟*

长江经济带建设是我国新时期与“一带一路”、京津冀协同发展并列的三大国家发展方略之一。中央要求大力推动长江上中下游协同发展、东中西部互动合作，将长江经济带建设成为我国生态文明建设的先行示范带、创新驱动带、协调发展带。而城市在长江经济带占据着核心战略地位，城市协同发展能力直接关系到长江经济带建设目标的实现。为此，我们借助2012~2014年国家统计局以及长江经济带9省2市统计局发布的官方统计资料，采用由科技创新、经济发展、交流服务、生态保护4个领域16个指标构成的评价指标体系以及加权平均并求和的计算方法，对长江经济带110个地级及以上城市协同发展能力进行了综合计算。根据综合计算结果，前十名为上海、武汉、重庆、南京、成都、苏州、杭州、长沙、合肥和宁波；眉山、攀枝花、昭通、铜仁、毕节、安顺、娄底、衢州、保山和六盘水则位列后十名。从总的格局来看，长江经济带城市协同发展能力呈现东高西低、省会城市和沿江沿海城市较高的态势，整体协同发展水平仍有待进一步提高。总体而言，生态安全、创新驱动下的产业转型是长江经济带协同发展的两大着力点，在此基础上充分发挥各城市群以及中心城市的辐射带动作用、创新协同发展的体制机制成为保障长江经济带一体化进程的重要支撑。

* 曾刚，华东师范大学城市与区域规划研究院院长；王丰龙，华东师范大学城市发展研究院讲师；滕堂伟，华东师范大学区域经济学、人文地理学硕士生导师。

一、组建长江经济带协同治理委员会

目前，无论是国家层面上以各部委及其派出机构为主体的纵向职能管理模式，还是区域层面上以“市长联席会议”为代表的松散型、横向合作机制，都与长江经济带综合保护和协同建设要求相距甚远，必须建立相应的流域（区域）经济组织来进行区域建构和综合治理。2015 年国家组建了“推动长江经济带发展领导小组”。但在我国现行行政框架内，“领导小组”的核心职能一般是引领、协调和推动，且不是常设机构（通常事毕即撤），“领导小组”模式尚未解决流域经济治理的组织体制保障问题。根据国内外流域经济区治理经验，并结合我国国情和长江经济带发展实际，建议组建长江经济带协同治理委员会，并建立起分层次、多中心的协同治理框架。

第一层面，建立长江经济带协同治理委员会，创设“长江经济带中央领导、部长和九省二市省长会议”，每年召开一次例会，使之成为长江经济带最高战略决策与协同会议。通过主要中央领导牵头各部委和省、直辖市最高行政长官，确立起该机构的领导权威、战略决策和协调能力，切实推进“流域区管理与行政区管理”的综合协同治理效应，在最高层面上破解长江经济带协同发展中的地方行政壁垒和条块分割难题。

第二层面，在原有中心城市协作区、沿江中心城市协调会、城市群联席会议等既有跨区域协调与合作体制机制基础上，巩固和扩展其职能和空间范围，优化和创新城市群或经济区内的协调和合作机制，建立起目标更明确、更具约束力的城市群联席会议（或城市群联合体）及长江沿岸中心城市经济协调会，并按照长江经济带建设委员会的总体安排和部署，深化不同片、段城市群联席会议（或城市群联合体）之间的横向沟通与交流，共同推进长江经济带全域尺度上的协同与协调发展。

第三层面，主要是各职能部门（机构）的专题协同与合作制度，根据职能和部门专业化特征，负责不同领域或事务的规划、执行、监督以及研究咨询等。要充分发挥各省、市政府合作交流办的窗口作用，搭建区域性合作交流平台，围绕具有区域共同愿景、关键重要性和具有发展良机的专题，进行重点突破。

第四层面，主要涉及具体的实施和操作模式，要注重吸收行业同业协会、企业主体与企业联合会、NGO 等市场和社会力量，结合政府部门和公共服务机构，推进 PPP 公私合作治理模式。

二、开展长江经济带生态环境保护工作的顶层设计

长江生态环境问题成因复杂。从发展阶段看，长江经济带目前处于工业化发展阶段，工业特别是重化工业发展迅速，对环境造成了很大压力。从协同发展看，长江经济带九省二市缺乏有效的利益协调机制，省市间合作还未能形成稳定的合作机制与合作平台，缺乏实效，务虚大于务实。从投入产出效益来看，欠发达地区财政实力不强，环保费用承受能力弱，影响了企业乃至地区开展生态环境保护的积极性。尽管长江经济带 11 个省市开展了大量的污染治理、生态保护等工作，但仍然存在各地生态环境保护重点不统一、工作步调不协调的“碎片化”以及生态环境保护工作总体效果欠佳的问题。因此，有必要从宏观整体、长远战略的高度，创新生态环境保护思路，开展长江经济带生态环境保护工作的顶层设计。具体建议为：

（一）建立长江流域现有生态环境保护机构之间的协作网络，将绿色发展作为创新驱动国家战略的重要内容和抓手

在制定国家研发计划过程中，应加大对资源环境基础研究和绿色技术应用研究的投入。在基础研究领域，充分发挥生态环境保护领域国家重点实验室、国家工程中心在学科建设、重大理论探索中的作用；在应用技术领域，通过产学研一体化的联动方式，充分发挥企业，特别是大型国有企业在绿色技术开发、应用方面的核心作用。设立专项基金计划，鼓励更多钢铁、石化、电子领域的企业通过绿色创新来提高企业核心竞争力。德国政府支持西门子公司绿色转型的成功经验值得借鉴。

（二）启动长江经济带绿色技术跨界共享试点，推动联合国框架下的绿色技术共享机制建设

在《联合国气候变化框架公约》的框架内，根据“共同而有区别的

责任”的原则，建议由我国联合其他金砖国家共同发起，推动建立以发达国家政府开发的垃圾处理、水体污染、土壤污染治理技术为基础的国际绿色技术共享机制，降低发展中国家引进发达国家污染治理技术的成本，进而推动全球范围内节能减排和联合国“清洁世界”行动。而长江经济带是我国横跨东中西三大不同发展水平地区的巨型经济带，上海、江苏等东部经济发达省市已经积累了一大批政府资助开发的环境保护技术。建议开展长江经济带内绿色技术从发达的东部省市向欠发达的中西部省市转移的试点工作，为推动联合国共享绿色技术倡议提供经验。

（三）启动长江环保信息库建设，推动科学决策和环保信息的开发利用

可信而充分的环保信息是一切科学决策的基础和前提。德国、日本等国家区域发展实践表明，长江经济带环境治理、生态保护、风险防范等工作的成败在很大程度上取决于环保信息的搜集、处理、发布与应用转化。因此，应该完善、开发利用现有环境保护部中国环境监测总站、环境工程评估中心、环境与经济政策研究中心的潜在功能，建设由覆盖全领域的关键生态样点、断面、剖面组成的观测网络，在武汉或上海建立长江经济带环境保护信息中心。同时，充分发挥长江流域生态环境类国家重点实验室、省部级重点实验室的科技优势。

（四）加快构建横向水生态补偿/交易框架，切实解决上中下游无序排污导致的水环境持续恶化问题

成立专门的长江法制政策研究部门，研究制定“长江法”。由国务院牵头组织长江流域11个省（市）建立省际长江水环境合约组织与横向交易平台。将一个省流域的断面进水口和出水口取样，进行水质检测。以断面水质考核指标为测算系数，确定省际生态补偿标准。出水水质优于考核目标，下游省份向上游支付生态补偿金；反之，由上游省份向下游省份支付生态补偿金。强化环境执法及环保政绩考核。尝试制定长江经济带水环境“红线”（确定水环境的容量与标准，并进行严格管制）；将长江水质纳入省市考核，以及“领导干部自然资源资产离任审计”；建立长江流域联合环保机构，开展水环境环保督察巡视，严格执法。

三、优化长江经济带产业协同创新机制

应挖掘地区之间、部门之间的协同创新潜力，推动长江经济带创新驱动下的产业转型。具体建议为：

（一）调整优化区域产业分工与布局，推动优势传统产业技术改造与升级

一是调整优化区域产业分工与布局。根据长江经济带制造业协同发展程度，长江经济带布局合理的行业为化学纤维制造业，石油加工、炼焦及核燃料加工业，农副食品加工业和专用设备制造业；急需调整的行业为造纸及纸制品行业，医药制造业，通讯设备、计算机及其他电子设备制造业和食品制造业。长江上中游布局合理的行业为烟草制品业，有色金属冶炼及压延加工业，石油加工、炼焦及核燃料加工业和化学纤维制造业；急需调整的行业为造纸及纸制品行业，纺织业，金属制品业和非金属矿物制品业。长江中、下游布局合理的行业为通讯设备、计算机及其他电子设备制造业，农副食品加工业，专用设备制造业和纺织业；急需调整的行业为化学纤维制造业，医药制造业，电力、热力的生产和供应业，黑色金属冶炼及压延加工工业。二是推进传统产业发展的结构化创新。实行产业链重组战略，有效整合产业存量资源，推动分散的中小企业、块状经济转向以大企业、大集团为龙头的分工协作联合体，构建面向长江经济带的一体化主导优势产业链，逐步建立起工业化、市场化、城镇化联动提升型的区域性产业集群。如依托武汉、南昌、长沙等地汽车工业，建立长江中游城市群汽车产业战略联盟，构建一体化的汽车及零部件产业链。三是不断淘汰落后产业，推动优势传统产业技术改造与升级。

（二）协调不同层级的产业基金，加快建设一批战略性新兴产业基地

一是依据“中国制造 2025”战略部署，瞄准国际尖端产业，结合区域产业优势，加快建设一批战略性新兴产业集聚发展基地，充分发挥战略性新兴产业的引领带动作用。二是协调国家、区域及地方等不同层级的产业基金，引导各类产业基金的优化配置和合理流动，优先支持产业共性技术平台、创新合作交流平台，避免新一轮的地区之间的“基金”竞争，

在此基础上培育形成长江经济带战略性新兴产业基地网络，实现各类产业基金对长江经济带产业创新驱动发展的最大化支持效应。

（三）强化政府对市场的功能性战略互补功能，推进区域协同创新

长江经济带现有产业创新合作实践表明，在市场运行情况较差时，企业倾向于“抱团取暖”，通过合作研发来节约技术创新成本，分摊技术创新风险，以度过困难时期；在市场运行情况较好时，企业间创新合作频率较低。这种情况说明区域创新网络内互信、互惠的社会机制还未建立起来，创新网络的建设处于初级阶段，企业间的创新合作受到外部因素的影响较大且处于剧烈波动状态。因此，政府需要聚焦于对企业、大学、研发机构等创新主体合作创新活动的引导、激励，而不是特定的技术项目开发。

（四）加强产学研用联盟建设，促进产业互信、互惠、合作机制的形成

积极推进国家技术创新示范企业和企业技术中心建设，充分吸纳企业参与国家科技计划的决策和实施；不断瞄准国家重大战略需求和新兴产业发展制高点，定期研究制定和发布长江经济带制造业重点领域技术创新路线图；发挥行业骨干企业的主导作用和高等院校、科研院所的基础作用，建立一批产业创新联盟，开展产学研协同创新，着力攻克一批对长江经济带产业竞争力整体提升具有全局性影响、带动性强的关键共性技术。

四、构建以中心城市为核心的分层协同发展机制

地区内部的结构和协同分工程度是地区活力体现的重要影响因素，因此突出直辖市、省会城市、计划单列市和重要节点城市的核心地位，发挥中心城市的辐射带动作用，做好中小城市的功能协同是提升区域经济活力的重要举措，大力建设以上海为中心的长三角城市群、以长沙、武汉、南昌为中心的长江中游城市群、以成都、重庆为中心的成渝城市群。

以上海为代表的长三角城市群中心城市应当加快产业转型升级，参与全球产业分工，提升国际化水平和综合竞争力。长三角城市群是我国一体化程度最高的城市群，应当加强长三角都市连绵带一体化建设，形成中心

明确、沟通无碍、协同合作的网络式区域体系，为长江经济带城市群发展做表率。

以长沙、武汉、南昌为代表的长江中游城市群中心城市应加大开发开放力度，大力发展先进制造业、战略性新兴产业、现代服务业为主的产业体系。由于长江重要城市群有诸多小子群，未来中游城市群应当继续加强区域一体化程度，减弱多核子群间的不平衡，促进小子群间的协同发展。同时，经测算武汉在长江中游地区的交流服务能力中占据第一，应当进一步加强武汉在长江经济带中游的交通枢纽作用，建设成为长江经济带重要物流中心。

以成都、重庆为代表的成渝城市群中心城市应当加快推进新型工业化进程，打造全国重要的先进制造业和战略性新兴产业基地，成为引领西部开发开放的国家级城市群。成渝城市群当前的一体化程度相对较低，一方面成渝城市群应当加强对长江中、下游城市群的建设制度、经验学习；另一方面应加快推动自身“一轴两带、双核三区”的空间格局建设，提升一体化水平。

中小城市、小城镇应当努力做好与中心城市的功能协同。首先，做好产业布局引导，鼓励产业项目在有条件的中小城市布局，鼓励中小城市依托自身资源发展特色产业。同时，进一步做好市政基础设施和公共服务设施建设，鼓励教育医疗等公共资源向中小城市倾斜，增强中小城市集聚要素的能力。对于大城市周边的重点镇，鼓励其与城市发展统筹规划，逐步朝着卫星城发展。鼓励具有区位或者资源优势的小城镇发展成为旅游、交通等特色镇。鼓励远离中心城市的小城镇发展成为服务农村、带动周边的综合性小城镇。

总体而言，长江经济带城市协同发展仍需要创新体制机制，达成区域性共识，强化区域内协同合作，制定区域公认的制度规则，从而为长江经济带一体化的顺利发展保驾护航。

（本文摘编自《长江经济带城市协同发展能力指数（2016）研究报告》）

京津冀协同发展土地开发之策

高国力*

2016年6月，国务院批复国土资源部印发《全国土地利用总体规划纲要（2006－2020年）调整方案》（以下简称《纲要》）。此次调整主要根据第二次全国土地调查成果，针对各地出现的建设用地指标提前告罄、基本农田标准不一、质量下降等突出问题，进一步提高土地集约开发利用水平，维护土地利用总体规划的严肃性和可操作性，为“十三五”经济社会发展提供合理的土地资源保障。京津冀协同发展作为“十三五”国家重大战略，急需确立适应新变化的土地开发利用对策，促进土地开发利用结构和布局优化。

一、京津冀耕地保有量、基本农田保护面积、建设用地总规模土地调整情况

从全国的调整来看，到2020年，坚守18亿亩耕地保护红线，按照实有耕地数量稳定、质量不下降，确定全国耕地保有量为18.65亿亩，比《纲要》原来确定的目标增加6 000万亩，增加3.3%。按照基本农田数量和布局基本稳定、优质耕地优先保护的原则，确保全国15.46亿亩基本农田数量不减少，质量有提高，比《纲要》原来确定的目标减少1 400万亩，减少0.9%。坚持严控增量、盘活存量、优化结构、提升效率的要求，全国建设用地总规模为61 079万亩，比《纲要》原来确定的目标增加5 219万亩，增加9.3%。

---

* 高国力，国家发展和改革委员会宏观经济研究院科研管理部主任、研究员。

从京津冀三地的调整来看，与《纲要》原来确定的目标相比，到2020年，北京市的耕地保有量从322万亩调减至166万亩，基本农田保护面积从280万亩调减至150万亩，建设用地总规模从573万亩调减至558万亩；天津市的耕地保有量从656万亩调减至501万亩，基本农田保护面积从535万亩调减至427万亩，建设用地总规模从605万亩调增至661万亩；河北省耕地保有量从9 454万亩调减至9 080万亩，基本农田保护面积从8 316万亩调减至7 725万亩，建设用地总规模从2 867万亩调增至3 372万亩。

北京市土地“三项指标”表现为“两大降、一小降”特点。北京市耕地保有量和基本农田保护面积均大幅调减，分别下降48%和46%，建设用地总规模小幅调减下降2.6%。北京市调减的耕地和基本农田将主要转为园地、林地、草地等其他农业和生态用地。“十三五”期间，北京市将提供更多的土地用来发展蔬菜、瓜果、花卉等都市农业，加快发展观光农业、休闲农业等现代农业新业态。另外，大力实施退耕还林、退耕还草、退耕还湿等重大生态建设工程，林地、草地和湿地等占地面积大幅增加，进一步强化首都的生态涵养功能。

天津市土地“三项指标”表现为“两中降、一小增”的特点。天津市的耕地保有量和基本农田保护面积明显调减，分别下降24%、20%，建设用地总规模小幅增加9.3%。考虑到天津市建设北方经济中心的发展目标，调减的耕地和基本农田将有少量转为建设用地，保障天津市基础设施、工矿开发、城乡建设等建设用地的需求，但是总体上仍严格控制建设用地的快速增长。

河北省土地“三项指标”表现为“两小降、一中增”的特点。河北省耕地保有量和基本农田保护面积均小幅调减，分别下降3.9%、7.1%，建设用地总规模明显调增了17.6%。

二、促进京津冀协同发展的土地开发利用对策

（一）强化京津冀三地功能定位的用地保障

围绕北京市的功能定位“全国政治中心、文化中心、国际交往中心、

科技创新中心”，强化政务、外交、文化、科技、教育等服务功能的土地保障，优先改造提升中心城区土地利用效益，重点疏解非首都核心功能，提升疏解后腾退土地的开发利用业态和效益。围绕天津市的功能定位“全国先进制造研发基地、北方国际航运核心区、金融创新运营示范区、改革开放先行区”，加大先进制造、航运物流、金融创新等高端产业用地供给，统筹老城区改造和滨海新区发展的土地开发利用，严格不同类型土地的用途管制，加强围填海土地、滩涂、岸线等特殊类型土地的开发管控和生态功能维护。围绕河北省的功能定位“全国现代商贸物流重要基地、产业转型升级试验区、新型城镇化与城乡统筹示范区、京津冀生态环境支撑区”，加强商贸物流、中高端制造业、新型城镇化等发展用地支撑，满足承接京津部分产业和功能产生的用地需求，不断强化作为粮食主产区和生态涵养区的土地资源保障。

（二）实施“点轴面”空间布局的差别化土地开发利用方向和重点

依托《京津冀协同发展规划纲要》提出的“一核、双城、三轴、四区、多节点”空间布局，加大北京、天津两个超大、特大城市的土地利用调整力度，加快老城区、旧厂房、废弃产业园区、低效利用土地等城市更新改造，着力提升存量建设用地的利用效益；适度增加石家庄、唐山、保定、邯郸、廊坊、秦皇岛等不同城市的建设用地规模，土地增量控制和存量优化相结合，不断优化城市生产、生活和生态用地结构。加大建设用地供给向京津、京保石、京唐秦三个发展轴的倾斜力度，保障“三轴”沿线产业、城镇和人口集聚产生的用地需求。中部核心功能区，重点在于存量土地的挖潜，强化生态服务和生活配套功能的土地保障，提高土地利用的综合效益；东部滨海发展区和南部功能拓展区，重点在于保障建设用地合理有序供给，统筹用于基础设施、工矿开发、城乡建设等重点领域，加快承接京津两市中心区的功能疏解和产业转移；西北部生态涵养区，重点在于从严控制土地开发强度，稳步提高基本公共服务能力，保障区域生态涵养功能。

（三）新增建设用地优先保障交通、环保、产业三大重点协同领域需求

交通一体化方面，保障城际铁路、城市轨道、高速公路、国省道、县

乡公路等新建和改扩建重点项目的用地，打通河北与京津两地间的“断头路”，改造提升三地之间的“卡脖路”，加强京津冀三地的互联互通，有效降低三地之间的物流成本。生态环境保护方面，保障污水处理、中水回用、垃圾填埋和焚烧、污泥处置、循环经济、环境产权交易等相关项目、设施和场所的用地需求，加强跨界水体断面、城乡结合部等重点区域的环境污染监控，推进环境污染治理联防联治。产业升级转移方面，重点保障北京市高端服务业和部分高新技术产业的建设用地需求，加大天津市先进制造业、港口航运、金融等重点产业的用地供给，强化河北省承接京津两地的商贸物流、装备制造、科技转化等产业的用地保障，加强京津冀三地间的产业关联配套和分工协作。

（四）有效发挥微中心、卫星城等功能区的土地集约高效利用示范功能

结合京津冀地区规划建设的微中心、卫星城、城市副中心、新城新区等重要功能区，加快探索土地集约高效利用的新模式，有效发挥对京津冀其他区域的土地利用示范辐射作用。加大新增建设用地合理有序供给，科学确定新增建设用地的利用结构，明确不同类型建设用地的开发强度和效益标准。划定城镇和园区空间增长边界，统筹安排生产和生活用地，按照宜业宜居的原则划定功能分区，建设成为产城融合的示范区。严格划定和落实生态保护红线，强化绿色循环低碳发展功能的用地保障，规划建设灵活多样的绿道绿廊、循环经济园区、低碳社区、近零排放区、风道等新型绿色生态项目，打造一批紧凑、智能、精明的特色功能区。

（五）探索建立灵活高效的土地市场化交易机制

加强京津冀三地多规融合衔接，促进土地交易、土地整理、土地存储等市场的对接统一，实现土地资源配置合理高效。创新城镇建设用地增加与农村建设用地减少挂钩、建设用地增加与吸纳外来人口数量挂钩的模式，积极稳妥地率先推进跨县（市）“两个挂钩”试点。协同推进京津冀三地农村集体建设用地入市进程，保持入市规模、节奏和价格的合理调控，促进城乡建设用地实现同等入市、同权同价，加快建立城乡统一的建设用地市场。严格落实耕地占补平衡政策，加强土地整理和复垦的统筹规

划和政策支持，率先探索跨省级行政区的耕地占补平衡，满足京津冀三地差异化现实需求。鼓励多种方式开展城镇未利用地、废弃地、低效利用土地的再开发，探索灵活的土地置换和指标奖补方式，吸引更多开发主体和资金进入。

（本文原载于《开放导报》2017 年 2 月第 1 期）

雄安新区：站在发展前沿探索新城新区建设

冯 奎*

新城新区是考虑发展需要，经由主动规划与投资建设而成的空间单元，包括国家级新区、经济特区等。近年来，各类产业新城、高铁新城、科教新城等引起广泛关注。在经济发展新常态下，进一步探讨新城新区面临的挑战和机遇及未来方向，具有重大意义。

一、新城新区嵌入改革开放进程

改革开放以来，中国的新城新区已经发展成为一个庞大的谱系。截至目前，这个谱系是以 19 个国家级新区为龙头，包括 7 个经济特区、219 个经济技术开发区、156 个高新技术产业开发区、12 个国家综合配套改革试验区、11 个自贸区、5 个国家级金融综合改革试验区，以及其他数以万计承担一定功能的新城新区。可以说，新城新区作为经济发展的巨大引擎，深刻地嵌入到了我国的改革开放进程。中国改革开放的政策又在新城新区中得到最充分、最直接的应用，新城新区因此获得发展的新动能。

与一般性的城市发展空间有所不同，新城新区有五个方面的特殊角色。一是发动机，东部主要国家级新区占所在城市 GDP 总量达到 30%。国家级经开区、高新区贡献 GDP 占全国的近 1/4。二是城镇化载体，新城新区实行新的居住证等制度，吸纳了大量的进城人口。三是方案解决者，这主要

* 冯奎，中国城市和小城镇改革发展中心学术委秘书长。

是针对大城市人口压力过大、工业产业疏导、旧城改造与保护、发展空间受限等问题，新城新区提供了化解的办法与途径。四是城市功能平台，通过建立产业新城、高铁新城、临港新城、科技新城等，满足城市发展的需要。五是改革的试验田，许多重大的改革，包括政府职能改革、投融资制度改革、土地制度改革、人才使用制度改革等，都是从新城新区开始，再扩大到其他地区。

二、新城新区面临的发展机遇和挑战

新常态推动新城新区再造新格局。新常态是当前和今后一个时期经济发展的大逻辑，这对于新城新区建设是重大的历史机遇。新城新区要为经济保持较快增长速度做出贡献，有的新城新区还将承担经济发展增长极的功能；新城新区要为结构优化升级做出示范，国家将推动新城新区深入融入全球活动，支撑欠发达地区发展，成为新兴行业发展的排头兵；新城新区要为动力转换充当引擎，率先实现由要素驱动、投资驱动向创新驱动的转变，带动相关区域、行业、企业实现系统性协同创新。

城镇化发展给新城新区带来新空间。中国的城镇化率还有较大提升空间，未来还有3亿多人要进入各类城市与新城新区。特别要看到，部分特大城市出现功能冗余现象，亟待疏解。近年来，在特大城市周边出现了各种类型的新城新区，实质上就是城市群内的新型发展空间，是城市群区域网络化、多中心发展格局在空间上的映射。

绿色智慧人文城市推动新城新区实现新形态。新城新区必须体现绿色、智慧、人文等发展价值观，走节约、集约、创新发展的道路。当前，绿色城市、智慧城市、人文城市、网络城市、创意城市、健康城市等，都在进行试点与推广。未来正是新城新区创新发展理念、叠加绿色智慧人文等元素、建设新型城市的黄金时期。

体制机制改革发展为新城新区提供了发展的新动力。体制机制创新是中国新城新区建设的逻辑起点，是发展的动力源，是成功的根本经验。新城新区建设可以充分借鉴已有体制机制创新成果，少走弯路，降低成本。同时，在规划制度、房地产制度、土地利用制度、多元可持续的投融资制度等方面，创新空间仍然较大。将新型城镇化改革与新城新区创新结合起来，共同发力，将带来丰厚的改革创新红利。

在看到新城新区发展面临的重大机遇同时，也不能忽视挑战。一是保持较快经济增长速度。新城新区素以经济增速快见长，经济体量越来越大，要保持原先的发展速度并成为新的增长极，挑战越来越大。二是担负着重大发展使命。国家对经济技术开发区、高新技术开发区制定了更高标准。2016 年，国家有关部门明确了国家级新区体制机制创新 54 项重大任务。三是需要克服自身存在的难题。有的新城新区定位模糊，有的债务规模过大，有的土地等资源处于低效利用状态。

三、创新推动新城新区发展

以国家级新区为龙头，高新区与经开区为骨干，各类功能性的新城新区为支撑的新城新区体系，是全面建成小康社会，跨越“中等收入陷阱”的重要引擎，是中国在经济新常态下谋求发展的重要平台。展望未来，新城新区将迎来以创新为主要特征的新发展阶段。可以说，新城新区最大的压力是创新，最主要的突破口是创新，最应该选择的路径是创新，最值得期待的前景来源是创新。

在新型城市发展目标上有创新。要不断强化生态环境保护，积极推行绿色经济，强化绿色监管，开展绿色评价，推广低碳管理模式。充分运用信息和通信技术手段，感测、分析、整合城市运行核心系统的各项关键信息，从而对包括民生、环保、公共安全、城市服务、工商业活动在内的各种需求做出智能响应。打造资源节约、产出高效、便民惠民的新型智慧城市。

在体制机制的改革上有创新。以体制机制创新为核心，发挥市场在资源配置中的决定性作用和更好发挥政府作用，激发市场活力。推动新城新区在发展定位、优化布局、产业升级、招商引资、人才引进、考核指标体系等方面的全面创新，进一步培育内生创新动力。

在开放平台的构建上有创新。充分利用交通通讯等条件，推动新城新区与城市主城区进行高效联结，深入融入大区域城镇体系中去，成为建设城市群的重要节点。要完善对外贸易综合服务措施，加大吸引外资力度，加快发展外向型产业集群。立足于城市群内大中小城市和小城镇的功能需求，构建辐射力、影响力、带动力强的大平台。

在共建共享的模式上有创新。坚持以人民为中心的发展思想，稳妥有力做好新区人口安置、就业保障等工作，创造一切条件促进当地人口与外来转移人口享受新区建设成果。要不断提高对中小企业的扶持，简政放权、放管结合、优化服务。推动经济、社会、环境的协调发展，实现多目标的均衡发展。扩大新城新区的辐射带动作用，推广已有制度与实践成果。

（本文原载于《学习时报》2017 年 4 月）

第五篇

增长新动能

中国正在涌现新的红利，这是我们未来改革的新动力。但新的红利不可能自发地涌现。如果没有一种新的体制或新的机制，新的红利就缺乏相应的机制、体制，涌现是不可能的。红利的新源泉来自亿万群众和千万家企业的活力，他们也是新红利的获得者。他们在新的体制和机制下，发现了发展机会，同时认识到自己必须抓住机会才有可能得到新的红利。有了新体制，再加上群众和企业有活力，新的红利就会涌现，经济就会又上一个台阶。

“十三五”至2025年我国制造业结构调整方向

陈永杰*

经济结构调整是转变发展方式的主攻方向，制造业结构调整是整个经济结构调整的重点、难点与基础。制造业强则一国工业强，工业强则一国经济就强。“十三五”至2025年，我国要坚持走中国特色新型工业化道路，根据国内外市场需求变化，适应科技革命新趋势，抓住新机遇，迎接新挑战，充分发挥我国比较优势，保持制造业稳定增长，全面与深入调整与优化结构，在建立现代产业体系、提升整体科技水平、全面提高产品质量、增强全球竞争力等方面取得根本突破，实现由制造大国向强国转变。

一、“十二五”制造业结构调整优化成就与问题

“十二五”以来，中国制造业竞争力已居世界第一。2011年中国生产规模超过美国成为制造业第一大国，近几年在主要产品和门类的生产规模、出口总量和增速上均居世界第一，不少远超美日欧。中国发明专利申请量已连续三年全球第一。同时，我国实施了一系列产业政策，大力推进结构调整优化，取得多方面重大成就，但也面临不少问题。

一是加大产业结构调整。成就：重点产业振兴和技术改造取得重要进展，航空航天、机车和海工等装备制造有所突破，高技术和战略性新兴产业快速发展，物联网、云计算等新业态蓬勃发展，电子商务规模居世界首

* 陈永杰，国务院研究室工交贸易司原副司长，大成企业研究院执行主席。

位，化解过剩产能积极推进，淘汰落后产能取得预期进展，主要污染物排放总量下降较大。问题：创新能力不强，高端制造比重低，低端制造比重大，产品附加值低；传统制造业成本优势逐步弱化，部分产业竞争力下降；多数行业资源消耗和污染排放强度指标明显超控制；钢铁、水泥等行业产能过剩严重，光伏等新兴产业产能利用率不足50%；战略性新兴产业水平不高，制造服务业发展滞后于需求。

二是强化技术结构调整。成就：研发投入力度不断加大，自主创新能力明显增强，突破了一批核心关键技术；工业技术与装备总体已居世界中等偏上水平，航空航天等行业部分技术装备已居世界前列；企业研发投入力度明显加大，专利申请，远超“十二五”规划目标，总量已占世界总量的1/4以上，PCT国际专利申请量居全球第三位；企业发明专利占全国的50%以上，华为、中兴等公司发明专利数量稳居世界前几位；新产品比重和高技术产品出口比重明显提高。问题：多数行业重大技术自主知识产权较少，核心技术对外依存度相对较高，高端设备、关键零部件和新材料等大多依赖进口，近80%“芯片”靠进口；研发投入比重较低，重大发明专利不多。产业信息化水平不高，产品质量总体不高，高端产品较少，低端产品多，品牌建设滞后。

三是推进地区结构调整。成就：积极引导制造业相关产业向有比较优势和适宜发展地区集聚，推进了劳动与资源密集型制造业向中西部转移；以工业园区和高新技术区为依托发展产业集群，东部地区先进制造业和制造业新业态快速发展，中西部地区制造业比重提高，东北等地区老工业基地振兴取得积极成果。问题：地区制造业发展雷同现象依然严重，部分地区产能过剩现象突出，产业转移中技术水平提升不高，主要城市及其周边地区制造业发展给环境带来巨大压力，东北地区工业增长速度下降，东部地区制造业部分企业向境外转移，外资加工企业撤资现象加重。

四是引导所有制结构调整。制造业所有制结构变动延续了改革开放以来趋势，国有经济比重大幅度下降，但在重点行业保持优势，发挥着骨干与引导作用；外资经济总体比重进一步下降，但在技术密集型行业占领先地位，是技术进步与产品出口的主要推动力量；民营经济总体比重进一步提高，在所有行业都发展迅速，已成为制造业发展主体。2010年至2013年，制造业投资中国有控股、外资控股和私营控股投资分别增长5.8%、

10%和29%；国有、外资、私营比重由16.3:10.7:69变为9.8:7.2:74.3。2014年民间投资占全国投资的87%。资产、营收、利税与就业等指标变动趋势也大体一样。在经营效益、扩大就业、研发投入、专利申请、新产品比重等方面，私营企业占据明显优势，国有企业在部分重大技术领域保持比较优势，外资企业在高新技术领域和产品出口上具有显著优势。

五是支持企业组织结构调整。成就：规模以上制造业企业的数量、规模、实力明显提升，一批企业成为中国500强企业，2014年49家企业进入世界500强；中小型企业成为制造业增长和技术创新重要主体，提供了我国绝大多数专利，更是电商、物联网等新业态新商业模式的发展主体；国有企业兼并重组取得重大进展，混合经济改革推进了企业资本、产业、人力资源和组织管理结构优化；企业投融资结构改善，境内外上市公司大幅度增加。问题：企业组织结构比较分散，各类企业之间分工不合理现象仍较突出，重点企业的行业集中度较低。小企业普遍技术水平低、人员素质低、管理水平低、产品质量低。政府对大企业兼并重组干预过多，对小微企业支持力度不够。

六是鼓励企业经营形态调整。成就：新技术革命和互联网经济改变了企业投资、生产与贸易形态与方式，催生了电子商务、物流快递等新业态和新商业模式。大数据、云计算、物联网应用空前活跃，创意设计、系统流程服务、设备生命周期管理服务等发展迅速。中国拥有近7亿互联网用户，是世界最大电商市场，2014年交易额达12.3万亿元。阿里、腾讯等互联网公司的兴起深刻影响着中国与世界的经济与生活。问题：互联网核心技术和关键设备制造仍受制于人，网络安全面临巨大挑战，电商服务中假冒伪劣现象比较突出。

二、“十三五”至2025年制造业结构调整主要方向

当前，一场新科技革命和新产业变革正在发生，美国、日本、德国等工业强国成为主要引领者。美国推出了工业互联网战略、先进制造业国家战略等一系列规划，以重振其制造业在全球的领先地位。德国提出了工业4.0国家战略，强化将高新技术、物联网及服务全面应用于制造业，以强化德国的工业强国地位。日本出台了新技术新产业发展战略，重申科技立

国国策，以保持日本工业的全球竞争优势。在美国、日本、德国等制造强国引领下，全球制造业出现了一系列重大变化，主要有五大新趋势：一是新技术革命催生新产业新业态兴起；二是互联网经济带来生产方式深刻变革；三是制造业生产服务化迅速发展；四是制造业两大国际新流向已成趋势；五是跨国公司调整全球资源布局。制造业发展新趋势正在给我国带来新挑战：一是新技术新产业革命挑战；二是新国际经贸规则挑战；三是新国际贸易保护主义挑战；四是发达国家再制造和后起新兴国家产业振兴挑战。

基于上述背景及《中国制造2025》，我们提出了“十三五”至2025制造业结构调整主要方向与政策建议。全面深入调整优化制造业结构，重点抓几个主要方面。

（一）调整产业和产品结构，提升整体综合实力

在调整产业结构方面，明确重点产业领域发展方向。先进装备制造业，重点发展关键基础零部件及基础制造装备、重大高档数控机床、智能机器人、航空航天装备、轨道交通装备、节能与新能源汽车、电力装备等；原材料工业，重点调整优化钢铁、有色金属、石油化学、建材，发展新材料等；消费品工业，重点改造升级轻纺、食品和医药工业等；电子信息产业，重点发展集成电路、网络通信设备、操作系统和工业软件，实施“互联网＋”计划。以经济手段为主、法律手段为基、行政手段为助，强化环保、能耗、安全等指标硬约束，建立化解产能过剩、淘汰落后产能长效机制。

在调整产品结构方面，以开发品种、提升质量、提高效益、改善服务为重点，大力实施质量和品牌战略，提高制造业产品设备附加值和竞争力。健全技术标准体系，优化产品设计，强化知识产权保护，推动企业建立全员全方位、产品全生命周期的质量管理体系。提高工业制成品整体质量档次，高、中、低档产品协调发展，高档产品看齐国际先进标准水平，中档产品适应百姓提高生活品质需要，低档产品符合起码质量卫生安全要求。提高全民品牌意识，鼓励企业制定品牌发展战略，培育民族品牌与国际品牌，建立品牌评价与监测机制，创立中国的世界品牌。

（二）调整供给要素结构，增强内生发展基础

一要提升人力资源素质。我国人口红利时代正在结束，人力资本红利时代正在到来。要挖掘人力资本红利，健全与完善各类各层次人才发现、培养、使用与激励的体制机制。扩大科研院校科技人才队伍，提高应用型科技人才比重，为其提供创业创新自由发展空间。完善高端人才引进制度机制，大力引进海外华人与非华人科技人才。提升企业科技研发人员地位，完善股权、劳动报酬激励机制，充分发挥其在企业创新中的重要作用。全面提高产业工人基本素质，强化普通员工技能培训与提升，扩大企业工程师、技师和通用技能熟练工队伍，全面提高劳动生产率。充分尊重企业家和企业管理人才，严格保护其财产权、股权等合法权益。健全国家、企业、社会相结合的职业培训制度机制，对中小企业员工普遍开展职业免费培训。

二要节约集约利用土地资源。全面推进城市建设用地市场化改革，提高土地资源节约利用、集约利用和有效利用水平。取消城市增量建设用地“双轨制”供应制度，非公共和公益性土地，一律推行市场化定价政策，国有与民营企业平等参与。严格执行工业用地最低出让价标准，提高出让标准，缩小其与商业和住宅用地的过大差价。实行工业用地弹性出让和年租制度。推进城市工矿企业存量土地市场化转让，对过去无偿划拨和转让给企业的工矿用地，要重新确定其与国家与企业的权益关系，通过租赁等方式由企业向国家缴纳租金。

三要节约集约利用矿产资源。全面推进国家矿产资源市场化改革，深化资源性产品价格和税费改革，通过提高能源资源使用成本倒逼发展方式由粗放向集约转变。清理和取消对传统能源和资源性产品的各种显性或隐性补贴，对国有企业过去占有的矿产资源，逐步按市场价格收取特许权使用费。

四要强化金融服务实体经济。改进支持实体经济政策，缩小实体经济与金融的过大利益差别。发展互联网金融，提升金融市场配置资本效率。积极稳妥推动利率市场化进程，从根本上抑制低效率粗放型投资。放开市场准入，发展民间金融。建立多层次资本市场，健全证券市场，扩大三板市场，发展区域性场外市场，提高企业债券规模与比重，充分满足多元化

和多层次企业与个人投资需求。

（三）调整地区布局结构，发挥区域比较优势

一要强化地区布局顶层设计。落实区域主体功能区规划，做好地区制造业布局发展规划，深入挖掘和积极培育制造业地区发展的动态比较优势，实行差别化的地区产业政策，探索制定地区制造业项目负面清单。

二要处理好中央与地方关系。中央重在制定与监督实施国家产业的地区布局规划、政策和负面清单，除影响全国的特大型项目需中央审批或审核外，其他项目均由地方自主。地方也要大幅度减少审批，放权企业自主决策投资。

三要协调区域发展战略实施。继续积极实施东中西部和东北等四大区域发展战略政策，结合大力实施长江经济带、京津冀协同发展和“一带一路”三大经济方略，对各个相关地区制造业发展的方向、重点及政策进行适当调整和完善，提升区域与地区制造业协调发展水平。

四要推进产业合理有序转移。坚持政府引导与市场机制相结合、产业转移与产业升级相结合、优势互补与互利共赢相结合、资源开发与生态保护相结合，引导地区制造业产业发展合作与有序转移。强化产业转移中的资源利用、环境保护与生态安全监管，禁止落后加工制造业异地转移。

五要正确处理地区产业雷同与产能过剩问题。坚持遵循市场决定资源配置规律，充分发挥地方积极性主动性和尊重企业自主投资决策权，制定主体功能规划和重大生产力布局规划实施政策，及时调整产业发展指导目录，强化与完善产业进入的资源消耗、环境保护、品质质量等方面标准，探索提出地区产业项目负面清单，严格法律政策执行监督，严惩违法违规行为。

（四）调整所有制结构，推动国有民营融合发展

发挥国有、民营与外资企业各自比较优势，大力发展混合经济，增强三类企业发展的相融性、相助性和互补性。

一要优化国有资本投向与产业布局。以管资本为主加强国有资产监管，改革国有资本授权经营体制。国有资本投资运营要服务于国家战略目标，更多投向关系国家安全、国民经济命脉的重要行业和关键领域，重点提供公共服务、发展重要前瞻性战略性产业和保障国家安全。减少国有资

本在过度竞争产业领域的投资，大幅度收缩其在竞争性产业中的低效与无效资本。

二要深化国有企业制度机制改革。以规范经营决策、公平参与竞争、提高企业效率活力、承担社会责任为重点，深化国有企业改革。准确界定不同国有企业功能作用，破除各种形式的行政垄断。自然垄断行业，实行以政企分开、政资分开、特许经营、政府监管为主要内容的改革，根据不同行业特点实行网运分开、放开竞争性业务。推进公共资源配置市场化。提高重点央企的行业集中度、技术创新能力和市场竞争力，充分发挥其在重点行业中的骨干与引领作用。

三要为民营经济发展创造更广阔空间。坚持权利平等、机会平等、规则平等，消除各种隐性壁垒，打破行业垄断，放开特许经营领域民营企业进入。支持民间资本平等进入重要能源资源和高端制造领域，有序放开武器装备、航空航天和核工业等国防科工领域。

四要全面提高利用外资水平。进一步放宽制造业准入，完善外商投资产业目录。统一内外资法律法规，保持外资政策稳定、透明、可预期，努力保持外商投资继续增长势头。优化外商投资结构，引导外资更多投向高新技术、高端制造、节能环保、新能源等领域和中西部地区，鼓励跨国公司在中国设立地区总部和全球研发中心。

（五）调整技术创新结构，提高整体科技实力

全面增强企业自主创新能力，大力推进企业技术改造，普遍提高企业技术装备水平。

一要强化企业创新主体地位。鼓励企业扩大技术投入，提高研发投入比重，增强创新能力。引导重点企业紧跟新技术革命步伐，推进重点企业原始创新、集成创新和引进消化吸收再创新。支持重点行业、重点领域的重大技术改造项目，引导中小企业加强技术改造。

二要健全制造业技术创新体系。加快构建以企业为主体、产学研结合的技术创新体系，充分利用国际资源，有效整合国内资源，建立一批由工业企业、科研院所和高校共同参与的产业创新战略联盟，建立产学研用风险分担机制、补偿机制和利益共享机制。

三要加强制造业共性（关键、基础）技术研发。充分利用国家重点

实验室、国家工程实验室、国家工程技术中心和国家工程技术研究中心等相关科技资源，支持开展关键共性技术和前沿技术研发，逐步形成分布式、网络式的共性技术（关键、基础）研发体系，为企业提供技术成果辐射、转移、扩散与转化的平台。

四要全面实施知识产权战略。建立重点产业知识产权评议机制、预警机制和公共服务平台，完善知识产权转移交易体系，发展知识产权服务业。完善工业技术标准体系，制定新兴产业和“互联网+”重大技术标准。支持基于自有知识产权的标准研发、评估和验证，促进更多中国标准成为国际标准，提高在国际标准领域的话语权。

（六）调整企业组织结构，提高企业国际竞争力

遵循市场竞争、规模经济、专业分工、产业配套原则，提高重点企业产业集中度，形成以产业链为纽带、骨干企业为龙头、大中小企业协作配套、上下游企业协调发展的局面。

一是大企业做强做大，提高核心竞争力。发挥市场决定作用，推动优势企业强强联合、兼并重组，促进规模化、集约化经营。鼓励大企业大集团在研发设计、生产制造、品牌经营、专业服务、系统集成、产业链整合等方面形成核心竞争力。结合“一带一路”方略，推动行业骨干企业实施“走出去战略”，利用全球市场、全球资源开展境外并购和投资合作。鼓励国内技术成熟、国际市场需求大的行业，向境外转移部分生产能力。

二是中小企业做精做专，增强内在素质。引导和支持小企业专业化发展，支持成长性小企业做精做优，发展一批专业化企业。着力营造环境、改善服务，鼓励、支持和引导小企业进一步优化结构和转型成长。协助小企业制定技术创新战略，鼓励有实力企业申报省级和国家级重点项目，在科技专项资金上给予小企业更大支持。

三是大中小企业广泛协作，发展产业集群。引导大型企业与中型、小型企业通过专业分工、订单生产等多种方式广泛开展合作，提高协作配套水平。大力发展产业集群，提高中小企业集聚度，优化生产要素配置。

四是推动企业适应产业链和新业态健全组织结构。鼓励重点企业根据产业链进行组织结构调整，推动上下游间的纵向关系整合和产业链各个环节上横向兼并，实现资源的全国与全球合理配置。适应制造业新业态、新

商业模式，通过整合公司业务流程、企业文化、激励机制、员工队伍、资源能力来优化组织系统，增强企业竞争力。

（七）调整经营形态结构，发展新业态新商业模式

把握国际产业新业态新商业模式发展趋势，结合我国实际，遵循市场决定配置资源规律，发挥政府引领作用。

一要加强政策引导。加强新业态新商业模式的梳理、统计和分析工作，完善和出台支持新业态新模式发展政策，加强公共服务平台、示范基地建设，研究建立配套政策措施。

二要线上与线下融合。发挥线下资源优势，引导企业利用信息技术，突破外部资源利用界限，大力发展境内外电子商务。鼓励企业为适应电子商务特点和新消费方式，对产品设计、品牌推广、营销方式、渠道物流、支付结算、售后服务等环节进行革新，以新型业态促进线下生产与销售。

三要产业与金融结合。鼓励企业开展资本运营，发展互联网金融，寻找战略投资伙伴或引入创业投资资本，采取投资控股、债务重组等方式，收购境外知名品牌、先进的营销网络和研发机构。

四要制造与服务结合。以价值链、产业链延伸为重点，引导企业依托制造优势发展服务业，从生产加工跨界拓展为流程控制、产品研发、市场营销、客户管理等生产性服务，向服务提供商转型。

五要加强平台建设。鼓励电子商务交易平台建设运营，推动政府和运营商共同投资建设。引导具备实体市场进行信息化、智能化、多功能化改造，推动企业运用电子商务平台和跨境贸易电子商务平台等开拓市场，促进虚拟平台与实体生产网络深度融合。

（八）调整民用与国防工业关系，推进军民融合发展

强化国家顶层设计和战略统筹，深化国防科工体制改革，推进军民产业资源共建共用共享、要素优化配置合理流动，形成技术相互转化、产业相互促进、企业互动发展、军民深度融合的国防科技工业新格局。

一要调整军工管理体制。重点针对军工和民口两条线、科技研发多头管问题，改革军工管理体制，强化军民融合协调机制，实现军品生产服务军方、行业管理集中统一、科技研发全盘统筹的格局。制定军民融合战略

规划，明确目标重点和思路举措。

二要推进军工国企改革。推进军工国企分类改革重组，深化军工相关科研院所改革，明确功能定位和战略目标，调整负责人考核机制；发展混合经济，多渠道多方式引入民口国有和民间资本，健全法人治理结构，为军工企业转变理念提供制度土壤。

三要加快军转民步伐。以军用技术转移与合作为重点，调整技术解密制度，健全信息发布渠道，完善技术、资源和产业合作体制机制，推动通用技术和产业发展；尽快梳理已有技术，加快成果解密，鼓励以转让、合作等方式发展民品。

四要畅通民入军渠道。有序放宽军工行业准入门槛，建立需求信息发布制度，改革军品定价机制，完善国家投资政策，军口资金平等支持民口企业的军品研发生产，形成军工之间、军口民口之间有序竞争格局，构建根植于国民经济的小核、大协作、开放型国防科研生产体系。

五要推进军民资源共享。统筹军民两用科研生产基础设施布局，明确资源开放共享重点领域，建立共建共享机制，促进资源合理流动、有效配置。推进标准通用化工程，全面梳理现有标准，推动军工领域逐步采用民品标准，消除军民技术转化壁垒。

六要发展军民结合产业。加强制造业与武器装备发展、能力建设的规划衔接，统筹科技项目布局，建立协同创新机制，加快突破关键材料、核心元器件、基础软件、军用动力、先进设计试验制造手段“五大瓶颈”，增强军民两用工业发展基础。加强科技、产业集聚区共性技术和服务平台建设，促进军民结合产业规模化、集聚化发展。

（九）调整进出口结构，推动外贸增长方式转变

适应经济全球化新趋势，推动对内对外开放相互促进，促进国际国内要素有序自由流动、资源高效配置，转变外贸增长方式，加快培育参与和引领国际经济合作竞争新优势，以开放促改革。

一要从出口导向向产业优势导向转变。提升制造业国际竞争力，形成世界优势产业，让全世界因中国的产业优势而需要中国产品。改外贸需求（出口导向）带动外贸生产为外贸生产（产业优势）推动外贸需求。重点加快外贸转型基地建设，依托外贸产业集聚区，加快培育一批轻纺医药、

五金建材、专业化工、工程机械等专业基地。

二要从粗放型贸易向集约型贸易转变。大力提升加工贸易，鼓励加工贸易转型升级。推动我国本土企业进入加工贸易产业链和供应链，并充分利用全球资源、全球市场做大做强。鼓励加工贸易企业延伸产业链、增值链，提高本地增值、本地配套比重。推动来料加工企业转型，培育一批加工贸易梯度转移重点承接地与示范区。创新加工贸易模式，形成有利于内陆产业集群发展的体制机制。

三要从中低端要素集成品为主向中高端要素集成品为主转变。全面提高制成品的技术要素、创新要素、智慧要素、文化要素、品牌要素、国际要素含量。推进企业自有品牌、自有知识产权和高附加值产品出口。鼓励企业采用国际先进技术标准，参与国际标准制订。建立国家出口产品质量风险动态监测体系，强化企业质量和诚信自律。鼓励低碳排放、节能环保产品贸易，严格控制高污染、高耗能行业加工贸易。

四是从以西方市场为主向全球多元市场转变。努力保持中国制造业出口产品在西方市场的竞争优势，保持和扩大市场份额，着力开拓新兴国家市场、发展中国家市场，特别是非洲与南美市场，形成中国制成品出口的全球多元化市场。巩固传统市场，培育周边市场，开拓发展中国家市场，提高发展中国家在外贸中的比重。

五是积极参与跨区域自由贸易区建设。加快实施自贸区战略，进一步完善政策，扩大已有自贸区伙伴市场规模。加大与相关国家的自由贸易区谈判，争取更多的中外双边与多边自由贸易。积极应对 TPP 谈判，争取国际贸易新规则的话语权。深化中国（上海）自由贸易试验区改革，加快推进天津、广东和福建自贸区建设，继续扩大自贸区范围。

六要推进重点企业向国际化经营发展。进一步实施“走出去”战略，推动优势重点企业利用全球资源，开展国际化经营，构建全球布局产业链体系，培育一批世界级中国跨国公司和全球公司。鼓励国内技术成熟、国际市场需求大的行业和企业，向境外转移生产能力。鼓励国内企业在科技资源密集的国家（地区）设立研发中心。支持我国重大技术标准海外应用，增强中国企业国际影响力。

（本文摘自 2015 年 3 月 15 日中国国际经济交流中心课题成果《“十三五”至 2025 年我国制造业结构调整方向与政策》）

寻找中国红利的“新源泉”

厉以宁*

我最近一直在强调，中国正在涌现新的红利，这是我们未来改革的新动力。但新的红利不可能自发地涌现。如果没有一种新的体制或新的机制，新的红利就缺乏相应的机制、体制，涌现是不可能的。

红利的新源泉来自亿万群众和千万家企业的活力，他们也是新红利的获得者。他们在新的体制和机制下，发现了发展机会，同时认识到自己必须抓住机会而不能放弃机会，这才有可能得到新的红利。有了新体制，再加上群众和企业有活力，新的红利就会涌现。

既然新红利首先来自体制改革，那就应当明确近期最需要改什么。近期最需要改革的项目之一，是农村土地确权和农业产业化。土地确权和农业产业化是20世纪80年代开始的承包制改革的继续，但最重要的是：当年的承包制没有明确产权，当然也就谈不到农村的合作制和农业的产业化。因此，农村土地确权实际上可以开辟一个新的环境。

近期最需要改革的另一个项目是供给侧的结构性改革。在企业改革方面，结构性改革是十分迫切的。首先要形成有活力、有竞争力、产权明确的企业，包括国有企业、国家控股企业、混合所有制企业和民营企业，这样才能涌现新改革红利。正是供给侧的结构性改革，才能完善企业主体，才能降低成本，才能调整结构，才能创新，从而才能有改革红利。

这两个项目的改革取得明显的成果后，会给中国带来改革红利，也就是普遍的红利。

在农村，土地确权的改革会造成成千上万农民成为有知识有能力的

---

* 厉以宁，北京大学光华管理学院名誉院长。

“职业农民”。通过农村土地确权，农民不再是一种身份，而变为一种职业，或称为“职业农民”。他们可能成为“家庭农场主”，并通过土地流转（租赁、转包）扩大规模；也可能引进合作者，解决资金不足、农业科技不足和农产品销路不畅等问题。“城归”是新现象，是人力资本的新突破。这样，农村中的新人口红利就涌现了。

新人口红利的另一个来源，就是职业技术教育推广所带来的“新工匠精神”。农村土地确权以后，农民外出务工的积极性增加了，而且也放心了，会继续吸引农村劳力外出。但21世纪以来多年的经验告诉人们，社会上缺乏的是技术工人，是工匠。所以职业教育的推广是必然的，这就是新人口红利的另一个来源。

科学研究队伍的壮大和发展是水到渠成的事情，这会不断带来新的“人口红利”。科学研究队伍的壮大和发展会提供新的人口红利，这是毫无疑义的。这取决于两方面的工作进展：一是教育的发展和教育质量的提升；二是科研力量的优化配置，动员各方面的科学人才，使科研成果有创新、有突破，这样就会有源源不断的新人口红利。

新科学技术、新工艺、新设备、新产品，无一不来自创新。

创新只有在市场竞争中才能实现，垄断条件下，任何创新都没有必要性，甚至没有可能性。垄断，不仅扼杀了创新，而且扼杀了创业。但如果完全没有垄断，只有市场竞争，那么企业都处于观望状态，等待别人发明创新，自己盗用。所以垄断是有一定积极意义的，这就是：对于发明创新需要保护知识产权，容许一定时期的专利。

政府在创新中的作用主要在于：规划、引领、反垄断，以及支持创新主体、创新活动。规划是最重要的，如果缺乏规划，科技创新活动难以取得成绩，特别是难以走向世界前列。这需要政府来领导规划的制定。中国的科学技术的进步就是证据。

资源红利是指土地、矿产、水资源等方面的优势。新资源优势来自科学技术的不断进步，也就是说新资源优势来自技术创新。对稀缺资源、资源替代品的研究和开发，已经取得越来越多的成绩。新资源红利同样是创新的产物，不停创新，新资源红利就会长存。新资源的发现，产生新的红利，是社会经济不断发展和壮大的保证。

社会和谐红利的特殊性主要体现在三个方面：一是它是无形的，而不是像其他红利那样，通过某个主体行为而表现；二是它是累积而形成的，或者说它可能是通过持久的工作而逐渐形成的；三是它是无声无息扩散的，默默地影响人们、渗透到人们之中，从而形成一种社会风气。

收入分配制度的改革，实际上是社会和谐红利涌现的前提，医疗保健的新措施也如此。要实现社会和谐，既要深化收入分配制度改革，又要扎实推进医疗保健制度改革，这两方面的改革都同民生问题紧密相连。具体来说，如果社会上收入差距过大，以及医疗保健制度改革迟缓，都会影响社会和谐，使社会和谐红利显示不出来。

社会资本是一种无形资本，是一种人际关系，人们相互信赖的关系。也就是说，社会资本来自诚信。没有诚信，社会资本不存在，社会和谐也不存在，从而也就谈不到社会和谐红利的涌现。

社会和谐红利之所以是影响最深远的红利，是因为它同广大人民群众密切相关。社会和谐红利的产生，实际上与所有的改革有关。这就是说，所有的改革综合在一起，最终必定带来社会和谐红利。社会和谐红利是国内经济社会发展和稳定的成果。

以上提到的新改革红利、新人口红利、新科学技术红利、新资源红利和社会和谐红利是互相关联的。它们作为改革的成果，可能相互启发，相互促进。

只要不停地有新红利涌现，我们就不用担心我们的经济和社会会衰退。经济发展到一定阶段，原有发展方式的不足之处就会相继反映出来，这就是红利丧失的主要原因。但只要不停地有创意、创新、创业，发展方式就会更换，新的红利就会出现，经济就会又上一个台阶。

（本文原载于《北京日报》2017 年 7 月）

城乡一体化是最大的新动能

郑新立*

在经历了30多年的快速增长后，我国经济遇到了新的矛盾和问题，突出的是产能过剩、经济下行、动力不足。如何通过深化改革，形成新的经济增长动能，实现经济的持续健康发展，成为当前从理论认识到政策措施上亟待解决的问题。

一、推进城乡一体化将释放出巨大的新动能

2015年，我国人均GDP已达8 000美元，跨入高收入国家行列即人均1.2万美元还有一个大台阶。许多国家在这个台阶前徘徊了几十年，落入了中等收入陷阱。我国能不能顺利跨上高收入台阶，是对中国共产党执政能力的考验，是对中国特色社会主义市场经济体制活力的考验。从国际经验来看，凡是进入高收入行列的国家，有一个共同特点，就是成功地解决了城乡二元结构问题，第一、第二、第三产业的劳动生产率大体相同，城乡居民收入基本拉平。凡是落入中等收入陷阱的国家，一个共同特点，就是城乡发展差距明显存在，长期得不到解决。当前我国经济社会发展存在的诸多矛盾中，城乡发展差距大是最为突出的主要矛盾。这个矛盾决定和影响着其他矛盾。诸如区域发展差距的矛盾，本质上也是城乡发展差距的反映。中西部的城市与东部的城市相比，没有什么差距，主要是中西部农村落后于东部的农村。全国城乡居民收入之比为2.7:1，浙江省为1.7:1。在全国城乡差距如此之大的情况下，要想跨入高收入国家行列，是很难做

---

* 郑新立，中央政策研究室原副主任、中国国际经济交流中心副理事长。

到的。

习近平总书记2015年4月30日在中央政治局集体学习时就城乡一体化问题发表了一个重要讲话，提出要努力实现“城乡居民基本权益平等化，城乡公共服务均等化，城乡居民收入均衡化，城乡要素配置合理化，城乡产业发展融合化”。这“五化”的提出，应成为推进城乡一体化的重要目标和指导原则。当前，应重点抓住农业现代化、新农村建设、农民工市民化三件事，带动城乡一体化的改革发展。

劳动生产率低、缺乏国际竞争力，是我国农业存在的突出问题。发展集约化、规模化、专业化、社会化大农业，提高农业供给效率，是农业现代化的当务之急。由此将释放出对农用生产资料和服务业的巨大需求，拉动农机、化工等农用工业和服务业的发展。农业现代化对水利事业的发展也将提出巨大需求，由此将拉动水利建设的投资。

新农村建设已经取得了很大成就，但与城市相比，基础设施、公共服务落后的问题仍十分突出。结合村庄整治和新型社区建设，加大对农村基础设施建设投入，可释放对建材工业的巨大需求，逐步使农村成为美丽、宜居、令人向往的地方。

全国目前共有2.8亿农民工，6 000万留守儿童、4 300万留守妇女、4 000万留守老人，共4.1亿人口处于全家分离状态。实现全家团圆是他们的梦想，也是把农民工培养成高素质的产业工人队伍的需要。通过提高户籍人口的城市化率，为农民工及其家属提供城市保障房和公共服务，将释放巨大的城市住房、基础设施和公共服务需求，成为拉动经济增长的强大动力。

除了城乡一体化之外，当前我国经济中还有一些新动能亟待释放。我国公共产品供给短缺，通过推行PPP模式，运用财政投融资和政策性金融，引导银行贷款和社会投资，发展交通、通信、环保、教育、医疗、市政、养老、文化、旅游等事业，有着巨大的投资空间。通过全面推行“营改增”税制改革，鼓励第三产业发展，能够使第三产业继续保持快速增长势头。积极实施鼓励“大众创业、万众创新”的政策，以自主创新带动产业升级，正方兴未艾。当然，这三个方面与城乡一体化相比，显然城乡一体化是能量最大的新动能，调整城乡结构是我国经济发展进入新阶段的历史性要求。如果说改革以来已经经历的前三次结构转换及时为经济发展注入了新动能，那么，蓄势待发的以城乡结构调整为主要内容的第四次结构转换，必将为未来10几年经济的持续健康发展提供强大的新动能。

二、聚焦城乡一体化改革才能释放最大新动能

城乡结构调整需要改革来推动。习近平总书记最近指出，改革要“精准对接发展所需，精准对接基层所盼，精准对接群众所想”。推进城乡一体化改革，正是精准对接发展所需、基层所盼、群众所想的重大改革举措。按照党的十八届三中全会《中共中央关于全面深化改革若干重大问题的决定》部署，当前推进城乡一体化改革的重点应当包括以下内容：

（一）落实农户对土地的法人财产权

农村土地公有制如何同市场经济相融合，是建立社会主义市场经济体制必须解决的重大课题。党的十四届三中全会《中共中央关于全面深化改革若干重大问题的决定》提出赋予国有企业对所占有的国有资产以法人财产权，使国有企业成为独立经营主体，从而实现了国有经济与市场经济的融合。同样，赋予农户对所占有的承包地、宅基地以法人财产权，就可以在不改变土地公有制性质的前提下，使土地的用益物权成为可以转让、整合的商品，从而为发挥市场对土地资源配置的决定性作用创造条件。为此，需要对农户的承包地和宅基地进行确权颁证。农户有了对土地的法人财产权，能够从法人财产权的出让中获得财产性收入，就会根据机会成本选择自己经营土地或转移经营权，从而为土地经营权向合作社、农业公司、种田能手集中，发展规模化经营创造条件；进城农民在农村闲置的宅基地及其房产，就能从市场交易中获得财产性收入，从而为建设用地的集约节约利用和优化配置建立起一个有效的市场机制。

（二）建立全国城乡统一的建设用地市场

2016年国务院8号文《关于推进新型城镇化的若干意见》，提出了“全面实行城市建设用地增加和农村建设用地减少相挂钩的政策”，是对十八届三中全会有关农村土地制度改革精神的具体贯彻落实。在工业化、城市化过程中，由于有大批劳动力从农业转移到第二、第三产业，大批人

口从农村转移到城镇，必然伴随城市建设用地的增加和农村建设用地的减少。同时，由于城市土地利用的集约化程度高，单位建设用地所容纳的人口，城市比农村高3倍多，这就必然带来建设用地的节约和耕地的增加。根据测算，全国现有2.5亿亩宅基地，如果能够实现宅基地及房产的商品化，可减少农村建设用地50%以上。所有发达国家的经验也证明，在城市化过程中，耕地是增加的。我国正处在人类历史上规模最大的城市化过程中，城乡建设用地的增减调整政策应当与这一进程相适应。特别是前30多年劳动力的流动是全国性的，沿海地区吸纳了大部分中西部农村富余劳动力。只有建立全国城乡统一的建设用地市场，在全国各地城乡之间进行建设用地的调整，才能使农村减少人口而闲置的建设用地及时退出，用以满足城市新增人口对建设用地的需求，抑制房价上涨。退出农村建设用地所获得的财产性收入，用于在城市购置住房，不动产随人口的流向实现空间和价值形态上的转移。唯有如此，生产关系的调整才能称得上适应了生产力发展的要求；否则，就是阻碍生产力的发展。因此，建立全国城乡统一的建设用地市场，势在必行，刻不容缓。重庆地票市场的试验是成功的，如能扩展到全国，必将取得巨大的宏观经济效益和社会效益。

（三）打开城乡资本市场之间的堰塞湖

长期以来，由于城市的各类生产要素已经市场化，而农村的生产要素特别是土地、房产等还没有市场化或处于半市场化状态，城市市场对农村市场就产生了一个虹吸效应，农村的土地、劳动力、资本等资源源源不断流入城市，而城市的资源却流不进农村，长期单向流动的城乡市场，是导致城乡发展差距不断拉大的根本原因。一个突出的现象是，城市的资本大量过剩，房价一涨再涨；而农村的资本严重短缺，房价便宜得难以想象。如能以农民对土地的承包权、宅基地的使用权和集体经营性建设用地的经营权为质押，在“十三五”期间，撬动银行贷款和社会投资20万亿元，投入农业现代化、新农村建设和农民工市民化，农村面貌将发生巨大变化，不仅为2020年实现全面小康提供保障，而且将有助于避免落入中等收入陷阱，到2022年进入高收入国家行列。

（四）为进城落户农民提供与市民同等的公共服务

重庆市近几年已有300多万农民进城落户，市政府为进城农民送了一笔“安家费”和五件“新衣服”，即退出宅基地拿到一笔钱，进城后可以享受到市民的养老保险、医疗保险、住房保障、子女入托入学政策和所有市民的公共服务。重庆作为一个西部山区城市，财力并不宽裕，尚且能够为农民工市民化做这么多好事，沿海城市财力比西部雄厚，农民工为本地经济发展做出了重大贡献，理应拿出一定财力支持农民工市民化，不能把为农民工提供住房和社会保障当作一种包袱，甩给农民工输出地。沿海城市要增强竞争力，也必须有一支稳定的具有较高素质的产业工人队伍，把农民工留下来，是本地经济持续发展的需要。

三、加快城乡一体化需要厘清几个认识误区

党的十八届三中全会提出了城乡一体化改革发展的理论和部署，关键是要把各级干部的思想认识统一到《中共中央关于全面深化改革若干重大问题的决定》的精神上来，并不折不扣地贯彻落实。当前，需要厘清几个认识上的误区。

必须破除农村土地两权分离是搞土地私有化的认识误区。恰恰相反，由于找到了土地公有制的有效实现方式，使之与市场经济相融合，从而能够更好地坚持农村土地的公有制。确认农户对土地的法人财产权，把耕地的所有权、承包权、经营权分离，农户凭借对土地的承包权，可以获得经营权转让的财产性收入。中部有些农村把每亩地年转让费定为1 000斤小麦的市场价，很有创意。宅基地使用权转让，按照重庆的交易价格为每亩20万元左右。这里所转让的是用益物权，不是所有权，所以土地的公有制性质不变。

必须破除城市资本下乡是掠夺农村资源的认识误区。恰恰相反，只有确认农村资源的市场化地位，才能使农民分享城市化过程中不动产增值的财产性收入。按照市场经济规律，生产要素总是朝着获利较多的地方集聚。农村生产要素有了交换价值，才能吸引资本进入。资本又是要素流动的龙头，资本流向农村，其他生产要素就会随着进入农村，从而推动农村经济社会

的发展。

必须破除城乡一体化会冲击18亿亩耕地红线的认识误区。恰恰相反，实行城市建设用地增加和农村建设用地减少相挂钩的政策，可以减少农村宅基地的浪费，根据经验，退出的宅基地至少40%可以用于增加耕地。至于占好补劣等问题，可以通过建立耕地质量监管等制度加以解决。

必须破除解决“三农”问题主要靠财政投入的认识误区。恰恰相反，只有通过建立城乡一体化的市场机制，吸引大批社会资金和银行贷款进入，才能迅速改变农业农村的落后面貌。目前，用于“三农”的支出占财政支出的比重已达10%以上，财政对“三农”的支持已经尽了很大的力。应当把对“三农”的财政支持方式由补贴为主改为引导为主，发挥财政资金四两拨千斤的作用，引导更多的社会资金和银行贷款投入农业农村发展。

（本文系作者2016年11月在深圳“第三届大梅沙中国创新论坛”的演讲）

景气压力下的供给侧结构性改革

孔泾源*

关于中国经济运行态势，尽管宏观层面给出了缓中趋稳、稳中向好的判断，但在近些年内，经济下行的压力尚不能得到根本缓解，在景气追求中渐进式地推进供给侧结构性改革，仍然是可以预见的改革和发展战略选择。为避免双重目标的彼此冲突或顾此失彼，需要选择那些与经济景气相互兼容、既能缓解燃眉之急又能适应百年大计的供给侧结构性改革政策。

第一，遵循经济发展内在规律，放弃经济增长指标追求，舒缓供给侧结构性改革的景气压力。

中国经济减速换挡，周期波动不是主要原因，要素供给与市场关系的重大变化、长期高速发展所造成的重大结构性失衡和新旧体制转轨不彻底，才是其真正主因。有必要革新理念，体制改革创新和结构转型升级目标应当优先于经济增长速度目标，明确放弃经济景气追求的硬性增长指标，为供给侧改革和重大结构调整留出足够的空间。

第二，加快推进“竞争中立”与“规制中立”相统一的“市场中立”的广义规制模式创新，充分发挥市场决定作用基础上的政府更好作用。

针对西方国家将经济自由主义和贸易保护主义以实用主义的方式交替使用、2017 年开始的特朗普新政有可能拾起保守主义的大棒，我国可以批判性地利用的“竞争中立”原则，对内深化国有企业改革、强化知识

* 孔泾源，国家发改委经济体制综合改革司原司长，中国经济体制改革研究会副会长。

产权保护、改善劳工条件、保护自然生态，创造各种所有制经济平等发展的体制环境，促进国内企业迅速提高国内外市场竞争能力和发展潜力；对外提出“政府规制中立”要求，将“竞争中立”与“规制中立”结合起来，明确提出“市场中立”原则，高高举起贸易自由化、经济全球化的大旗，占据国际经贸关系的道义制高点，尽可能地为我国企业争得相对有利的外部市场空间。

第三，优化直接融资工具及资本市场结构，以扩大各类直接融资加快对冲经济杠杆，缓解杠杆率居高不下、资源资产错配矛盾。

建立配资、杠杆工具引入与IPO注册制改革彼此同步的供给、需求两侧创新对称、激励兼容机制，扩大主板市场容量，提高直接融资能力。针对新三板市场在经济下行压力加大、实体经济基本面不振、传统产业过剩衰退明显、挂牌企业“圈钱”期待过高、“疾风暴雨”般地增加供给、市场难以消化的“生不逢时”状况，加快基础产权市场发展，推进IPO注册制与市场转板制对接改革，提高各类场外市场的流动性和融资能力。以社会信用体系为基础，整合企业债和公司债发行市场与监管机制，提高债券市场融资能力。综合考虑地方政府的债务限额管理、风险管控和经济景气责任等，在保护发展动能基础上渐进式地消化历史债务。实施去杠杆化而不是推高杠杆的投资政策，以资产证券化尤其是实体经济资产证券化、PPP模式，以及垄断环节改革、服务业市场开放，对冲企业和各级政府主导的已有及新增建设项目的高杠杆，防止企业信用违约和政府信用透支。

第四，大力发展和充分利用民间股权投资和社会风投基金，推进科技创新与新产业、新动能、绿色化发展领域的制度均衡供给，防止成本和风险外溢。

针对“投贷联动”等科技金融创新中金融机构将直接投资和间接融资的双重风险集于一身、外在分散性风险转化为内在集中性风险，以及政府引导基金对社会风投资本的挤出效应等，除继续试验相关风投模式外，政府应该更多地根据创新创业的风险外溢性质，建立平衡对称的风险锁定机制。按产业政策导向，选择一些更专业的民间股权投资基金作为有限合伙人参与投资，共同承担风险，更精准地扶持创新创业企业和引导新型产业发展。以政府引导基金、金融投贷融资和民间风投资金，积极培育各种以天使基金、风投基金和股权投资基金为主的多层次的民间创新创业企业扶持资金体系，推动更多的民间基金和社会资本参与创新创业和经济转型的投资活动，并相应地推动监管规则、考核标准、投资管理模式等重要基础性制度建设。

第五，加快研究有利于产业转型升级、城乡地区平衡发展的土地使用强度调节税、销售环节征税和财税逆向调节预控机制等基础性财税制度建设。

现有财税体制改革，主要还是集中在业务技术层面。在此基础上，应当加快研究促进城乡地区平衡发展的土地使用强度调节税或横向转移支付制度，引导国土资源均衡开发、耕地和生态保护成本地区间平等分担。为建立以人为本、以消费为基础、以人的城镇化为取向的税收增长机制与征管体制，提高城镇综合承载能力，健全价格波动的税收灵活应对机制，以及促进商品产销衔接、引导社会消费倾向等，应尽快将增值税等间接税征收由生产环节调整到销售环节。适应营业税改增值税、直接税比重逐步提高等税改趋势，由发展不平衡进而收入水平和财富积累差异所导致的地区间税源差异及税收逆向调节隐患，应早做转移支付等财力平衡预案，尤其要通过财税、金融、地区、产业政策等，引导优质产业向欠发达地区转移，通过市场决定作用和财税调节作用促进地区间经济平衡发展和财力均衡分布。

第六，彻底改革征地制度，加快建立市场发挥决定作用、政府健全调节功能的城乡统一的土地要素市场。

正在推进中的征地制度改革试点，从理念到方式上，都还是在延续计划经济的体制模式。按照城乡要素平等交换、市场起决定作用的顶层制度安排，无论是公益性用地还是商业化用地，征地价格理所当然地应当由市场决定，而不是由地方政府与农民及其集体经济组织之间进行市场机制之外的双边博弈。离开了市场决定价格，所谓“缩小征地范围、提高补偿标准”等“为民做主”的努力，既缺乏客观标准，又很难得到被征地者的真正认同而后患无穷。征地过程中政府的“更好作用”，主要应当体现在充分发挥市场的决定作用，维护交易规则及过程的公平，保障国家、集体、农民之间土地利益的合理分配，以及土地用途适当和公益用地成本在受益范围内或全社会间的公平分担等。

第七，深入理解供给主义条件和需求政策边界，明确界定宏观政策风险区间，努力建立兼容经济景气和供给侧结构性改革的安全有效的需求管理政策体系。

在经济减速换挡和景气压力下推进供给侧结构性改革，将是当前乃至今后一个时期中国改革开放的重大特点。尽管兼顾经济景气的供给侧结构性改革，无论对政府还是对社会来说，都是一个容易顾此失彼的高难度选项，但在年复一年不可或缺的应急性需求管理政策上，必须在充分理解供给主义条件的基础上，确立兼顾近期和长远的宏观政策体系。一是明确界定政府债务率或赤字率上限的积极有效的财政政策，并对正在推进中的以及拟将出台的财税改革政策的城乡、地区效应和逆向调节风险做出预判和应对；二是实施币值稳定优先、兼顾增长需求的稳健中性的货币政策，综合考虑逆周期调节需要、经济杠杆率水平、海外资产收益、金融资本国际竞争力、国际收支状况和金融监管能力等，相机决策式地实施货币供应政策和资本账户开放政策；三是实施去杠杆化而不是推高杠杆的投资政策，以资产证券化尤其是实体经济资产证券化、PPP 模式，以及垄断环节改革、服务业市场开放，对冲企业和各级政府长期高企的杠杆率；四是推进促进科研效率提高、科技成果转化、新旧动能转换的新型科技与产业政策，以体制创新缓解科技研发领域投入产出不对称、技术供给稀缺与科研成果闲置浪费并存、动能转化迟滞失速、“青黄不接”等问题；五是强化促进平衡发展、释放增长潜能的城乡、地区政策，缓解长期积累、负面影响日益加剧的城乡间、地区间重大结构失衡甚至马太效应；六是明确经济市场化改革和民主法治社会建设目标及阶段性推进指标，把各类产权保护、居民财富安全、个人信息保密、基本人权尊严等重大经济与社会权利尽快法制化，增强社会的方向感、认同感及责任感，克服广泛存在的市场及社会疑虑，创造优质资本和高端人才向心集聚的体制环境。

第八，面对国际关系新挑战，以中国和平崛起和全球战略利益为考量，坚持制度性前瞻与利益性取舍相结合，有重点地加速推进自由贸易区建设及“一带一路”方略。

面对美国新政府可能推行的以邻为壑的保守主义政策，我国应加大对外开放的主动性，善用国际通行商务规则，积极倡导贸易自由化、投资便利化、经济全球化，把自贸区建设作为国际双边、多边关系的重点，在互利共赢的基础上尽力推进、多多益善。把“一带一路”方略提高到培育中国新海权、新陆权的战略布局层面重点着力推进。具有海权觉醒意义的“海上丝绸之路”，与具有深厚海权意识和霸权实力的美国政府之间，不免发生利益分歧甚至冲突，要坚持原则性与灵活性的统一，既小忍不乱大谋，又坚定地维护核心利益，加快海洋战略布局。“丝绸之路经济带”，要以“高铁革命”为物质基础，培育陆权意识，开辟新的陆上商路，打通关键战略通道。除继续优化中欧铁路交通关系外，要重点加强与我国既有共同利益、又有共同对手的“巴铁”战略合作，充分考虑巴方利益诉求和民族宗教特点，深化中巴经济、外交、反恐等战略合作，加快中巴铁路以及公路网络建设，以中巴铁路和瓜德尔港为支点，打造中巴经济走廊，建立我国西部陆路通道和出海口，使之成为“一带”与“一路”的方略交汇点，由此也带动巴基斯坦经济发展，给巴方带来实实在在的经济利益。境内则是将西部开发与向西开放结合起来，加快与西部陆路通道和新出海口相关联的路网、管网、线网、水利渠网建设，以及各类产业布局，从全球、长远层面构造西部陆海战略基地，随时应对东海、南海不测。此外，针对某些大国的军事政策偏好，我国除加强战略武备外，可以统筹考虑经济建设与国防建设的关系，利用基础较好的制造业体系及充裕甚至过剩的产能，适当加强、加快常规大器生产，进而拉动内需增长，从另一个侧面扩大社会总需求，实现经济景气目标进而加快推进供给侧结构性改革。

（本文原载于《战略与管理》2017 年 2 月）

中国经济新旧增长动力的转换

马晓河*

目前，我国已由中低等收入国家跨入中上等收入国家行列，但从绝对水平来看，我国还处于跨越“中等收入陷阱”的中间区域。2015 年，按照调整后的国内生产总值，我国人均 GDP 达到 8 026 美元①，距离世界银行 2014 年确定的 12 736 美元的高收入标准门槛还有很大差距。② 进入 2010 年以后，中国依靠投资打头、出口带动、依托发展劳动密集型产业的传统增长动力在迅速衰退，而推进经济可持续增长的新动力成长并不如人们想象得那么快。中国要跨越“中等收入陷阱”、顺利迈向发达的高收入阶段，新动力在哪里？如何发掘和培育成长、并使新旧动力有序转换？这是本文要回答主要问题。

一、经济增长动力的供求视角

一个时期里，为一国或地区经济起带动作用的因素是经济增长的动力来源，这种动力受经济发展阶段、发展方式、体制安排等方面影响，会发生变化。因此，经济增长动力来源是可转换的，具有规律性、动态性和渐进性。一般而言，分析经济增长动力有供求两种视角。从需求侧观察，经济增长是由投资、消费和净出口带动的。在经济发展的不同阶段，需求结构变动对国内生产总值的影响是有差别的。当一国经济发展

* 马晓河，中国（国家改革和发展委员会）宏观经济研究院原副院长、研究员。

① 中华人民共和国国家统计局编：中国统计年鉴（2016）2015 年中国人均 GDP 为 49 992 元人民币，当年人民币兑美元平均值为 6.2284:1。

② http：//siteresources. worldbank. org。

从低收入阶段到中等收入（包括中上等收入）阶段迈进过程中，投资对经济增长的贡献作用是上升的，消费贡献作用是下降的，与投资的贡献相联系，进出口贸易也对经济增长变得越来越重要。一国经济一旦从中等收入阶段向高收入阶段迈进，消费对经济增长的贡献作用就会不断上升，相反投资贡献作用持续下降，进出口结构也出现了相应变化。以日本为例，1950 年日本人均国民收入为 113 美元，1960 年 431 美元，1970 年上升到 1 940 美元，到 1980 年日本人均达到 10 440 美元，1988 年日本人均国民生产总值高达 23 570 美元，超过美国人均 21 620 美元的水平。[①] 与收入转型相对应，日本投资对经济增长的贡献经历了先升后降、消费贡献先降后升的过程。1952 年日本的投资贡献率为 21.3%，1966 年上升到 32.6%，1970 年进一步上升到 39%，此时日本人均国民收入 1 940 美元折合 2010 年美元价格恰好超过 1 万美元，为 10 760 美元。日本人均收入越过 1 万美元门槛后，投资贡献率不断下降，1973 年下降到 38.2%，1980 年是 32.2%，1993 年是 29.9%，2006 年进一步降到 23%。伴随着投资贡献率下降，消费贡献率也发生着变化，1950 年日本的消费贡献率为 77%，1966 年下降到 65.9%，1970 年进一步降到 59.7%。此后开始上升，1973 年是 61.8%，1980 年是 68%，2006 年达到 75%。[②] 由此可以看出，日本投资贡献率上升、消费贡献率下降至少经历了 18 年，投资贡献率从升到降、消费贡献率由降到升的拐点发生在 20 世纪 70 年代初期，此时人均国内生产总值恰好 1 万美元（2010 年美元价格）。[③]

同日本十分相似的是，韩国在从低收入阶段向高收入阶段迈进中，同样经历了投资贡献率先升后降、消费贡献率先降后升的过程，拐点也发生在人均国内生产总值 1 万美元左右。1961 年韩国人均国民收入为 100 美元，1970 年为 270 美元，1977 年为 1 000 美元，1980 年为 2 330 美元，1990 年为 5 770 美元，2000 年为 8 910 美元，2002 年为 9 930 美元，2008 年进一步上升到 21 530 美元。[④] 1960 年，韩国的投资贡献率只有 11.5%，

① 1947 ~ 1955 年人均收入是指人均国民收入，按照当年日元兑美元汇率折算；1960 年、1965 年指的是人均国内生产总值，1970 年后为人均国民生产总值。麦迪森：《主要资本主义国家经济统计资料集》（1840 ~ 1960），张塞主编：《国际统计年鉴》，中国统计出版社 1996 年 11 月版。

② 马晓河：《转型与发展》，人民出版社 2017 年 3 月版，第 18 ~ 20 页。

③ 通过测算，1970 年 1 美元相当于 2010 年的 5.38 美元。

④ 2000 年以前韩国人均收入是指人均国民生产总值，2000 年以后是指人均国民收入（GNI）。

此后连续上升，到 90 年代初期达到最高，之后连续下降。消费率与此相对应，先是连续下降，后是持续上升。比如，韩国的投资率 1970 年为 24.97%，1980 年为 31.61%，1991 年为 38.9%，1997 年为 34.97%，2002 年为 26.7%；消费率 1965 年为 92%，1980 年为 76%，1990 年为 63%，2000 年为 66%，2006 年为 69%。[①] 从统计资料看，韩国投资贡献率上升、消费贡献率下降至少经历了 30 年，投资贡献率从升到降、消费贡献率由降到升的拐点发生在 20 世纪 90 年代初期，此时人均国内生产总值按照 2010 年美元计算是 10 501 美元。

在不同的经济体之间，即使经济发展处于同一阶段，由于文化背景和制度偏好不同，三大需求对经济增长的贡献也有所不同。同欧美国家相比，力行节俭的东亚文化地区消费对经济增长的贡献较低，前者较高。比如 2015 年，美国和英国人均 GDP 分别是 55 837 美元、43 724 美元，当年居民最终消费占 GDP 比重分别是 68.4%、65.1%；而韩国、日本人均 GDP 分别为 32 477 美元、27 222 美元，当年居民最终消费占 GDP 比重分别是 58.6%、49.3%。再看，体制不同对需求结构也带来了影响，2015 年人均 GDP 大约在 8 000 到 10 000 美元以内的国家里，马来西亚、墨西哥、巴西、俄罗斯人均 GDP 分别是 9 766 美元、9 009 美元、8 539 美元、9 057 美元，当年四国居民最终消费在 GDP 比重分别为 54.1%、67.2%、63.4%、51.9%；中国当年人均 GDP8 026 美元，居民最终消费占 GDP 比重只有 38%。[②] 解释这种差别的一个原因是，中国从上到下的纵向体制结构，通过国民收入分配的制度安排，直接改变了居民最终消费在经济增长中的作用。

从供给侧观察，经济增长来自于由劳动、资本、资源、技术等要素配置形成的产业产出。在一个时期里，能为一国或地区经济增长起主导作用的产业，就是经济增长的动力来源。在工业化的中前期阶段，经济增长主要是依靠工业的规模化扩张对农业的替代，而工业的扩张主要是依靠劳动密集型产业的迅速发展。在工业化中后期，经济增长主要是依靠服务业发展对工业的替代，此时工业内部结构转换是在劳动密集型制造业与资本技术密集型制造业之间进行，资本技术密集型制造业的快速发展，推动了工

① 马晓河：《转型与发展》，人民出版社 2017 年 3 月版，第 20 ~ 22 页。

② 中华人民共和国国家统计局编：中国统计年鉴（2016）第 949 页。

业结构的调整，使得产业发展出现了中高端化趋向。

以韩国为例，在20世纪60年代经济刚起飞时，韩国抓住美国、日本等发达国家将劳动密集型产业转移到发展中国家的机会，利用本国劳动力资源优势，实行出口导向型发展战略，重点发展以轻纺工业为主的劳动密集型产业。进入70年代，随着劳动力短缺和工资上涨，以及西方发达国家经济衰退，还有后起的发展中国家在劳动密集型产业发展方面的竞争。韩国利用发达国家重化工业向新兴发展中国家转移的机遇，大力发展钢铁、非铁金属、机械、造船、汽车、电子、石油化工、水泥、陶瓷等具有资本密集性质的重化工业，到1980年韩国重化工业在制造业中的比重上升到50%以上。进入80年代，面对新兴工业化国家的崛起，国际市场竞争日趋激烈，韩国提出了“产业结构高级化”的政策目标，对传统重化产业进行技术升级改造，同时大力发展精细化工、精密仪器、计算机、电子机械等。进入90年代以后，韩国受到亚洲金融危机的严重打击，经济衰退，失业人数大幅度增加，社会收入分配结构出现恶化，此时韩国正处于由中上等收入国家向高收入国家迈进的关键时期。面对危机，韩国在积极推进金融体系、劳动力市场、公共部门改革以及企业结构调整的同时，大力发展知识密集型产业和服务业。比如集中发展计算机、半导体、生物技术、新材料、精细化工、航天航空产业。2003年以后，数字电视、液晶显示器、智能机器人、新能源汽车、新一代半导体、新一代互联网、智能型家庭网络系统、数字内容软件、新一代电池、生物新药以及人工脏器又成为韩国的“十大引擎产业”。韩国产业转换的成功经验，就是在向高收入阶段迈进中，资本技术密集度更高的产业对低度资本技术产业的不断替代。[①]

巴西从另一个角度说明了产业发展动力选择路径偏离，给本国经济发展带来的不利影响。巴西经济发展要比韩国更早一些。第二次世界大战后，巴西在军人政府推动下开始实行进口替代工业化战略，1949～1981年，巴西经济年平均增长7%，其中1968～1974年经济增长年均超过10%。到1970年巴西人均国民生产总值达到450美元，是韩国的1.7倍。但是，由于产业结构失衡、收入分配结构失调、城市化超前、通货膨胀严

① 马晓河：《转型与发展》，人民出版社2017年3月版，第21～22页。

重等因素，20 世纪 80 年代以后巴西经济增长放缓，一直徘徊在中等收入国家之列。1980 ~ 1990 年巴西经济增长年均 2.2%。90 年代以来巴西虽然进行了经济结构调整和经济体制改革，但也只实现了经济温和增长。到 1990 年巴西人均 GDP 2 790 美元，只有韩国的 48.4%。2006 年巴西人均国民收入（GNI）4 730 美元，仍处于中等国家收入之列，但此时韩国人均 GNI 高达 17 690 美元，是巴西的 3.74 倍。巴西经济发展水平从高于到远低于韩国的一个重要原因是，在经济起飞阶段，政府无视劳动力剩余、资本严重短缺的国情，违反产业演变替代规律，强制越过劳动密集型产业发展阶段，过早地推进资本密集的重化工业发展，使得经济社会资源过分向钢铁、建材、化工、汽车、造船、炼铝、重型机械、航空等倾斜，这不但造成工业与农业、重工业与轻工业、基础产业与加工工业结构失调，而且还造成很严重的社会失业，引起高通胀和社会的不稳定。[①]

二、中国经济增长进入新旧动力转换期

改革开放以来，中国选择了一个独特的发展模式，就是利用从上到下的体制优势，在需求侧以高投资、高出口为依托，在供给侧以发展劳动密集型产业为导向，全面推进经济快速发展。在高投资、高出口、劳动密集型产业高增长作用下，中国经济实现了连续 37 年的高速增长。1978 年到 2015 年，国内生产总值年均增长 9.6%，人均国内生产总值从 385 元提高到 49 992 元，增长了 20.1 倍。[②] 但是，2010 年以来，中国经济进一步增长遇到了三大问题。

（一）供需两侧结构性失衡，新旧增长动力难以有效接续

当前，我国需求侧和供给侧均面临着严峻的结构性失衡矛盾。从需求侧来看，投资和出口对经济增长的带动作用在不断下降，而消费对经济增长的积极作用受到体制的严重约束。一是投资空间在收窄，投资边际效益下降，依靠投资拉动经济增长的作用在明显减弱（见表 1）。经过多年持续大规模公共基础设施建设，中国的机场、铁路、公路、水电气网等一大

① 马晓河：《转型与发展》，人民出版社 2017 年 3 月版，第 23 ~ 24 页。

② 中华人民共和国国家统计局编：中国统计年鉴（2016）第 58 页至 65 页。

批公共基础设施供给能力已经形成，而且供给水平大多都达到世界一流水平。此时，公共投资空间在变小，单位投资带来的 GDP 贡献作用在下降。同时，由于实体经济在外需紧缩情况下回报率持续下降，企业前景预期不佳，社会投资需求也陷入不景气状态。显然，沿用老办法大幅增加公共投资继而带动社会增加投资，并没有取得预期效果。

表 1　　中国全社会固定资产投资边际效益变化　　（单位：亿元）

年份	全社会固定资产投资额		固定资本形成总额		投资边际效率 D/B
	投资总额（A）	增加额（B）	形成总额（C）	增加额（D）	
1990	4 517.0		4 636		
1991	5 594.5	1 077.5	5 795	1 159	1:1.076
1996	22 913.5	17 319.0	23 320	17 525	1:1.119
2001	37 213.5	14 300.0	38 064	14 744	1:1.031
2006	109 998.2	72 784.7	87 223	49 159	1:0.675
2011	311 485.1	201 486.9	219 671	132 448	1:0.657
2015	561 999.8	250 514.7	301 961	82 289	1:0.328

注：根据 2016 年中国统计年鉴资料计算，统计资料中全社会固定资产投资用于土地购置开发的投资变化没有做特殊处理。

二是外需萎缩对出口导向型经济带来了严重打击。多年来，中国经济快速增长的一个重要原因是投资带动加出口导向。这几年，国际环境发生了深刻变化，使得这种发展模式开始失灵。一方面，发达国家经济复苏缓慢，对外需求持续疲软，由此中国出口受到极大抑制；另一方面，一批发展中国家正在利用劳动力、土地、资源等低成本比较优势，发展同中国一样的外向型劳动密集型产业，大量生产服装、鞋帽、电子玩具、家电、家居、机械零部件等，并把这些产品出口到发达国家，在发达国家市场上对中国形成供给替代。中国在中低端制造业无法与低收入国家进行市场竞争情况下，急需发展中高端制造业。但是，由于体制制约在技术方面中国又无法与美国、日本、德国等发达国家展开竞争，由此，中国遇到了发展难题，中低端产业外需疲软供给替代形成“挤出效应”，中高端产业技术制约形成天花板“高压效应”。

三是消费对经济增长的带动作用偏弱，收入分配结构扭曲和社会保障水平过低，造成消费增长后劲不足。按道理，当投资增长率下滑、出口疲软时，消费应该引领经济增长。这两年，消费对经济增长的贡献作用确实有所上升，但这并不是消费增长加快带来的，而是由于投资增长大幅度下降引起的结构比例变化，而且与前几年相比其增长率还出现了明显下降（见图1）。从总量分析，中国人均GDP已经靠近1万美元，但在世界人均3 000美元到12 000美元的所有国家中，中国的居民最终消费率是最低的，2015年仅为38%（见表2）[①]。有效消费需求不足是当前中国需求结构性矛盾的关键所在。从不同收入阶层分析，中低收入人群对中低端产品有很大的消费潜能，但由于收入支撑乏力和社会保障不足，无法顺畅转化为有效需求；中高收入群体对于高附加值、高端产品有明显消费能力，但国内产业结构和产品供给结构升级缓慢，无法满足他们的新需要，造成中高收入群体消费潜力受到抑制，迫使部分收入转化为储蓄。

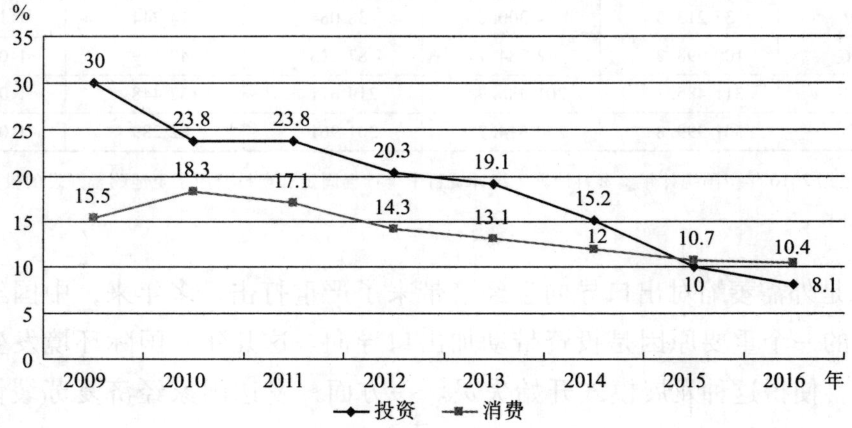

图1　2009年投资、消费增长率变化

表2　2015年世界3 000～12 000美元国家居民最终消费率

国家	人均（美元）	居民消费率（%）
中国	8 026	38.0
印尼	3 346	55.4
马来西亚	9 760	54.1
蒙古	3 973	59.0
斯里兰卡	3 926	68.6
泰国	5 816	52.1

① 参见2016年《中国统计年鉴》第949～951页，中国的居民最终消费率是根据2015年中国国内生产总值支出法测算的。

续表

国家	人均（美元）	居民消费率（%）
埃及	3 615	82.2
南非	5 692	61.2
墨西哥	9 009	67.2
巴西	8 539	63.4
土耳其	9 130	68.7
俄罗斯	9 057	51.9

资料来源：2016 年中国统计年鉴第 949 ~951 页。

在现有体制条件下，需求侧产生的结构性矛盾，实质上是由体制机制改革滞后造成的。比如多年来，我国国民收入分配一直向政府、企业特别是大企业倾斜，形成了有利于资本方不利于劳动方的格局。政府、企业在国民收入初次分配中占有太多，比例上升过快，在再次收入分配中又把过多的资源用于公共投资和产业投资方面，而用于社会保障、救助穷人、消除差距等方面支出又太少。同时，在阶层之间收入分配政策不到位，不同收入群体间收入差距不断扩大，边际消费倾向低的高收入群体收入越来越高，而边际消费倾向高的低收入群体收入增长缓慢，由此出现了中低收入群体想消费却没钱，高收入群体有钱但不想消费，最终引起社会储蓄快于消费增长。从 2000 年到 2016 年我国社会消费品零售总额增长了 7.5 倍，而人民币储蓄总额增长了 11.4 倍，后者比前者快了 4 倍（见表 3）。

表 3　　社会消费品零售总额与人民币储蓄总额变化

年份	社会消费额（亿元）			社会人民币储蓄（亿元、%）		
	绝对额	增加额	年增长	绝对额	增加额	年增长
2000	39 105.7	3 457.8	9.7	123 804.4	15 025.5	13.8
2005	67 176.6	7 675.6	12.9	287 169.5	45 745.2	19.0
2010	156 998.0	31 655.0	18.3	718 237.9	120 492	20.2
2011	181 226.0	24 228.0	17.1	809 368.3	91 130.4	12.7
2012	210 307.0	26 388.0	14.3	917 554.8	108 186.0	13.4
2013	234 380.0	24 073.0	11.5	1 043 800.0	125 600.0	13.8
2014	262 394.0	28 014.0	10.9	1 138 600.0	94 800.0	9.4
2015	300 931.0	38 537.0	10.7	1 357 000.0	149 700.0	19.2
2016	332 316.0	31 385.0	10.4	1 550 100.0	193 100.0	11.3

资料来源：2001 ~2016 年历年中国统计年鉴和国家统计局 2017 年 1 月 20 日公报。

从供给侧来看，传统低端产业在衰退，新兴产业成长缓慢，新旧产业增长动力不能有效接续。当前，中国经济增长遇到的关键难题是，新兴产业不能及时填补传统低端产业快速衰退留下的产业空间，形成了经济增长的“空心区”。多年来，政府对于产业发展及相关资源要素配置存在着过度干预倾向。一方面，各地在“做大 GDP”动机驱使下，违背经济规律，大力兴办各种产业园区，盲目实施产业补贴政策，导致资本和资源过多地涌向中低端产业，而传统产业改造升级、新兴产业培育成长缺乏充分的资本和技术储备。另一方面，产权、信用等基础性制度供给缺位，创新激励和企业家精神保护不足，产业准入门槛设置不合理，资本、技术和资源要素进入中高端产业面临多重障碍，导致新兴产业成长缓慢，产业结构升级缺乏动力支撑。在此情况下，产品供给结构不能适应市场需求结构变化，中低端产品和低技术含量、低附加值产品严重供大于求，高技术、高附加值产品及服务供给面临明显的供给短缺。

（二）制度性交易成本居高不下，严重制约产业转型升级

在新旧增长动力转换中，制度性交易成本高低是影响动力转换速度的关键因素。长期以来，我国基础性制度供给中一些深层次结构性矛盾涉及利益复杂，改革阻力较大，影响新旧增长动力转换。如政府利用从上到下的体制优势过度干预市场，行政规制繁琐，审批环节过多，中介服务链条过长；许多行业存在严重的买方卖方垄断，资源要素配置严重扭曲；课税收费项目过多，企业负担过重等等。这使得企业参与市场竞争的制度性成本居高不下，审批难、融资贵、地价高、显性隐性费用多等问题突出。在世界银行 2016 年《营商环境调查》报告中，我国排在 189 个受评估经济体中的第 84 位。报告显示我国在开办企业、保护少数投资者、办理施工许可证、纳税、跨境贸易等方面分别排在第 136 位、第 134 位、第 176 位、第 132 位、第 96 位，均落后于大多数国家（见图 2）。据调查，在我国开办一家企业平均需要 11 道手续和 31. 35 天，而经合组织国家平均数值为 5 道手续和 9 天时间。[①] 因体制机制改革滞后而造成的制度交易成本，成为企业正常经营的系统性梗阻，对产业结构转型和创新驱动形成了瓶颈

① 中国宏观经济研究院课题组：《推进供给侧结构性改革的基本理论与政策框架》综合报告第 3 页。

制约，严重弱化了产业供给能力的转换和企业微观创新活力的提升。

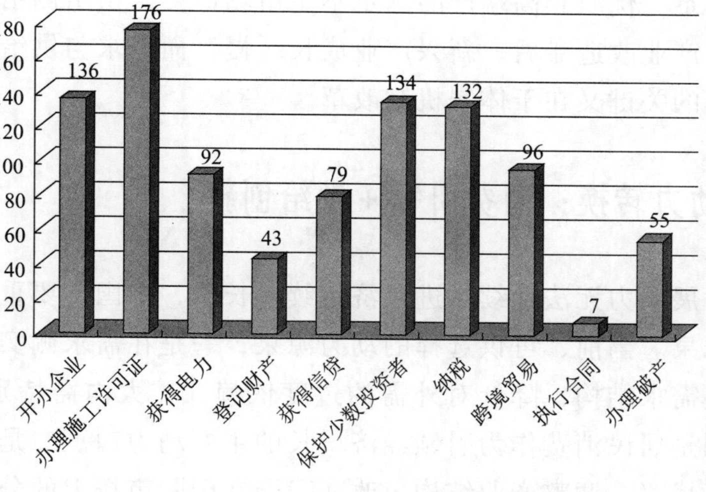

图 2　中国在世界银行《2016 年营商环境调查》189 个国家中排名

（三）社会民间科技创新严重不足，影响新增长动力的形成进程

下一步中国新增长动力的形成，关键要鼓励企业创新。如果社会特别是企业缺乏创新力，新增长动力将无从谈起。众所周知，一个社会创新有两种形态，一个是集中式创新，另一个是民间分散式创新。集中创新，就是国家利用从上到下的纵向体制优势，围绕某一领域科技短缺，集中财力、物力、人力等资源，大力推进创新，在较短时间内创造出民间无法取得的科技成果，比如原子弹、导弹、北斗卫星、航空母舰、高铁等等。但是，完全依赖集中式创新难以让中国产业完成整体性升级，实现新旧产业的有效转换。一个国家的经济社会发展，共性技术、关键基础性技术需要集中式创新，但产业结构整体转型和新兴产业系统性成长，更需要依靠民间大众创新，依靠市场竞争能力的提升。而社会民间科技创新与集中创新所需要的条件是有区别的。民间科技创新是分散式决策和分头行动，创新主体是企业，需要调动人人的积极性、创造性。社会民间科技创新需要三个基本条件：第一，市场主体创新需要充分的市场自由，市场自由需要少有审批和行政管制；第二，市场主体需要公平的竞争空间，公平的竞争空间需要减少买方和卖方垄断；第三，创新者需要来自不同社会背景的人的机会均等，这又需要消除身份歧视，建立有均等机会进行创新的激励机制。要具备这三个基础条件显然需要体制变革。

由前述可见，在经济进入新常态后，需求侧的结构性矛盾焦点是有效消费需求不足、优质和高端产品满足不了市场需要，供给侧结构性矛盾的焦点是传统产业改造滞后、新兴产业成长缓慢，而需求与供给两侧的结构性矛盾破解的关键又在于体制机制改革。

三、动力转换：消费引领+供给创新

传统发展动力无法继续推进经济持续增长时，中国需要重新选择新的发展动力源泉。当前，可供选择的动力源泉，一是在需求侧实施消费引领战略，调整需求结构，降低对外需的过度依赖，扩大内需特别消费需求，将消费特别是居民消费作为引领经济增长的主要动力源。二是在供给侧实施供给创新战略，调整产业结构，改变我国在国际市场上的分工地位，加快改造传统产业，大力发展新兴产业，不断提高中高端产业和高附加值、高技术含量产品在产业结构中的地位。三是加快体制机制的全面改革，为经济增长新旧动力转换提供引擎支撑。

从需求侧看，实施消费引领经济增长，是一国经济实现从中等收入迈向高收入阶段的必然选择。如前所述，消费对经济增长贡献作用是先下降后上升，进入高收入阶段消费对经济增长的贡献率维持在70%以上，比如2015年世界中等收入国家最终消费占GDP比重为69%，上中等收入国家66.7%，高收入国家77.9%[①]，进入高收入阶段后，居民最终消费对经济增长起着引领作用。比如2015年美国居民最终消费率为68.4%，英国为65.1%，法国为55.1%，德国为54%，日本为58.6%，加拿大为57.5%，澳大利亚为56.9%。[②]

今后，随着我国投资空间的不断变小，消费增长空间将会越来越大，这给经济可持续增长提供了巨大的动力源泉。主要体现在三个方面。一是消费补偿性增长。如前所述，在世界上，中国最终消费对经济增长的贡献率是比较低的，如果能将最终消费调整到同类收入国家的平均水平，那将会带来数以万亿计的消费增长额。例如，以2015年为基期到2020年，若每年物价2.0%，人口14.3亿，按照年均经济增长率6.5%计算，到2020

① 资料来源：世界银行网站。

② 参见2016年中国统计年鉴第949~951页。

年 GDP 总量达到 104.35 万亿元。届时如果我国最终消费率能达到 70%，GDP 中将会有 73 万亿元是由消费带动的，比 2015 年多出 37 万亿元。二是城市化带来的消费增长。众所周知，我国城乡居民消费差距非常大，2015 年城镇居民人均年消费为 21 392.4 元，农村居民人均年消费为 9 222.6 元，前者是后者的 2.32 倍。这意味着，积极推进人口城镇化可以带来消费的较大增长，目前我国还有 6 亿多农民居住在农村，另外城镇还有 2 亿多农业转移人口（无户籍的常住人口）。试设想，如果我国能真正打开城门，将城镇化率提升到正常国家水平，将会产生巨量消费。假定从 2016 年到 2020 年城乡居民人均可支配收入年均增长 6.5%，届时城镇居民年人均可支配收入将达到 43 555 元，农村居民人均 14 758 元。按照 2015 年城镇居民平均 67% 的消费倾向计算，到 2020 年如果按计划完全实现了 1 亿农业转移人口市民化，当年由这部分新市民带来的消费额会净增加 16 638 万元。[①] 三是中产阶层的扩大带来消费增长。根据统计资料测算，在按收入等级划分的城乡居民家庭调查中，中低收入阶层收入水平低，但平均消费倾向高，中等及中等偏上收入阶层消费能力强。从仅有的数据看，2011 年城镇居民中低收入户和中低收入户家庭平均消费倾向分别为 85.1%、75%，农村则为 165.6%、93.1%，这些家庭人口占城乡总人口的 40%，而当年城镇居民中等收入户人均消费额分别是最低收入户和较低收入户的 2.2 倍、1.6 倍，中等偏上收入户家庭人均消费额分别是最低收入户和较低收入户的 2.8 倍、2.1 倍。农村也如此，中等收入户和中等偏上收入人均消费额分别是低收入户的 1.5 倍、1.8 倍。[②] 显然，如果我们能将全国 40% 的中低收入阶层的一半转变为中等及以上收入阶层，中国将拥有世界上人口最多的中产群体，届时中国必然是全球最大规模的消费市场。

全社会消费的增长既来自消费总量的扩张，也来自消费结构的升级，收入水平越高，越是向高收入阶段迈进，消费结构越会出现细分化、中高端化的倾向。这种变化就要求供给侧必须全面创新，为市场提供有效、安全、优质、高效的商品或服务。要满足需求侧的市场变化需要，核心是新

---

① 根据 2016 年中国统计年鉴数据计算。

② 马晓河等著：《结构转型与经济可持续发展》，中国计划出版社 2014 年 9 月出版，第 31 页。2012 年中国统计年鉴第 348～368 页。

动力的形成与成长。在这方面，今后的主要任务是淘汰落后产业，改造传统产业，培育发展新兴产业。传统产业改造的主要思路是，在淘汰落后低端产能的同时，避免产业转型中的空心化倾向。应紧紧抓住世界新一轮产业技术革命提供的新机遇，充分利用新技术、新工艺、新管理模式改造传统产业，走智能化、绿色化、高端化之路。

对于新兴产业发展，今后要分三个层次进行重点支持。第一层次是支持六大支柱产业做大做强做优，即培育发展新一代信息技术、新能源汽车、生物技术、绿色低碳、高端装备与新材料、数字创意等产业；第二层次是培育发展四大战略性产业，包括空天海洋、信息网络、生命科学、核技术等产业；第三层次是打造一批新优势产品，包括新型飞行器和航行器、新一代作业平台和空天一体化观测系统、量子通信技术和泛在安全物联网、合成生物和再生医学技术、新一代核电装备等。同时，改造传统产业和培育发展新兴产业，还要用区域联动发展理念，引导发展资源向经济增长优势区集聚，培育一批经济增长极和增长带。比如，以我国“两横三纵”空间布局为依托，南北向打造三个经济增长带，东西向打造两个经济增长带；同时，在“两横三纵”空间交叉点上，结合城市群培育，重点打造一批增长极。

四、加快体制机制改革

制度供给是经济增长新动力的引擎。实施消费引领、供给创新，离不开体制机制改革。体制机制改革的重点包括以下几个方面：

第一，政府要放松对市场的直接干预，让市场在资源配置中充分发挥决定性作用。首先是要进一步减少和取消行政审批事项，降低企业的制度性交易成本。虽然本届政府已经减少和取消了一批行政审批事项，但依然还有进一步改革的空间，今后改革的方向是继续减少审批项目，缩短审批时间，提高审批效率。其次是减少买方卖方垄断，为不同所有制企业创造公平竞争环境。过去政府通过国企做代表设置了诸多高门槛，实行买方垄断和卖方垄断。其实，由政府指定的买方和卖方垄断带来的成本是由生产者和消费者承担的，随着市场化改革，应该继续减少买方、卖方垄断，降低生产者和消费者成本。这里的垄断实质上是将生产者和消费者的一部分福利强制割让给指定的垄断者，无形中抬高了市场价格，侵蚀了社会发展福利。减少垄断要从国企改革做起，竞争性领域和竞争性环节必须“退足退够”，纯公共性领域要“进足进够”；同时，纯公共性领域也要按市场原则引入社会资本，进行有限竞争。其三是进一步减税降费。我国的社会税负应该是比较高的，尤其是与政府提供的公共服务数量和质量不对称。假定一个社会从买方和卖方征收一定的税费是必要合理的，因为社会要稳定运行，要保障安全，这些都需要支出成本。如果超过这个成本边界，再从社会征税，那就是对生产者和消费者福利的一种侵蚀。社会税费过重，会使企业发展成本和消费者成本提高，最终导致全社会商品和服务价格高于其他经济体，进而引起国家竞争力下降。因此，降税减费是对企业福利和居民福利的一种返还，有利于近期社会需求扩张和未来潜在生产力的增长。

第二，调整国民收入分配结构，适当降低政府在国民收入中的比重，增加居民特别是劳动者的收入比重，为调整需求结构实施消费引领战略拓展市场空间。能不能让消费引领经济增长，关键也在改革。一方面，政府要调整财政支出结构，压缩公共投资规模，特别是距离居民当期福利遥远的建设项目，更要禁止投资一些不切实际的高大上项目。同时，提高对居民社会福利支出的比重，加大对中低收入人群财政转移支付力度，提高贫困救助标准，调高基本医疗保险、基本养老保险补助标准，支持低收入者开展劳动技能培训和子女教育等。另一方面，对中产阶层实行免税减负政策，比如提高个人所得税起征点，实行综合与分类相结合的个人所得税，还有可以对中低收入者第一套住房实行税前抵扣政策。总之，我国的个人所得税应实行对低收入者不纳税，对中等收入者少缴税，对高收入者多交税的体制。这样的国民收入结构调整，必然会带来财政减收增资问题，可以通过如下途径来化解，如压缩公共投资带来的结余，提高国有企业上缴财政的利润比例，提高资源环境税税率等。

第三，加快推进创新体制改革，深入推进人才科技、技术创新等要素的市场化改革，完善人才培育和创新激励机制，激发全社会创新创业活力。供给创新在很大程度上要靠科技创新去实现。针对我国创新体制存在的突出问题，应充分调动各种资源和各方积极性，加大创新投入，努力补齐创新短板。强化企业创新主体地位，鼓励企业开展基础性、关键性、前沿性创新研究，提高企业对国家实施创新驱动战略的行动能力和参与度。

鼓励科教融合发展，支持一批大学和科研院所组建跨学科、综合交叉的科研团队；优化民营经济创新发展环境，给予他们充分的市场自由、公平的竞争空间，激发创新活力，提升创新能力；培育和保护企业家创新精神和精益求精的工匠精神，尊重知识、尊重人才，完善市场化的人才资源配置机制。完善科技创新激励机制，放宽对科研经费支出权限的管制，全面下放创新成果处置权、使用权和收益分配权，支持科研人员有序流动。持续增加各级各类教育培训和人力资本投入，加快培育实用性、创新型人才。

第四，积极推进人的城镇化。城镇化是增加供求两侧新动能的黄金结合点，积极推进可为经济增长带来诸多好处。当前城镇化进程中最大的障碍有两个。一个是全国中等以上的城市绝大多数都设置了外来人口落户的门槛标准。这些标准对农业转移人口市民化所起的是限制作用而不是促进作用。尽管国家新型城镇化规划提出了实施差别化的五条标准落户政策①，实质上并没有放松农业转移人口市民化限制，反而有些城市还加强了。另一个是进城农民落户城镇所需要的公共成本缺乏相应的承担主体。农业转移人口市民化产生的公共成本包括基础设施建设、医疗养老保障、义务教育、就业服务、住房保障、公共文化供给等。面对诸多成本，各个城市都乐意保持现有体制，享受农民进城的红利，而不承担由此带来的公共成本。要想积极推进新型城镇化即人的城镇化，改革还需再进一步。首先，除了北京、上海、天津等直辖市外，应该再行降低进城落户标准条件，比如全面放开城区人口在300万以下的城市落户限制，合理放开城区人口300万~500万的城市落户限制，适度控制城区人口在500万以上特大城市的人口规模。其次，建立有利于推进农业转移人口市民化的公共成本分担机制。在农业转移人口市民化产生的公共成本中，应科学、合理划分中央政府、地方政府和企业各方的支出责任，为了有效推进农业转移人口市民化，更好地解决社会保障跨地区转移接续问题，建议对农业转移人口市民化需要的基本医疗、基本养老、义务教育支出责任，应主要由中央

① 《国家新型城镇化规划（2014~2020）》提出，全面放开建制镇和小城市落户限制，有序放开城区50万~100万的城市落户限制，合理放开城区人口100万~300万的城市落户限制，合理确定城区人口300万~500万的大城市落户条件，严格控制城区人口500万以上的特大城市人口规模。

财政和地方财政共同负担，中央政府承担50%，地方政府承担50%。上述负担项目实行统一标准、统一账户、统一机构。农业转移人口市民化过程发生的基础设施建设、就业服务、住房保障、公共文化供给等公共服务完全由地方政府负担。同时，要调动企业支持进城农民工市民化的积极性。农民工所在企业也要承担相应责任，比如城镇职工医疗保险、养老保险、失业保险、工伤保险以及职工技能培训等成本应按有关规定依法依规缴纳。为了减轻企业负担、调动企业支持进城农民市民化的积极性，可以采取降低缴费标准、免除其他行政收费项目等激励政策。

最后，还要进一步健全基础性制度，重点完善产权保护制度、社会诚信体系、资源环境保护管理体制，以及深化对外开放，为新旧动能转换提供基础性制度支撑。

（本文写于2017年3月）

稳定民间投资：经济增长的动力

陈永杰*

民间投资已经占全国投资的60%以上，在许多行业与地区民间投资已经占70%～90%。从当前与近期、中期看，稳定经济必须稳定投资，稳定投资必须稳定民间投资。增加政府投资可以短期稳定整个投资，中长期投资稳定必须主要靠民间投资这一内生性投资来源。为此，必须在提振信心、鼓励民间投资上采取更为重大、更为切实的政策。

一、根本破除旧观念，完全承认私有经济是中国特色社会主义市场经济发展的内在要求和必然规律

建立社会主义，必须消灭私有制，建立公有制。这一旧观念至今仍深深影响着人们的价值判断与思维方式。这一观念不从根本上破除，免除不了人们对民营经济的负面看法，也免除不了民营企业家对未来的担忧。现在，国家从法律法规与政策上已经完全承认并支持保护发展私营经济，但这还不够，还要在理论分析、政治判断、道德价值、观念教育和社会舆论上，公开、明确阐述中国发展私营经济，绝不是权宜之计，而是发展中国特色社会主义市场经济的内在要求和必然规律。一定要在全社会上上下下形成一种共识：在社会主义市场经济条件下，私有经济与公有经济、民营企业与国有企业，不仅经济地位与法律地位是平等的，政治地位、社会地位、道德名声、价值评价也是平等的，只有功能作用不同，无高下优劣之分。彻底消除旧观念偏见，根本解除企业家担忧，是中国民营企业继续稳

* 陈永杰，国务院研究室工交贸易司原副司长，大成企业研究院执行主席。

定发展、整个国民经济持续健康发展的重要前提条件。

二、全面树立新观念，充分肯定私人财产与企业家财富的合法性与正当性

民营企业有原罪，这是不少人潜藏在心底里的看法，也是不少民营企业家心中的顾虑。这是中国民营经济政策的合理制定与有效执行的重大障碍，也是民营企业正常经营、顺利发展的一大羁绊。中国民营企业家财富的来源，合规合法正当，取之有道是主流；违规违法失德，取之无道是支流。据胡润《中国富豪特别报告》，至 1999 年开展中国财富榜调查以来，17 年中有 3 087 位企业家上“胡润百富榜”，其中 98.9% 在带领企业健康发展。“问题富豪”只有 35 位，仅占上榜总人数的 1.1%。这反映，问题民营企业家的比例比很多人想象的要低。因此，要推动全社会广泛形成共识，全面树立新观念，充分肯定、客观评价，改革开放以来私人财产与企业家财富的合法性、合理性与正当性。

三、彻底打破垄断，破除行政垄断，规范自然垄断，打击市场垄断

垄断与市场是对立面，垄断经济与市场经济不能相容。垄断经济破坏市场公平竞争，明显降低全要素生产效率。中国经济存在严重的垄断经济，它是集行政垄断、自然垄断和市场垄断为一身的综合垄断，它以行政垄断为保护，以自然垄断为凭借，以市场垄断为目标。深化经济体制改革，让市场决定资源配置，鼓励民间投资，必须彻底打破垄断经济。要针对不同类型与性质的垄断，采取不同政策措施各个击破，最终从总体上彻底破除垄断经济。

一要破除行政垄断。必须将政府对某些特殊方面经济的直接经营行为或授权企业经营行为严格限制在最小范围。比如，国家安全和国防军事方面的重要技术装备和产品、烟草生产等暴利经营特殊行业，应当由政府管制并授权某些企业特许经营，但要严格限制其经营界限，禁止超范围经营。其余行业领域生产经营，都应取消政府直接经营或授权经营。要通过

立法，明确政府经营和授权经营的界限、范围、程序与规则，未经法律授权，任何政府经营和授权经营均为非法行政垄断，都应列入破除之列，包括各种形式的行政性政策性的地方保护、行业保护、企业经营保护等。

二要规范自然垄断。要将垄断行业中具有网络型特征的自然垄断环节与其他的非自然垄断环节严格区别开来，网络型自然垄断环节可以特许经营或企业专营，非自然垄断环节向各类市场主体放开。即使是自然垄断环节，也由于科技进步、经济发展、商业模式变革等，其自然垄断特性也在发生变化。有的已经具备市场竞争特性，必须根据自然垄断性向市场竞争性的转变程度，调整和取消其少数企业垄断经营的政策，将其交由各类市场主体开展竞争性经营。

三要打击市场垄断。一方面，要全面贯彻落实《反垄断法》，对任何企业通过垄断市场、操控价格、排斥竞争的行为进行法律严惩；另一方面，对基于行政垄断和自然垄断形成的市场垄断，要严格监控其产品与服务的质量水平与定价行为，限制其成本开支范围和盈利程度，打击其在非自然垄断环节排斥市场竞争的行为。

四、下大决心、出大政策，坚决地、果断地解决实体经济与非实体经济的利益差距极端拉大问题

市场经济是利益驱动经济，追求利润是企业的天然本性。市场经济也是公平经济，企业权利平等与市场公平竞争是市场经济正常运行的根本保证，也是企业的天然要求。但是，很长时期以来，由于制度、政策与行政执行原因，为银行金融业与房地产业创造了特殊有利条件，使其行业实际利润成倍地高于社会平均利润，更是大幅度地高于实体经济企业和农业与工业企业、商业贸易与运输业平均利润。中国的高薪阶层与富豪也主要集中在金融业与房地产业。金融业与房地产业已经成为过度不当得利的行业。这导致大量资金与人才过度流向这两大行业，实体经济与工商企业经常处于缺血与失血境况之中。这十分严重地破坏了市场公平竞争，十分严重地损害了企业权利公平，也带来了社会收入分配的严重不公，已成为深刻影响中国经济结构调整与社会稳定发展的重大矛盾与问题，已经到了非尽快解决不可的程度。

解决金融业与房地产业过度不当得利问题，必须下大决心、出大政策、付大行动。在金融方面，要全面放开市场准入，彻底打破部分银行金融证券企业基于行政垄断与政策便利带来的实际市场垄断，准许社会各类企业开办银行、证券、保险等机构；要政策与市场手段并用，尽快缩小银行存贷款利差与金融产品费率，降低保险费率，降低证券交易各类费率，并对金融领域企业征收暴利税。在房地产方面，真正改变与民争利的土地财政政策，重新评估18亿亩耕地红线，根据市场需求调整城市土地供给结构，增加居民住宅土地供给，改革土地招拍挂制度，大幅度降低土地供应价格；加快房地产税制定步伐，保障居民基本住房免税，超额住房累进征税，对出租房屋全面严格征税；全面实施居民财产登记制度，加快实行政府官员财产公示制度，适时制定公民遗产税。以金融业与房地产业为重点，全方位切实推进对高薪阶层所得的税收征管与监督。

五、平等保护私有财产，完善财产平等保护相关法律法规，全面推进行政与司法执法公正，为民间投资提供永久性安全保障

公有制经济财产权不可侵犯，非公有制经济财产权同样不可侵犯。非公经济财产权受到侵害案例在现实中依然经常普遍发生，平等保护各种所有制经济合法权益还需要更完备的法律和政策。要加快相关立法进程步伐，建立和完善规范与保护私人财产权和现代产权关系的法律法规体系。要修改现行相关法律条款，对各类财产实施平等保护，以体现法治的平等原则。要制定和完善有关投资经营的专门法律。依法保障正当兼并行为的投资权益，用法律约束政府与民间投资经营者的权利与义务，禁止任何行政力量非法中止或废除投资经营合同。要制定统一的国家行政执法法。明确国家工作人员在履行公务时的行为方式、执法程序、违法惩治机制，强化对公共权力的制约和限制，杜绝行政执法部门及其执法人员违法行政、滥用职权与行政不作为。

受传统观念影响，我国司法审理过程中一直存在着对民营经济、民间投资的歧视和偏见，导致司法实践中往往厚此薄彼，致使民营企业的合法权益得不到有效保护。消除民营企业投资安全的担忧，公平保护私有产权

不受侵犯，都直接依赖于司法的公平性和有效性。司法部门应与人大立法机关、政府有关部门紧密配合，主动审查、清理、修订、增订、解释与市场经济建设相关的法律法规，建立更加有效的司法保障体系，营造更加完善的市场经济法制环境。要做到公正司法，维护民营经济合法权益。要规范查封、扣押、冻结、处理民营企业涉案财产的司法程序，应与国有企业涉案财产一样平等对待、平等保护。

需要特别指出的是，2016 年 11 月《中共中央　国务院关于完善产权保护制度依法保护产权的意见》，对完善产权保护制度、推进产权保护法治化有关工作进行了全面部署。该意见从十个方面提出了具体改革措施：一是加强各种所有制经济产权保护；二是完善平等保护产权的法律制度；三是妥善处理历史形成的产权案件；四是严格规范涉案财产处置的法律程序；五是审慎把握处理产权和经济纠纷的司法政策；六是完善政府守信践诺机制；七是完善财产征收征用制度；八是加大知识产权保护力度；九是健全增加城乡居民财产性收入的各项制度；十是营造全社会重视和支持产权保护的良好环境。全面贯彻执行这一意见，是当前及今后真正平等保护民间投资、增强民企信心、再振民间投资的根本途径。

六、强化政策预期与执行，提前发现问题，及时出台政策，监督政策落实，提高政策实效

民间投资面临的问题，是一系列问题，有的是长期存在的，有的是近期出现的，有的可能即将出现。政府有关部门，要深入企业调查，尤其要认真听取民营企业家的真话、实话，包容企业家的批评话、责怪话、过头话，及时发现问题，及时采取措施，及时制定政策。要正视当前统计数据存在的局限性，特别是有关部门小微企业融资和民间投资统计数据的真实性，社会是有怀疑的。统计数据的好与差要与企业家实际反映的形势好与差结合起来，客观分析真实情况，提高政策制定的及时性、科学性与可行性。

2016 年是政府制定与出台支持民间投资政策最多、最细、最实的一年，保障与监督政策全面、及时落实执行，需要做的工作比制定政策工作要多得多。当前，一定要破除一些政府部门机构及工作人员对民营企业与

民间投资的旧见、偏见与谬见，克服一些工作人员的懒政、惰政与不作为、少作为。要全面建立新型的政商关系，切实处理好政商的“亲与清”问题。特别要突出与加快落实《国务院关于在市场体系建设中建立公平竞争审查制度的意见》，推动公平竞争市场环境的早日真正形成。

（本文摘编自大成企业研究院2016年课题成果）